내 사랑 마창노련

내 사랑 마창노련 상

초판인쇄	1999년 6월 25일
초판발행	1999년 7월 1일

발 간	마창노련사 발간위원회
발 간 인	이승필
글 쓴 이	김하경
펴 낸 이	조명희
펴 낸 곳	도서출판 **갈무리**
등 록	1994. 3. 3. 제17-161호

주 소	서울 강서구 화곡동 918-2호 인터시티오피스텔 601호
전 화	607-6851 / 팩스 : 697-0768

web page   http://galmuri.co.kr
e-mail   galmuri@galmuri.co.kr

ISBN 89-86114-22-4   04900
        89-86114-24-0   (전2권)

★ 잘못 만들어진 책은 바꾸어 드립니다.

내 사랑 마창노련

마창노련사 발간위원회
글쓴이 김하경

갈무리
1999

내 사랑 마창노련 (상)

■ 『내 사랑 마창노련』 발간에 부쳐
　투쟁과 연대의 한 걸음으로 / 이승필 ·· 13

1987년 7·8월 노동자대투쟁과 마창노련 건설

1. 도시로 공장으로 ·· 19
　딸들아 일어서라 / 부마항쟁과 민주화의 봄 / 전두환 정권과 기업별 노조체제

2. 밑알의 투쟁 ·· 25
　마침내 경적을 울리며 / 삼성라디에타 및 한국중공업 노조결성 / (주)통일 민주노조의 짧은 봄날 / (주)통일 조합원들, 식판을 엎고 다시 한번 ······

3. 그 날이 올 때까지 ·· 33
　최루탄 가스는 공장의 담을 넘고 / 6월 민주항쟁에 앞장선 마창 노동자 / 활동가들의 조직, 경남지역노동자협의회

4. 1987년 7·8월 노동자대투쟁 ·· 40
　작업복을 입고서 / 들불처럼 번진 대투쟁 / (주)통일, 기아기공 등 노조민주화투쟁 장기화 / 지게차를 앞세우고 최루탄 속을 돌진 / 마산수출자유지역 8월 투쟁 / 투쟁의 규모와 양상 / 어용노조퇴진과 노조민주화 / 임금인상과 노조결성

5. 마산·창원노동조합총연합 창립 ·· 56
　대통령선거와 노동자 탄압 / (주)통일의 구속자석방투쟁과 지역연대투쟁 / (주)통일 노동자, 국민운동본부 농성투쟁과 전국노동자 연대투쟁 / 마수자와 공창원의 만남 / 마창노련과 한국노총 / 마침내 마산·창원노동조합총연합의 깃발 오르다

제1장 어깨 걸고 나가자(1988)

1. 당당하게 요구하고 당당하게 맞서 투쟁하리라 ·· 67
   임금이란 무엇인가? / 『마창노련신문』 창간과 불꽃 튀는 교육선전 / "내가 당선되면 마창노련에 가입하겠습니다" / 준법투쟁으로 파업효과를 / 다양한 투쟁조직 / 현대엔진 및 현대 노동자와 함께 전국연대전선으로 / 마창노련 최초의 연대집회 및 연대투쟁 / 처음 맞는 진짜 노동자의 날 / "소나 개만도 못한 놈들, 두 팔로 기어서 개처럼 먹어라" / "일하는 자가 회사의 주인이다" / "우리 노조는 파업 안 하나?" / 현대정공 사장은 아직도 사위 중? / "쟁취하자 생활임금! 이룩하자 해고자복직!" / 점거농성투쟁으로 투쟁의 물꼬를 트다 / 임투 마무리 및 결과 / 4국 11부에서 5국 13부로 조직기구개편

2. 구사대 추방 및 마창노련 의장 석방투쟁 ·· 99
   7·7 소와 사건과 7·9 TC 사건 / 살인적인 TC 구사대에 맞선 전국노동자 연대전선 / 마창노련 의장 및 노조간부 구속 / 구사대만행규탄투쟁에서 구속자석방투쟁으로 / 최루탄 속으로, 전면적 가두투쟁의 시작 / 투쟁의 기로 / 협상과 새로운 투쟁의 준비 / 부분 석방과 투쟁의 대단원

3. 1988년 노동법개정투쟁 ·· 113
   전국노동법개정투쟁본부 결성 / 전국노동자 지리산 등반대회 및 영남권 화왕산 등반대회

4. 1988년 하반기 노조탄압 저지투쟁 ·· 116
   악질자본 대명공업 / 오성사와 효성중공업의 노조민주화투쟁 / 한국화약과 (주)통일의 합의이행촉구투쟁 / 삼미금속노조, 해고자 전원복직과 구속자석방 승리 쟁취

5. 11·13 전태일 열사 정신계승 및 노동악법개정 전국노동자대회 ································ 122
   전국노동자대회 준비 / 마창 노동자 1천 명 참가 / 전야제 및 전국노동자대회 / 연세대 노천극장에 운집한 전국 노동자 4만 명의 물결 / 연세대에서 여의도 국회의사당까지의 가두행진 / 망국 민정당과 독점재벌규탄 및 노동법개정촉구대회

6. 지역·업종별 노동조합 전국회의 출범 ·· 128
   전국회의 출범

7. 어깨 걸고 나가자 ·· 131
   마창노련 사무실 / 운영위원회와 집행위원회 / 재정운영 / 마창노련 창립 1주년 기념, 제1회 들불대동제

제2장 내 사랑 마창노련(1989)

1. 마창단결! 완전쟁취! ·· 139
   '마산·창원지역 노동법개정 및 임금인상투쟁본부' / 선봉대 및 정방대 / 마창노련 제1차 정기대의원대회 / 마창 공투본 발대식 / 다국적기업대책특별위원회 발대식 / 임투 전진대회 및 마창노련 최초의 조합원총회 / 쟁의발생 결의와 준법투쟁

2. 세신실업 구사대 퇴치투쟁 ·· 153
   현대중공업 공권력 진압에 맞선 마창지역 연대투쟁 / 효성기계 폭력탄압에 맞서 일어난 마창지역 연대투쟁 / 세신실업 구사대폭력탄압 발생 / 불패의 마창노련, 세신실업 구사대 격퇴투쟁 / TC노조의 위장폐업분쇄 결사투쟁과 마창지역 연대투쟁

3. 들불처럼 타오른 창원대로 대투쟁 ·· 161
   연대투쟁으로 금성사 조합원 석방 / 마창투본 쟁의결의 및 방산특위 발대식 / 창원대로 대투쟁 / 전자봉 고문 규탄과 책임자처벌을 위한 투쟁 / 공안합수부 해체와 노태우정권 퇴진투쟁

4. 5·1절 총파업투쟁 ··· 174
   마창투본 43개 노조 4·28, 4·29 노동절 총파업 / 4·30 노동절 전국노동자대회 / 5·3 동의대 사태와 5·4 전국노동자 결의대회

5. 1989년 임금인상투쟁 및 상반기 투쟁 마무리 180
    1989년 마창지역 파업투쟁 / 마지막 투쟁의 불꽃, 금성사 창원 2지부의 파업투쟁 / 피로 쓴 금성사 창원 2지부 복지관 점거농성투쟁 일지 / 금성사 창원 2지부노조 연대투쟁 / 임금인상투쟁 마무리 / 구속자 석방투쟁 / 마창노련 조직과 조합원들의 의식 급성장 / 마창노련 지도역량의 심각한 한계 / 임시대의원대회 / 전노협이냐 한국노총이냐

6. 9·2 마창노련 침탈 테러사건 200
    하반기 단체협약 갱신투쟁과 공안한파 정국 / (주)통일 해고자복직투쟁과 통일교도 난동 / 9·2 마창노련 테러사건 발생 / 공동대책위원회 구성 및 대대적 홍보선전 투쟁 / "테러분쇄! 독재타도!"

7. (주)통일노조 폭력테러와 탄압규탄투쟁 211
    (주)통일노조 칼질 테러사건 / 2차 국민대회 / (주)통일 상품불매운동과 (주)통일노조 총력투쟁 선언

8. 11·1, 11·2 마창노련 총파업투쟁 216
    (주)통일노조 침탈 및 마창노련 사무실 공권력 침탈 / 역사적인 마창노련의 11·1, 11·2 총파업투쟁 / 마창노련사수 전국연대투쟁

9. 11·12 전국노동자대회 227
    마창지역 50여 개 노조, 1천여 명 상경 / 악전고투 끝에 관악산을 넘어 서울대 진입에 성공 / 동국대의 전야제 / 원천봉쇄를 뚫고 서울대 본대회 성사 / 격렬했던 가두투쟁 / 전노협 건설과 전국노동자대회 / 전노협 건설은 마창노련 위기의 돌파구였다. / 전노협 건설 전국동시 총회투쟁 / 전노협 창립 준비위 발족 / 마창노련 1억 원 모금 / 마창노련 창립 2주년 기념, 제2회 들불대동제

10. 전노협 건설을 위하여 236

제3장 전노협 깃발 아래 거듭나는 마창노련(1990)

1. 전노협 창립과 밀려오는 탄압 ·· 251
   이제는 하나다 전노협! / 민자당과 경단협의 총공세 / 마창노련 지도력과 집행력 위기, 의장 권한대행 체제로 / 대림자동차노조 압수수색 및 연행 구속 / 이순용 안기부 프락치 사건

2. 업무조사 거부하고 마창노련 탈퇴 저지하라 ··· 264
   마창 공투본 구성 / 외자기업 노동자들의 공동투쟁 / 업무조사를 거부하라 / 마창노련 탈퇴를 거부하라 / 한국중공업노조 마창노련 탈퇴 저지에 성공 / 우리가 마창노련을 지켜냈다! 현대정공 노동조합

3. 5·1절 전국 1차 총파업투쟁 ·· 275
   1990년 임금인상 교섭기 / 마산교도소 옥중투쟁위원회 단식투쟁 승리 / 마창 시민운동본부와의 연대활동 / KBS투쟁과 현대중공업 파업투쟁 / 아, 골리앗이여 / 마창투본의 현대중공업노조 연대투쟁 / 전노협의 5·1절 전국총파업 선언과 마창투본의 철야농성 / 전국 5·1절 1차 총파업투쟁 / 5월 1일 마창지역 총파업투쟁 및 격렬한 가두투쟁

4. 이영일 열사와 2, 3차 전국노동자투쟁 ··· 285
   이영일 열사의 분신 / 창원병원에서의 '노조탄압분쇄 및 이영일 열사 추모집회' / 가두투쟁 / 동지의 시신을 사수하자! / 흔들리는 골리앗 / 고 이영일 노동열사 전국노동자 장례식 / 5·9 반민자당 투쟁과 그 후 / 격렬했던 광주항쟁 10주년 기념 전국노동자대회 및 2차 국민대회

5. 1990년 임금인상투쟁 ·· 302
   1990년 임금인상 공동투쟁 전개과정 / 마창노련 지도부 집단지도체제로 / 대림자동차노조의 법정투쟁 / 1990년 파업투쟁 / 임투에서 얻은 것

6. 마산교도소 내 처우개선과 고문폭행 규탄투쟁 및 그 지원투쟁 ·· 310
   사건의 배경과 발단 / 교도소 앞 집회 및 항의농성투쟁 / 교도소장 사과와 폭력근절 약속

7. 빼앗긴 민주광장 ·· 319
   아, TC 전사들이여 / 투쟁! 238일, 승리! 수미다 투쟁 / 중천과 스타 조합원에게 가해진 구사대 폭행 / 중천과 스타 노조 지원, 마창지역 연대투쟁 / 중천노조와 스타노조 마창노련·전노협 탈퇴 / 타코마 조합원 6개월 임금체불로 생활고 극심

8. 1990년 노동법개정 투쟁 그리고 11·11 전국노동자대회 ·· 332
   2단계 업무조사 거부 투쟁 / 노동시간단축에 대한 임금삭감기도분쇄를 위한 전국동시규탄집회투쟁 / 단체협약 투쟁 / 대공장 노조 무차별 징계와 해고 등 탄압에 직면 / 국민연합 마창본부와 '보안사 해체, 노태우 퇴진' 투쟁 / 90 전국노동자대회 준비 / 고려대 민주광장, 전국노동자대회 / 90 전국노동자대회 이후

9. 우리 갈 길 멀고 험해도 ··· 342
   '청송회'와 영남지역 노조·단체 연석회의 / 회기년도 조정으로 3대 집행부 유임 / 3회 들불대동제 무산, 창립 3주년 실내 기념식

제4장 사수 전노협, 강화 마창노련(1991)

1. 마창노련·전노협의 위기 ··· 349
   전노협, 업종과 대기업을 총망라한 민주노조 총단결로 투쟁대오 결집 / 마창공투본 무산 / 타코마호의 침몰 / 대표권 시비

2. 열사의 시신을 부둥켜안고서, 투쟁! ··· 358

강경대 열사의 죽음으로 폭발한 반민자당 투쟁 / 5·1절 투쟁 / 5·4 국민대회, '해체 백골단!', '타도 노태우!' / 박창수 열사 옥중살인 사건 / 박창수 열사 시신탈취 만행 / 5·9 파업투쟁 및 1차 국민대회 / 5·11 결의대회 / 5·14 강경대 열사 민주시민장 및 추모대회 / 5·18 총파업투쟁 및 2차 국민대회 / 민족민주세력 분열 음모 / 마창지역 임투 분위기 뜨다 / 정원식 총리의 밀가루 봉변사건과 급속한 투쟁열기 냉각

3. 1991년 상반기 투쟁 ··· 380
    마창노련 이봉균 후보 광역의회 의원 선거 / 고 박창수 열사 전국노동자장 / 1991년 파업투쟁 / 낮아진 임금인상률 / 공동투쟁 전선의 약화와 이탈 / 9월 6일 3차 정기대의원대회 무산

4. 1991년 하반기 단협투쟁 및 민주노조사수투쟁 ··· 396
    장기파업 끝에 동양전장, 중앙기업 마무리 / 1991년 하반기 단협투쟁 / 기아기공노조의 민주노조사수 투쟁 / 한국중공업, 현대정공 하반기 투쟁 재연

5. 1991년 노동법개정투쟁과 ILO 공대위 ·· 404
    1991년 노동법개정투쟁과 변화된 정세 / 민가협과 전국교도소 구속자들의 투쟁 / 민주노조 총단결, ILO 공대위 / 마창지역 노동자 1,200여 명 '11·10 전국노동자대회' 참가 / 11월 9일 세종대 전야제 / 7만여 전국노동자 총단결한 본대회 / 전국노동자대회 이후 노동법개정투쟁 / 전국연합 창설 및 민주노조 총단결

6. 마창노련 창립 4주년 기념, 3회 들불대동제 ··· 413
    권미경 열사와 '30분 일 더하기 운동' / 마창노련 창립 4주년 기념, 제3회 들불대동제

□ 약칭·약어 일람 ·· 417

내 사랑 마창노련 (하)

제5장 다시 또다시(1992)
1. 새로운 집행부 출범
2. 1·18 마창노련 연대투쟁
3. 마창노련 총선투쟁
4. 총액임금제분쇄 투쟁
5. 파업투쟁
6. 1992년 하반기 고용불안의 그림자
7. 1992년 노동법개정투쟁 및 11·8 전국노동자대회
8. 노동자의 정치세력화와 노동운동의 방향을 둘러싼 갈등과 혼란

제6장 민주노조 총단결(1993)
1. 고용한파를 헤치고
2. 해고자 원직복직투쟁 및 노경총 임금합의 반대투쟁
3. 1993년 임단협 교섭과 상반기 투쟁
4. 1993년 파업투쟁
5. 1993년 임단투 마무리 및 결과
6. 1993년 노동법개정투쟁 및 10·31 전국노동자대회
7. 전해투의 해고사업장 순회투쟁
8. 1993년 회색의 겨울

제7장 민주노총과 산별노조 건설을 향하여(1994)
1. 전노협 위원장 선거와 마창노련
2. 노경총 임금합의 반대 및 한국노총 탈퇴투쟁
3. 마창노련 긴 진통 끝에 새로운 집행부 출범
4. 1994년 마창지역 파업투쟁
5. 1994년 임단투 마무리
6. 고 임종호 열사의 죽음
7. 산별노조 및 민주노총 건설과 1994년 11·13 전국노동자대회

제8장 마창노련 정신이여 영원하라(1995)
1. 1995년 임단협·노동법개정·사회개혁 투쟁
2. 투쟁열기로 고양되어 가는 교섭기
3. 불타는 전국 투쟁전선
4. 폭염도 녹여낼 만큼 뜨거웠던 파업투쟁
5. 1995년 민주노총과 산별노조 건설 사업
6. 근로자파견법 저지, 민주노총탄압분쇄, 5·18 학살자처벌요구 투쟁
7. 민주노총 창립 전국노동자대회
8. 마창노련·전노협 해산

제9장 민주노총과 산별노조 시대로

책을 다 쓰고 나서 / 감사의 인사를 전합니다 / 부록 / 약칭·약어일람

■ 책머리에

투쟁과 연대의 한 걸음으로

— 『내 사랑 마창노련』 발간에 부쳐 —

이승필

마창노련사 발간위원회 위원장 / 전국금속산업노조연맹 경남본부 본부장

　우리 마창지역 노동자들은 87 노동자대투쟁의 성과를 모아 1987년 12월 마산·창원 노동조합총연합을 건설하고 자주적 민주노조운동의 새역사를 열었습니다. 이후 민주노총과 산별노조가 건설되기까지 8년 동안 마창노련은 지역과 전국 민주노조운동의 구심으로서, 전노협 건설과 사수의 주역으로서, 민주노총 건설의 주역으로서 우리 노동운동사에 거대한 발자취를 남겨 놓았습니다.

　이 책은 지난 8년 동안 마창노련을 중심으로 펼쳐진 마창지역 노동운동을 기록하고 그 속에 깃든 마창노련의 정신, '투쟁정신과 연대정신'을 고스란히 담은 것입니다.

　이제 마창노련은 사라졌지만 마창노련의 역사와 그 정신만은 여전히 우리 가슴 속에 살아 숨쉬고 있습니다. 아니 앞으로도 영원히 살아 숨쉴 것입니다.

지나간 마창노련의 역사 속에는 수많은 선배 노동자들과 그 가족들이 바친 헌신과 희생이 피와 땀과 눈물로 녹아 얼룩져 있습니다. 그 속에는 도덕과 정의와 용기로 뭉쳐진 영웅적인 이야기만이 아니라 때로는 욕망, 이기심, 비겁함, 두려움, 패배감, 무지, 배신으로 뒤엉킨 부끄러운 이야기도 들어 있습니다. 그리하여 마창노련의 역사는 앞으로 나아가기만 한 것이 아니라 때로는 뒷걸음도 치고 때로는 멀리 돌아가기도 하고 때로는 옆길로 샌 적도 있었습니다.

우리가 이러한 마창노련 8년간의 역사를 다시 돌아보는 것은 앞으로 민주노총의 새 역사에서는 잘한 것만 이어가고 잘못한 것은 다시 되풀이하지 않기 위해서입니다.

요즘 정리해고의 칼바람이 무섭다고 하지만 마창노련은 8년 동안 그보다 더 무섭고 벼랑 끝까지 내몰렸던 위기상황을 수도 없이 겪으면서 여기까지 발전해 왔습니다.

역사란 이와 같이 어제를 돌아봄으로써 내일의 희망을 찾는 것입니다. 1987년 대투쟁 당시 최루탄 속을 뚫고 달리던 20대 노동자들은 이제 40대를 바라보는 나이가 되었습니다. 그리고 아이들은 훌쩍 커서 어머니와 아버지의 키를 넘은 지 오랩니다. 뿐만 아니라 민주노총과 산별노조 안에도 젊은 후배들의 모습이 조금씩 늘어가고 있습니다.

우리에게는 이렇듯 점점 성장하는 아이들과 후배들에게 마창노련의 역사와 정신을 물려주어야 할 의무가 있습니다. 이들은 앞으로 우리 노동운동의 내일을 짊어지고 나아갈 주인들이기 때문입니다. 따라서 이 책은 우리 자신을 포함하여 우리 아이들과 후배들을 위한 것이기도 합니다.

이 책을 이영일 열사와 임종호 열사, 그리고 이 땅의 민주화와 노동해방을 위해 온 몸을 다 바쳐 투쟁해 온 수많은 선배 노동자들과 그 가족들에게 감히 바칩니다. 아울러 3년이 넘는 긴 시간 동안 소설가라는 본업을 팽개치고 마창노련 8년사를 꼼꼼히 정리하고 기록하여 두 권의 깔끔한 책으로 만들어 주신 김하경 선생님께도 깊은 감사를 드립니다.

부산구치소에서
1999년 5월

1987년 7·8월 노동자대투쟁과 마창노련 건설

1. 도시로 공장으로
2. 밀알의 투쟁
3. 그 날이 올 때까지
4. 1987년 7·8월 노동자대투쟁
5. 마산·창원노동조합총연합 창립

1. 도시로 공장으로

마산은 일찌기 항구도시로 개방되어 어업과 상공업의 중심지로 발전하였다. 이로 인해 일제시대에는 어느 지역보다 먼저 민족해방의식과 계급의식이 싹터 1907년에는 전국 최초로 마산에 노동야학이 설립되고,[1] 1927년에는 '마산노련'이라는 노동자 지역조직이 결성되었다.[2]

그러나 해방 이후 이승만 정권으로부터 지원을 받지 못한 마산은 경제적 낙후지역으로 떨어졌고, 열악한 생활에 대한 시민들의 불만은 점차 높아져 갔다. 1960년 마산 3·15 의거가 4·19 혁명의 폭발적 계기가 된 것이나 마산이 야당도시로 불리워지게 된 것은 바로 이러한 마산의 정치적, 경제적, 사회적 배경에서 비롯된 것이었다.

이렇듯 1960년대까지만 해도 작은 중소도시에 불과하던 마산이 하루아침에 다른 도시로 탈바꿈한 가장 중요한 계기는 1970년 마산에 수출자유지역이 들어서고,[3] 1974년부터 창원에 기계공업단지가 건설

---

1) 동아일보는 1921년 한 해 동안 마산 노동야학 관련 기사를 17회나 보도하였고, 1929년에는 마산·창원지역의 강습소와 야학이 48개에 달한다고 보도하였다.
2) 정식명칭은 '마산노동연맹', 1927년 8월 20일 결성, 가입 단체로는 '마산노동회' 및 마산지역 직종별 6개 노동단체('마산인쇄직공조합', '마산노동조합', '마산해륙운수노동조합', '마산목공조합', '마산신문배달인조합', '마산자유노동조합')이다.

되면서부터라고 볼 수 있다.

도시는 급격하게 산업화되면서 엄청난 지각변동을 일으켰다.

농촌과 다른 도시로부터 사람들이 물밀 듯 밀려들었다. 인구가 급격히 팽창하자 방값과 주택값, 그리고 물가가 덩달아 하늘높은 줄 모르고 뛰었다.4) 당시 한 잡지에는 인구수에 비례해서 술집이 가장 많은 도시가 마산이라는 기사가 날 만큼 유흥가도 많았다. 교통란과 환경오염 문제도 날로 심각해져 갔다.

공장의 불빛은 24시간 꺼지지 않았고, 노동자들은 오직 잘 살아보자는 일념으로 저임금과 장시간 노동, 그리고 열악한 근로조건 속에서도 밤낮 없이 죽어라 일만 했다.

딸들아 일어서라

그러던 중 한국의 노동운동에 중요한 전기를 마련하는 하나의 사건이 발생하였다.

그것은 바로 1970년 11월 13일 전태일 열사가 "근로기준법을 지키라"고 외치며 분신한 사건이었다. 이 사건은 그동안 현대판 '임금노예'로서 살아가던 노동자들에게 커다란 충격과 함께 계급적 각성을 이루는 새로운 계기가 되었다.

노동자들은 우선 자신의 삶의 터전인 공장과 작업장에서부터 일상적 요구들을 제기하기 시작하였고, 나아가 점차 자주적이고 민주적인 노조 건설을 요구하게 되었다. 노동자들에게 노동조합은 지옥같은 노동현장을 바꿀 수 있는 오직 하나의 가능성이요 힘이었다. 따라서 노

---

3) 1970년 1월 '수출자유지역설치법' 제정, 마산시 양덕동 갯벌 50여만 평에 우리나라 최초의 마산수출자유지역 설치, 1971년 3월 공장 가동 시작.
4) 마산의 인구는 1972년에 21만 명에서 1973년에 30만 명, 1979년에 42만 명으로 폭발적으로 증가하였다.

동자들은 강압적인 정치구조가 일시적으로 이완되는 시기가 올 때마다, 이 가능성과 꿈을 실현하기 위해 몸무림쳤다. 대통령선거를 치룬 1971년 한 해 동안 노동자투쟁이 무려 1,656건 발생한 것은, 노동자들이 공화당 정권의 경제실책에 대한 국민의 불만이 봇물처럼 터져 나오는 정치적 이완시기를 활용하여 투쟁을 전개하였기 때문이었다.

가까스로 대통령에 당선된 박정희는 1972년 10월 유신을 단행하고 영구집권을 강화했으나 한국모방(1972), 반도상사(1974), 동일방직(1976) 등에서 보듯이 노동자들은 서슬퍼런 긴급조치에도 불구하고 투쟁을 멈추지 않았다.

마산수출자유지역(이하 '수출지역') 노동자들 역시 1971년 공장 가동 후 임금인상, 근로조건 개선 및 노조 건설을 위한 투쟁을 줄기차게 전개하였다.5)

그 결과 임금은 인플레 이상을 넘어서는 향상은 아니지만 어느 정도 인상되었고, 근로조건이나 작업환경도 근로기준법 수준에는 미치지 못하지만 부분적으로 개선되었으며, 회유책이나마 노사협의회(한국삼미, 적송 등)가 마련되기도 하였다.

이렇듯 1970년대 수출지역 노동자들은 정치적·경제적인 암흑기임에도, 비록 아직은 노조라는 강력한 무기를 찾지 못하고 고립분산적이고 비조직적인 투쟁을 전개하면서도, 조금씩 성장해 가고 있었다.

---

5) 1971년 3월 12일 수출지역이 처음 가동된 이후 1973년 12월까지 약 40여 회의 노동자투쟁이 있었고, 1974년까지 50여 회의 투쟁이 전개되었다. 대표적 투쟁으로는 동광(1972년 8월, 1973년 5월, 1974년 9월 11일), F-ONE(1972년 3월 초, 1973년 11월 13일, 11월 28일), 한국삼미(1974년 8월 24~25일, 8월 30~31일), TC(1972년 여름, 1973년 가을), 리알톤(1972년 10월 28일, 1973년 4월, 1973년 12월), 북능(1973년 11월 30일, 1974년 9월 16일), 力王(1973년 11월 28일), 化成(1974년 1월 5~8일), 동경전자(1973년 5월, 1973년 12월), 한국동해(1974년 7월 11일), 대성(1974년 9월 1~14일) 등의 투쟁을 들 수 있다.

부마항쟁과 민주화의 봄

한편 박정희 정권의 중화학공업 정책에 따라 1974년 창원군 일대의 넓은 분지가 창원기계공업단지로 개발되고, 새로운 '창원시'가 형성되었다.6)

창원기계공업단지는 기계업종이 90% 이상을 점유한 기계공업 생산기지로서,7) 여기서 나오는 생산품은 일부 수출되어 해외에 공급되기도 하지만 대부분은 국내 수출산업에 중간부품 내지는 생산수단으로 사용되고 있었다. 따라서 생산수단을 생산하고 수출산업의 기초산업이 된다는 점에서 창원공단은 국내 산업구조에서 산업연관이 가장 긴밀한 곳으로 손꼽혔다. 뿐만 아니라 국방 관련 제품을 생산하는 공장이 많아 군수산업의 주요한 기지로도 주목되었다. 이런 까닭으로 창원공단에는 거의 대부분의 국내 독점자본(삼성, 현대, 대우, 금성, 효성, (주)통일 등)이 진출해 있었다.

그러나 창원공단이 가동에 들어간 지 얼마 지나지 않은 1970년대 후반기부터 세계 자본주의 경제는 경제불황에 처하게 되었다. 이러한 경제불황의 영향과 피해는 곧바로 한국 산업에 엄청난 타격을 가해 대다수 노동자들이 휴폐업과 실업, 임금체불, 그리고 물가폭등으로 인한 심각한 생활고를 겪게 되었다.

수출지역에서도 기업주가 임금을 체불한 채 도망친 경우가 많아, 1979년 10월 당시 체불임금이 349억으로 1978년에 비해 9배나 증가했고, 이로 인해 14건의 노동자투쟁이 발생했다. 창원공단 역시 1980년 당시 가동 공장이 76개밖에 되지 않았는데도 현대양행이 10억여 원

---

6) 1976년 1월 1일 창원시 출장소 설치, 1980년 4월 1일 창원시로 정식 승격, 1983년 7월 1일 경상남도 도청 이전.
7) 생산되는 기계는 주요소재, 요소부품, 일반철물, 부속기기, 산업기계, 수송기계, 전자전기기계, 공작기계, 정밀기계 등이다.

체불, 대한중기, 국제전광사, 동광강업, 화천기계, 미진금속 등 노동자 4천여 명의 임금이 체불되었다.

이런 가운데 1979년 부산과 마산에서 부마항쟁이 전개되고 1979년 10월 26일 박정희 대통령이 김재규 중앙정보부장의 총탄에 쓰러진 뒤, 소위 1980년 민주화의 봄이라 일컬어지는 정치권력의 일시적 이완기가 찾아왔다.8)

그러자 오랫동안 유신체제와 긴급조치하에서 강압적 노동통제 정책에 묶여 노조활동은 물론 노조를 자유롭게 설립할 수조차 없었던 노동자들은 부마항쟁부터 민주화의 봄에 이르는 정치적 이완기를 이용하여 폭발적인 투쟁에 나서게 되었다. 1980년 당시 정부 발표로도 전국의 노동자투쟁은 2,168건이고, 그 형태도 작업거부 76건, 농성 120건, 시위 10건 등으로 투쟁의 양상 또한 격렬하였음이 드러났다.

마창지역 노동자들도 이 기간 동안 임금인상, 체불임금 해소, 작업조건의 개선, 부당노동행위에 대한 항의 등을 쟁점으로 억눌린 요구와 분노를 분출하면서 자발적으로 작업을 거부하거나 파업농성 등을 전개하였다.9) 그리고 경제적 요구투쟁을 전개하는 과정에서 어용노조를 자주적이고 민주적인 노조로 바꾸거나 새롭게 노조를 결성하는 투쟁을 전개하였다. 신규노조는 창원공단뿐 아니라 10년 동안 외국인투자기업임시특례법에 묶여 노조결성과 노동운동이 사실상 원천봉쇄되어 있었던 수출지역에서도 결성되었다.10)

---

8) 12월 6일 최규하 대통령이 취임하였으나, 12월 12일 전두환 등 신군부세력이 군사쿠데타를 일으켜 계엄사령부를 중심으로 권력을 장악하였다.
9) 마산 한국삼양공업, 신흥화학, 동경전자, 두산유리 등과, 창원 현대양행, 동양기계, 풍성정밀, 동명중공업, 한국공작기계, 삼성라디에타, 창원산재병원, 진해 진해화학 등에서 작업거부, 농성과 파업 등이 전개되었다.
10) 신규노조는 창원세신실업(3/5)과 마산두산유리(3/29), 수출지역의 북륭(3/31), 정상화성(4/23), 한국쌍엽정밀(4/24) 등이다.

전두환 정권과 기업별 노조체제

그러나 민주화의 봄은 너무나도 짧았다. 그리하여 노동자들의 투쟁은 막 꽃도 피기 전에 1980년 5·18과 더불어 물거품이 되고 말았다. 5·18 광주 민주항쟁을 살인폭력 등 무력으로 진압한 전두환 정권은 이후 계엄당국을 통해 1, 2차 '사회정화 조치'란 명목으로 미약하나마 조직적 정치적 힘을 키워가던 민주노조운동진영에 가차없이 탄압을 가했다.

그 결과 1980년 5·18 이전 112만 명이었던 조합원 수는 95만 명으로 급격히 감소하였고, 1981년 1월 청계피복노조 강제해산을 시작으로 반도상사, 콘트롤데이타, 태창섬유, 원풍모방 등 민주노조가 하나 하나 고립된 채 붕괴되었으며, 중심적인 활동가들은 삼청교육대로 끌려가 잔혹한 순화교육을 받았다.

특히 국가보위비상입법회의는 1980년 12월 31일 노동관련법을 전면적으로 개악하였다. 노동법개악 중 가장 주목되는 것은 노동조합의 조직형태를 산업별 체제에서 기업별 체제로 강제전환한 것이다. 또한 유니온 샵 제도를 폐지하여 노조의 힘을 근본적으로 약화시켰을 뿐 아니라, 종래 2인 이상으로 가능했던 노조설립을 30인 이상 혹은 1/5 이상의 찬성을 얻어야 가능하도록 함으로써 노동조합 설립요건을 대폭 강화하였다. 뿐만 아니라 행정관청에서 노조해산이나 임원개선을 명할 수 있도록 하고, 노조의 결의를 취소변경할 수도 있게 함으로써 노조설립을 사실상 허가제로 만들고 행정관청의 개입을 제도화하여 노조의 자주성을 말살하였다.

이 밖에도 조합비의 사용규제, 단체협약 체결기간의 연장, 제3자 개입금지, 임원자격의 규정강화, 국공영업체와 방위산업체(이하 '방산업체')에서의 쟁의행위금지, 냉각기간의 설정, 행정관청의 긴급조정 등 합법적인 단체행동권의 행사마저도 사실상 불가능하게 만들었고 노사협의회법도 제정하여 노사관계를 왜곡시킬 것을 획책하였다.

2. 밀알의 투쟁

현장으로, 현장으로

이렇듯 전두환 정권의 억압적 통치체제로 인해 80년대 사회운동은 70년대와는 아주 다르게 전개되었다. 말하자면 70년대 사회운동이 반정권운동에 가까왔다면 80년대 사회운동은 변혁적인 민족민주운동의 성격으로 변화 발전한 것이다.

학생 및 진보적 지식인 그리고 재야단체들은 반합법·비합법 조직을 결성하고 치열하고 전투적인 투쟁을 전개하여 민족민주운동을 확산시켰고, 노동자들 역시 자연발생성과 폭발성을 지양하고 조직적이고 체계적인 운동을 준비하게 되었다.

특히 대학생 등 지식인들이 노동현장 속으로 들어오면서 '활동가'니 '운동권'이니 하는 새로운 용어가 등장했는가하면, 노동현장에 취업한 지식인들을 지칭하는 '위장취업자'라는 신조어가 등장하기도 하였다. 이러한 현장운동은 지금까지의 노동운동에 새로운 전환점을 마련한 수혈운동으로까지 불렸다. 이들은 현장에서 노동자들과 함께 노동하고, 소모임을 만들어 학습과 실천활동을 통해 이 땅에 진정한 변혁을 도모하기 위해 온 몸을 다 바쳤다. 감시와 고문, 투옥과 폭력을 두려워하지 않는 이들의 헌신과 학습지도 등으로 노동자들은 점차 사회현실에 눈을 뜨고 새롭게 인식을 전환하면서, 현실을 변혁하기 위한 현장모임을 만들거나 조직과 투쟁에 나서게 되었다.

그리하여 1984년에만 전국적으로 신규노조가 200여 개가 결성되었는데 이는 1980년부터 1983년까지 3년간의 총 신규노조보다 많은 숫자였다. 정부가 1984년 봄 국회의원 선거를 앞두고 일시적으로 소위 '유화정책'을 취하면서 제한적이나마 노조설립을 허가하였기 때문이다.11) 정부는 그동안 노조설립 자체를 봉쇄하는 노동통제가 노사분규를 더욱 과격하게 만든다고 판단하고 현행법만으로 노조활동을 충분히 통제할 수 있다는 자신감에서 이러한 조치를 취한 것이다.

그러나 신규노조가 증가한 가장 중요한 요인은 무엇보다 노동자들 스스로가 투쟁에 적극 나서고, 여기에 많은 노동운동가들이 결합되면서 노동운동의 동력이 되살아났기 때문이었다.

여기에 (주)통일이나 기아기공 등 서울에서부터 노조가 조직된 공장이 경인지역으로부터 창원공단으로 이주해 오면서 당시의 경인지역의 노동운동과 정치사회적 분위기가 직간접적으로 전파되었다. 이를 계기로 저임금과 열악한 근로조건에 대한 불만이 터져 나오면서 노동조합 및 노동운동에 대한 관심이 점차 증대되었다.

마침내 경적을 울리며

마창지역(마산, 창원, 진해 등지) 택시노조는 1983년 7월 21일 '명진교통' 신규노조결성 후 1983년 9월 말까지 무려 21개로 증가하였으나,12) 택시 사업주의 노조파괴 공작과 노조활동 방해로 점차 무력화되면서 1984년 1월에는 13개 노조로 줄어들었다.

그러던 중 1984년 대구를 비롯한 전국에서 택시 노동자들이 파업투쟁에 돌입하였다는 소식을 들은 마창지역 택시 노동자들은 그동안 쌓

---

11) 1983년 12월 21일 대학 제적생 1,363명의 복교를 허용한 것을 계기로 일련의 유화정책이 시행되었다.
12) 노조결성 : 석전택시와 용마택시(8/4), 태영운수(8/9), 마산택시, 중앙택시, 금성택시, 배정운수 등(8/13), 신흥콜택시(8/19), 한립교통과 보은택시(8/22), 가야택시(8/23), 우성택시(8/25), 매일교통(9/1) 등.

인 불만과 분노를 이번 기회에 터뜨려, 본때를 보여주자는 분위기가 점차 무르익어 갔다.

마침 석전택시와 용마택시 노조에서 5월 19일 2일간의 파업투쟁으로 승리를 쟁취한 데 용기백배한 마창지역 택시 노동자들은 6월 5일로 예정된 마산지역 노동대책회의에 맞춰 노동자들의 요구사항을 관철하기 위해 결사투쟁을 전개하기로 하였다.[13]

6월 5일 마산시 분수 로터리에서 일부 택시들이 도로를 차단하면서 투쟁은 시작되었다. 투쟁의 불길은 마른 잎에 불씨가 옮겨붙듯 삽시간에 시내 전역으로 번져나갔고, 시가지 교통은 마비되었다. 날이 어두워지면서 노동자들은 여기저기로 옮겨다니며 택시를 견인하지 못하게 타이어를 송곳으로 찔러 차를 주저앉혔고, 이로 인해 곳곳의 도로가 차단되었다. 또한 중성동 월남다리에서는 노동자들이 도로를 완전 차단한 채 전투경찰과 충돌 끝에 10여 명이 연행되었고, 이에 흥분한 노동자들이 육호광장, 부림지하도, 3·15 의거탑, 불종거리 등 시내 10여 곳에서 100여 대의 택시를 동원하여 도로를 차단하고 격렬한 시위농성을 벌였다.

조합원들의 격렬한 투쟁에 용기를 얻은 노조대표들은 마산지역 노동대책회의에서 자신들의 요구를 계속 밀어붙였고, 마침내 파격적인 요구사항 대부분을 관철하고 협상을 끝냈다.

벅찬 승리감에 도취된 노동자들은 시내 곳곳에서 환호성과 함께 승리의 만세를 불렀고 경찰서로 쫓아가 연행된 21명을 석방시켜 내기도 했다.

이처럼 폭발적인 대중투쟁으로 승리를 쟁취하긴 했으나 승리를 지

---

[13] 마산시장실에서 열린 마산지역 노동대책회의 참석자는 마산지역 택시사업자 협의회 및 택시분과 위원회, 석전과 용마택시노조 위원장, 한국노총 경남연락협의회, 마산시장, 마산지검 공안검사, 마산경찰서장, 마산동부경찰서장 및 정보기관원 등이다.

키기 위한 조직적 힘이 뒷받침되지 못한 탓에, 합의사항은 점차 흐지부지되고 9월부터는 대부분의 회사가 기습적으로 사납금을 인상함으로써 물거품이 되고 말았다. 그러나 온갖 악조건과 법의 테두리를 단숨에 뛰어넘는 가두투쟁으로 택시 노동자의 대중적 힘을 확인시켜 주고 이후 택시 노동자들의 조직적 성장의 기틀을 마련했다는 점에서 이 투쟁은 큰 의의를 남겼다.14)

삼성라디에타 및 한국중공업 노조결성

창원의 삼성라디에타(자동차 및 선박용 방열기 생산업체) 노동자들(43명)은 1984년 5월 6일 회사측의 감시를 뚫고 노조를 설립, 신고필증까지 받아 정식으로 노조를 출범시켰다. 그러나 회사측 회유와 협박에 못이긴 노조간부와 조합원들이 노조를 탈퇴하는 바람에 결국 5월 31일 출범한 지 한 달도 안 되어 노조는 해산하였고 이 과정에서 수십 명의 노동자들이 자진퇴사 형식으로 회사에서 축출되는 좌절을 겪게 되었다. 그 후 삼성라디에타 노동자들은 끈질기게 노조결성을 준비하여 마침내 1985년 4월 노조결성에 성공하였다.

한국중공업에서는 1985년 4월 말 악질반장에 대한 불만을 시정하는 연판장을 제출했다는 이유로 최병석, 주재석, 이배근 3명이 강제사직당하게 되었다. 이들은 출근투쟁과 함께 해고무효소송으로 끈질기게 맞섰다. 이를 계기로 1년 전부터 노조설립을 추진하면서 은밀하게 기회를 모색하고 있던 일부 현장 노동자들은 6월 24일 기습적으로 노

---

14) 이후 1985년 4월 27일 창원 배정운수 노동자 70여 명은 황창호 위원장의 복직을 요구하며 파업을 전개하며 13일간 사납금 납입을 거부하는 투쟁을 전개하였다. 그러나 지방노동위원회에서 승소판결을 받았음에도 회사가 이를 인정하지 않자 또다시 조합원들이 들고일어나게 되었고, 마침내 위원장은 복직을 쟁취하였다. 그러나 이후 불합리한 사납금 조정을 요구하며 계속 싸워 황창호 위원장은 또다시 해고당하였다.

동조합을 설립하였다. 그러나 회사측은 즉각 노조지도부를 건설현장으로 출장명령을 내고 이를 거부한 김창근 위원장 등 간부 9명을 해고시켰다.15) 결국 노조설립 발기인들은 회사측의 노조해산 협박과 회유를 견디지 못하고 노조를 탈퇴하였고, 회사측은 이를 근거로 노조해산서를 제출하였다.

이로써 한국중공업 노조는 설립신고필증을 받지 못한 채 설립되자마자 무산되고 말았다.

(주)통일 민주노조의 짧은 봄날

(주)통일 투쟁은 인천 대우자동차투쟁과 구로동맹투쟁과 함께 1985년 전국노동자투쟁 가운데 가장 중요한 투쟁으로 손꼽힌다.16)

이러한 배경에는 무엇보다 (주)통일의 열악한 근로조건이 크게 자리잡고 있었다. 방산업체로서 특례보충역만 1천 명이나 되는 등 젊은 노동자들이 주를 이루고 있던 (주)통일은 창원공단 내에서 임금수준이 가장 낮고 노동강도가 심한 사업장으로 유명하였다. 뿐만 아니라 후생복지시설은 전무한 상태였고, 산업재해를 당하면 보상은커녕 오히려 노동자에게 불이익을 주기까지 했다.

1982년 동양기계가 통일교재단기업인 (주)통일에 합병됨에 따라 동양기계 영등포공장에서 일하던 노동자들이 창원공장으로 옮겨오게 되었다. 그 중 서울에서부터 '차돌회'라는 소모임에서 활동하던 김재진 위원장과 문성현 사무국장을 비롯한 몇몇 노동자들이 대의원이나 상임집행위원회(이하 '상집') 간부로 대거 진출하였다. 당시는 1984년

---

15) 해고자 9명 중 7명은 해고 뒤 2달만에 개별 복직되고, 김창근 외 2명은 해고무효확인소송을 제기하였다.
16) 인천 대우자동차 파업투쟁 기간은 4월 16~25일이고, 구로동맹파업투쟁 기간은 6월 24~29일이다.

2월 국회의원 선거를 계기로 전두환 정권의 폭압에 움츠려있던 민주세력이 서서히 활동을 재개하던 무렵이었다. 이러한 정치적 시기를 이용하여 1984년 가을, 노조는 단체협약(이하 '단협')투쟁을 벌여 승리했고, 이를 계기로 400~500여 명에 불과했던 조합원은 2천여 명으로 급격히 확대되었다.

이렇듯 조직확대에 자신감을 갖게 된 노조는 1985년에 들어서자마자 '임금인상대책위원회'를 구성하고 임금인상투쟁(임금인상안 13.1%)에 돌입하였다. 회사측은 1984년 단협에서의 패배를 1985년 임금인상투쟁(이하 '임투')에서 만회하려는 듯 임투가 시작도 되기 전부터 탄압을 가해, 문성현 사무국장을 대졸 출신이라는 이유로 징계위에 회부하였다. 이에 조합원 전체가 들고일어나 거세게 항의한 끝에 결국 징계는 철회되었다.

매일 출근시간과 중식시간마다 열린 집회에는 1,500~2,000여 조합원들이 한 사람도 빠짐없이 참석하였다. 조합원들은 마창지역에서는 최초로 '단결'이라고 쓴 머리띠를 두르고 참석하였는데, 아침마다 다리미로 다려 맬 정도로 호응이 좋았다. 뿐만 아니라 한 달이 넘는 지루한 줄다리기 교섭에도 불구하고 불참자가 한 명도 없을 정도로 조합원들의 투쟁열기가 뜨거웠고, 이에 발맞춰 노조간부들도 날계란을 먹어가며 집회에서 목청을 돋우었다.

4월 20일 토요일임에도 불구하고 본관(교섭진행 중) 앞마당에는 아줌마들까지 가세한 2천여 명의 조합원들이, 퍼붓는 장대비를 고스란히 맞으며 "임금인상 쟁취하자 홀라홀라"하며 '홀라송'을 목이 쉬도록 부르고 있었다.

이 때 김재진 노조 위원장이 회사측 인상안 4%에 직권조인했다는 소식이 전해졌다. 현장 안은 배신감으로 술렁였다. 분노한 조합원들이 위원장 불신임을 결의하자, 회사측은 또다시 문성현 사무국장을 위장취업한 불순분자라는 이유로 징계위에 회부하였다. 징계위가 열리기로 예정된 4월 25일 문성현 사무국장은 징계위를 거부한 채 전 조합원이 참석한 중식집회에 나와 "나는 서울대를 나온 지식인이다. 나는 노동운동을 하기 위해 기능공으로 취업했을 뿐이다"라고 밝혔다. 조합원들은 "대학 졸업자는 반드시 사장만을 위해 일하란 법이 어디 있느냐. 우리에게도 대졸 기능공이 필요하다"라며 문성현 사무국장을 전폭적으로 지지하였다. 회사측의 회유와 탄압술책이 낱낱이 폭로되자 분노한 조합원들은 집회가 끝난 직후 식당에 바리케이드를 치고 파업농성에 돌입하였다.

이는 방산업체 최초의 조직적인 파업농성이었다. 회사측은 전체 노동자를 퇴근조치했으나 조합원들은 이에 응하지 않았고, 야근자들은 담을 뛰어넘어서까지 농성장에 합류하였다. 전투경찰이 회사를 둘러싼 가운데 한쪽에서는 관계기관 대책회의가 열리고, 또 다른 쪽에서는 노동자들의 "부당징계 철회하라 홀라홀라" 노랫소리가 밤새도록 들려왔다.

새벽 4시, 드디어 회사는 농성조합원들의 요구를 전면 수락하였다.17)

"우리가 이겼다!"

농성자들은 서로 부둥켜안고 기뻐서 어쩔 줄 몰랐다. 5월 1일 김재진 위원장이 불신임되고, 다음날 문성현 위원장 등 새로운 집행부가 선출되었다.18) 조합원들은 "그 때가 봄날이었다"고 회상하였다.

그러나 민주노조의 봄날은 너무나도 짧았다.

6월 26일 밤 12시에서 새벽 4시 사이에 노조간부 18명이 국가보안

---

17) 합의사항은 '사무국장 징계철회 및 보직변경 철회, 파업조합원에 대한 보복행위 금지, 이봉균 조직부장의 부당한 부서이동 철회와 원직복직' 등이다.
18) 부위원장에 김상오와 이봉균, 사무국장에 박수철 등이 각각 선출되었다.

법위반혐의로 몽땅 연행된 것이다. 구로동맹파업투쟁이 폭력으로 진압된 것과 같은 시각이었다.

불과 50여 일밖에 되지 않았지만 조합원들은 1985년 봄을 잊을 수가 없었다. 이 때부터 (주)통일노조는 빼앗긴 민주노조의 봄을 되찾기 위한 고난의 대장정에 나서게 되었다.

(주)통일 조합원들, 식판을 엎고 다시 한번 ……

문성현 위원장과 박수철 사무국장 등 2명은 구속되었으나 나머지는 구류와 훈방으로 모두 풀려났다.

그러나 열성적인 조합원과 대의원, 핵심간부들은 온갖 구실로 강제사직, 부서이동, 징계에 처해지거나 해고되었다. 해고자들은 이 때부터 (주)통일노조 민주화투쟁에 들어갔다. 특기할 점은 바로 이러한 (주)통일노조 민주화투쟁을 계기로 비로소 마창지역에도 목적의식적인 노동자출신의 활동가들이 태어나기 시작했다는 사실이다. 비록 노조는 어용 집행부에 장악되고 현장은 악화된 근로조건과 관리자들의 감시 통제강화로 패배의식과 위축된 분위기가 만연했지만 구속자, 해고자들은 이에 굴하지 않았다.

해고자들은 '(주)통일노조사수투쟁위원회', '(주)통일노조생존권수호투쟁위원회' 등을 결성하고, 『통일노동자신문』이나 각종 유인물을 소모임을 통해 현장에 배포하거나 혹은 어용 집행부에 대해 일상적인 항의나 규탄을 계속해 나갔다. 회사측은 관련 노동자들을 '유인물 배포, 집회 참가, 문성현 위원장 재판 참가' 등을 이유로 강제사직케 하거나 해고하고, 끝내 회유와 탄압에 굴하지 않는 조합원들에 대해서는 사무실에서 근무하게 해 현장과 격리시키기도 하였다.

그럼에도 해고자들은 매일같이 정문앞에서 출근투쟁하면서 유인물과 소식지를 배포하였다. 때로는 관리자들의 감시의 눈을 피하기 위해 양말이나 김 속에 유인물이나 소식지를 넣어 건네주기도 하고, '총각네'라는 포장마차를 운영하면서 생계도 꾸리고 현장조합원과의 결합과 유대를 꾸준히 도모하였다.

1986년 임금인상 시기가 다가왔다.

해고자들과 현장 핵심조합원 및 대의원들은 '임금인상대책위원회'를 구성하였으나 현장조합원들은 피해의식에 젖은 채 몸을 낮추고 있었다. 강력한 투쟁을 전개하기도 어려웠지만, 그렇다고 아무 것도 안하면 노조는 점점 더 가라앉아 회복하기 어려워질 게 뻔했다. 이럴 때는 조합원들을 일으켜 세우기 위한 선도적인 투쟁이 필요하다는 결의가 모아졌다. 그 때부터 핵심조합원과 대의원을 중심으로 투쟁에 나서기로 하고 준비에 들어갔다.

1986년 3월 16일 점심시간이었다.

허재우가 식판을 엎으면서 분위기를 모아나갔다. 박성철, 여영국 등은 유인물을 뿌렸다. 정광희가 식탁 위로 올라가 선동을 시작하였다. 조합원들이 모여들자 관리자들이 정광희를 끌어내리려 달려들었고, 여영국, 박성철, 허재우 등이 식판을 던지며 필사적으로 이를 막으려 몸싸움을 벌였다. 그 사이 잠겼던 식당 문을 부수다시피 열고 관리자들 50여 명이 뛰어들었고, 그들 손에 5명은 하나씩 끌어내려져 출동한 형사기동대에 의해 넘겨졌다. 불과 30분도 걸리지 않았으나 이 사건으로 관련자들 모두가 해고되고 말았다.

3. 그 날이 올 때까지

최루탄 가스는 공장의 담을 넘고

1987년 상반기까지만 해도 노동자들은 정권과 회사측 탄압 앞에서 머뭇거리고 있었고 노동운동 역시 전체적으로 강압적 노동통제와 정치적 탄압, 그리고 기업별 노조체제로 인해 고립분산적이고 자연발생적 요구투쟁의 수준을 크게 넘지 못하고 있었다.19)

그런 가운데서도 노동자들은 소모임활동이나 대중단체들의 교육을 통해 꾸준히 성장하고 있었다.

소모임활동은 현장활동가나 선진노동자들이 모여서 이론학습과 실천과제를 통해 선진노동자를 양성해 나가던 당시로서는 가장 중요하고 보편적인 교육의 장이었고, 조직활동의 기본단위였다. 이론학습 내용은 주로 노동조합법이나 노동조합활동, 대중조직론, 그리고 정치, 경제, 사회 등 다방면에 걸쳐 노동자 계급의식을 고취하는 내용 등이었다. 이러한 소모임활동은 1980년 중반 이후 전국적으로 꾸준히 확산되고 활성화되었는데 마창지역에는 1985년부터 1987년까지 (주)통일, 한국중공업, 배정운수 등 마창지역의 해고노동자와 지식인활동가들이 만나면서 시작되었다.

그 중 (주)통일에서 구속과 해고, 강제사직, 권고사직 등을 통해 회사를 쫓겨난 노동자만 무려 80여 명에 달했다. 이들 중 대다수는 블랙리스트에 올라 재취업이 금지된 상태였기 때문에 생계의 위협과 생활고로 인해 어쩔 수 없이 현장을 떠날 수밖에 없었다. 그러나 일부 해고자들은 경제적 고통을 감내하면서도 현장 밖에서 계속 현장조합원들과의 소모임을 꾸리고 이론학습과 조직적 실천활동을 꾸준히 전개하면서 선진노동자로 성장해 갔다. 조합원들이 신문값으로 내는 1천 원, 5천 원으로는 신문이나 유인물을 인쇄하거나 복사하는 비용으로 충당하기에도 턱없이 부족했다. 해고자들은 영세사업장이나 건설현장

---

19) 1987년 2월 창원 대우중공업의 호봉승급 항의투쟁, 마산 금성택시의 월급제 쟁취 및 임금인상투쟁, 수미다의 노조결성투쟁 등은 뚜렷한 성과를 이루지 못하였다.

에서 임시직이나 노가다로 일하면서도, 밤이면 학습과 모임 등 활동을 지속하였다. 버스비가 없어 걸어다니는 건 부지기수였고, 라면으로 끼니를 때우다보니 때로는 허기를 달래기 위해 밭에서 무우를 뽑아 먹기도 했다. 그동안 (주)통일 해고자들이 발행한 신문은 초기 150부에서 1987년 4, 5월에는 500부로 늘어났다. 이 숫자는 바로 그 날을 기다리는 선진노동자들의 숫자를 의미하는 것이었다.

 이 밖에도 선진노동자들은 각종 종교단체나 사회단체의 교육과 모임을 통해서도 꾸준히 성장하고 있었다.[20] 이러한 단체들의 노동자교육은 주로 초보적인 노동자권리에서 출발하여 노동조합에 관한 학습과 토론이 주를 이루었지만, '노동자', '노동조합'이라는 단어조차 꺼리던 당시의 정치상황에서는 이나마도 위험부담을 안은 채 조심스럽게 이루어질 수밖에 없었다.

 또한 마창지역 노동자 대부분은 취미나 교양서클뿐 아니라 동창회나 향우회 등 광범위하게 형성된 각종 친목회를 통해 다양한 노동자들을 접촉할 기회가 많았고, 20대라는 비슷한 나이로 인해 쉽게 공감대를 형성할 수 있었다.

 이렇게 각종 사회단체나 서클, 친목회 등을 통해 초보적이나마 대중활동을 경험하고, 노동자의식에 눈을 뜬 노동자 중 일부는 다시 소모임으로 조직되어 점차 대중조직 지도자로서의 자세와 품성을 훈련해 나갔다. 비록 소모임활동 노동자들은 소수에 불과했으나 이들은 1당 100의 막강한 힘을 지닌 선진노동자들이었다.[21]

 1987년 3월 박종철 열사의 추모행사가 마산 남성동 성당에서 열렸

---

20) JOC나 민중교회 등 종교단체나 YMCA, YWCA와 같은 대중단체에서도 점차 노동자교육과 후속모임 등이 활발해져 갔다.
21) 공식통계는 없으나, 당시 (주)통일에만 열 개 정도라고 하니 지역 전체 소모임 숫자가 얼마인지는 짐작할 수 있을 것이다.

다. 전투경찰이 성당 밖을 삼엄하게 에워싼 가운데 성당 마당에서 참석자들은 모두 어깨를 걸고 '민족해방가'를 불렀다. 그동안 퀴퀴한 곰팡이 냄새가 배어나오는 어두운 골방 구석이나 지하 단셋방에서 이불을 뒤집어쓰고 목소리를 죽여가며 부르던 바로 그 노래였다. 그런 노래를 목청껏 소리내어 부를 수 있다는 것만으로도 참석자들은 감격에 겨워 목이 멜 정도였다.

다음날 현장의 기계 위에는 누가 갖다놨는지 모를 유인물이 놓여 있었고, 날이 갈수록 화장실의 낙서는 격렬한 구호로 뒤덮였다.

메케한 최루탄 냄새가 바람을 타고 공장의 담을 넘어 흘러들었다.

6월 민주항쟁에 앞장선 마창 노동자

1987년 4·13 호헌 조치가 발표되자 전국은 연일 '호헌철폐'와 '독재타도'의 구호로 들끓었다.

그리고 6월 10일 민정당 전당대회에서 노태우가 대통령 후보로 지명받고 감격의 눈물을 흘리던 바로 그 시각에 전국에서는 6·10 대회가 동시다발적으로 시작되었다.

마산에서도 6월 10일 오후 6시 3·15 의거탑과 분수 로터리에서 6·10 대회가 시작되었으나 곧바로 '민주헌법쟁취국민운동 경남본부' 관련 인사 전원이 경찰에 연행되는 바람에 시위는 좌절되는 듯 했다. 그러나 경남대생 500여 명이 '와'하며 일제히 거리로 뛰어나와 경찰에 돌을 던지며 가두투쟁을 강행하자 순식간에 시민들이 여기에 가세하면서 시위대는 급격히 불어났다. 시민과 학생들은 경찰의 무차별 최루탄 난사에 밀려 마산 공설운동장 쪽으로 향하다가 결국 운동장 안으로 쫓기게 되었다.

마침 마산 공설운동장에서는 대통령배 축구경기가 열리고 있었는데, 경찰이 시위대를 향해 쏜 최루탄이 바람을 타고 경기장 안으로 밀려들어가게 되었다. 처음으로 지독한 최루가스를 맡아본 이집트 선수들은 눈을 가리고 주저앉거나 나뒹굴면서 고통을 호소하였다. 그 사이에 한국선수가 볼을 골인시켜 관중의 환호성이 터져 나왔으나 곧바로 무효와 함께 경기중단이 선언되었다.

성난 3만 명의 관중들은 분노를 터뜨리며 한꺼번에 정문을 쏟아져 나왔고, 그들 앞에 시위 학생이 앞장서면서 이들은 자연스럽게 시위대열로 변했고, 가두시위는 폭발적인 투쟁으로 발전하였다. 대부분의 마산지역 파출소는 시위대의 공격으로 파괴되거나 불에 탔고, 민정당 국회의원 사무실, 마산시청, MBC 사옥 등은 시위대의 집중공격을 받았다.

연일 벌어진 투쟁으로 다소 소강상태에 빠졌던 6월 항쟁은 6월 26일 '민주헌법쟁취를 위한 국민평화대행진'을 계기로 다시 살아나 6월 27일과 6월 28일 연일 3일 동안 시가전을 방불케 할 만큼 격렬한 시위와 새벽까지 이어진 투쟁으로 불타올랐다. 경찰이 분풀이하듯 연행자들을 폭행하자 이에 분노한 가족과 시민들이 6월 29일 마산경찰서로 몰려가 항의시위와 연좌농성을 전개한 끝에 경찰서장으로부터 공개사과를 받아내고 연행자 전원을 석방케 하였다.

이렇게 전 국민적 항쟁으로 발전한 6월 민주항쟁은 6·29 선언이라는 정부여당의 전술적 후퇴로 그 막을 내리게 되었다.

마산의 6월 민주항쟁은 초기에는 경남대생 등 대학생을 중심으로 주도되었으나, 경찰의 진압이 점차 폭력적으로 변하면서부터, 돌과 각목을 든 시민들과 노동자들에 의해 주도되기 시작했다. 마창지역은 서울이나 부산처럼 넥타이부대라는 사무직 노동자나 혹은 중산층 세력이 광범위하게 형성되지 못했기 때문에 소수학생과 선진노동자들이 앞장서고 그 뒤에 영세상인, 막노동꾼, 그리고 일반노동자들이 광범위하게 참여하는 특이한 양상을 띠게 되었다.

노동자들은 연일 벌어진 6월 항쟁에 처음에는 개별적으로 혹은 소모임 형태로 참가하였다. 비록 총학생회와 같은 조직은 없었으나 노동조합이나 소모임, 현장 내의 인맥을 중심으로 100명 정도 동원하여 선발대로 치고나가는 것은 가능한 일이었다. 그 중 적극적인 선진노동자들은 화염병도 던지고 군중 속에서 구호도 외치는 등 가두투쟁을 새롭게 경험하기도 하였다. 그러다가 차츰 통근버스에서 유인물도 나눠주고 선동도 하게 되자 노동자들은 아예 퇴근하는 버스에서 한꺼번에 내려 집단적으로 참여하였고, 나중에는 회사측이 시위참여를 막기 위해 잔업을 시킬 정도로 참여 노동자 수는 날로 늘어갔다.

이렇게 6월 민주항쟁의 투쟁주체가 급속하게 일반노동자들로 채워지면서 6월 항쟁은 또 다른 투쟁을 예고하게 되었는데, 이와 관련하여 진영규 (주)통일노조 위원장은 당시를 이렇게 회고하였다.

"집회 끝나면 주로 양산박에 모였어요. 거기서 술 마시면서 영웅담을 늘어놓았죠. 뒷정리나 평가를 곁들여 다음 집회계획이나 투쟁전술, 혹은 정치적 상황에 대한 정보도 나누고 그랬어요. 그 때 자연스럽게 우리도 조합 한번 뒤집자, 한번 일어나야 된다, 이런 얘기가 나오면서 민주노조를 이야기했죠. 술잔을 높이 들고 건배하면서 한번 해보자는 결의를 많이 했어요. 그 중심세력이 민노추가 되고, 그게 1987년 7·8월 투쟁으로 가게 된 겁니다. 이 때 투쟁계획을 짰습니다. 6월 항쟁 때 통근버스 타고 가다가 싸움이 시작되니까 버스가 섰어요. 그 때 통근버스 안에서 선동적으로 고함을 질러 '우'하고 사람들을 동원했던 친구가 바로 1987년 (주)통일 싸움 시작할 때 선동요원으로 추천되었다니까요."

6월 항쟁, 그것은 바로 7·8월 노동자대투쟁의 서곡이었던 것이다.

활동가들의 조직, 경남지역노동자협의회

한편 6·29 선언 이후 많은 구속자가 석방되었으나 유일하게 석방되지 않은 국민운동경남본부 문성현 공동대표 석방투쟁이 7월 9일부터 전개되었다. 충무경찰서 및 충무지청 항의방문과 점거농성으로부터 시작된 이 투쟁으로 33명 전원이 즉결처분을 받았으나 이후 정식재판을 청구하여 만 10일 만에 전원 석방되었다.[22]

마침 이 투쟁이 벌어질 당시는 7월 5일 현대엔진노조결성투쟁에서부터 시작된 노동자투쟁의 불길이 급속하게 전국으로 확대될 조짐이 보이고 있었다. 따라서 활동가들은 그동안 개별적 혹은 소모임으로 분산된 역량을 갖고 비공개적으로 활동해 온 형태로는 앞으로 한꺼번에 터져 나오는 노동자투쟁을 지도하고 지원할 수 없다는 데 다같이 동의하게 되었다.

이러한 공감대를 바탕으로 활동가들은 힘을 하나로 모아야 한다는 대의에 합의하고 7월 26일 경남지역노동자협의회(이하 '경노협')를 결성하였다. 결성 직후 경노협은 현대엔진노조 사례발표회를 개최하였는데, 울산 상황이 전국적으로 파급되는 시점과 맞물려 참석자(약 300여 명)들에게 큰 반향을 불러일으켰다. 참석자들은 각종 소모임과 사회단체를 통해 각성된 선진노동자, 그리고 각종 취미서클이나 친목회에서 주도적으로 활동해 오면서 6월 민주항쟁을 어떤 형태로든 직간접으로 몸소 경험한 노동자들이었다. 따라서 이들은 울산 소식에 우리도 들고일어나야 된다는 분위기를 밀어붙이게 했고, 여기에 이제나저제나 분출할 기회를 기다려온 대다수 노동자들이 합세하면서 투쟁은 걷잡을 수 없는 불길로 치솟기 시작했다.

그리고 불길은 공장의 담을 넘어 공단 전체로, 나아가 마창지역 전체로 들불처럼 번져나갔다.[23]

---

22) 국민운동 경남본부, '민주헌법쟁취국민운동경남본부 공동대표, 노동운동가 문성현 동지석방 요구투쟁 경과보고서', 1997. 7. 14 참고.
23) 경노협은 노조활동 경험이 전무한 노동자들에게 구체적 활동방침과 절차들

4. 1987년 7·8월 노동자대투쟁

6·29 선언에 일반국민들이 일말의 기대를 가지고 주춤거리고 있을 때, 말뿐인 민주화선언에 대해 가장 먼저 피맺힌 외침을 터뜨린 것은 이 땅의 노동자들이었다. 이것은 독재하에서 가장 억압받고 수탈당했던 노동자들에게는 민주화란 바로 자신의 생존권과 가장 절실하게 연관되는 요구임을 나타내는 것이었다.

한국의 노동운동사에서 1987년 7·8월 노동자대투쟁(이하 '대투쟁')이 지니는 의의는 아무리 강조해도 지나치지 않다. 대투쟁과 그 이후의 기간 동안 한국의 노동운동은 양적, 질적인 모든 면에서 비약적인 발전을 거듭했고, 이것은 우리 노동운동뿐 아니라 세계 노동운동사상 유례를 찾기 힘든 역동적인 노동자대투쟁의 역사였다.

그러나 대투쟁은 결코 우연적인 것도 돌발적인 것도 아니었다. 지금까지 살펴보았듯이 노동자들은 기회있을 때마다 줄기차게 투쟁했고, 동시에 매번 좌절의 늪으로 빠져들면서도 포기하지 않고 더욱더 열망을 키워 마침내 대투쟁이라는 화산을 분출 폭발시켰다. 마창지역의 노동운동은 바로 이러한 과정을 전국 어느 지역의 노동운동보다 잘 보여주고 있다.

작업복을 입고서

1987년 대투쟁 기간 내내 노동자들이 가장 많이 외친 것은 "노동자

을 도와주기 위해 마산 가톨릭여성회관에 임시 사무실을 개설하고 상담과 교육활동에 동분서주하였다. 7월 중순부터 8월 중순까지 상담을 통해 노조결성이나 노조민주화를 달성한 건만 해도 하루 평균 두세 건, 한 달 총 60~90건으로 추산된다. 이렇듯 경노협은 오래 다져진 노조활동의 실천경험과 이론을 토대로 대투쟁 기간 내내 노조설립과 노조민주화투쟁을 보이지 않게 실질적으로 지도·지원하는 역할을 해냈다.

도 인간이다, 인간답게 살고 싶다!"라는 구호였다. 이렇듯 '노동자의 인간선언'이 남한 전체를 용광로처럼 뜨겁게 달구는 동안 7·8월의 내리쬐는 폭염도, 쏟아지는 폭우도, 임금노예의 굴종을 거부한 노동자들의 투쟁을 결코 막지 못했다. 노동자가 하나의 계급으로서 당당하게 자리잡게 되고, 해방 이후 정치사회의 변혁의 주체였던 학생층을 대신하여 강력하고도 조직적인 사회의 중심세력으로 새롭게 부상한 것은 바로 대투쟁 이후였다.

아울러 대투쟁은 노동자들 자신에게도 커다란 인식의 변화를 가져오게 했으니, 노동자 스스로 변혁의 주체로서 새로운 계급적 각성과 역사적인 책무를 자각하게 된 것이 그것이다.

"사실 그 전에야 어디 작업복 입고 다닐 수 있습니꺼. 근데 이젠 아예 작업복 입고 출퇴근하는 게 예사가 됐어예. 아가씨 만나러 다방에 갈 때도 일부러 작업복 딱 입고 갑니더. 가서 어깨 힘 딱 주고 앉으몬 사람들이 다 쳐다보거든예. 겁나는 게 없다 아닙니꺼. 경찰하고도 싸우고 파업해서 임금 빵빵하게 따내는 노동자 아닙니꺼."

'작업복을 자랑스럽게 입고 다니게 되었다'는 사실, 이것이 대투쟁이 노동자들에게 남긴 가장 큰 상징적 변화이며 의의였다.

들불처럼 번진 대투쟁

1987년 7월 5일 울산 현대엔진에서 민주노조 깃발이 휘날린 것을 신호로 울산 전 지역이 '임금인상', '어용노조 퇴진', '민주노조 쟁취'의 함성으로 뒤덮였다. 그리고 이런 울산의 투쟁열기는 곧바로 부산을 거쳐 마산과 창원으로 불어닥쳤다.

7월 21일 동명중공업에서 노조를 결성한 것을 신호로, 현대정공이

7월 31일 노조를 결성하고, 한국중공업은 7월 31일 노조민주화추진위를 구성하였다. 그리고 7월 27일 효성중공업 1,500명 노동자들은 "어용노조 집행부 퇴진, 상여금 인상, 하기휴가금 5만 원 지급, 장학금 지급" 등의 요구를 내걸고 파업농성에 돌입하였다.

이러한 투쟁의 불씨들은 8월이 되면서 곧장 불꽃으로 타올라 전 공단으로 들불로 퍼져 나갔다.

8월 1일 세신실업 1천여 노동자들은 "상여금 400%, 연월차 수당 150%, 식당밥 질 개선" 등을 요구하며 파업농성에 돌입했다.

그리고 8월 2일 현대정공 1천여 명의 노동자들도 노조결성 보고대회를 갖고, 임금인상 등의 요구조건을 내걸고 "8시간 근무로 생활임금 쟁취하자", "악덕관리자는 즉각 물러가라"는 구호를 외치면서 농

1987년 7월 31일 노동조합을 결성한 현대정공 창원공장 노동자들은 8월 2일 노조결성 보고대회를 연 후 곧바로 임금인상 등 14개항의 요구조건을 내걸고 농성에 들어가 불과 몇 시간 만에 '법정공휴일 유급휴가' 등 9개항의 요구조건을 따냈다(사진은 8월2일 노조결성보고대회).

성에 돌입하고, 오후에는 창원기지 앞 가두로 진출하여 30여 분간 연좌농성을 벌인 끝에 "휴일 유급휴가제 실시" 등의 요구조건을 관철하였다.

또한 8월 4일 대우중공업 1, 2공장 1,300여 명 노동자들은 그동안 회사측과 노조측에 쌓인 불만을 토로하며,24) 비 속에서도 파업농성에 돌입하여 가족들까지 동참한 7일간의 농성 끝에 "기본급 2만 원 인상" 등을 관철하였다.25) 같은 날 삼성중공업 1공장에서도 일용직근로

한국중공업노조 민주화추진위는 1987년 8월 5일부터 2천여 명의 조합원들과 가족들이 중기공장 앞에서 4일간의 철야농성을 벌인 끝에 '어용노조 퇴진'을 비롯한 11개의 요구사항을 관철시켰다.

24) 1987년 2월 26~3월 7일 대우중공업 1천여 노동자들은 기만적인 임금인상에 항의하여 태업, 중식거부, 잔업거부 등을 전개하였다.
25) 대우중공업은 노동자들이 기존의 어용노조를 견인하여 파업농성을 주도, 임투를 승리로 이끌었다. 그러나 기존의 노사협조적인 노조는 현장 노동자들의 투쟁의 열기에 떠밀려 투쟁을 전개하다가 이후 회사측과 결탁함으로써 오히려 노동자들의 투쟁열기를 소진시키고 요구관철도 타사업장에 비해 적게 나타났다.

자들이 '하기휴가를 유급으로 처리하라', '작업복을 사원과 동일하게 지급하라'는 등 일상적인 문제를 가지고 농성에 들어갔다.

그런가하면 8월 5일 한국중공업 2천여 노동자들도 농성에 돌입하여 가족들과 함께 4일간 철야농성 끝에 "어용노조 퇴진"과 "미지급 임금 지급"과 "임금 5% 추가인상", "해고자 복직은 법에 따르겠다"는 등을 관철해냈다.26)

8월 6일에는 한국캬뷰레타 노동자들이 "임금 18% 인상", "상여금 450% 지급" 등의 요구사항을 내걸고 농성에 들어갔고, 8월 7일에는 한국철강, 범한금속, 대한화학기계, 효성기계 등에서 농성이 시작되는 등 점차 불길은 빠르게 그리고 넓게 번져갔다.

(주)통일, 기아기공 등 노조민주화투쟁 장기화

한편 8월 7일 (주)통일에서는 '민주노조쟁취 추진위원회'의 선도로 투쟁이 촉발되었는데, 순식간에 불어난 1천여 명의 노동자는 '민노추'를 중심으로 곧장 파업농성에 돌입하였다.

기아기공 역시 900여 노동자가 "어용노조 퇴진" 등을 요구하며 파업농성에 들어갔다.

(주)통일과 기아기공은 선진노동자들의 결집체인 '노조민주화 추진위원회'를 중심으로 6월 항쟁 과정에서부터 긴밀한 만남을 갖고 투쟁일정을 조정하고 투쟁방법을 함께 계획하기도 하였다.

그러나 (주)통일 회사측은 '민노추'와의 협상을 거부하고 통일교 신자와 관리자를 중심으로 구사대를 조직하여 농성조합원과 대치하였

---

26) 7월 30일 한국중공업 노동자 600여 명은 점심시간에 어용노조 성토대회를 갖고, 다음날 노조민주화 추진위원회를 구성한 바 있다. 여기서 미지급 임금이란 회사측이 그 동안 통상 임금이 아닌 기본급을 기준으로 계산한 탓으로 발생한 임금차액으로서 1인당 50만 원에 달하였다.

고, 기아기공 회사측 역시 축구부, 관리자, 깡패 등을 동원하여 구사대를 구성한 뒤 파업농성을 폭력으로 진압하려 하였다. 이렇듯 회사측의 탄압책동으로 인해 (주)통일과 기아기공 노동자들은 무기한 철야농성 등 장기투쟁에 들어가게 되었다.

여기에 금성사 1, 2공장 노동자 3천여 명이 8월 10일 "어용노조 퇴진"과 "임금 30% 인상" 등을 요구하며 농성에 들어가 1, 2공장 사이를 왕래하며 가두시위를 벌이고 그 중 1천여 명이 철야농성에 들어갔다.

이렇듯 대기업의 임금인상 및 노조민주화투쟁이 장기화되고 폭발적 파업농성투쟁으로 전개되는 가운데 투쟁은 8월 10일 월요일을 기점으로 인근 중소기업과 하청기업으로 급속히 확산되었다. 그리하여 8월 초순부터 부영공업, (주)산다, 유니온가스, 쌍용중공업, 대원강업, 대명공업 순으로 신규노조 건설 싸움이 전개되고 이 투쟁 역시 예외 없이 파업농성으로 연결되었다.

'하루 8시간 노동제'와 '임금 50% 인상'을 요구하며 농성을 벌이고 있는 동우정기(현 기아정기) 노동자들(1987년 8월 11일).

이처럼 동시다발적으로 분출된 투쟁들이 서로 영향을 주고받으며 시기와 규모를 같이하게 되면서 창원공단의 조업은 사실상 중단되고 마비되었다.

지게차를 앞세우고 최루탄 속을 돌진

이런 가운데 8월 11일에는 각 사업장에서만 투쟁을 전개하던 노동자 수만 명이 지게차를 앞세우고 창원대로로 뛰쳐나와 돌과 화염병을 던지며 최루탄 속을 돌진하였다.

8월 11일 금성사에서는 철야농성 노동자 중 200여 명이 지게차 25대에 분승하여 공장주변 도로를 돌며 1시간 동안 가두시위를 벌였다.

1987년 8월 11일 금성사(현 LG전자) 3천여 노동자들이 임금인상과 어용노조 퇴진을 요구하며 지게차를 앞세우고 창원대로로 진출하고 있다.

이에 대림자동차에서도 500여 노동자들이 정문을 박차고 나와 "인간답게 살고 싶다, 생활임금 보장하라"는 현수막을 들고 2시간 동안 가두시위를 벌였고 여기에 창원기화기 300여 노동자들도 가두시위를 전개하고 창원시청 앞에서 연좌농성을 벌였다. 그러자 풍성전기 400여 노동자들도 회사 통근버스 8대에 분승하여 창원 전 지역을 돌며 차량 가두시위를 벌였다.

1987년 8월 11일 임금인상을 요구하며 창원대로에 나선 창원기화기 노동자들.

오후 5시경이 되자 또다시 금성사 노동자 250여 명이 지게차에 분승하여 가두로 진출하였고, 뿌연 최루탄 연기 속에서 노동자들과 경찰과의 격렬한 충돌이 일어나게 되었다.[27]

금성사 노동자들의 가두 진출에 인근의 창원기화기 노동자 200명, 동우정기 노동자 100명, 풍성전기, 오성사, 동환산업 등 노동자들이

---

[27] 경찰의 최루탄 난사로 금성사 조합원 이상영이 머리에 부상을 입고 뇌수술을 받는 등 노동자 3명이 크게 다쳤다.

동조하면서 박수를 보냈다.
　금성사 노동자들은 규탄대회 후 또다시 철야농성에 들어갔고 회사측은 곧바로 휴업조치를 내렸다.

> "금성사는 짐승사라고 할 만큼 공단 안에서도 월급이 박하기로 소문이 자자했심더. 그래서 술집에서도 금성사 작업복을 보면 외상을 안 줄 정도였지예. 하지만도 대투쟁 이후 우리도 외상 술을 마실수 있게 됐지예."

　금성사 2공장 하태욱 전 지부장은 대투쟁이 일어나게 된 원인을 구체적 현실로 설명해 주었다.
　한편 8월 10일 삼성중공업 2공장노조가 결성되었으나 회사에서 미리 어용노조를 설립하는 바람에 11일 창원시청에 노조설립신고서를 제출하지 못하게 됨으로써 어용노조 퇴진투쟁이 벌어지게 되었다.

마산수출자유지역 8월 투쟁

　창원공단 전체가 조업중단된 8월 중순, 노동운동의 무풍지대라 불리우던 수출지역에도 민주노조결성투쟁이 전개되기 시작했다. 수출지역 사업장은 한 울타리 안에 다닥다닥 붙어 있어 투쟁이 시작되면 순식간에 전체로 번지는 구조였다.
　마산지역의 투쟁은 8월 5일 조선맥주 동방유량 태영운수를 시작으로, 8월 6일에는 마산공동탁주, 8월 7일에는 한일합섬으로 불길이 옮겨붙으며 계속 타올랐다.
　8월 9일 노조를 결성한 타코마 노동자 800여 명은 8월 11일부터 "노조설립신고필증 교부"와 "노조사무실 설치"를 요구하며 농성을 벌였고, 대성공업 1천여 노동자들도 "임금, 상여금, 식비 등의 인상", "법정 공휴일 유급제 실시" 등의 요구조건을 내걸고 파업농성을 전개

1987년 8월 13일 수출지역 한국삼미 1,300여 노동자들이 작업을 중단하고 농성에 들어가자 회사측은 곧바로 휴업으로 맞섰다. 그러나 휴업이 끝난 17일 다시 모인 노동자들은 수출지역 내에서 가두시위를 벌이고 바로 그 날 노조를 결성, 19일에는 임금 10% 인상 등 빛나는 승리를 쟁취하였다.

하는 등, 8월 11일 하루 동안 수출지역에만 동아실크, 동경실리콘, 한국판창, 산본 여성노동자들이 임금인상을 내걸고 농성에 들어갔다.

또한 8월 13일에는 한국삼미에서 1,400명 노동자들이 일제히 작업을 중단하고 "일본인 공장장 퇴진"과 "임금인상과 수당지급"을 요구하며 농성에 들어갔고, 회사측은 즉각 휴무조치를 내렸다. 노동자들은 17일 휴무가 끝나자 수출지역 안에서 가두시위를 벌이고 노조를 결성, 결국 8월 19일 임금 10% 인상을 관철했다.

또한 8월 13일 신흥화학 노동자 1천여 명은 "임금 30% 인상"과 "각 부서장 퇴진" 등을 요구하며 농성에 들어가 17일 "임금 12.5% 인상" 등을 관철하였다.

4. 1987년 7·8월 노동자대투쟁 49

1987년 8월 20일 '단체협약준수' 등을 요구하며 4일째 파업농성을 벌이고 있는 마산 금성교통 노동자들.

수출지역 내 신한공업 500여 명의 노동자들도 1987년 8월 18일 임금인상 등 17개항을 요구하며 역내에서 가두시위를 벌였다.

울산에서 4만 명의 노동자들이 격렬한 가두투쟁을 전개하여 경찰을 무력화시킨 8월 17일과 18일 수출지역 노동자의 투쟁도 한꺼번에 터져 나왔다.

8월 17일에는 금성교통, 일선, 성전에서, 8월 18일에는 수미다, 신한공업, 동광, 한국ISI, 동양통신, 소요 등에서 자연발생적으로 혹은 노조 주도하에 임투가 전개되었다. 그리고 8월 20일을 전후로 시티즌, TC, 중천, 스타 등 규모가 비교적 큰 업체에서도 잇따라 파업농성이 발생하였다.

이렇듯 마산에 수출지역이 설치된 지 17년 만에 8월 한 달 동안 총 75개 입주업체 중 20여 개 업체에서 노조가 결성되고, 41개 업체에서 쟁의가 발생하는 등 사상 유례없는 투쟁이 진행되었다. 파업농성이 전개되는 동안 수출지역 공단 내를 행진하는 노동자 대열이 매일, 매시간 이어졌고, 머리띠를 매고 돌아다니는 노동자 역시 부지기수였다. 노동자들의 가두행진과 집회와 농성 등 투쟁 분위기를 처음 접하게 된 외국 투자자들은 놀라움과 충격을 감추지 못했고, 서둘러 자본철수를 검토하는 계기가 되었다.

투쟁의 규모와 양상

대투쟁에 참가한 노동자는 수출지역에서 2만5천 명(67%), 창원공단에서 4만여 명(60%) 등 총 8만여 명에 이르렀다. 이는 당시 마창지역 전체 노동자 약 15만 명 중 50%가 넘는 수치였다. 투쟁사업장으로 보면 전체 250~300여 개 업체 중, 반이 넘는 140개 업체에서 투쟁이 전개되었다. 따라서 한창 투쟁이 절정에 이르렀던 8월 10일 전후에는 창원공단 전체 중 2/3 이상이 조업중단 상태였다고 볼 수 있다.

이렇듯 대투쟁으로 인한 조업중단 상태는 창원공단이 주로 자동차 부품, 기계공업의 기본소재, 공구 및 기계류부품 등의 생산기지라는 점을 감안할 때 사실상 한국 경제의 기능마비로 연결될 정도로 엄청난 파급력을 나타내는 것이었다.

투쟁 양상에서도 대투쟁은 주로 선파업, 후협상으로 진행되었다. 말하자면 법규정과 상관없이 초기부터 강력한 파업, 농성, 그리고 사업장 점거 등의 실력행사로부터 시작해 이후에 회사와 협상하는 방식으로 진행된 것이다. 간혹 회사측이 협상기피, 지연, 휴폐업 신고 등으로 대응하면, 노동자들은 인근 사업장과의 연대투쟁, 동일 자본계열사 간의 공동투쟁을 모색하였고 나아가 가두투쟁을 전개하였다. 오랫동안 무권리 상태에 있던 노동자의 권리를 쟁취하려다보니 강력한 '힘'에 의존할 수밖에 없었고, 초보적인 계급의식이 법을 무력화시키는 비합법투쟁으로 표출되었던 것이다.

이렇듯 마창지역 노동자대투쟁이 다른 지역보다 급속한 속도로, 대규모로 터져 나온 원인으로는 무엇보다 업종의 단일함을 들 수 있다. 수출하면 '전자', 공단하면 '기계금속'으로 통할 정도로 같은 전자조립공, 같은 기계공이라는 일체감이 대중들을 하나로 묶는 데 큰 도움이 되었다고 볼 수 있다. 여기에 연령층이 25~35세로 젊은층이 대부분이고, 평균학력 또한 고졸 정도로 평준화되었다는 점도 한 몫을 하였다. 학력이란 것이 계급의식 각성에 주는 영향은 크지 않지만 투쟁의 흐름이 잡히면 의식발전을 수용하는 데 많은 도움이 될 수 있는 것은 사실이다. 또한 고교 동문회, 직업훈련원 동문회 등 친목회가 광범위하게 조직된 것 역시 투쟁동력의 동원을 용이하게 하는 데 한 몫을 할 수 있었다.

어용노조퇴진과 노조민주화

대투쟁 기간 동안 노동자들은 요구조건으로 인간적 대우개선, 퇴직금 누진제, 국경일 휴무 인정, 연월차 유급휴가 등을 광범위하게 내걸었는데, 그 중에서 공통적으로 '임금인상', '근로조건 개선', '노조설립 또는 어용노조 퇴진' 등을 중요한 요구로 제기하였다.

특히 그 중 '어용노조 퇴진'과 '노조민주화' 요구는 전체 투쟁사업장 중 70% 이상의 사업장에서 제기됨으로써 전국적인 공통사안으로, 그리고 치열한 쟁점으로 뚜렷하게 부각되었다. 이는 노동자들이 단결과 투쟁의 무기로서 노동자의 조직인 노조결성의 필요성을 인식한데다가 특히 민주노조에 대한 필요성을 절감했기 때문이다.

특기할 것은 노동자대투쟁이 주로 대기업과 재벌기업 노동자를 중심으로 전개되었고, 특히 중공업 남성사업장에서 벌어진 노조민주화 투쟁이 지역운동의 구심을 형성하면서 이후 투쟁 확산의 견인차 역할을 하게 된 점이다. 그동안 (주)통일, 한국중공업, 기아기공 등 대규모 사업장에서는 자본과 공권력에 의한 노조어용화, 부당해고, 불법구속 등 탄압이 치밀하고도 극심하게 자행되었다. 따라서 자연히 이러한 사업장의 노조민주화에 대한 요구와 투쟁의지가 타사업장보다 더 치열할 수밖에 없었다. 덧붙여 회사측이 무기한 휴업, 구사대 조직, 공권력의 공공연한 비호를 통한 농성진압 등 재벌답게 총체적 탄압을 가함으로써 노동자들의 투쟁 또한 장기화될 수밖에 없었다.

1987년 대우중공업 투쟁의 과정에서 발생한 정경식 열사의 의문사는 바로 대기업의 노조민주화투쟁이 얼마나 험난한 길인가를 나타내는 실례였다. 1987년 6월 8일 대우중공업노조 본조 위원장 선거를 며칠 앞두고 정경식 열사는 기숙사를 나간 후 실종되었다가 9개월 만인 1988년 3월 2일 산불감시원에 의해 유골로 발견되었다. 실종 당시 정경식 열사는 회사측 사주를 받고 있던 어용노조에 반대하는 민주노조 추진위측 젊은층 대표를 지지하는 선거운동에 참여하고 있었다.

그러나 처음부터 노조민주화를 전면에 내세운 사업장의 경우 싸움이 치열하고 조직적인 투쟁으로 나타난 만큼 대중의 참여도는 시간이

지날수록 낮아져 구체적인 성과를 얻어내는 데는 미흡하였다. 그에 비해 임투를 통해 노조민주화투쟁을 이끌어간 세신실업, 효성중공업, 풍성전기 등의 경우는 조합원의 참여도가 높아 요구사항의 관철에 유리한 분위기를 조성해 갈 수 있었다.

임금인상과 노조결성

마창지역 1987년 한 해 동안의 임금인상률은 18~28%에 육박하였다. 이것은 대투쟁 이전인 봄에 인상된 임금(평균 7.5% 인상)을 여름에 또다시 투쟁을 통해 인상(10~20% 추가인상)함으로써 한 해에 두 번 임금인상을 쟁취한 결과였다.

그런가하면 대투쟁 기간 노조민주화를 이룬 사업장은 20여 개로서 여기에 신규노조(창원공단 20여 개, 수출지역 20여 개)를 합하면 마창지역의 민주노조는 총 60여 개에 달할 만큼 대투쟁 기간 민주노조가 급속하게 증가하게 되었다.[28]

그런데 대투쟁 기간 동안 신규노조결성과 임투는 불가분의 관계로 진행되어, 신규노조를 결성한 후 임투를 전개하거나,[29] 반대로 자발적인 임투 및 권익쟁취투쟁을 전개하는 과정에서 조직의 필요성을 느껴 노조를 결성하기도 하였다.[30]

---

28) 전국적으로 6·29 이후 10월 말까지 총 1,162개의 노조가 설립되어 6·29 이전에 비해 40%가 증가했다.
29) 중천, 타코마, 소요 등이 이 경우에 속한다. 그 중 타코마는 노조 주도하에 관리 사무직 노동자도 끌어들여 투쟁을 전개해 회사측에 타격을 가하였다. 그리고 부영공업은 회사측이 어용노조를 결성하였으나 노동자의 투쟁열기에 눌려 신고조차 하지 못했다.
30) 대원강업은 임투 초기에 노조를 결성, 장기간 지속적으로 싸워 일률적으로 3만 원 임금인상을 쟁취했다. 그 밖에 동경전파, 한국삼미, 한국ISI, 마산강관, 한국TT 등이 이 경우에 속한다.

먼저 전자의 경우는 전반적으로 초기 노조결성투쟁이 치열함으로써, 싸움의 여세를 몰아 노조 주도하의 임투를 전개하면서 노동자들의 신뢰를 획득해낼 수 있었다. 그에 반해, 후자의 경우는 노조결성에 대한 치밀한 준비 없이 자발적 요구에 의해 전개되다보니 당면문제인 임투에 더 급급한 경우가 많았다. 또한 투쟁과정에서 신규지도부가 대중과 강력한 결합을 이루지 못해 신규노조의 취약성이 한층 증폭된 경우도 있었다.[31]

그 밖에 기존 노조가 파업투쟁을 주도한 경우에도 일부에서는 협상과정에서 노조 집행부에 대한 불만이 높아지거나,[32] 집행부가 조합원을 기만하여 이후 노조민주화투쟁이 일어나는 계기가 되기도 하였다.[33]

500명 안팎의 중소기업이나 100명 이하의 소기업들은 노조 없이 자발적으로 임투를 전개하였으나 다른 사업장에 비해 투쟁기간은 짧은 편이고, 투쟁의 양상 또한 비조직적이며, 임금인상 등 요구의 성과 역

---

[31] TC는 농성 초기에 노조결성을 시도했으나 준비 부족과 회사측의 탄압으로 무너졌고, 오성사는 신규노조가 회사와의 협상과정에서 경험부족과 협상능력 취약성을 보여 노동자들의 불만을 사기도 했다.
[32] 이 경우에 속하는 노조는 풍성정밀, 대림자동차, 삼미종합특수강, 세방전지, 효성기계 등이다.
[33] 대림자동차는 부평공장에서 내려온 기존 노조 집행부가 봄에 임금인상을 타결지었으나, 8월 들어 조합원들의 반발로 또다시 임투에 나서게 되었다. 그러나 처음 제시한 노조측 요구안이 점차 집행부에 의해 수정을 거듭하게 되자 조합원들의 불만이 폭발하였다. 조합원들은 자발적으로 집행부가 막아놓은 정문 바리케이드를 부수고 거리로 나섰고, 할 수 없이 집행부가 가두시위를 이끌 수밖에 없었다. 집행부는 끝까지 투쟁으로 임금인상을 쟁취하려는 조합원들에게 휴가 후 다시 협상하자고 회유하였다. 그러나 휴가기간 동안 집행부는 회사측과 합의하였고, 휴가에서 돌아온 조합원들은 집행부의 배신에 분노하였다. 그 중 핵심조합원, 대의원, 간부 등 13명이 주축이 되어 '민주노조 쟁취위원회'를 결성하고 집행부를 바꾸기 위한 준비에 들어갔다.

시 미흡했다. 전체 노동자의 80% 이상이 참여한 투쟁이었음에도 불구하고 광범한 노동자의 힘을 모을 수 있는 스스로의 조직이 없었기에 계속 싸움을 이끌어갈 수 없었던 것이다.

5. 마산·창원노동조합총연합 창립

대통령선거와 노동자 탄압

남한 전역을 용광로처럼 달아오르게 했던 대투쟁은 8월 22일 직격최루탄으로 숨진 거제 대우조선의 이석규 열사 장례를 기점으로 정부의 대대적인 탄압에 직면하게 되었다. 먼저 정권의 나팔수인 언론매체들은 앞다투어 노동자대투쟁을 "좌경폭력세력", "외부불순세력" 운운하면서 부정적 여론으로 몰고 갔고, 자본측의 집단해고, 휴폐업조치, 구사대폭력 등 비인간적 노조파괴 공작과 노동자 폭행이 수없이 진행되는 가운데 경찰의 강제진압과 지도부구속 등이 잇따랐다.

이렇듯 언론과 정부의 여론 조작과 이데올로기 공세가 기승을 부리자 대중적 기반이 약하고 확고한 의식이 형성되지 못한 신규노조 지도부들은 쉽게 흔들리거나 무력해졌다. 그렇다고 쉽게 노조를 포기하거나 지도부와 선진노동자들의 희생을 방관한 건 아니었으나, 대중의 투쟁동력은 눈에 띄게 가라앉아 버렸다. 그에 비해 상대적으로 단단한 대중적 기반과 민주적 지도부가 중심을 잡고 있던 노조들은 선진노동자들의 대량해고와 구속이라는 대가를 치루어야만 했다. 정부의 공식발표만 봐도 1987년 7월부터 9월까지 3개월 동안 전국의 구속노동자는 525명에 달했고, 이 중 대부분이 대공장에서 발생한 구속자였던 것이다.

더욱이 사회의 전반적 분위기 역시 대통령선거라는 정치 분위기에 휩쓸려 민중의 생존권투쟁은 직선제 개헌과 야당후보 단일화 문제의 뒷전에서 고립되어 갔다.

(주)통일의 구속자석방투쟁과 지역연대투쟁

(주)통일노조는 8월 7일부터 20여 일간의 강고한 파업투쟁과 8월 28일 구사대의 잔악한 폭력을 물리친 끝에 감격적으로 민주집행부를 구성하는 데 성공하였다. 그러나 한 달 후인 9월 21일 새벽 진영규 위원장 등 5명의 간부가 강제연행되었다.34) 그리고 잇따라 기아기공, 한국중공업, 현대정공 등에서도 연행과 구속 사태가 빚어졌다.

(주)통일 조합원 2천 명은 즉각 수습대책위원회를 구성(위원장 : 김호성 부위원장)하고 9월 23일 회사 주변에서 최루탄을 쏘며 저지하는 경찰을 뚫고, 가두로 진출하여 창원대로를 점거하고 약 1시간 동안 가두시위를 벌였다. 그리고 9월 24일 1천5백여 명의 조합원들은 또다시 무장을 한 채 1공장과 2공장으로 나뉘어 정문을 돌파, 진압경찰을 향해 돌을 던지며 구속자를 구출하기 위해 창원경찰서로 향하였다. 그때 갑자기 경찰이 다연발탄을 무차별 난사하여 창원대로 일대가 부옇게 흐려져 앞이 안 보일 정도가 되었다. 경찰의 진압은 어느 때보다 강경했고 쇠파이프를 마구 휘둘러 이 과정에서 고환이 파열되고 머리가 다치고, 갈비뼈가 부러지고, 코뼈가 내려앉는 등 23명이 부상당했고, 21명이 연행되었다. 연행자와 구속자를 석방하기 위해 조합원 2천여 명은 9월 25일 1공장 본관 옥상을 점거하고 출근시간에 맞춰 노래와 구호를 외치며 농성을 벌였고, 이로써 연행 조합원 전원을 석방시켜 낼 수 있었다.

이렇듯 격렬한 투쟁에도 불구하고 각 단위사업장별 대응은 점차 한

---

34) (주)통일노조의 유수종, 최진수, 강영진, 이성희, 임수관 등 강제연행.

계에 달하게 되었다. 이에 경노협은 학생 등 시민과의 연대투쟁을 모색하게 되었다. 이에 9월 26일 경남대에서 열린 '민주노조수호 및 구속노동자석방을 위한 애국시민 결의대회'에 참석한 1천여 명의 노동자와 학생은 집회 후 격렬한 가두투쟁을 벌이기도 했다.

그러나 (주)통일 회사측은 9월 28일부터 무기한 휴업을 공고하고 10월 2일부터는 일반조합원들의 회사출입은 통제한 채 통일교 신자 노동자만으로 조업을 강행하였다. 조합원들은 매일 출근하여 수차례 정문출입을 시도하며 몸싸움을 벌였고, 10월 12일 정문을 흔들어 부수고 공장에 진입하였다.35)

(주)통일 노동자, 국민운동본부 농성투쟁과 전국노동자 연대투쟁

이렇게 민주노조진영이 극심한 탄압에 직면한 가운데 야당 및 민주화운동세력은 후보단일화 실패로 인해 '독자후보론', '비판적 지지론', '후보단일화론' 등 각양각색의 정치적 쟁점으로 분열되었다.

이에 (주)통일 노동자들과 부산지역 노동자들은 사회 분위기를 바꿔놓을 만큼의 강력한 투쟁과 적극적 폭로투쟁으로 전국 노동자들을 결집하자는 데 의견을 모으고 상경투쟁을 계획하게 되었다. 그러나 경찰의 폭행과 연행으로 인해 민주당사와 기독교회관으로 들어가지 못하고,36) 결국 10월 15일 국민운동본부로 장소를 옮겨 농성에 들어가게 되었다.

이 국민운동본부 농성투쟁은 대통령선거 문제에 골몰하던 민주화

---

35) 이 과정에서 신상호 조합원, 김호성 부위원장이 연행되었다.
36) 10월 13일 상경한 (주)통일 조합원 50여 명은 미리 정보를 입수한 회사와 경찰에 의해 민주당사 앞에서 반 정도가 연행되었고, 10월 15일 20여 명이 다시 기독교회관 앞에서 무차별폭행 속에 강제연행되어 국민운동본부로 자리를 옮기게 되었다. 이들은 12월 5일에야 창원으로 내려와 정상조업에 들어갔다.

운동세력과 고립분산된 싸움 속에서 무기력해진 노동운동권 전반에 커다란 반향을 불러일으켰다. 그리하여 서울, 인천, 성남, 안양 등 각 지역의 노동자들이 이 농성투쟁에 합류하고, 구속자 가족 및 각 사회단체와 학생들의 지원방문과 모금 등이 줄을 이었다. 그런가하면 10월 23일에는 창원, 부산, 서울, 안양 등지의 노동자 11명이 민정당사를 기습 점거하고 농성에 돌입하여 전국 노동자의 연대투쟁을 끌어내게 되었다.37) 이에 10월 27일 서울에서 열린 '노동운동탄압분쇄 결의대회'에는 전국에서 4천여 명의 노동자들이 참석하여 격렬한 가두투쟁을 벌이기도 하였다.

결과적으로 (주)통일을 비롯한 마창과 부산 노동자들이 주도한 상경투쟁은, 한편으로는 선거정치에 매몰되어 가는 민주화운동세력에게 경각심을 일깨우고 다른 한편으로 노동자들에게는 지역과 업종을 넘어 노동자는 하나라는 계급적 연대감을 자각하게 해 주었다. 다시 말해 국민운동본부 농성투쟁은 노동자들로 하여금 1987년 대투쟁의 소중한 성과물을 지키고 발전시키기 위해서는, 그리고 앞으로 더욱 극심해질 것으로 예상되는 정권과 자본의 강경 탄압에 대응하기 위해서는 보다 강력한 노동자의 연대조직을 결성해야 한다는 필요성을 절실하게 깨닫게 해 주었다.38)

---

37) 이 과정에서 (주)통일노조의 황선엽, 김철수, 신천섭 등이 구속되었다.
38) 1996년 초여름, 필자와의 면담에서 마창노련 이홍석 의장은 개인적 견해라는 전제하에 "개인적으로는 (주)통일노조의 진영규 의장과의 만남으로부터 노동조합이나 학습이 시작되었기 때문에, 진영규 의장이 구속되고 나서 많이 고민했다. 잠이 안 왔다. 마창노련을 만들게 된 것도 아마 이런 거 만들어 싸우면 그 친구가 안 나오겠나, 이런 생각에서 적극적으로 참여한 게 사실이다" 라고 말했다.

마수자와 공창원의 만남[39]

마창지역에서는 11월에도 여전히 노동자들이 투쟁을 전개하고 있었다.[40] 그리고 (주)통일노조는 구속자와 해고자, 강제사직자 등으로 100여 명 이상의 핵심조합원이 빠져나가 노조는 거의 공백상태에 이르렀다.

이제 강력한 연대조직의 건설은 피할 수 없는 과제가 되었다.

실질적 상급단체의 필요성을 인식한 '청년노동자회'[41] 및 7·8월 대투쟁에서 급부상한 몇몇 노조대표자들은 1987년 11월 18일 '마창노련 추진위원회'를 구성하고, 민주적 조합운영과 조합활동을 위한 지역연대조직의 기초를 다져 나갔다. 추진과정에는 경노협과 같은 노동운동단체나 지역활동가, 해고노동자 등 선진노동자 역량이 알게 모르게 영향을 주었던 것도 사실이었다.

실제 마창노련이 다른 지역보다 빨리 지역연대조직을 결성할 수 있었던 특수성 혹은 유리한 점이라고 한다면, 무엇보다 결성주체들이 대중적 토대를 갖고 있었다는 점과 노동운동 활동가와 연결될 수 있었던 점일 것이다.[42]

---

39) 마수자는 '마산수출자유지역'의 약칭, 공창원은 '창원공단'의 약칭이다. '마수자와 공창원의 만남'은 기아기공 노보에 연재한 「마수자와 공창원」에서 제목을 따온 것이다.

40) 11월 마창 택시노조 조합원 800여 명은 '임금인상 조기체결'을 요구하며 11일간 총파업 가두시위를 전개했으며, 동경전파는 '단체협약 성실이행' 요구를 걸고 파업농성에 돌입하였다. 한경숙 동경전파노조 전 위원장은 "동경전파 파업농성장은 지원격려차 방문하러 온 노조대표자들이 자연스럽게 만나는 장소가 되었고, 실제로 대표자회의가 이 농성장에서 열리기도 했다"고 말했다. 동경전파노조의 단협은 파업 19일 만인 12월 초 노조의 일방적 승리로 마무리되었다.

41) 청년노동자회 회원은 타코마노조 이흥석 위원장, 중천노조 이종엽 위원장, 소요노조 유은순 위원장, 대원강업노조 신덕우 위원장, 삼미금속노조 박희근 지부장, 세신실업노조 김명길 지부장 등으로 알려져 있다.

대통령선거가 막바지로 접어들면서 야당 패배의 조짐이 드러났다. 아울러 선거가 끝난 후 노동운동에 대한 탄압이 강화될 것에 대비하여 연대기구결성이 시급하다는 공감대가 형성되었다.

이에 아직 결성조건이 갖추어지지 못했으나, 서둘러 12월 14일로 결성일을 잡게 되었다.43)

마창노련과 한국노총

그동안 마창지역에서는 한국노총을 포함한 제도권 노조운동과의 갈등과 대립이 주요한 쟁점으로 부각되지 않았다. 이는 그만큼 마창 노동자들에게 한국노총의 어용성이 명확하게 인식되거나 폭로되지 않았다는 의미도 되고 동시에 마창노련 결성주체를 포함한 대다수 마창 노동자들이 어용과 민주의 차별성을 정확히 인식하지 못했다고도 할 수 있다.44) 또한 한편에서는 당시 한국노총 쪽에서 지역연대조직

---

42) 김창호(마창노련 결성주체들과 가장 긴밀한 관계를 갖고 직접적으로 마창노련 결성에 관여한 경노협 활동가)와의 인터뷰.
43) "7·8월 이후와 이전부터 소모임을 같이 해온 10여 개 노조위원장을 중심으로 청년노동자회를 구성하고 친목 및 탄압에의 공동대책 등을 논의하다가 이것이 11월 노동운동연합 서명사건과 이어졌고, 노동운동연합을 비판하면서 마창노련을 결성하게 되었다"(전국노동운동단체협의회, 『노동운동』, 1988. 9. 15, 176쪽). 실제로 김창호는 필자와의 인터뷰에서 "장명국 선생이 교육하러 마산에 내려와서 말하기를 노조가 나서서 후보 단일화에 힘을 실어주어야 한다면서 노동법개악저지 서명을 하자고 했다. 그러나 서명을 하자느니 말자느니 하면서 찬성과 반대로 나뉘어 의견이 분분하게 되자 우리는 서명을 포기하고, 빨리 마창노련이나 만들자고 했다. 그러니까 12월 14일로 빨리 당긴 이유는 바로 이 서명이 계기가 된 거다. 서명하자 말자로 분란도 생기고 하니까, 이 문제로 의논도 하게 되었고, 정치적인 문제도 있고 하니까, 흐지부지 하다가 안 되는 거 아니냐, 빨리 하자, 이렇게 된 거다"라고 '서명사건'과 마창노련 결성과의 관계를 설명하였다.
44) 우리노동문제연구원, 『노동자의 벗』 제3호, 1988. 6. 15, 19~26쪽. 좌담회 '마

을 시도한다는 풍문도 들려,45) 잘못하면 마창노련 건설이 노동자들간의 조직다툼이나 분열로 비쳐질 것으로 염려하는 시각도 있었다.

그리고 무엇보다 마창지역 대다수 노조가 한국노총에 가입하고 있는 현실을 감안할 때 이들과의 교류와 지원을 통해 조직확대를 꾀할 수밖에 없었던 마창노련으로서는 한국노총과 직접 대결하여 적대시하는 것은 도움이 되지 않는다고 판단하였다. 따라서 마창노련이 결성 취지문46)에서 기존 한국노총 산하 각 연맹별 단체와 관련하여 "전면적으로 부정하지 않는다"고 명시한 것은 바로 이런 배경에서였다.

이렇듯 마창노련은 결집 정도가 느슨하고, 목적과 방향은 애매한 상태에서 출발하였으나 이 점이 오히려 마창노련으로 하여금 결과적으로 대중적인 입장을 폭넓게 취할 수 있게 하였다.

마침내 마산·창원노동조합총연합의 깃발 오르다

1987년 숨가빴던 한 해가 저물어가던 12월 14일이었다.

창노련을 찾아서'에서 김명길 세신실업노조 위원장은 마창노련과 한국노총과의 관계에 대해 "한국노총 시협의회를 구성하는 게 현실적이지 않냐는 의견제시가 있었다. 그러나 시협의회를 띄웠을 때 도협의회가 승인해 줄 것인가에 회의적이었다. 여러 가지 고민 끝에 먼저 연합이라는 연대기구를 결성하여 활동하면서 미참여 노조 상당수가 합류할 때 지역협의회로 자리바꿈하자는 결론을 내렸다. …… 우리는 한국노총이나 한국노총 산하의 각 연맹 또는 지역협의회를 부정하지 않는다. 오히려 같이 연대해서 활동하자고 제의하면 저쪽에서 거절하는 편이다"라고 설명했다(우리노동문제연구원, 「좌담회 ; 마창노련을 찾아서」, 『노동자의 벗』 제3호, 1998. 6. 15, 19~26쪽).

45) 이흥석 마창노련 전 의장은 "당시 한국노총 쪽에서 마창노련과 같은 조직을 하나 만들려 한다는 소문이 돌았다. 어느 날 창동의 한 중국집에서 그런 조직이 뜬다는 소문을 듣고 우리가 모두 쫓아가서 왜 우리는 빼냐? 우리도 같이하자고 했다. 그랬더니 모두들 밥만 먹고 다 도망을 쳐버렸다"고 말했다.

46) '취지문과 선언문' 초안은 당시 경남노동자협의회 회원이었던 김창호가 작성하였다. 전문은 본서 '부록' 참고.

한 표를 호소하는 대통령 후보들의 선거유세가 스피커에서 쩌렁쩌렁 울려오는 가운데, 연말의 어수선하고 들뜬 분위기도 아랑곳 않고, 발기인들은 조심스럽게 마산의 어느 중국집으로 발길을 옮겼다.

꽁꽁 얼었던 땅을 헤집고 조심스럽게, 그러나 힘차게 대지 위로 솟아오른 새로운 생명의 탄생, 이것은 분명 해방 전 일제 암흑기에 민족과 계급 해방을 위해 지난한 투쟁의 길을 걸어온 선배 노동자들로부터 1970년에 산화해간 전태일 열사에 이르기까지, 그리고 가깝게는 여기에 이르기까지 희생하고 헌신해 온 수많은 노동자들의 피와 땀과 눈물에 탯줄을 대고 자라온 생명이기도 했다.

굳은 악수를 나누는 발기인들의 눈빛엔 감격과 흥분, 불안과 초조감이 교차하면서 흔들리고 있었다.

마산수출자유지역과 창원공단의 노동자가 만나 새로운 생명을 탄생시키는 순간이었다.

마침내 19개 노조대표자 및 간부 약 50명이 한 자리에 모였다.[47] 떨리는 목소리로 창립 선언문이 낭독되었다. 역사적인 감격의 순간이었다. 참석자들은 이흥석 타코마노조 위원장을 마창노련 초대의장으로 선출하고, 4국 11부로 구성된 조직기구를 완성하였다.

이로써 마창지역 노동자들은 해방 이후 전국에서 처음으로 노동자의 지역연대조직, '마산·창원노동조합총연합'의 깃발을 이 땅에 당당하게 휘날리게 되었다.

---

[47] 19개 발기 노조는, 마산수출자유지역 8개(타코마, 중천, 시티즌, 수미다, 동경전파, 산본, 소요, 스타)와 창원공단 11개(세신실업, 대원강업, 삼미금속, 한국중공업, (주)통일, 기아기공, 현대정공, 부산산기, 부영공업, 창원공업, (주)산다) 등이다.

참고자료 및 문헌

- 경남 창원군, 『창원군지』, 1995. 1. 1.
- 경남노동자협의회, 「7·8월 마산 창원지역 노동자투쟁일지」, 『봉림문화』 8집, 창원대학교, 1987, 70~82쪽.
- 김용기·임영일, 「80년대 지역노동운동사 연구 — 80~87 마창지역을 중심으로」, 『노동복지연구』 제10집, 경남대학교, 1991. 12(별쇄본).
- 김하경, 『그 해 여름』, 도서출판 세계, 1991. 3.
- 「김하경이 만난 노동자 — 한국중공업 최병석 취재기」, 『전진하는 노동자』 통권 19호, 1993. 11. 29, 17~20쪽.
- 마산, 「이제 더 이상 참을 수 없다. 돌과 각목을 들자!」, 『말』 1987년 12월호, 84~87쪽.
- 『마산문화 1집』, 1982. 12. 10(최순임, 「수출자유지역의 하루」, 71~78쪽; 이우태, 「마산지역경제의 실태와 전망」, 95~112쪽).
- 『마산문화』 제4집, 1985. 12. 31(박영주, 「10·18 마산민중항쟁의 전개과정」; 김진옥, 「마산지역 택시 기사들의 노조운동 사례」; 김일산, 「(주)통일 임금인상투쟁 및 민주노조수호 투쟁기」).
- 민주헌법쟁취국민운동본부, 「제1차 노동쟁의 실태조사 보고서」, 1987. 8. 18(「통일산업」, 32~49쪽; 「기아기공」, 50~53쪽; 「금성사」, 55~56쪽; 「삼성중공업」, 57~62쪽).
- 『6월 민주화 대투쟁』, 기사연리포트 2, 148~151쪽.
- 『이제는 주장할 때가 되었다 — (주)통일노동자들의 투쟁기록』, 형성사, 1987. 11.
- 「한국중공업」, 『새벽』 창간호, 도서출판 석탑, 1988. 5. 15, 49~51쪽.
- 『한국노동운동론 1』, 미래사간, 1985. 10(장명국, 「해방후 한국노동운동의 발자취」, 113~146쪽; 송정남, 「한국노동운동과 지식인의 역할」, 177~196쪽).
- 상공부 마산수출자유지역관리소, 『수출자유지역 15년사(1970~1985)』, 1987. 11. 30.
- 이창복, 「마산수출자유지역의 실태」, 『창작과 비평』 1974년 겨울호.
- 재경마산학우회, 「마산수출자유지역」, 『마산문화』 제2집, 1983. 10. 31, 214~244쪽.
- 편집부, 「삼성라디에타 노조의 외로운 몸부림」, 『마산문화』 제3집, 1984, 25~36쪽.
- 편집실, 「마산창원지역 7·8월 노동자대중투쟁」, 『경대문화』 제21집, 경남대학교, 1988, 176~196쪽.
- 한국기독교사회문제연구원 리포트, 「마산·창원」, 『7·8월 노동자 대중투쟁』, 민중사, 1987. 9, 98~105쪽.
- 한국기독교사회문제연구원, 「(주)통일」, 『부산지역 실태와 노동운동』, 민중사, 1986. 6월, 147~162쪽.

제1장
어깨 걸고 나가자
1988

1. 당당하게 요구하고 당당하게 맞서 투쟁하리라
2. 구사대 추방 및 마창노련 의장 석방투쟁
3. 1988년 노동법개정투쟁
4. 1988년 하반기 노조탄압 저지투쟁
5. 11·13 전태일 열사 정신계승 및 노동악법개정 전국노동자대회
6. 지역·업종별 노동조합 전국회의 출범
7. 어깨 걸고 나가자

1. 당당하게 요구하고 당당하게 맞서 투쟁하리라

결성 당시 마창노련은 서둘러 깃발을 꽂아놓은 것에 불과했다. 명색이 총연합이었지 사실상의 결집 정도는 노조대표자의 서명만으로 조직된 대표자협의기구에 지나지 않았다. 또한 마창노련 결성주체의 조직발전 전망은 애매모호하였고 낮은 차원에 머물러 있었다. 게다가 대중의 의식수준 또한 자발성에 비하면 그다지 높지 않았다. 뿐만 아니라 마창노련이 공식적으로 취한 입장도 권력이나 자본과의 직접적 대결의식이 없었고, 민주노조라는 정의 역시 주로 경제적 기능의 측면에서 이해되고 있을 정도였다.[1]

1월 14일 제1차 운영위원회는 마창노련 위상과 활동방향에 대한 열띤 토론을 벌였다. 마창노련이 명실상부한 마창지역 노동자들의 조직으로 인식되려면 무엇보다 마창지역 노동자들과 단위노조가 시급하게 당면한 어려움을 공동으로 극복하기 위한 구체적 연대활동을 벌여야만 했다.

그것은 바로 코앞에 닥친 1988년 임투였다.

---

1) 1988년 1월 15일 마창노련은 각 단위 노동조합에 띄운 공문에서 마창노련의 설립목적을 "친목 및 정보교류 등 순수한 노동조합 활동의 활성화"라고 밝히고 가입을 촉구하였다.

그런데 1987년 대투쟁의 경험을 갖고 있는 노동자들의 기대가 워낙 컸기 때문에 마창노련은 88년 임투에 부담을 가질 수밖에 없었다. 더구나 마창노련이 88년 임투를 어떻게 조직하고 투쟁해내느냐에 따라서 마창지역 노동자들이 마창노련을 실질적으로 추인할 수도 있고 아닐 수도 있었기 때문에 88년 임투의 의미는 클 수밖에 없었다.

다시 말하면 마창노련이 각 단위노조별 88년 임투를 공동으로 기획하고 단결과 연대로서 지원하는 과정은 그 자체가 마창노련 결성을 실제로 조합원들에게 추인받는 과정이었고, 조직과 투쟁 면에서 확고하게 마창지역의 연대의 구심으로 자리잡아가는 정착의 단계라 볼 수 있었다. 따라서 마창노련은 마창지역 노동자들의 기대와 관심에 상응하는 무거운 책임을 어깨에 짊어지고 임투 준비에 나설 수밖에 없었다.

임금이란 무엇인가?

마창노련은 첫 대중 연대사업으로 임투 공동교육을 계획하였다.

하지만 마창노련은 사무실도 없고 상근자도 없는 달랑 이름 하나뿐인 단체였다. 따라서 주로 타코마노조 사무실이 회의장소나 연락처로 활용되었고, 대표자회의는 1주일에 한 번씩 돌아가면서 각 노조사무실에서 열리고 있었다. 당시는 노조마다 당면 현안문제가 많았기 때문에 각 노조를 돌아가면서 회의를 여는 것이 오히려 바람직한 형태였다. 회의소집과 연락 역시 마산지역은 중천노조가 맡았고, 창원지역은 대원강업노조(이후 세신실업노조로 바뀜)가 담당하였다. 뿐만 아니라 마창노련은 가입회비가 없었기 때문에 위원장들이 각자의 호주머니를 털어 겨우 운영비나 경비를 충당할 정도였다. 이런 악조건 속에서도 마창노련 초기 위원장들은 자발적, 적극적으로 나서 교육을 준비하였다.

그 결과 1, 2차 공동교육은 대단한 성황을 이루어,[2] 신청자가 쇄도하여 선착순으로 인원을 제한할 정도였다.

그동안 노조간부들은 임금교섭에 대한 체계적인 교육을 받은 적이 없었기 때문에 그만큼 교육에 대한 목마름이 절박했다고 볼 수 있다. 그리고 다른 노조간부들과의 만남을 통해 경험과 정보를 나누고 노조의 운영과 실무 등 공통 관심사를 머리 맞대고 의논하고 해결하는 과정에서 노조간부들은 마창노련과 같은 단체가 꼭 필요하다는 인식을 확인하고 공유하게 되었다.

교육 이후 노조간부들은 자신감에 찼고 현장활동은 눈에 띄게 적극적으로 변했다.

물론 이러한 교육은 마창노련만이 아니라 마창지역 각종 단체들에서도 담당하였고,[3] 어디나 신청자가 쇄도하여 선착순으로 짤라야 할 정도로 호응이 높았다. 단체에서의 노동자교육은 단지 임금교섭에 관한 지식이나 실무역량뿐만 아니라 노동자들의 의식향상에도 많은 공헌을 하였다.

『마창노련신문』 창간과 불꽃 튀는 교육선전

공동임투교육이 열화와 같은 성원으로 끝나자 조합원들에게도 광범위한 교육이 실시되어야겠다는 필요성이 제기되었다.

이리하여 1988년 2월 11일 『마창노련신문』이 창간되어 창간호 2만 부가 발행되었다.

---

[2] 1차 교육(1/16~17, 1박2일)은 '노동운동의 현황과 과제'라는 주제로 총 88명이 참석하였다. 또한 2차 교육(2/8~14, 합숙훈련)은 '임금교섭 어떻게 하나'를 주제로 100여 명이 참석, 마산에서 창원까지 걷고 뛰는 체력단련과 극기훈련까지 겸하였다.
[3] 경남노동자협의회, 가톨릭노동문제상담소, YMCA, 성공회, 남도민족교육원, JOC, 배움의 집 등.

『마창노련신문』 창간호
1988년 2월 11일 마창 노동자들의 눈과 귀가 될 『마창노련신문』 2만 부가 발행되었다.

　　노동자의 투쟁소식을 활자로 전달하는 신문이 거의 없었던 당시, 『마창노련신문』은 단연 관심과 주목의 대상이 되었다. 노동자들에게는 가뭄의 단비였고, 특히 마창노련 조합원들에게는 '우리 신문'으로서의 자랑과 긍지 그리고 각별한 애정의 대상이었다.
　　이렇게 폭발적 위력을 발휘한 신문이었지만 신문발행에는 엄청난 어려움과 수고가 뒤따랐다.
　　당시는 타이프라이터도 귀하였지만 칠 줄 아는 사람도 드물었다. 번거롭지만 원고를 들고 이 노조 저 노조를 찾아다니며 기사를 작성할 수밖에 없었다. 뿐만 아니라 이렇게 타이프로 친 기사를 다시 오리고 붙여 누더기처럼 편집한 것을 마스터인쇄를 통해 겨우 신문을 발행할 수 있었다.
　　여기에 정기적으로 신문을 발간하려면 재정적 뒷받침이 필요했지만 신문값을 받지 못한 당시로서는 거의 개인의 호주머니에서 나온 턱없이 적은 돈으로 제작해야만 했다. 그러다보니 원고료나 수고료가 따로 지불될 리 없었고 제작비도 제때 지불하지 못하여 늘 적자에 시달려야 했다. 게다가 걸핏하면 압수수색이나 구속의 위험까지 무릅써야만 했으니 선뜻 신문제작을 맡아줄 인쇄소가 나설 리 없었다. 이런 와중에서도 '우리기획'(대표 이재업)은 신문발간에 가장 중요한 역할을 도맡아 주었다.

마창노련 신문이 발행되자 각 노조에서도 교육지, 노보 및 소식지, 대자보, 속보, 그 밖에 '부서지'와 '현장지' 등을 잇달아 경쟁적으로 발행하고, 긴급 사안에 따른 유인물도 자체적으로 제작 배포하는 등 교육선전 활동이 폭발적으로 늘어났다.4)

이처럼 각 노조마다 경쟁적으로 내용의 질적·양적 수준을 높이기 위한 욕구가 높아짐에 따라 마창노련 편집교류회와 교육선전국 활동도 활성화되어 교육선전과 편집에 관한 정보와 지식을 교환하고 의식향상을 위한 자체 교육이 날로 확대되었다.

"내가 당선되면 마창노련에 가입하겠습니다"

1988년 들어서도 신규노조가 속속 결성되어 수출지역 9개, 마산지역 4개, 창원지역 13개, 진해지역 1개 등 총 27개 신규노조가 탄생하였다.5)

---

4) 각 노조의 교육지로는 중천『밭』, 수미다『함성글방』, 남산업『터전함성』, 대림자동차『등대교육지』 등, 노보 및 소식지로는 (주)통일『통일노보』, 타코마『타코마소식지』, 한국중공업『한중노보』, 대원강업『대원노보』, 기아기공『기공노보』, 대림자동차『등대』 등(이상 회사나 기존 노보 명칭 사용), 중천『깃발』, 스타『별』, 웨스트『맥박』, 시티즌『불꽃』, 현대정공『맥박』, 효성중공업『해돋이』, 효성기계『쇠망치』, 금성사 창원 1지부『징소리』, 금성사 창원 2지부『민주광장』, 세신실업『신새벽』, 삼미금속『주춧돌』, 태양유전『현장』 등(이상 새 명칭 사용), 그 밖에 '민주노조추진위원회' 명의의 소식지 등이 있다.

"내가 위원장에 당선되면 마창노련에 가입하겠습니다!"

특히 마창노련 가입을 선거공약으로 내세운 후보들이 속속 위원장에 당선되면서 민주집행부 진출은 눈에 띄게 증가하였다.6)

이들 신규노조 및 민주집행부는 임투를 준비하면서 목적의식적으로 목표도 정하고, 노동조합과 자본과의 대결을 공개적, 민주적, 조직적으로 계획하고 실천하였다. 특히 새로 선출된 간부 대부분은 첫 임금교섭에 대한 의욕이 컸기 때문에 공동교육에서 받은 내용 그대로 시장조사, 조합원 설문조사, 타지역 임금실태 조사, 타노조방문 임금실태조사 등 조사활동뿐 아니라 조합원 현장토론 등을 실시했다.7) 그리고 임금인상 요구안은 민주적 절차에 따라 대의원대회나 조합원총회를 거쳐 확정하였다.

각 노조가 이렇듯 임투 준비에 총력을 기울이는 가운데 마창노련은 2월 4일 사업계획서를 확정하고 1988년 임투의 목표를 '최저생계비

---

5) 웨스트(400여 명)는 1988년 1월 노사협의회 위원(5명) 선거에서 87년 투쟁 때 회사측과 타협한 노사위원이 물러나고 작업거부에 앞장섰던 여성노동자들이 새로운 위원으로 선출되었다. 그러나 회사측의 회유와 압력으로 노사위원 2명만 남게 되자 3월 27일 현장 노동자들은 노조를 결성하였다.
6) 대림자동차는 87년 대투쟁 당시 집행부 기만에 분노한 몇몇 간부 및 조합원이 '민주노조쟁취위원회'를 구성하고 위원장 직선제를 위한 조합원총회투쟁을 벌였으나 실패, 그 중 3명이 서울, 대구, 광주로 강제 전출되었다가 1987년 12월 2명이 원직복직된 후 활동을 재개하여 1988년 2월 16일 산호성당에서 공개적 활동을 선언하였다. 그 결과 3월 9일 위원장 총선거에서 '민추위'의 이승필 후보가 1차 투표에서 압승을 거두어 위원장으로 선출되었다. 또한 1988년 1월 말 금성사 창원 1지부(조합원 7천 명)에 새로운 집행부가 출범하고, 창원 2지부(조합원 3,500명)에 위원장 직선제로 새로운 지부장이 선출됨에 따라, 금성사 본조 민주화와 지역노동운동에 큰 기대가 모아졌다. 그리고 현대정공 창원공장노조(1,800명)는 1988년 3월 28일 울산지부와 분리, 1차 투표에서 전갑주 후보를 2대 위원장으로 선출하였다.
7) 부산산기노조는 조합원가족이 시장조사를 직접 담당, 많은 가족이 임투에 관심을 갖고 지원하였다.

보장 쟁취'와 '조직력 강화' 두 가지로 설정하였다.

그러나 각 노조는 최저생계비와 통상임금의 차이가 엄청나게 벌어진 관계로 이번 임투에서는 한꺼번에 무리한 요구를 지양하고 최저생계비의 80% 정도를 요구하고, 대신 부족분 20%는 각종 수당이나 상여금으로 대체키로 하였다.

준법투쟁으로 파업효과를

1988년 임투의 특징으로 손꼽히는 것은 노동자들이 창의적이고 슬기로운 준법투쟁 전술을 개발하고 구사한 점이다.

교섭석상에서 회사측이 무성의하고 불성실한 태도를 보이면 노조는 즉각 조합원 집회나 교섭결과 보고대회, 혹은 현장순회를 통해 현장조합원에게 알려나갔고, 이에 조합원들은 회사측의 성의있는 교섭 자세를 촉구하는 다양한 형태의 준법투쟁 전술을 구사하였다.

1988년 4월 4일 한국중공업노조의 임투 출정식.

1. 당당하게 요구하고 당당하게 맞서 투쟁하리라 73

준법투쟁은 깃달기에서부터 작업복 뒤집어 입기, 구두 신고 사복 입고 작업하기, 1인 1벽보 붙이기 등 초보적인 투쟁에서부터 점차 투쟁의 강도를 높여나갔다. 그리하여 배식구 하나만 이용하여 점심먹기, 한 화장실만 이용하기, 한 공중전화 이용하여 부모님께 전화하기, 신협통장 찾기 등 다양한 투쟁전술이 구사되었다. 이러한 준법투쟁은 조합원 90% 이상이 참여하여 생산량에 막대한 손실을 입히고, 조업중단이나 태업에 가까운 파업 효과를 가져올 수 있었다.

이로 인해 1988년 임투는 초기부터 노동자들의 압도적 힘의 우위 속에서 전개되었다.

자본측은 노동자들의 단결된 준법투쟁에 당황하여 휴업, 직장폐쇄 등으로 맞섰으나 나중에는 자기들 손으로 철회하는 일까지 생겨났다.8)

노동자들은 각 사업장의 조건과 상황에 맞춰 다양하고 새로운 투쟁전술을 개발하였다. 이렇듯 다양하고 창조적인 투쟁전술의 예로는 수미다노조의 '단체로 소화제 타먹기', 전원 조퇴하여 '야유회' 갖기, (주)통일노조의 '작업전표 기재거부 및 화형식', 조합원에게 망언을 한 회사간부 사무실 앞에 식사를 마친 '식기 갖다 놓기', '사원증과 명찰 안 달기' 등을 들 수 있다.

특히 삼미금속노조의 준법투쟁은 마창지역뿐 아니라 전국적으로 모범 사례로 손꼽혔다. 예를 들면 휴식시간마다 임투구호 외치며 행진하기, 야간횃불집회, 싸이드포크 지게차 타고 사내 행진하기, 민방

---

8) 웨스트노조는 회사측의 휴업에도 아랑곳하지 않고 전 조합원이 출근하여 여유 있는 대응을 보여 회사측의 탄압의도를 무력화시켰다. 회사측이 보낸 가정통신문 옆에 반박문을 나란히 붙여 회사측을 웃음거리로 만드는가하면, 휴업이 끝난 뒤 반장들의 노조분열 책동을 반드시 책임 묻기로 결의하였으며, 5월 3일에는 노동위원회 중재안도 거부하였다. 결국 회사측은 5월 7일 휴업 10일 만에 자진해서 휴업을 철회하고 조합원에게 공개사과하였다.

1988년 삼미금속 노동자들이 바리케이드를 굳게 치고 파업에 들어갔다. 노동자의 피를 빠는 기업이 어디 삼미뿐이랴 …….

위 훈련 1, 2, 3(청색, 황색, 적색 — 10%, 50%, 90% 생산량 감축), 짬밥 본관 앞 투척, 사장실로 식판 반납하기, 통근버스에 스티커 부착하기 등으로 조합원의 호응을 끌어냈고, 공장에서 제품을 싸두는 긴 푸대에다가 구호를 써서 현수막 대용으로 걸어놓아 오가는 행인의 눈길을 사로잡기도 했다.

그런가하면 타코마노조는 휴식시간에 바닥에 깔린 철판을 쇠망치로 두드리며 노래를 불러온 공장을 진동시켰고, 한국중공업노조는 4월 16일부터 매일 총회투쟁을 벌여 4월 29일 타결을 지었다.

이렇듯 조합원들이 조직적으로 투쟁에 참여하게 되자 창의적 구호들도 많이 생겨났다. 구호는 대부분은 투쟁의 각오를 다지는 내용들이 다수를 차지했으며, 노동자들은 그 중 비참한 현실과 절박한 투쟁 속에서도 여유있고 절망하지 않는 낙천적이고 힘찬 노동자의 모습을

1. 당당하게 요구하고 당당하게 맞서 투쟁하리라　75

담은 구호들을 선호하였다. 그 중 (주)통일노조는 "오는 정 해고자복직, 가는 정 생산성 향상"으로 해고자 복직과 임금인상을 함께 요구하는 구호를 외쳐 눈길을 끌었다.9)

다양한 투쟁조직

임투가 본격화하자 각 노조는 효과적인 투쟁으로 단결을 지키고 교섭력을 높이기 위해 '단체교섭 비상대책위원회', '확대 간부회의', '쟁의대책위원회' 등으로 집행부를 통폐합하여 조직을 재구성하였다.

스타노조는 임시상근자 확보투쟁을 전개하여 10명을 확보하고, 집행부를 교섭진과 실무진으로 구성하였으며, 조합원들을 조별로 편성하여 '현장대책위원회'로 재구성하였다. 또한 대림자동차노조는 '전 조합원의 간부화'라는 슬로건하에 전체 조합원을 새로운 투쟁조직에 편재시켜 역할책임제를 조직적으로 도모하여 큰 성과를 올렸다.10)

---

9) 대표적인 구호로는 "물러서면 낭떠러지, 전진하면 밝은 태양", "청심환도 만 원인데 오천 원이 일당이냐?", "저임금 지구를 떠나다오!", "생활임금 쟁취하여 마누라에게 귀염받자", "생활임금 쟁취하여 애인에게 사랑받자", "확실하게 올려주면 확실하게 일해 준다", "10원도 호봉이냐, 쮸쮸바도 100원이다", "일한 만큼 대가받아 부모님께 효도하자", "노동자의 목구멍을 울고넘는 사발면", "적자타령 허구 속에 기업주는 살만 찐다", "한순간 약해지면 자손대대 노예된다", "힘없다 무시마라, 단결하면 큰힘 된다", "우리에겐 있다. 폭탄보다 강한 힘이!", "뼈빠지게 일했는데 인원감원 웬 말이냐!", "인원감원한다더니 오다반출 웬 말이냐!", "노동자가 누구냐고 물으신다면 공장의 주인이라고 말하겠어요" 등이 있다(『마창노련신문』 제3호, 1988. 4. 17, 4쪽).
10) 대림자동차노조는 각 부장 밑에 차장 4명씩을 구성하고, 거기에 대의원, 소위원, 운영위원을 두었다. 이로 인해 현장에는 각 부서마다 조합 간부가 2, 3명씩 포진되어 있을 정도였다. 정방대도 봉술훈련반과 화염병투척반으로 나누어 따로 구성하였고, 문화체육부도 '서양음악'과 '국악'으로 나누거나, '구기종목'별로 조직을 편성하였다. 이렇듯 전 조합원을 간부화하고, 조직관리와 운영의 규율 역시 자율적, 집단적, 체계적으로 통제하여 움직일 수 있게 하였다.

그런가하면 대공장 노조들은 '소위원회제도'를 조직하여 운영하였는데,11) 소규모 운영이 가지는 공동체적 인간관계의 밀착은 동지애를 더욱 강하게 느끼게 하여 조합원들간의 결속력을 공고하게 하였다.

그 밖에 창원의 남성사업장 노조는 '가족협의회', '가족위원회' 등을 구성하여 노동조합과 임투 및 파업투쟁에 대한 가족들의 지지와 관심을 유도하는 역할을 담당케 하였다.12) 그동안 가족들은 회사측의 유인물이나 협박과 회유로 인해 노조활동에 부정적인 생각을 가졌던 것이 사실이었다. 그러나 가족위원회를 통해 작업현장을 직접 방문해 보고 노조활동에 대한 교육을 통해 가족들은 새롭게 인식을 바꾸고 점차 노조활동과 파업투쟁에 적극적으로 동참하게 되었다.

그러나 무엇보다 가장 특기할 만한 투쟁조직은 정당방위대(이하 '정방대')였다. 대다수 노조들은 파업과 공권력에 대비하여 정방대, 규찰대, 경비대, 야간근무조 등의 외곽 조직을 재편하여 배치하였다. 임투 초기 정방대는 파업자위대의 성격으로 운영되어 파업투쟁시 경비나 연락, 집회나 농성의 질서유지, 타사업장 지원방문을 담당하였으나, 점차 위상이 높아지면서 선진적 노동자부대로서의 규율과 의식을 갖춘 조직으로 발전하게 되었다. 정방대는 젊고 미혼인 남성조합원이 많은 사업장에서 활성화되었을 뿐 아니라,13) 여성사업장에서도 결사

---

11) 삼미금속노조는 전 조합원의 65%를 차지하는 기혼자들의 적극적 참여를 이끌기 위해 소위원회를 구성, 집행부의 보조조직으로서 현장토론을 끌어나가는 역할을 하게 하였다. 그리고 대림자동차노조는 소위원회를 활용하여 조합원 전체가 조합방침에 따라 일사불란하게 움직일 수 있는 집행기구로서의 역할을 담당하게 하였다.
12) 삼미금속 가족협의회는 파업현장을 방문하여 사기를 고조시키고, 가두홍보와 모금활동으로 파업투쟁에 크게 기여했다.
13) 대림자동차노조 정방대는 96명인데, 이는 노조가 정방대의 식사와 간식, 잠자리를 해결해 줌으로써 80%를 차지하는 미혼 노동자들의 열렬한 동참을 이끌어내 정방대원 수가 폭증하였다.

대나 특공대 등 다양한 명칭의 선진노동자 조직으로 결성되어 운영되기도 하였다.14)

현대엔진 및 현대 노동자와 함께 전국연대전선으로

대통령선거가 끝난 1987년 12월 말 노태우 정권은 '민생치안 확립'을 위한 비상조치를 발표하고 민주노조에 대한 탄압을 가중시켰다. 이로 인해 1988년 임투가 진행되는 한편에서는 업종과 지역을 넘어선 전국 노동자들의 연대전선이 형성되기 시작했다. 마창노련은 대중적으로는 참가하지 못하였으나 대표자 및 선진노조간부 선에서는 이러한 전국연대전선에 참가하였다.15)

이런 가운데 울산 현대엔진노조가 위원장 및 간부들의 수배, 연행, 해고 등으로 탄압에 직면, 조합원들이 자발적 파업에 들어가게 되었다.16) 이에 울산 현대 노동자뿐 아니라 전국 노동자들이 민주노조탄압 규탄투쟁을 전개하게 되었다.

마창노련 소속 노조대표자 20여 명은 3월 4일 현대그룹노조협의회 주최로 울산 만세대 테니스코트장에서 열린 '현대엔진농성 보고대회

---

14) 스타노조는 회사측의 구사대에 맞서 경비와 임원진 보호라는 임무를 띤 100명으로 구성된 '88 별똥부대'(올림픽이 88일 남았다해서 붙인 이름)를 구성하여 회사측의 두 차례 물량유출을 막아내기도 했다.
15) 1988년 1월 10~17일 우성택시 이대근 열사 장례식 및 추모제 참가, 3월 8일 서강대 전국여성노동자대회 참가 등.
16) 현대엔진의 1987년 7월 5일 노조결성투쟁은 전국 7·8월 노동자대투쟁의 포문을 연 투쟁이었다. 1988년 2월 4일 권용목 위원장 석방을 계기로 노조는 회사측의 온갖 방해공작을 뚫고 2월 16일 압도적 지지로 권용목 위원장을 재선출하였다. 그러나 회사측은 집행부를 인정하기는커녕 위원장 이하 해고자 2명을 수배자로 만들고, 단식농성 중이던 5명의 임원 및 간부들을 연행하였다. 이에 전 조합원이 자발적으로 파업에 돌입하여 본관 5층에서 농성을 전개하였다.

및 노조탄압 규탄대회'에 참가한 후 노동조합탄압저지 전국노동자공동대책협의회(이하 '전국공대협') 구성에 적극 참여하였다.

'전국공대협'은 단위노조와 지역만으로는 정권과 자본의 대대적인 탄압에 대응하기 어렵다는 것을 깨닫고 전국적인 공동대응과 지원투쟁을 도모하기 위해 구성된 전국 노동자의 연대조직이었다.

마창노련은 조합원들을 대상으로 현대 노동자와 함께 싸우는 연대서명운동을 전개하는 한편 4월 2일 '전국공대협'이 전국 10개 도시에서 동시에 개최한 '현대그룹노조탄압규탄 및 구속노동자석방 촉구대회'를 경남대 10·18 광장에서 열고 집회 후 가두투쟁을 전개하였다. 노동자와 학생들은 마산역 앞 현대자동차 영업소를 타격하여 유리창 수십 장이 부서졌고, 경찰의 최루탄 난사에 맞서 화염병과 돌을 던지며 격렬하게 투쟁하였다. 현대그룹노조탄압규탄 연대투쟁은 이후 서울 등 전국으로 계속 확산되었다.[17]

마창노련 최초의 연대집회 및 연대투쟁

마창노련은 지역협의체 수준의 단체였다. 게다가 임금교섭의 직접 당사자가 될 수 없다는 점에서 상급단체로서의 위력을 발휘할 수도 없었다.

이러한 조직적 한계를 극복하는 길은 우선 개별사업장 임투를 통일시키고 집중시키는 일이었다.

따라서 각 사업장이 개별교섭에 들어가 각개 투쟁을 전개하는 동안 마창노련은 투쟁사업장 및 탄압받는 사업장을 보조하고 지원하는 한편, 연대투쟁으로 힘을 모으고 집중시키는 데 온 힘을 기울였다.

정세는 바야흐로 1988년 4월 13대 국회의원 총선거를 앞두고 야당

---

[17] 4월 3일 연세대에서 '전국공대협' 주최로 '현대그룹노조탄압규탄 및 구속노동자석방 전국노동자결의대회'가 열려 1만여 명이 참가하였다.

세력의 약진이 예상되는 호기였다.

몇몇 지역에서는 노동자출신 후보들이 무소속이나, 민중의 당, 한겨레당, 평민당으로 정치권 진출을 시도하였으나, 마창지역은 정치권의 분위기가 거센 여파를 일으키지 않은 것이 다행이라면 다행이었다. 마창노련은 총선 분위기로 정치적 긴장이 일시적으로 이완되는 시기를 활용하여 연대활동을 조직화해 나갔다.[18]

연대활동은 우선 투쟁노조에 대한 모금활동과 지원방문,[19] 그리고 서명작업 등 낮은 수준에서부터 시작하여 점차 자발적이고 조직적인 직접 만남을 통한 연대활동으로 발전하였다.

그 결과 4월 14일 (주)통일, 부산산기, 동경전파, 삼미금속, 대림자동차 등 5개 노조, 조합원 3천여 명은 오전 근무 후 일제히 집단조퇴하고 창원 체육공원에서 공동야유회 겸 임투 보고대회를 가졌다.

이것은 마창지역 조합원들이 자발적으로 한자리에 모여서 가진 최초의 연대집회였다.[20]

공동야유회를 통해 지역 노동자들은 유대강화 및 연대투쟁의 필요

---

[18] 동경전파노조는 총선 유세장에서 사무장 징계와 회사측 교섭기피를 폭로하는 서명운동을 벌여 회사측을 교섭으로 끌어냈다.

[19] 마창노련 조직부 교류회 회의록(4/24)에는 "(주)통일노조에서 부산산기 파업 조합원들에게 부식비를 지원하자는 안건이 제안되어 즉석에서 모금했다"는 기록이 있다. 당시 부산산기 파업 조합원들은 "먹을 것이 없어 옆 도랑에서 미꾸라지 몇 마리를 잡아 솥 만한 냄비에 물만 잔뜩 붓고 끓여서 물에 밥덩이를 말아먹을 정도로 고생을 많이 했다"고 한다. 마창노련 이흥석 의장은 필자와의 면담에서 "일하다 보면 큰 사업장 위주로 일하게 된다. 어쨌든 작은 사업장은 고생이 많았다"고 말했다.

[20] 이 날 행사는 각 노조위원장 소개와 인사, 각 사업장 임투현황 발표, 공동체놀이와 해방춤으로 사기를 북돋으며 진행되었다. 뒤늦게 경찰이 백골단과 전경차 17대를 동원하여 위협하였으나 대다수는 북, 징, 꽹과리를 치며 해방춤을 추면서 끝까지 프로그램을 진행한 뒤 해산하였다. 준법투쟁 기간인데다가 총선 기간이라 경찰과의 긴장 속에서도 야유회장의 사기는 높았다.

성을 절감하게 되었다.

이에 마창노련은 '임투승리 전진대회 및 노동자 큰 잔치'를 4월 17일 용지공원에서 열기로 하였다. 그러나 경찰의 철통같은 원천봉쇄와 백골단의 무차별 폭력으로 인해 행사장소가 두 번이나 변경되어 창원시청 앞 로터리 잔디밭에서 또다시 창원대학교로 옮겨지게 되었다. 그럼에도 불구하고 대다수 노동자가 돌아가고 난 후 끝까지 남아 있던 2천여 명의 노동자들은 식순에 의해 해방춤과 4박자춤, 노가바 경연대회, 사례발표 등 정해진 행사를 끝까지 진행하였다.

처음 맞는 진짜 노동자의 날

1988년 5월 1일 '세계노동자의 날'을 맞아 마창노련은 한국노총 창립일인 3월 10일 '근로자의 날' 대신 5월 1일을 '진짜 노동자의 날'로

"뭉치면 주인되고 흩어지면 노예된다."
1988년 5월 1일 2천여 명의 노동자들이 참가한 가운데 경남대 10·18 광장에서 열린 마창노련 주최 세계노동절 기념 집회.

1. 당당하게 요구하고 당당하게 맞서 투쟁하리라

되찾기 위해 '세계 노동자의 날 기념식'('전국공대협' 주최 전국 동시 집회)을 가졌다.

화창한 날씨 속에 경남대 10·18 광장에서 2천여 명의 마창 노동자들이 함께 한 이 날 기념식에서는 여성노동자회협의회 이영순 회장의 '국제노동절 기념일의 의미와 부활' 강연회가 열리기도 했다. 그냥 하루 쉬어서 좋은 날이라고 여겨왔던 근로자의 날과 달리 처음으로 맞는 노동자의 날에 대한 마창지역 노동자들의 감회는 남달랐다.

> "기념식이면 꼭 엄숙하고 격식을 차려야 한다는 통념에서 벗어나 단상에 나와서도 자기가 하고픈 말들을 과감히 외치는 노동자들의 용기가, 그리고 옆사람과의 어깨동무에서 같은 노동자라는 의식으로 금방 친해지는 자연스러움이 좋았다. 사물놀이패의 흥겨운 우리가락에 금새 흥이 나고 하나가 되는 통일감은 점점 잊혀져 가는 우리문화를 계승발전시키고 창조해 나가야 할 대중이 바로 우리 노동자임을 자각하게 했다."21)

"소나 개만도 못한 놈들, 두 팔로 기어서 개처럼 먹어라"

정권과 자본은 7·8월 노동자대투쟁 이후 노동자들이 더 이상 성장 발전하는 것을 두고 보지만은 않겠다고 약속이나 한듯 갖가지 탄압술책을 강구하였다.

특히 준법투쟁으로 생산량이 급격하게 떨어지고 조업이 정상화되지 못하자 자본측은 공고문, 편지, 전화, 가정방문 등 온갖 수단방법을 동원한 회유와 협박으로 임투 저지에 안간힘을 썼고, 교섭석상에서는 책임자가 불참하거나 대안 없이 참가하는 등 무성의하고 불성실한 자세로 교섭을 지연시키거나 생트집을 잡기도 하였다.

특히 사업주의 고질적이고 전 근대적인 사고방식과 감정적이고 고

---

21) 마창노련, 「진짜 노동자의 날 기념행사」, 『마창노련신문』 제4호, 1988. 5. 16.

압적인 교섭태도는 어느 사업장이나 공통적인 문제점으로 등장하였고, 이로 인해 조합원들의 분노가 투쟁으로 폭발하는 사례가 비일비재하여 노사문제를 가로막는 걸림돌이 되었다.22)

회사측은 입버릇처럼 "노사는 생산현장에서 운명을 함께 해야 하는 관계"라고 떠들었지만, 실제로 회사측이 교섭에서 드러낸 적대적 감정과 전 근대적 사고방식은 상대적으로 노동자들의 높아진 계급의식과 당당한 자세와 비교하여 비웃음과 조소의 대상이 되었다. 이로 인해 임투 이후 현장 통제력에 문제점을 남기게 되고, 회사측은 권위를 찾기 위해 더욱 강경한 방법을 쓸 수밖에 없어 결국 또 다른 노사분쟁을 야기하는 악순환의 병폐를 낳게 되었다.

또한 자본측은 남성과 여성, 생산직과 사무직, 조합원과 비조합원에 대한 차별전략을 구사하여 조합원의 분열을 획책하고 이를 악용하였다.23)

---

22) 한국중공업 이사(경제학박사)는 "중산층인 너희들보다 못 사는 사람이 많다. 그런데 바랄 게 뭐 있냐"고 사실상 협상을 거부하는가하면, (주)통일에서는 1987년 8월 합의서(불이익 처분하지 않겠다)를 근거로 노조측이 항의하자 회사측은 "교도소에 갈 걸 예상하지 않고 작성된 합의서이므로 불이익처분이 아니다. 대법원 확정판결시까지 복직시킬 수 없다"고 발뺌하고 "나는 딴 곳에 가서 사업하면 된다. 내가 투자한 것 없으므로 답답할 것 없다"고 오리발을 내밀기도 했다. 그런가하면 삼미금속은 노조측이 "5천 원짜리 한 장으로 하루 먹고살라는 것은 말이 안 된다. 비극이다"라고 주장하자 회사측은 "우리는 시중시세로 노동력을 샀다. 왜 싸게 팔았냐"면서 비인간적인 언사를 마구 휘둘렀다. 또한 동경전파는 회의진행을 방해했다는 구실로 사무장을 3개월 정직에 처하고, "법대로 해라. 위법이면 벌금 내겠다"며 노동악법을 이용한 노조탄압을 가했다. 더구나 부산산기는 사장의 노모가 식당에서 노동자들에게 "소, 개만도 못한 놈들", "두 팔로 기어 개처럼 먹어라"고 폭언을 퍼부어, 분노한 조합원들이 이틀간 파업을 벌여 공개사과를 받아내기도 하였다.
23) 일반적으로 수출지역 노조는 생산직 여성조합원으로 구성되었고, 기술직과 현장관리직인 남자들은 비조합원들이었다. 따라서 노조의 적극적인 진출에 위협을 느낀 외국인 기업주 또는 현지 대리인들은 남자사원들을 사주하여 남

수출지역에서는 사업주뿐 아니라 수출지역 관리소 직원들이 반민족적 행위와 모욕을 서슴지 않아 노동자의 분노를 유발하기도 하였다.[24] 타코마, 현대정공, 한국중공업, 부산산기[25] 등은 사무직과 생산직 사원이 모두 조합원으로 가입하여 활동하였으나 대부분의 노조는 생산직 사원은 조합원이고, 사무직 사원은 비조합원으로 되어 있었다. 그런데 생산직 사원(조합원)의 투쟁 덕택에 임금이 덩달아 올라감에도 사무직 사원들이 노조활동을 방관하는 통에 투쟁조합원들이 불만을 터뜨리는 일이 많았다. 이러한 경우를 교묘하게 악용하여 자본측은 노동자를 기만하기도 하였다.[26]

"일하는 자가 회사의 주인이다"
그러나 노동자들이 이러한 자본측의 탄압을 통큰 단결과 강력한 투쟁강화의 계기로 삼아 준법투쟁을 강화하고, 압도적 지지율로 쟁의발

녀 사이의 분열과 반목을 조장하고 폭력만행도 서슴지 않았다.
24) 웨스트에서는 사장(일본인)의 사주하에 4월 21일 36명의 남자사원이 노조사무실에 침입하여 노조간부를 폭행하고, 이에 항의하는 조합원들마저 폭행하였다. 비상연락을 받고 달려온 200여 명의 조합원과 마창노련 조합원들이 무사히 이들을 구출하였다. 그 후 회사측은 어이없게 쟁의발생신고를 행정관청에 제출하는가하면, 노조가 회사측을 부당노동행위로 고발하자 4월 27일 일방적으로 휴업을 공그하였다. 또한 수미다노조는 사장의 불참으로 교섭이 진행되지 못해 교섭위원들이 몸벽보를 한 채 사장 집을 방문하였다. 그러자 청원경찰은 욕설과 폭력을 퍼부었고 회사측 관리자와 형사들 역시 "외국인이 요청하면 모두 잡아간다"고 협박하였다. 또한 4월 30일 사장의 몇 차례 교섭 요청으로 위원장 및 간부가 교섭장소인 사무실에 도착하자 사장은 위원장 어깨를 치고 떠밀면서 고함을 지르고는 도망치듯 일본으로 가버리고 말았다.
25) 부산산기는 회사측의 물량반출 기도가 빌미가 되어 파업(4/15부터)이 시작되었고, 이 과정에서 사무직 사원 23명이 노조에 가입하였다.
26) 한국중공업은 4월 29일 임금교섭이 마무리되었으나, 그 후 회사측이 비조합원의 임금을 조합원보다 많이 인상해 줌으로써 5월 26일 다시 재임투에 돌입하여 6월 5일 합의하였다.

생신고 및 쟁의행위를 결의하자, 자본측은 보다 지능적이고 체계적인 탄압으로 노조측을 옥죄고 위협하였다.[27)]

자본은 부서이동, 라인축소, 라인하청(중천, 수미다, 소요 등) 등으로 물량을 빼돌리면서 노조약화와 고용불안을 통한 조합원의 동요를 획책하였는데, 특히 (주)통일은 노조활동에 가장 핵심적이었던 부서를 독립법인체로 만들어(1987년 프레스반과 제관반을 제거하여 삼우체인으로 이동함) 조합원 수를 축소하려 안간힘을 썼다.[28)] 자본이 라인축소나 하청업체로 라인을 이동하려는 의도는 노조탄압과 동시에 하청계열화를 통한 비용감소를 도모하고자 함인데 창원지역에서는 남성노동자의 일을 여성노동자로 대체함으로써 투쟁을 약화시키고 임금을 낮추는 방법도 꾸준히 증가했다.

이러한 자본측의 끊임없는 교섭 기피와 지연, 흑색선전, 회유, 부당노동행위 등에 맞서 노조측은 조합원 90% 이상의 절대적 찬성 지지 속에서 투쟁으로 나서게 되었다. 노조측의 이러한 대응의 밑바닥에는 "가진 게 몸밖에 없어 몸을 팔아 입에 풀칠하지만 인격적으로는 사장과 대등하다", "일하는 자가 바로 회사의 주인"이라는 각성된 권리의식과 투쟁정신이 깔려 있었다. 이런 투쟁열기는 10일의 냉각기간도 식힐 수 없어 (주)통일에서는 쟁의결의 후 냉각기간에도 회사측의 성의있는 협상 촉구를 위해 생산성 향상 운동을 전개하기도 했으며, 일부 사업장에서는 쟁의결의율에 놀란 사업주가 파업돌입 전에 서둘러 협상에 응하기도 하였다.

이렇듯 자본의 탄압은 자본 자체의 경영조건과 경영방식에 의해 달

---

27) 웃지 못할 일은 노조가 쟁의발생신고를 결의하자, 동경전파, 부산산기 등에서는 회사측이 먼저 쟁의발생을 신고한 것이다.
28) (주)통일 자본측은 1988년 7개 법인, 1989년 4개 법인 등 총 11개 법인으로 라인을 독립시킬 계획하에 이를 진행하였다.

라지기도 하지만, 노조의 단결력과 투쟁력에 따라 달라지기도 했다. 그런가하면 노동자의 높은 쟁의결의율과 단결된 힘에 놀란 자본측은 노동자의 투쟁공간을 뺏고 협상에서 유리한 입장을 차지하려는 의도에서 명분없는 부당휴업과 직장폐쇄를 일삼았다. 그러나 직장폐쇄나 휴업은 노동자를 굴하게 하기는커녕 반대로 노동자를 분노하게 만들어 쟁의결의율을 더욱 높여 주게 되었다.

그만큼 88년 임투에서 드러난 노동자의 힘은 자본과 맞서거나 적어도 자본의 힘을 넘어설 만큼 강했던 것이다.29)

"우리 노조는 파업 안 하나?"

1987년이 정치사회적인 격동과 혼란을 비집고 자연발생적이고 폭발적인 분출을 통해 억눌렸던 분노와 억압을 터뜨렸던 해였다면, 1988년은 합법적이고 공개적인 조직과 투쟁을 통해 자신들의 권리를 당당하게 쟁취해낸 승리의 한 해였다.

노동자, 노동조합이라는 말조차 꺼리던 노동자들은 이제 어디서나 거리낌없이 노동조합을 자랑스럽게 큰 소리로 말했고, 머리띠를 매고, 깃을 달고, 조합의 깃발을 휘날리며 당당하게 공단거리를 활보하였다. 공단 어디를 가도 현수막이 나부꼈고, 북소리, 노랫소리, 구호소리가

---

29) 대림자동차는 회사측의 일방적 휴업(4/23~5/9)과 직장폐쇄(5/10~14)로 인해 조합원의 분노가 폭발하여 파업이 유발되고, 파업기간 역시 길어졌다. 삼미금속은 4월 20일 파업과 직장폐쇄, 부산산기 역시 파업기간(4/15~5/1) 중 직장폐쇄(4/21~5/1), 루카스도 휴업으로 파업에 돌입, 수미다 역시 휴업(5/26 ~7/11)으로 파업기간이 길어졌으며, 이 밖에 회사측의 부당휴업은 동경전파 (4/27~5/6), 두산유리(4/29), 세신실업(6/6) 등에서 자행되었다. 그런가하면 웨스트는 회사가 휴업(4/27~5/7)을 공고했다가 10일 만에 취소하고, 또다시 29일간 직장폐쇄(6/3~7/1)를 단행하여, 임금교섭기간 총 77일(4/15~7/1)이 파행적으로 진행되었다.

들려왔다. 굳게 닫혔던 회사의 문은 노동자들에 의해 활짝 열렸다. 내 회사 다른 회사를 가리지 않고 투쟁하는 곳이면 어디나 달려가 지원과 격려방문을 아끼지 않았고, 간부나 임원들은 물론이고 일반조합원들도 '우리 동지'라는 말을 서슴없이 사용하였다.

"우리 노조는 파업 안 하나?"

투쟁하지 않은 노조에 대한 불만의 목소리가 자연스럽게 받아들여질 만큼 1988년은 파업이 주를 이루어, 마창지역 사업장 대부분이 파업투쟁 혹은 파업투쟁에 준하는 준법투쟁과 부분파업을 전개했다.30)

노동자들이 파업을 전개하자 자본은 온갖 탄압을 가하였다. 그러나 노동자들은 무궁무진한 창의력과 똘똘 뭉친 단결력으로 위기를 극복하였다. (주)통일노조측이 파업에 들어가자 회사측은 전화를 끊고 단전단수를 단행했으나 조합원들이 전기를 가설하여 해결했고, 웨스트노조는 직장폐쇄로 식당이 폐쇄되자 조합원들이 조를 짜서 식사를 담당하거나 각자가 취사도구나 밑반찬과 부식 등을 가져와 야유회처럼 화기애애한 가운데 식사를 해결하였고, 부산산기노조는 돼지잡기로 파업 프로그램도 마련하고 식사도 해결하였다. 이러한 노력들은 '우리 일은 우리 힘으로' 해결해 나가는 자주성의 발현이며 '노예생활을 그만하고 인간답게 살아보자'는 인간선언의 발로였다.

또한 대부분의 파업사업장에서는 조합원의 출석률을 매일매일 기록하면서, 출석률을 높이기 위한 방안 연구에 골몰하였는데 이를 위해 특히 파업 중 지루함을 달래고 결속력을 다지기 위한 갖가지 프로그램들을 개발하고 또한 상호교환하였다. 그리하여 체육대회, 공동체

---

30) 파업일자가 확인된 11개 사업장의 파업일자와 일수를 살펴보면 다음과 같다. 현대정공(5/27~30, 4일), 대우중공업(4/27~5/30, 4일), 부영공업(3/29~4/4, 8일), 세방전지(5/3~10, 8일), 영흥철강(5/9~17, 9일), 신명공업(5/16~24, 9일), 부산산기(4/15~5/1, 17일), 대림자동차(5/9~14, 20일), 효성중공업(4/27~5/21, 25일), (주)통일(5/11~6/20, 41일), 삼미금속(4/21~5/31, 41일) 등.

놀이, 장기자랑, 노가바 경연대회, 악덕경영자 고사지내기, 장례식, 화형식, 횃불집회, 일일찻집, 가족의 밤 등 집회나 행사 이외에 비디오 상영, 촌극, 웅변대회, 1분 발언, 풍물강습, 편지쓰기와 같은 문화행사 등 다양한 프로그램들이 창조되었다.

이러한 파업과정에서 평소에 잘 알려지지 않았던 동료들의 숨은 재능과 장기가 발견되어 노동자 문화에 대한 관심이 높아져 갔다. 노가바 가사나 촌극대본, 편지들이 출판이 되는가하면, 각 노조에 풍물패, 노래패가 만들어지고, 연극패, 문학회에도 참가하는 등 노동자 문화운동이 확산되었다. 마창노련은 문화행사나 집회를 통해 투쟁에 지친 조합원들을 위로하거나,31) 즉석에서 200여만 원을 모금하는 등 뜨거운 동지애를 확인하기도 하였다. 그 중 일일찻집은 경제적인 도움뿐 아니라 끈끈한 연대와 동지애를 심어주고 동시에 교육선전의 역할을 수행하기도 하였다.32)

현대정공 사장은 아직도 샤워 중?

1987년 직후 대기업들은 노무관리방식을 체계화하거나 복지정책의 증대를 통해 노조운동의 기업내화 시도를 강화하는 한편,33) 이러한

---

31) 마창노련 및 경남노동자가족협의회는 5월 8일 어버이날을 맞아 '노동자가족의 밤'을 경남대 10·18 광장에서 열고 극단 현장의 '횃불'을 공연하여 투쟁에 지친 조합원을 위로하였으나 참석자가 많지 않아 아쉬움을 남겼다.
32) 5월 5일 어린이날 열린 삼미금속노조 쟁의기금 마련 일일찻집은 2천 장의 티켓발매와 800여 명의 참여로 성황을 이루었다. 여성노동자들의 안내와 삼미금속노조의 밴드로 흥을 돋우며 서로서로 어깨를 걸고 '아침이슬'에 맞춰 하나가 된 참가자들은 박희근 지부장의 폐회사가 끝남과 동시에 15분 동안 해방춤을 추었고, 이별곡으로 "지금은 우리가 헤어져야 ······"를 부르며 끝마쳤다.
33) 노동자 수에 비례하여 노무관리를 체계화하였는데, 100~999명 : 전담자, 1천명 이상 : 전담관리브서, 3천 명 이상 : 이사제를 도입하였다. 또한 사내복지기

현대정공 창원공장 노조의 1988년 임단투 출정식.

노무관리방식이 먹혀들지 않을 경우 가차없이 탄압을 가했다. 특히 현대재벌은 막강한 자본의 공세를 앞세우고 공권력과 언론매체를 총동원하여 현대 노동자를 탄압하였다.[34]

현대정공 창원공장노조는 5월 21일부터 임투에 들어갔으나 회사측이 언론매체와 밀착하여 노조를 폭력집단으로 매도하는가하면, 협상하는 척 하다가 뒤통수를 치며 기만하고, 그것도 모자라 협박, 폭행, 불법연행, 구속 등 총체적 탄압을 가하여 5월 27일부터 파업투쟁이 시작되었다.

파업 첫날 정몽구 회장이 창원공장을 방문하자 노조는 정 회장과 직접 면담, 협상 끝에 정 회장은 조합원들 앞에서 "임금교섭을 조기에

금 설치, 기숙사, 구판장, 교통편의제공, 직장주택조합, 종업원지주제 등으로 복지정책을 증대하였다.
34) 당시 현대건설 이명박 회장은 노조설립을 방해하고 납치를 지시한 혐의로 검찰에 소환, 눈가림식 조사를 받고 있었는데 이는 재벌이 공권력과 언론을 등에 업고 노조탄압을 전횡으로 휘두르는 전형 중 빙산의 일각이라 하겠다.

체결한 후에 상경할 것"을 약속하였다. 그러나 언론들은 일제히 "노조가 회장을 감금하고 협박했다"고 대서특필하였다.

그런데 공교롭게도 이 날 밤 일명 '딸딸이 사건'이 발생하게 되었다. 사무직 사원 2명이 담 넘어 몰래 퇴근하려다가 야간경비 중인 조합원에게 발각되었는데, 경비 조합원이 경운기로 후문 쪽으로 바래다주던 중 사원들이 겁을 먹고 몰래 뛰어내리다가 부상당한 것이다. 그러자 이번에도 언론들은 "노동자가 사무직 사원을 폭행했다"는 허위보도로 노조를 중상모략하였고 이로 인해 7명의 조합원이 입건되었다. 분노한 조합원들은 연일 규탄집회를 열고 5월 31일 97%의 높은 지지율로 쟁의행위를 결의하였다.

결국 정 회장은 통원치료를 한다는 구실로 빠져나가 곧바로 상경함으로써 노조와의 약속을 기만하였다. 그리고 사장 역시 노사협상 중 샤워하고 오겠다고 나간 후 서울로 도망쳐 버렸다. 그리고 다음날인 6월 3일 휴업이 공고되었다.

조합원들은 회사측의 배반, 기만, 뒤통수치기에 분노하여 창원시청 앞까지 가두진출하였다. 또한 회사측이 구사대를 만든 서류가 발견되고, 입건된 조합원 7명에 대한 경찰의 무차별구타 소식이 들려오자 조합원들의 분노가 또다시 폭발하였다. 그리하여 6월 14일 전 조합원이 창원시청으로 가두행진하고 전경과 백골단의 무차별 최루탄 난사에 투석전으로 맞섰다.

불법휴업이 계속되고 협상은 막혔다. 6월 21일 위원장 이하 조합간부 20여 명은 돌파구 마련을 위해 상경하였다. 그러나 회사측이 회사안 수용만을 강요하고 협박함에 할 수 없이 포기하고 창원으로 내려오던 중, 위원장 이하 17명 전원이 6월 23일 새벽 창원역에서 대기 중이던 사복경찰, 전경, 백골단에 의해 기차 안에서 폭력적으로 연행되었고, 그 중 문경범 사무국장이 구속되었다. 6월 25일 회사측의 휴업

철회와 정상조업 시도에 맞서 노조는 총회투쟁과 전면파업을 결의하였다.

협상은 평행선을 달리고 사태는 심상치 않게 돌아갔다.35)

그 와중에 7월 9일 위원장은 회사측과 합의하였고, 사실상 88년 임투는 막을 내리게 되었다.

이렇듯 5월 4일 출범한 현대정공노조 집행부가 두 달 넘는 투쟁을 끝내고 끝내 불신임과 구속(총 4명)으로 마감된 것은,36) 악덕재벌이 언론과 공권력을 등에 업고 가하는 총체적 탄압에 대응하기 위해서는 단위노조 차원으로는 한계가 있다는 것을 여실히 보여준 사례라 하겠다.

"쟁취하자 생활임금!, 이룩하자 해고자복직!"

대부분의 노조가 최저생계비 확보를 임투 목표로 내세운 데 비해 (주)통일노조는 임금인상요구와 함께 해고자복직요구를 전면에 내걸었다.

2월 초 공백상태나 다름이 없었던 노조 집행부(직무대리체제)에 힘을 실어주기 위해 (주)통일 해고자 61명이 출근투쟁을 감행하면서 투쟁은 시작되었다. 그 결과 해고자들이 조합사무실을 자유롭게 드나들 수 있게 되고, 노조상근자의 역할을 담당하는 등 해고자의 힘이 조합집행부에 실리게 되자, 이 때부터 노조는 해고자 원직복직 요구를 임

---

35) 회사측의 선 정상조업과 노조측의 선 고소취하가 엇갈리면서 협상은 평행선을 달렸다. 이런 가운데 회사측은 무기한 휴업을 시사하고, 공권력은 방산업체 쟁의행위 중지를 앞세우고 협박하였으며, 연일 도청 대책회의가 소집되는 등 사태는 심상치 않게 돌아갔다.

36) 대의원대회가 7월 26일 집행부를 불신임한 다음날인 7월 27일 합의(소환대상자의 고소취하)에도 불구하고 집행부는 전격 연행되고 그 중 전갑주 위원장, 이경수 부위원장, 나영석 대의원이 기소되어 문경범 사무장까지 4명의 구속자가 발생하였다.

"쟁취하자 생활임금! 이룩하자 해고자 복직!"
(주)통일노조는 5월 11일부터 파업에 들어가 41일 동안 해고자복직 요구를 전면에 내걸고 가열찬 투쟁을 벌였다.

피로 쓴 맹세 '노조사수'
1988년 8월 (주)통일노조 간부들이 혈서로서 결사투쟁을 다짐하고 있다.

단투 요구사항의 전면에 내세우고 "쟁취하자 생활임금, 이룩하자 해고자복직!" 구호를 외치며 임투에 돌입하였다.

3월 31일 임투가 시작되었으나 회사측은 해고자 원직복직을 무시한 채 임금협상만을 고집하면서 협상을 지연하였다. 결국 노조는 5월 11일 파업에 돌입한 뒤 41일간 계속 해고자문제를 전면에 걸고 싸우면서 점거농성(5월 18일부터 백찬기 민주당 국회의원 사무실 점거농성 전개) 등으로 돌파구를 마련하려 애를 썼으나 조합원의 참여는 갈수록 줄었다.

공권력 투입이 시시각각 다가오는 가운데 남은 조합원들은 결사항전의 각오를 세우고 대응하였다.

그러나 6월 20일 32차 교섭을 마지막으로 집행부(대리체제)가 "해고자는 개인별 처리"키로 하고, 고소취하에 합의함으로써 80여 일 동안의 (주)통일노조 임투는 막을 내리게 되었다.

패배감과 허탈감, 무력감이 전체 분위기를 짓누르는 가운데 파업 참가자들은 회사와 공권력의 합작 공세에 대한 치떨리는 분노와 해고자들에 대한 미안함, 지도부와 조합원의 분열에 대한 자책과 함께 새롭게 거듭나는 노조가 되겠다는 각오를 다졌다.

비록 해고자 원직복직 목표는 이루지 못하였으나 그렇다고 좌절만 가져다준 것은 아니었다. 임투과정에서 해고자 문제제기가 충실히 이루어진 결과 임투가 끝난 직후 석방된 집행부가 모두 노조로 복귀할 수 있었던 것이다.

그런가하면 기아기공노조는 임금인상요구투쟁과 해고자복직투쟁을 별도로 진행시켰다. 기아기공 농성지도부(김윤규 등)는 회사측의 부당해고에 맞서 2월 1일부터 출근투쟁을 시작하여 임투 시기에 맞춰 해고자복직 요구투쟁을 전개한 결과 6월 1일 해고자 8명의 복직을 쟁취하고 아울러 임투를 마무리지었다.

점거농성투쟁으로 투쟁의 물꼬를 트다

노동자들의 투쟁이 조금도 수그러들 기미가 보이지 않자 일부 대기업에서는 양보하는 척 서둘러 선별적으로 타결을 지어 임투전선이 마창지역연대로 확산되는 것을 차단하였다. 심지어 일부 악질기업주는 구사대폭력을 휘두르거나, 소위 '경남지역 관계기관 대책회의'를 통한 직간접의 탄압으로 교란작전을 감행하였다.

특히 TC, 소와, 웨스트, 태양유전, 두산유리[37] 등에서 구사대와 공권력을 동원한 폭력과 탄압이 공공연하게 벌어지자, 작업장 안에서의 투쟁을 작업장 밖으로 옮기고 회사측의 탄압을 대외적으로 여론화하는 투쟁전술을 구사하였다.

점거농성 장소는 주로 민주당, 평민당 등 야당 본사 및 지구당 사무실이 이용되었는데, 이는 총선 이후 여소야대를 이룬 국회 개원을 앞두고, 강력한 연대의 힘으로 야권 3당으로 하여금 진상조사단 구성을 통한 중재요구를 촉구하고, 동시에 여론의 힘을 통해 해결점을 찾기 위한 것이었다.

마창노련은 웨스트노조의 서울 민주당사 점거농성(일본대사와의 면담을 촉구하기 위해)을 하루 앞둔 6월 16일 수출지역 후문에서 마창 노동자 1,300여 명이 참석한 가운데 출정식을 거행하였다.[38]

---

37) 두산유리에서는 노조의 전면파업(4월 24일부터)과 회사측의 위장휴업(4월 29일부터)이 맞선 가운데, 5월 9일 전투경찰과 구사대 150~200명이 화염병을 던지며 농성장을 습격하여 닥치는 대로 노동자를 폭행하고, 심지어 도망가는 노동자를 페로다(쇼벨)로 전속력으로 달리며 위협하기까지 했다. 더구나 구사대가 던진 화염병으로 인해 화재가 났음에도 회사측은 적반하장격으로 노동자들이 불을 질렀다고 신문과 TV를 통해 왜곡선전하였다. 이에 조합원 70명이 5월 10일부터 서울 평민당사에서 농성하면서 회사측 비행을 폭로하자 결국 회사가 이에 굴복하여 협상을 통해 요구사항을 합의했다.
38) 출정식에서 웨스트노조는 63일간의 가열찬 투쟁사례를 발표하고 불법 직장폐쇄(6/3) 철회 및 성실교섭 촉구를 외쳤다. '매국노 박수진 재판받다' 촌극

이는 수출지역 내의 투쟁을 단순히 웨스트 한 사업장투쟁으로 머물게 하지 않고, 총노동 대 총자본의 투쟁, 미국과 일본 등 외국자본에 대한 대립구도를 명확히 하는 투쟁으로 바꾸어냄으로써 지역의 노동운동을 한 단계 높이려는 마창노련의 의지에 따른 것이었다.39)

이러한 점거농성투쟁은 구속, 해고, 수배에 대응하는 투쟁으로도 많이 이용되었다.

당시 노태우는 양심수석방을 민주화의 하나로 약속했음에도 불구하고 "구속노동자는 양심수가 아니다"라며 유독 구속노동자만을 제외시켰고, 이에 노동자들은 "6·29는 속이구"라며 강하게 반발하고 나섰다. 게다가 겉으로는 양심수를 석방한다면서 안으로는 계속 노동운동을 탄압하여 노동자의 구속, 수배, 부당해고가 늘어나게 되었다.

그러나 구속자와 해고자 문제는 단위사업장 투쟁만으로는 해결될 수 없다는 공감대가 이루어지면서 점거농성을 통한 연대투쟁이 전개되었다. 마침 5월 15일 명동성당에서 투신한 조성만 열사의 죽음을 계기로 '양심수 전원 석방과 수배자 전원 해제'를 요구하는 민가협 가족 250여 명은 명동성당에서 철야농성을 전개하였고 각 지역에서도 구속자, 수배자, 부당해고에 맞서는 점거농성투쟁이 전개되었다.

마창지역에서도 5월 18일부터 (주)통일과 기아기공 해고자들이 백찬기 민주당 국회의원 사무실을 점거하고 농성에 들어갔다. 여기에는 파업투쟁 중인 지역 노동자들 다수가 적극 결합하여 연대시위를 벌이는가하면 타결사업장의 격려방문이 이어져 지역 전체 노동자농성으

공연과 일본사장 화형식 후 참석자들은 해방춤을 추면서 서로의 손을 잡고 '우리의 소원은 통일'을 불렀다. 그리고 횃불을 앞세우고 수출지역 내를 순회 출정식의 의미를 넘어서는 전환점을 이룩해냈다.

39) 6월 17일부터 웨스트노조간부 6명이 서울 민주당사 점거농성투쟁을 전개하자 사태확산에 당황한 회사측은 교섭을 요청해 왔고, 마침내 6월 23일 회사측이 노조측안을 100% 수용함으로써 합의가 이루어졌다.

로 바뀌었다.

이에 외부의 여론과 관심이 높아져 마침내 5월 26일 통일민주당 진상조사단이 파견되어 5월 27일 농성은 끝났다. 그러나 구속자석방투쟁은 이후에도 계속 이어졌다.[40]

임투 마무리 및 결과

마창노련이 처음 조직하고 투쟁한 1988년 임투는 성과있는 결실, 빛나는 승리를 일구어냈다.

대부분의 노조가 요구액의 60~80%를 쟁취했고, 시티즌, 삼미금속, TC, 웨스트 등의 노조는 100%를 쟁취하는 쾌거를 올린 것이 바로 그것이다.

그런가하면 타코마노조는 3월 22일부터 매일 2시간씩 집회를 여는 등 준법투쟁에 들어가 일 주일 만인 3월 29일 타결되었고, 중천은 2월 9일부터 일 주일 동안 6차 교섭 끝에 2월 15일 타결되어 마창지역에서 가장 일찍 임투가 끝났다. 이는 타코마와 중천 노조가 마창노련 핵심노조라는 점에서 정권과 자본에게는 연대투쟁의 큰 위협이 되었기 때문이다.

반면 회사측의 파행적인 휴폐업으로 인해 웨스트와 수미다는 각각 70일과 60일이 넘는 교섭기간을 기록했다. 그 중에서도 웨스트노조는 임금인상타결에도 불구하고 강제사직된 동지의 복직을 위해 또다시 투쟁에 들어가는 등 숭고한 동지애를 보여주어, 신규노조이면서도 가장 빠른 시간 내에 조합의 역량을 투쟁으로 강화시킨 강력한 민주노

---

[40] 5월 30일 '전국공대협'은 현대엔진투쟁으로 늘어난 구속·수배자 가족과 함께 서울 평민당사 점거농성에 돌입(마창지역 구속자 11명과 수배자 4명 등 포함), 야권 3당 공동진상 조사단 파견과 노동문제 특위 구성 및 국정조사권 발동을 촉구하였다.

조로 자리잡아갔다.[41]

그런가하면 몇몇 사업장에서 임투 마무리 이후 조직 재정비 과정에서 적지 않은 후유증이 생기기도 하였다.[42]

원래 임금교섭 마무리는 현실적으로 회사 능력, 사회적 여건, 조합 투쟁력 등을 감안하여 만족스럽지 못한 점이 있어도 조합원총회나 대의원대회의 찬반투표 결과나 조합원 동의에 따라 집행부는 도장을 찍게 된다. 그러나 일부 노조에서는 위원장이 독단적 타결로 물의를 빚어 집행부가 교체되는 진통을 겪었다.

1988년 임투가 끝나자 무엇보다 무노동무임금, 방산업체 쟁의금지 등 노동법개정 문제가 극복 과제로 떠올랐다.

그동안 '무노동무임금' 논리는 자본측이 협박용으로 사용해 오던 것이었으나 1988년 6월 10일 정부가 이를 공식화하게 되자 노동법개정투쟁의 횃불을 드는 계기가 되었다. 그러나 삼미금속에서 100% 임금을 지급받았듯이 힘이 있는 노조에서는 '무노동무임금' 논리가 현실적으로 깨지기도 했으나 대다수 사업장에서는 파업 중의 임금을 전액

---

41) 웨스트노조는 6월 23일 노조측안을 100% 회사측이 받아들임으로써 임금협상은 타결되었다. 그러나 대학생출신 김경영 운영위원(5월 24일 '사문서위조'로 구속되었다가 조합원들의 경찰서 항의방문투쟁으로 불구속으로 석방)의 강제사직문제가 끝내 회사측 반대로 철회되지 못하자, 공개토론 끝에 전 조합원은 동지의 복직을 위해 재농성투쟁에 돌입하였고, 동지애의 숭고한 의리와 용기를 실천하는 웨스트 조합원의 투쟁에 마창지역 노동자들의 지원연대가 잇달았다. 그리하여 10일 뒤 7월 1일 마침내 협상이 타결(김경영은 7월 25일 노사합의에 따라 복직 쟁취)됨으로써 77일간에 걸친 투쟁은 노조의 일방적 승리로 끝났다.
42) 한국중공업노조는 두 차례나 임투를 전개한 후 8월 27일 3대 위원장 선출에 들어갔으나 2대 부위원장은 유임된 채 위원장만 교체되었다. 이로 인해 집행부가 삐그덕거리게 되었고 더구나 회사 사장이 노조에 격려금을 전달한 것이 문제가 되어 결국 3대 집행부는 출범한 지 4개월도 못된 12월 12일 불신임됨으로써 시련과 혼란이 가중되었다.

쟁취하지 못하고 특별상여금, 생산장려금 명목으로 50% 정도를 확보하는 데 그치고 말았다.

그런가하면 (주)통일, 현대정공, 제일정밀 등은 방산업체임에도 불구하고 노조의 강력한 투쟁으로 '방산업체 쟁의금지'라는 악법의 굴레를 깨고 법을 무력화시키긴 했으나 악법을 원천무효화하는 데까지는 나아가지 못하였다.

이 밖에 제3자 개입금지, 사용자의 부당노동행위 증가와 이를 부채질하는 공권력 침탈이 날로 늘어가면서 근본적인 해결책을 찾기 위해 노동법개정투쟁을 전개해야 한다는 인식이 확산되었다. 이로 인해 임투의 극복과제들은 자연스럽게 하반기 노동악법개정투쟁으로 넘겨지게 되었다.

4국 11부에서 5국 13부로 조직기구 개편

마창노련이 확고하게, 실질적으로 자리를 잡게된 것은 1988년 임투를 통해서였다고 모든 사람들은 한결같이 입을 모은다. 마창노련은 12월 14일에 결성되었지만 실질적으로 마창노련이 대중적으로 결성된 것은 1988년 임투과정이었다는 것이다. 마창노련이 대중적 지지와 호응을 받을 수 있었던 배경에는 마창노련 가입 노조들의 모범적이고 민주적인 활동이 큰 몫을 차지했다고 볼 수 있다. (주)통일노조의 장기간에 걸친 완강한 투쟁, 삼미금속과 웨스트 노조의 모범적 단결투쟁이 지역의 임투열기를 계속 이끌면서 다양하고 효과적인 투쟁전술 창조와 광범한 대중역량을 결집시킨 결과였던 것이다.

또한 임투는 단순한 임투만이 아니라 지역과 전국에 걸친 구속과 해고, 그리고 자본과 국가권력의 총체적 탄압에 대응하는 노동운동탄압 저지투쟁과도 맞물려, 평균 사흘에 한 번 꼴로 가두집회와 가두투쟁이 전개되었다.

이로 인해 상반기 투쟁을 거치면서 기업별 인식의 틀을 넘어선 노동자들은 임투에 매몰되었던 경제주의적 사고의 한계를 벗어나, 정권과 자본의 본질을 명확히 인식하는 의식의 대발전을 이루었다. 그리고 이것은 마창노련의 비약적 조직확대로 나타났다.[43] 특히 위원장의 개인적 결단과 서명이 아닌, 조합원총회나 대의원대회의 의결을 통해 정식으로 가입함으로써 마창노련은 조합원들로부터 명실상부한 상급단체로 인정을 받게 되었다.

이렇게 확대강화된 대중적 토대를 민주집중 체계로 결집시켜 내기 위해서는 무엇보다 조직정비가 절실히 요구되었다. 마창노련은 1988년 6월 9일, 그 해 2월까지 임시로 운영하였던 조직기구를 실질적인 집행체제로 갖추어 지도력과 집행력을 보강하고, 4국 11부제를 5국 13부제로 대폭 개편하였다.

2. 구사대 추방 및 마창노련 의장 석방투쟁

창원공단의 대다수 사업장에서 임투가 마무리될 무렵인 6월부터 수출지역의 임투는 급속히 확산되기 시작했다. 수출지역은 총 75개 회사 3만8천 명의 노동자들이 담도 없는 한 울타리 안에서 일하고 있었는데 대부분이 일본인 투자기업인데다가 전기전자 업종이라는 공통점으로 인해 근로조건은 거의 비슷비슷했다. 따라서 한 사업장의 투쟁이 다른 사업장에 미치는 파급력은 높을 수밖에 없었다.

TC 노동자들은 5월 31일 노조를 결성하고 임투에 돌입하였으나 회

---

[43] 마창노련 가입 노조와 가입날짜는, 동광(4/2), 대림자동차(4/4), 시티즌(4/28), 남산업(5/30), 동경전파(6/8), 일진특수판금(6/18), 산본(7/4), 웨스트(7/6), 한국강구(8/16), TC(9/1), 두산유리(12/26) 등이다.

사측은 노조를 절대 인정할 수 없다면서 남자사원들을 동원하여 폭력을 행사하였다.44) 집행부와 조합원들은 일치단결하여 준법투쟁으로 흔들림 없이 노조사수의 결의를 다졌고, 회사측은 점차 노골적인 폭력을 행사하여 6월 20일에는 노조사무실에 난입하여 기물을 파괴하고 공포분위기를 조성하였다.

한편 소와 여성조합원들은 5월부터 현 어용노조 집행부(남자사원 주축) 퇴진을 위한 총회소집 요구투쟁을 벌였으나 집행부가 이를 묵살하자 100여 명의 여성노동자들이 작업거부와 농성에 돌입하였다. 구사대들은 6월 9일, 6월 15일(굴뚝 시위), 6월 18일 등 세 차례에 걸쳐 폭력만행을 저질러 10여 명의 여성노동자들이 부상당하였으나, 조합원들은 끈질기게 농성을 계속하였다.

그동안 마창노련은 소속 노조가 탄압을 받았음에도 지역 차원의 연대투쟁을 벌일 엄두도 내지 못하였다. (주)통일 조합원 최건병이 5월경 쌍용노조를 지원방문하러 갔다가 경비들에게 집단구타당하고 오히려 경비를 구타했다는 죄목으로 구속되었을 때나, 현대정공노조 위원장 이하 간부 19명이 6월 23일 새벽 창원역에서 경찰에 의해 폭행 연행당하였을 때나 마창노련은 지원조차 하지 못했다.

마창노련은 이로 인해 정권과 자본이 마창노련을 무기력하고 만만한 조직으로 얕잡아보고 한층 더 노골적·살인적으로 노동자를 폭행, 탄압한다고 판단하였다. 그리하여 구사대의 살인적이고 노골적인 폭행이 기승을 부리기 시작한 7월을 기점으로 마창노련은 전 조합원과 함께 조직적인 지역연대투쟁에 떨쳐 일어났다.

---

44) TC는 1987년 8월 노조결성에 성공했으나 회사측의 혹독한 탄압으로 해산당하였다. 노동자들은 뼈아픈 좌절의 경험을 잊지 않고 비장한 각오와 결의로 은밀히 재결성을 추진한 끝에 1988년 5월 31일 노조결성에 성공하였다.

7·7 소와 사건과 7·9 TC 사건

7월 7일, 흐린 가운데 날씨는 꽤나 무더웠다.

퇴근시간이 되자 50여 명의 여성조합원들이 농성을 하고 있는 소와 정문 앞으로 마창노련 소속 조합원 200여 명이 지원 및 항의방문을 왔다. 정문을 사이에 두고 마창노련 노동자들과 소와 구사대 100여 명이 서로 밀고 당기는 실랑이를 벌였고, 이 와중에 정문이 열리면서 안으로 들어간 노동자들과 구사대가 순식간에 정면충돌하였다.

마창노련 이흥석 의장, 대원강업 이상근이 피를 흘리며 나왔다. 여성노동자가 다수인데다가 비무장상태였던 마창노련 노동자들은 각목과 쇠파이프로 무장한 구사대의 상대가 되지 못했다. 인도 밖으로 밀려난 노동자들은 정문을 사이에 두고 구사대와 투석전을 전개했고 인근 노동자들이 계속 가세하자 수출지역 사상 처음으로 전경이 투입되면서 8시경 노동자들은 자진해산하였다.

그러나 7월 9일 소와 구사대 100여 명은 마산지방노동위원회 앞에서 농성 중인 소와 조합원들을 또다시 습격하고 전경이 보는 앞에서 집단구타하여 여성노동자 10여 명이 부상하고 2명이 입원하게 되었다.

TC 구사대의 만행은 이보다 더 살인적이었다.[45]

7월 9일 TC노조 위원장, 부위원장, 회계감사 등 노조간부 3명이 현장순회 도중 4과로 들어가려하자,[46] 남자사원 50~60여 명이 달려들어 노조간부 3명을 계단으로 굴러 떨어뜨린 뒤 한 사람에 10여 명씩 달려들어 구둣발로 차고 밀치고 짓이기는 등 전신을 구타하고 폭행하

---

[45] TC 구사대 명단, 박연학, 전성노, 박상대, 김도형, 김종원, 김혁철, 정광봉, 차현식, 조욱래, 이형재, 이중규 등.
[46] 7월 2일 4과에서는 사복을 입고 작업하려던 조합원 250여 명이 50여 명의 남자들에게 각목, 군화와 헬멧 등으로 집단구타당하여 2명이 입원하고 10여 명이 중경상을 입는 사건이 발생하였다. 7월 9일 노조간부 3명은 조합원을 격려하고 부상을 확인하기 위해 4과를 방문하려 하였다.

였다. 그것도 모자라 구사대들은 간부들을 100미터 질질 끌고 가서 새로 이전한 노조사무실에 감금하고(새 사무실은 창고를 수리한 것으로 문을 잠그면 밖에서 아무 소리도 들리지 않는 곳이다), 또다시 2시간여 동안 전신을 구타, 폭행하면서 "쥐도 새도 모르게 죽여버려", "시집도 못가게 얼굴에 문신을 새겨라", "빨갱이 간첩!", "자궁을 수박처럼 쪼개버려!" 등 차마 입에 담을 수 없는 욕설과 공갈 협박을 가하였다.47)

소식을 전해 들은 800여 명의 조합원들이 달려왔다. 부축을 받고 나온 간부들의 모습은 차마 눈뜨고 볼 수 없을 만큼 처참했다. 조합원들은 분노의 눈물을 흘리며 부상자들을 병원으로 호송하였다. 그러나 이 날 밤 핵심조합원 6명이 또다시 구사대에 납치당해 4층 강당에 끌려가 온갖 협박과 전신을 구타, 폭행당한 뒤 그 중 3명은 강제사직서를 쓴 뒤 풀려났고 3명은 전신구타와 물고문까지 당한 뒤 9시가 넘어서야 풀려났다.

경찰의 동향도 심상치 않았다. 동부경찰서에서 7·7 소와 사건과 관련하여 마창노련 의장에 대한 출석요구서가 정식으로 전달되었다.

살인적인 TC 구사대에 맞선 전국노동자 연대전선

상황이 급박하게 전개되자 '전국노운협'48)은 7월 10일부터 17일까

---

47) 교육부장 김진숙은 고려대에서 제적된 뒤 동생의 이름으로 입사하였는데 이를 빌미로 회사측은 노조가 "간첩, 빨갱이, 불순분자의 조종을 받는다"며 노조를 흑색선전했다.

48) 3월 4일 결성된 노동조합탄압저지 전국노동자공동대책협의회(이하 '전국공대협')는 4월 2~3일 전국노동자대회, 5·1절 전국 동시집회, 노동법개정특위 구성과 시안 마련 등 그동안 노동대중운동을 이끌어왔으나, 아직 전국조직으로 견고하게 결집되지 못하여 조직적으로 사업수행의 책임성을 지속하기 어려웠고, 4·26 총선 이후 폭발적으로 일어난 임투로 인해 새로운 조직의 필

지 전국노동자대회 주간을 선포하고 지역대회를 배치하면서 첫 전국대회를 마창지역에서 열기로 하였다. 소와, TC 구사대폭력 만행으로 투쟁이 격화된 마창지역을 지원하는 전국연대투쟁을 벌이기로 한 것이다.

그리하여 7월 10일 일요일, 경남대 10·18 광장에서 열린 '노동운동탄압분쇄 및 노동악법개정촉구 노동부장관퇴진 전국노동자 결의대회'에는 전국에서 5천여 노동자들이 참가하여 노동부장관 화형식을 거행하고, 전국 노동자의 힘으로 폭력구사대를 응징할 것을 다짐한 뒤 가두행진에 나서 노동악법개정투쟁의 의지를 불태웠다.

그러나 구사대의 폭력만행은 그치지 않고 더욱 기승을 부렸다.

7월 11일 아침 TC노조 간부 5명과 마창노련 및 한국노총 관계자들이 항의차 회사를 방문하게 되었다. 그 때 갑자기 노란 헬멧과 빨간장갑, 쇠파이프로 무장한 TC 구사대 100여 명이 노조간부 5명을 끌고 순식간에 4층 강당으로 올라갔다. 그리고는 책상 4개를 붙여 공간을 만들어 그 안에 1명씩 넣고 20~30여 명이 돌아가면서 구타와 폭행을 자행하여 5명의 간부가 실신 입원하게 되었다.

부위원장 이연실은 당시를 이렇게 진술하였다.

"구사대들은 군화발로, 팔, 다리, 어깨를 집중구타한 후 짓이기고, '애를 못 낳게 해야 한다'며 자궁 근처를 발로 걷어찼다. 쌍년, 개년 소리는 예사이려니와 빨갱이, 간첩, 반미, 반정부 사상이 어떠니 저떠니하면서 의식화되었다, 조합원들을 선동한다고 했다. 2시간 동안 정신을 차리지 못한 채 여기저기서 질러대는 신음과 비명, 그리고 남자들의 고함소리를 들으며 나는 입이 비뚤어지면서 전신마비 증세의 고통을 겪어야 했다. 이에 박연학(양산 설계과)이란 자가

요성이 제기되었다. 이에 '전국공대협'은 6월 7일 새로운 조직을 위해 해체하고, 전국노동운동단체협의회(이하 '전국노운협')를 결성하였다. 참가단체는 수도권을 비롯한 마창, 부산, 울산, 전남북 등 30여 단체이다.

'아직 안 죽었다'며 찬물을 끼얹고는 다시 구타하였다. 마비증세가 완전히 풀린 오후 9시경에서야 경남병원으로 옮겨졌다. 또한 김정임 노조위원장은 뺨을 수십 차례 얻어맞았고, 쿠위원장은 안경을 쓴 채 주먹으로 얼굴을 맞고, 온 몸이 까맣게 멍들 정도로 전신구타를 당했다. 또한 총무부장은 복막염 수술한 지 얼마 안 된 배를 집중적으로 걷어 채여 가장 먼저 병원으로 실려갔고, 다른 간부들도 군화발자국이 몇으로 또렷이 남을 정도로 온 몸을 얻어맞았다."

사실을 확인하기 위해 마창노련 간부들이 TC노조로 달려갔으나 TC 구사대는 강당을 차단한 채 TC노조 간부들을 뒷문을 통해 병원으로 빼돌렸다.

저녁 9시경 경남병원에는 전신에 피멍이 든 TC노조 간부 5명이 응급실에 누워 있었고, 바로 옆 복도에는 침통한 표정의 마창노련 동지 50여 명이 회의를 열고 있었다. 마창노련은 "매일 아침 출근시간마다 수출지역 후문에서 홍보물을 배포하고, 각 단위노조는 구사대만행 폭로 사진과 대자보 게시, 그리고 폭력구사대의 씨를 말릴 때까지 TC와 소와 앞에서 마창노련 차원의 집회를 매일 개최할 것"을 결의하였다.

7월 12일 아침, 병원에서 철야 한 TC 조합원들과 지역 노동자들은 2개조로 나뉘어 수출지역 후문 앞에서 유인물을 배포하였다. 그 과정에서 또다시 6명이 완전무장한 100여 명의 TC 구사대에게 4층 강당으로 개끌 듯 끌려가 전날 간부들에게 했던 것과 동일하게 집단폭행을 당했다.[49]

---

[49] 폭행당한 6명은 TC노조 교육부장, 회계감사, 조합원 등 3명과 마창노련 조합 간부 3명 등이다. 이 중 (주)통일 해고자 이호성 등 마창노련 조합간부 3명은 너무 많이 맞아서 얼굴을 알아볼 수 없을 정도였으며, 척추에 금이 가고 걸음도 제대로 못 걷는 전치 6주 진단의 심한 부상을 당했다. TC 조합원 1명은 전신구타 후 강제사직서를 쓰고 나서야 풀려났고, 교육부장은 "넌 빨갱이니까 네가 이곳에서 죽어나가도 죄가 안 된다"면서 "외상을 남기지 말라"는 고함 속에 헬멧으로 머리를 집중구타당하고 머리채를 붙잡히고 전신이 군화발

분노한 노동자들의 발길은 TC 앞으로 향했고, 회사측은 위기의식을 느끼고 조업을 단축한 채 구사대 100여 명을 관광버스로 몰래 피신시켰다.

7월 13일 아침에도 수출지역 후문에서는 TC 조합원들이 타코마, 동경전파 노동자들의 호위를 받으며 폭력만행 폭로 사진전을 열고 유인물을 배포하였다. 이 날도 TC 회사측은 조합원들을 조기퇴근시키고 구사대들을 버스로 빼돌렸다. 퇴근 무렵, TC 앞에 모인 마창지역 노동자 1천여 명은 소와를 거쳐 역내를 행진하면서 구사대처단 결의를 드높였다.

7월 14일 마창노련은 지역민주단체와 연대하여 매국직장폭력추방을 위한 지역공동대책협의회(이하 '공대협')을 구성하고 대대적인 대시민 홍보전을 전개하여 시민들의 분노와 규탄 여론을 조성하기로 하였다.50)

마창노련 의장 및 노조간부 구속

7월 15일 아침, 비가 부슬부슬 내리기 시작했다.

이 날은 TC노조 집행부가 담당 의사의 만류를 뿌리치고 현장 입성을 선언한 날이었다.

정오경 동부경찰서 소속 형사 3~4명이 타코마노조를 찾아왔다. 마창노련 이흥석 의장에게 7·7 소와 사건에 대한 참고인 진술을 요청한 것이었다. 이흥석 의장은 조합간부들의 우려에도 불구하고 별 생

로 짓밟혀 머리카락이 한움큼씩 빠지고 머리에 심한 통증과 열이 심하게 일어났다. 몇 시간의 살인적인 폭행이 계속된 뒤, 근로감독관과 동부서 정보계장, 한국노총 합동사무소 부장, 관리소장 등이 나타나 중재를 요청한 뒤에서야 부상자들을 경남병원으로 호송할 수 있었다.
50) 참여단체는 민주쟁취국민운동경남본부, 천주교정의평화위원회, 인권위원회, 경남대총학생회, 창원대총학생회 등 10여 단체.

각 없이 형사들을 따라나섰다. 그러나 오후, 세신실업 장동현, 대한화학기계 이종관과 남양훈이 동부서에 연행되었다는 소식이 들려왔다. 불길한 예감이 들지 않을 수 없었다.

오후 폭행당한 TC노조 집행부가 회사로 들어와 퇴근하는 조합원과 함께 집회를 개최하였다.

TC노조사수 결의대회는 감동적이었다. 살인적인 폭력에도 굴하지 않고 노조를 사수하겠다는 집행부의 각오는 전 조합원으로 하여금 이제는 무시무시한 구사대의 폭력 앞에서 더 이상 연약한 여성이 아닌 투사로 변하게 하였다.

퇴근시간, TC 앞에서는 예정대로 '매국직장폭력추방 결의대회'가 열렸다. 임투 중인 시티즌 조합원 500여 명이 빗길 속을 걸어서 집결하였고, 통근버스에서 내린 창원공단의 남성노동자들도 속속 모여들기 시작했다. 빗줄기가 굵어지고 있었지만 1,500여 노동자들은 이미 구사대가 도망가버리고 텅빈 TC와 소와 정문 앞에서 규탄집회를 계속하였다. 며칠 사이 언제 그런 일이 있었냐는 듯이 구사대는 자취를 감추어버렸다.

그러나 새로운 문제가 서서히 닥쳐오고 있었다. 연행된 노동자들의 상황이 바로 그것이었다.

밤 9시경 200명 노동자들이 동부서 앞으로 몰려가 연좌시위를 벌였다. 연행자의 석방 요구에 경찰은 계속적으로 오리발을 내밀었다. 밤 12시경 시위대는 연행 사실을 각 조합별로 홍보하기로 하고 자진 해산했다.

구사대만행규탄투쟁에서 구속자석방투쟁으로

7월 16일 아침, 흐린 날씨였지만 비가 올 것 같지는 않았다.

타코마 조합원들은 출근하자마자 공장 벽에 걸린 대자보를 통해 위원장 연행 사실을 확인하고 술렁이기 시작했다. 구속 여부가 오늘 중으로 결정난다는 집행부의 경과보고에 따라 1천 명의 조합원들은 오후 1시경, 통근버스를 타고 동부서 앞 다리에 도착하여 스크럼을 짜고 진입을 시도하였으나 전경과 백골단에 의해 봉쇄당하자 다리 앞 도로 1차선을 점거하고 연좌농성을 시작하였다. 그러자 전경들은 즉각 최루탄을 쏟아부었다. 처음 맡아보는 지독한 냄새가 났다. 경찰의 강력한 대응을 미처 예상치 못했던 타코마 조합원들은 밀리면서 격렬한 투석전을 전개하였다.

저녁 7시경 소식을 전해 들은 마창노련 조합원들이 수출지역 후문으로 집결하기 시작하였다.

수출지역 후문으로 퇴각한 타코마 조합원들은 마창노련 조합원들과 합세하여 다시 가두진출을 시도하여 시내로 진입하였다. 저녁 10시경 비가 쏟아지기 시작했다. 끝까지 남은 100여 명은 가톨릭문화원 앞에 집결하여 향후 대책을 논의하였다.

밤 10시 30분경 이홍석 의장을 비롯한 연행자 4명 전원에 대한 구속영장이 발부되자, 투쟁은 새로운 국면으로 접어들었다. 구사대폭력 만행 규탄투쟁에서 마창노련 의장 및 구속자구출투쟁으로 변한 것이다. 밤늦도록 토론이 진행되었다. 굵어지는 빗방울을 바라보면서 이제 걸음마를 시작한 마창노련에 시련의 시기가 닥쳐왔음을 느낄 수 있었다. 끓어오르는 울분과 동지애로 회의는 거듭되었다.

7월 17일 아침, 10명의 마창노련 운영위원이 참가한 '공대협' 대책회의가 열렸고, 타코마노조는 마창노련과 함께 석방투쟁위원회(이하 '석투위')를 결성(위원장 : 임재형 사무국장)하였다.

최루탄 속으로, 전면적 가두투쟁의 시작

7월 18일, 날씨는 여전히 흐렸다.

마창노련 비상운영위원회(수미다노조에서, 15개 노조대표자 참석)에 이어 각 노조별 확대 간부회의가 속속 열리면서, 연대투쟁을 호소하는 대자보가 눈에 띄기 시작했다.

타코마노조는 아침부터 바쁘게 움직였다. 오후 3시 열린 조합원총회에서 정방대 모집이 알려지자 불과 10여 분 만에 조합의 운명을 짊어지려는 150명의 조합원이 자진해서 지원했다. 정방대의 결의에 찬 눈동자는 빛났고 조합원들의 마음 또한 든든했다. 퇴근시간이 다가오자 드디어 타코마 노동자들은 출정을 시작했다. 작업복 차림의 질서정연한 1천여 명의 대오 앞에는 정방대가 선봉에 섰고 오토바이를 탄 연락부 20여 명은 경찰의 동태파악을 위해 먼저 출발했다. 소와를 거쳐 수출지역 후문에 도착하자 마창 노동자들이 속속 집결하고 있었다. 집회는 공권력의 탄압에 분노하는 2,500여 명의 함성으로 들끓기 시작했다. 이윽고 5개조로 나뉘어진 시위대는 검찰청을 목표로 행진을 시작했다. 타코마 조달부는 시위용품 조달과 운반을 위해 먼저 출발했다.

이 날 저녁 마산 시내는 온통 노동자의 대오로 뒤덮였고 3천여 명으로 불어난 대오는 검찰청 앞에서 감격적으로 만나게 되었다. 최루탄 난사와 투석전이 치열하게 전개되면서 북마산파출소가 성난 노동자부대에 의해 박살이 났다. 대오는 밤 11시경이 되어서야 육호광장에서 해산하였다.

7월 19일도 여전히 찌푸린 날씨였다.

중천과 동경전파 노조는 중식집회, 세신실업노조(조직부장 구속)는 잔업거부와 통근버스 수출지역 후문 직행 결의 등, 각 단위노조는 조직동원과 홍보선전을 위해 바쁘게 움직였다.

퇴근시간이 다가오자 1천여 명의 타코마 조합원이 중천노조 사물놀이패의 선도로 수출지역 내를 순회하며 수출지역 후문 앞 민주노동자광장에 도착하였다. 경찰병력이 눈에 띄게 증가하였다는 타코마 연락부의 보고에 따라 행진코스는 논란 끝에 일단 산호동 수출지역 정문까지로 결정하고 대시민 홍보에 주력하기로 했다. 2천여 명은 수출지역 정문 집회 후 해산하였고, 이 중 500명이 시내로 진출하여 경찰과 충돌하였다.

투쟁의 기로

7월 20일, 곧 비가 내릴 것 같은 흐린 날씨가 계속되었다.

가두투쟁을 시내 전역으로 다시 확산시키기로 함에 따라 오후 7시에 열린 집회에 참석한 1,500명의 노동자는 5개조로 나뉘어져 시내에서 재집결하기로 결정하였다. 그러나 이 날 투쟁은 마창노련의 전술적 패배로 끝나고 말았다. 경찰의 시위코스 사전 차단과 백골단의 무차별 진압으로 5명이 연행되고 10여 명이 부상당했다. 그나마 오토바이를 탄 타코마 연락부의 활동으로 이 정도로 피해를 줄일 수 있었던 것이 다행이었다.

저녁 10시경 타코마 본관 앞에서 열린 '조합원 위로회'는 타노조 조합원들이 많이 참석한데다 피해 정도가 커서 앞으로의 투쟁에 대한 토론회로 바뀌었다.

7월 21일 목요일 아침, 각종 언론들은 연일 마창노련의 계속된 시위로 시민생활에 큰 피해를 주고 있다고 보도했고, 각 노조는 침통한 분위기 속에서 마창노련 집행부에 대한 비판을 제기하였다. 구속자석방에 대한 회의도 조금씩 번져나갔다.

마창노련 역시 현실적인 어려움에 봉착했다. 동맹파업이 가능하다고 판단되는 노조는 거의 없었고 실제 가입 노조의 과반수 정도만 투쟁에 참여하고 있는데다 투쟁이 장기화됨에 따라 조합원들의 피해도 속출하고 전망 역시 불투명했다.

이후 투쟁계획은 잡히지 않은 채 일단 투쟁을 현장 중심으로 옮긴다는 원칙만을 확인하였다.

타코마노조는 경찰의 연행기도에 대비하여 전 간부 숙식장소를 스타노조 농성장(조업중단으로 철야농성 중)으로 옮겼다.

오후 7시 그동안 대시민 여론조성에 큰 기여를 해온 '공대협'이 애국시민 결의대회를 주최하였다. 2천 명의 노동자들이 참가한 이 날 투쟁에는 위원장들이 전원 전면에 나섰다. 3개조로 나뉘어진 시위대열은 시내로 진출, 검찰청까지 평화대행진을 전개하면서 이를 막는 전경과 격렬한 투석전을 벌였다. 밤 늦게 소와 및 TC 구사대(4명)가 경찰에 구속되고 수명이 수배되었다는 소식이 들려왔다.

7월 21일 금요일, 비가 조금씩 내리기 시작했다.

다음날 열릴 전국 차원의 대규모 집회를 준비할 겸 연일 계속되는 집회와 시위로 누적된 조합원의 피로를 염려하여 소와 앞에서 간단한 집회가 열렸다. 타코마 정방대가 미리 오후 1시부터 집회장소로 예정된 소와 정문 앞을 사수한 끝에 오후 5시 30분 소와측에게 고소취하를 촉구하는 압력시위가 시작되었다.

협상과 새로운 투쟁의 준비

7월 23일 토요일 아침, 오랜 만에 맑게 개인 날이었다.

이 날은 전국노운협, 지역공대협, 마창노련이 공동 주최한 '매국적 장폭력단 추방과 구속자석방을 위한 전국대회'가 열리는 날이었다. 각 단위노조마다 만장, 깃발, 현수막 제작 등 집회 준비가 한창이었다. 12시경 이미 수출지역 정문과 후문은 원천봉쇄되었고, 수출지역 전 노동자들은 오전 근무 후 이유 없이 전원 강제퇴근당해, 오후 2시경 수출지역 내는 사람의 그림자라곤 하나도 보이지 않았다.

마창노련은 비상연락을 통해 집회장소를 경남대로 변경 통보하였다. 오후 4시경, 경남대로 노동자들이 하나둘 모여들기 시작했다. 조기퇴근에도 불구하고 수출지역 여성노동자들이 대거 참여하였고, 6시 30분경에는 대원강업, 부산산기, 세신실업, (주)통일 등 통근버스가 보이기 시작했다.

순식간에 3,500여 명의 노동자가 집결하였다. 각 노조마다 참여율이 높아 예전에 비해 연대투쟁이 훨씬 강화된 느낌이었다. 그러나 시내로 진출했을 때 노동자들보다 훨씬 많은 숫자의 전경과 백골단이 투입되었음이 드러나자, 제대로 싸워보지도 못한 채 10여 명이 연행(타코마 박강일 쟁의차장 구속)되는 등 투쟁대오는 초반에 흩어져버렸다. 진압부대가 2천 명이 넘는데다가 마산 시내거리가 좁은 것을 고려할 때 외곽을 공격하여 병력을 분산시키는 것이 효과적인 방법일 터였다. 그러나 투쟁이 길어질수록 투쟁지도체제와 투쟁전술의 부족함이 느껴지지 않을 수 없었다.

7월 25일 월요일 아침부터 비가 내리기 시작했다.

마창노련 운영위는 시끄러웠다. 계속적인 집회 강행을 주장하는 안과 검찰에게 명분을 주어 27일까지 기다리자는 안이 팽팽히 맞섰다. 결국 27일까지 기다리기로 하고 미석방시 점거농성과 가두투쟁을 병행하기로 하였다.

7월 26일도 계속하여 비가 내렸다.

그동안 공개사과 문제로 옥신각신하던 소와측과의 협상이 마침내 합의되었다.51)

부분 석방과 투쟁의 대단원

---

51) 합의는 "7·7 폭력사태에 대한 고소는 쌍방이 상호취하한다", 소와측이 타코마노조에게 신문지상을 통해 공개사과하는 건은 "소와측이 타코마노조와 문안을 협의하여 역내에 유인물을 배포한다"는 선에서 타결되었다.

7월 27일 아침, 비가 조금 그치기 시작했다.

KBS노조의 파업과 철도기관사들의 파업으로 전국 상황은 한치 앞을 바라보지 못할 만큼 복잡하고 급박한 양상을 띄어갔다.52) 아침부터 민주당, 평민당 국회의원 조사단이 도착하여 저마다 전원석방될 거라고 큰소리쳤다. 오후 5시 마산교도소 정문 앞에는 마창노련 조합원들이 초조하게 기다리고 있었다. 잠시후 이흥석 의장과 세신실업노조 장동현 조직부장이 무혐의로 석방되어 나왔다. 그러나 대한화기노조의 이종관, 남양훈, 그리고 타코마노조 박광일 등 3명은 석방되지 못하였다. 부분 석방은 그동안 투쟁해 온 마창노련 노동자들에게는 기쁨과 아쉬움을 동시에 안겨 주었다.

7월 28일 수출지역 후문 앞에서는 '미석방동지구출 및 석방동지환영대회'가 열렸다. 마창노련은 미석방동지구출을 위한 면회가기 운동, 검찰에 대한 대중적 항의운동, 법정투쟁 등을 결의하였으나 사실상 하기휴가에 접어들면서 이 날 집회는 구속동지구출투쟁의 마지막 집회가 되었다.

마창노련이 7월 10일부터 28일까지 총 18일 동안 매일같이 1~3천명이 가두집회와 가두투쟁을 전개하는 등 광범한 대중역량에 의한 조직적인 투쟁을 벌일 수 있었던 것은 1987년의 성과인 민주노조가 있음으로써 가능하였다. 다른 한편으로는 전체 조합원 스스로가 투쟁의 주체로 나섬으로써 완강한 투쟁과 다양한 투쟁전술의 창조를 가능하게 하였다.

실로 투쟁이란 대중들의 힘과 지혜에 의거하지 않고는 승리할 수

---

52) KBS노조 조합원 250여 명은 7월 25일부터 방송민주화, 자율화, 경영진 퇴진 등을 요구하며 농성을 전개하였고, 4천여 명의 철도기관사들은 7월 15일부터 철도노조(어용)와 철도청의 일방적 단협에 항의하여 농성을 전개하다가 7월 26일부터 총파업에 돌입하였으나 7월 28일 공권력에 의해 1,400여 명이 연행되고 11명이 구속되었다.

없다는 것, 따라서 노동자의 입장과 관점에서 확고하게 싸워나가면 어떤 탄압과 악법으로도 가로막을 수 없다는 것이 다시 한번 확인되었다.

3. 1988년 노동법개정투쟁

정권과 자본은 6월 들어 '무노동무임금'을 공식화하고 방산업체 쟁의행위 제한을 강요하는 등 공권력 개입 대신 이데올로기 공세와 법률적 공세를 강화하였다.[53]

이로 인해 1988년 상반기 투쟁에서 불법쟁의로 간주된 투쟁이 80%에 달해 노동법개정투쟁은 불가피하게 제기될 수밖에 없었다.

실제로 마창노련은 1988년 임투기간 동안 합법적 인정을 받지 못하고 직접 교섭의 당사자가 될 수 없다는 점에서 조직적인 한계에 부딪혀 있었다. 업무집행 조직은 기존 노조의 조직과 궤를 같이 하지만 그 내용에 있어서는 단위노조의 범위를 넘을 수밖에 없는 것들이 산재해 있었던 것이다.

이에 마창노련은 '무노동무임금', '방위산업체 쟁의금지', '제3자 개입금지' 등 노동법개정 과제를 해결하기 위해 전국 노개투에 적극 앞장서지 않을 수 없었다.

여기에 4월 26일 치러진 13대 국회의원 총선거가 여소야대라는 결과로 나타난 것을 계기로 야권의 노동법개정에 대한 기대가 커지면서 전국 노동자들이 노동법개정투쟁을 위해 결집하게 되었다.

---

53) 노동부는 6월 10일 '무노동무임금'을 공식화하고, 6월 15일 71개 방산업체 지정 발표, 6월 18일 노동쟁의조정법상의 방산업체 쟁의행위 제한규정을 강요하였다.

전국노동법개정투쟁본부 결성

'전국노동법개정투쟁본부'(본부장 : 이흥석 마창노련 의장)가 구성되게 된 과정을 간략하게 도표화하면 다음과 같다.

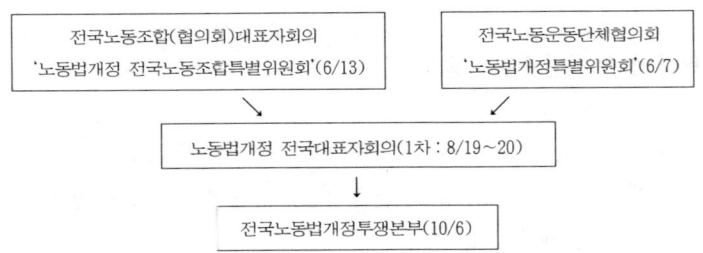

노동법개정투쟁는 법 개정을 위한 활동으로부터 시작되었다.

6월 3일 '전국노운협'의 공청회에 이어 열린 6월 28일 '전국 노조특위'의 공청회는 '전국노운협', 야권, 법조계, 학계가 다수 참석한 가운데 민주노조진영에서는 최초로 노동법개정을 공개적으로 요구하기 시작하였다.

마창노련도 7월 3일 마산 YMCA에서 '노동법개정 영남지역 공청회'를 개최하고 노동법개정안을 설명하고 투쟁방법을 모색하였다.

그리하여 7월 28일 '전국노조특위'가 마련한 개정안과 '노운협특위'가 작성한 시안을 토대로 마침내 노동자가 만든 '개정 노동법 통일안'이 발간되었다.54)

---

54) 개정안 중 중요사항은, '근로자의 날을 3월 10일 → 5월 1일로' 할 것을 비롯하여, '복수노조설립', '공무원 단결권 보장', '제3자 개입금지 철폐', '노조설립신고증교부제도 삭제' 등(이상 노동조합법 개정)과 '방위산업체의 쟁의행위 제한 철폐', '직권중재제도 철폐', '사용자의 쟁의행위나 직장폐쇄 삭제', '냉각기간 단축' 등(이상 노동쟁의조정법 개정), 그리고 근로기준법에서는 '임금채권 우선변제', '휴업시 평균임금의 80% 이상 수당 지급', '주 44시간 노동', '산전

야권은 차일피일 눈치만 보다가 노동자들의 빗발치는 촉구에 못이겨 9월에서야 시안을 마련하였다.

전국노동자 지리산 등반대회 및 영남권 화왕산 등반대회

지리산에서는 8월 27부터 28일까지 1박 2일로 '7·8월 노동자대투쟁 계승실천 및 노동법개정을 위한 전국노동자 등반대회'가 열렸다.55)

마창지역 노동자 400여 명을 포함하여 서울, 대구, 거제 등지에서 모인 전국 노동자 1천여 명은 지리산 정상인 천왕봉에서 노동법개정 쟁취를 다짐하는 우렁찬 함성을 터뜨렸다. 남성노동자들보다 많이 참석한 여성노동자들의 투지는 남성동지들의 얼굴을 뜨겁게 하였다. 악천후 속에서도 야간강행군을 거뜬히 치르고도 힘차게 외치는 노동악법개정 구호소리는 지리산을 흔들어 놓았다.

또한 한글날인 10월 9일에는 노동법개정을 위한 각 권역별 등반대회가 열렸는데, 수도권은 북한산, 호남권은 대둔산, 영남권은 화왕산(창녕) 등에서 각각 열렸다.

영남권 등반대회에는 마창지역 800명을 비롯하여, 부산, 양산, 대구, 구미, 포항, 울산, 진주, 거제 등 3천여 명의 노동자들이 화왕산 정상에 운집하였다. 각 노조의 깃발과 노동법개정 현수막이 펄럭이는 가

산후 90일 유급휴가', '국경일과 법정 공휴일의 유급휴일' 등이다. 7월 29일 평민당, 민주당, 공화당 등 야권 3당 공동위원회가 주최한 공청회에서 쟁점조항에 대한 각계의 입장차이가 드러났는데, 민주노조진영의 '전면 개정'에 반해 한국경영자총협회는 '현행법 고수 또는 개악'을 주장하고, 한국노총은 '제3자 개입금지와 복수노조금지, 냉각기간 등은 현행법 고수'를 주장하였다.

55) 8월 19~20일 대전 가톨릭농민회관에서 열린 '제1차 노동법개정 전국대표자회의'에 참가한 지역·업종별 대표자와 전국노운협 대표자 등 40여 명은 노동법개정투쟁과 노동운동탄압분쇄투쟁을 결합하기로 하고 올림픽 전후의 선전홍보와 투쟁에 대한 단계적 계획을 수립하고, 전국노동자 등반대회 개최를 결의하였다.

운데 풍물패 80여 명의 한판 굿을 시작으로 대회는 약 3시간 동안 진행되었다.

마창을 넘어 영남권으로
1988년 10월 9일 마창지역 8백여 명을 비롯한 영남지역 3천여 명의 노동자들이 화왕산 정상에 올라 "노동악법 철폐"를 외치고 있다. 이 날 등반대회는 전국 각지에서 동시다발로 열렸다.

4. 1988년 하반기 노조탄압 저지투쟁

상반기 투쟁에서 노동자의 단결된 힘에 밀린 정권과 자본은 하반기 단체협약 및 노동법개정투쟁에 쐐기를 박고 민주노조를 약화 분열시키려는 책동을 노골화하였다.

특히 대명공업과 오성사에 신규노조가 결성되자 회사측과 경찰, 그리고 원청회사인 삼성중공업과 금성사까지 나서서 물량 빼돌리기, 구사대폭력, 해고나 구속 등 온갖 탈법적인 탄압을 자행하였다.

특히 대명공업 노동자들은 포악한 자본과 경찰의 탄압에도 굴하지 않고, 민주노조사수투쟁을 강고하게 전개하여 깊은 감명을 안겨 주었다.

악질자본 대명공업

대명공업 노동자들은 1987년 두 차례에 걸쳐 노조결성의 좌절을 겪은 뒤,[56] 마침내 1988년 7월 29일 노조를 결성하고, 서만수 위원장, 김잠운 및 문을동 부위원장, 김경수 사무국장 등 임원을 선출하였다. 그리고 관리자들이 시청 사회과에 진을 치고 노조결성신고를 방해하려 하자 7월 29일 회계감사 천학식은 아기를 안고 기저귀가방에 설립신고서를 숨긴 끝에 신고접수증을 받아냈다.

그러자 회사는 7월 30일 새벽 서만수 위원장, 김잠운 부위원장, 박태식 교선부장 3인에게 27일자로 소급된 해고통지서를 집으로 보냈다. 해고사유는 (주)통일 근무 경력을 숨겼다는 이유였다. 회사는 27일자로 해고된 비사원이 29일 노조결성을 신고했다는 이유로 시청에 이의를 제기하였다.

그러고도 모자라 회사는 천학식, 배광덕 회계감사, 장덕 조합원 등 3명을 해고했을 뿐만 아니라, 6월 29일 야간당직시 사소한 시비 끝에 욕설을 했다는 이유로 김경수 사무국장을 90일 출근정지시켰으나 실제로 구타당한 것은 오히려 김경수 사무국장이었다.

천신만고 끝에 8월 2일 신고필증을 받고 노조는 정식으로 출범하였고 곧장 임투에 돌입하였다. 회사는 노조의 협상요구를 계속 묵살하

---

[56] 대명공업(차룡단지 소재, 삼성중공업과 동명중공업 납품 중소업체)은 족벌체제로 운영되는 전 근대적 경영과, 열악한 근로조건, 낮은 임금과 기능도에 따른 심한 임금격차로 인해 노동자들의 불만이 누적되었다. 그리하여 87년 노동자대투쟁 때 노조를 결성하였으나 10월 6일 위원장 독단으로 해산하였고, 또다시 1988년 1월 12일 박태식 위원장, 서만수 부위원장, 김잠운 사무국장 등이 노조를 결성하였으나 회사측이 어용노조를 급조하여 20분 전에 시청에 먼저 신고하여 무산되었다.

였고 노조는 8월 6일 쟁의발생신고를 거쳐 8월 17일 파업에 돌입하였다.

그러자 대명공업의 원청회사인 삼성중공업측은 작업용 지그를 반출해 가는 등 노조탄압에 적극 가세하였고 회사는 노조 때문에 삼성중공업에서 하청을 안 준다며 관리자들을 동원하여 구사대를 만든 후 물량반출을 시도하였다. 조합원들이 막고 나서자, 구사대들은 조합원들에게 살인적 폭행을 가하여 수십 명의 조합원이 부상당하였다. 그것도 모자라 회사측과 경찰은 사기극까지 조작하여 위원장 및 간부 3명을 구속하였다.

17일과 18일 양일 동안 구사대(50~80여 명)와 조합원들 사이의 몸싸움으로 인해 김잠운 부위원장이 가슴을 짓밟혀 입원하였고, 멱살을 잡히고 폭행당하여 다수의 조합간부가 목 부분 타박상을 입었다. 대표이사 임명섭은 회사측의 물량반출을 저지하려던 박우곤 조합원을 "트럭으로 밀어버려라"고 명령했고 이로 인해 박우곤 조합원은 트럭의 차축에 2미터 정도 끌려가 가슴에 부상을 입고 병원에 입원하였다. 그러나 며칠 뒤인 22일에 경찰은, 박우곤 조합원이 트럭에 올라타 "내 몸에 불을 지르겠다"며 운행중지를 요구한 것에 '방화미수'라는 죄목을 씌워 박우곤 조합원을 강제연행하였다.

또한 8월 22일에는 구사대와 사복경찰 및 백골단 등 200여 명이 "불순노조 타도하자"며 정문 바리케이드를 부수고 정문을 포위하고 농성 중인 30여 명 조합원과 가족들을 마구 폭행하고 끌어내 백골단에게 넘겼다. 이 과정에서 100일도 안 된 아이를 가슴에 안은 아주머니가 다치는 등 5명이 심한 타박상을 입었다.

또한 경찰은 서만수 위원장 등 4명의 조합간부를 강제연행하여 구속시켰다. 이는 회사측이 조합원 장윤상으로 하여금 8월 15일 술에 취해 넘어져 부상당한 것을 조합간부에게 폭행당한 걸로 둔갑시켜 고소하였고, 경찰은 사건조사를 핑계로 조합간부를 연행 구속한 것이다. 그러나 장윤상은 23일 양심의 가책을 느끼고 경찰서로 찾아가 잘못을 진술하고 고소를 취하하려 했으나 경찰은 오히려 "남자자식이 이랬다 저랬다한다"면서 심한 욕설을 퍼붓고 위협을 가해 결국 장윤상은 경찰서를 나온 후 행적을 감추었다.

조합원과 가족들은 정문 앞에서 농성을 계속하였고 회사측은 26일 또다시 구사대를 동원하여 이들을 폭행하였다. 구사대는 물량을 빼돌리는 것을 막으려던 조합원 안광한을 1미터 정도 들어내던져 안광한은 혼수상태에 빠져 입원하였다.

노조지도부와 가족들은 이후 지붕 위 농성투쟁, 정문 앞 시멘트 바닥 위에서의 장렬한 단식철야 투쟁 등 끈질기게 민주노조사수투쟁을 전개하였고, 마창지역 노동자들은 대명공업노조 지원연대 투쟁과 모금활동을 벌이기도 했다.

오성사와 효성중공업의 노조민주화투쟁

한편 오성사에도 7월 노조민주화의 열기를 타고 새 집행부가 들어섰다. 그러자 원청회사인 금성사는 1공장에서 금형을, 2공장에서는 가공실 기계를 본사로 빼내가 오성사에는 잔업이 없거나 작업이 중단되는 사태를 불러왔다. 이를 핑계로 회사측은 노조가 강해서 금성사가 물량을 빼간다면서 조합탈퇴를 강요하였다. 그럼에도 조합원들은 이에 아랑곳하지 않고 1공장 본조와 2공장 지부에서 연일 집회를 열어 회사의 음모를 폭로하였다. 회사측이 노조의 임금요구에 합의할 수밖에 없었던 것은 이 때문이다. 그러나 회사측은 합의내용을 뒤집고 노조활동에 적극적인 조합원에게는 상여금 10%를 감액지급하는가하면, '민주노조정상화 추진위원회'라는 어용단체를 급조하여 조합원총회 소집요구를 통해 노조를 불신임하려 하였다. 분노한 조합원들은 불신임안을 부결시키고 파업투쟁을 전개하였다. 그 와중에 10월 25일 2공장 지부장이 의문의 교통사고로 중태에 빠진 후 회사측은 또다시 구사대를 동원해 철야농성 중인 조합원들에게 폭력을 휘둘렀다.

한편 효성중공업에서도 8월 19일 효성중공업노조정의회(이하 '노정회') 소속 대의원 14명이 어용 집행부 불신임 서명운동(조합원 1,100명 서명)을 개시한 것을 신호탄으로 노조민주화투쟁이 본격화되었다. 조합원들은 9월 3일 임시총회에서 어용 집행부(위원장과 지부장)를 높은 결의율로 불신임하였다. 그러자 회사측은 9월 13일 '노정회' 회원 6명을 해고하였고 이들은 연일 출근투쟁을 전개하였다. 출근투쟁 과정에서 회사측과의 몸싸움이 격화되자 전투경찰 3개 중대가 출동하여 해고자 6명을 구속하고 항의하는 홍여표, 이춘호 조합원을 연행하였다. 이에 분노한 조합원 1천여 명이 작업을 중단하고 농성을 전개한 끝에 연행자 전원이 불구속으로 석방되었으나 노동조합은 해고자 6명을 제명처분하였다. 어용 집행부에 분노한 조합원들은 9월 23일 홍여표 지부장을 선출함으로써 어용 집행부를 갈아엎고 새로운 민주노조 집행부를 출범시켰다.

한국화약과 (주)통일의 합의이행촉구투쟁

한편 자본측은 임투가 끝난 후 임금과 상여금을 차등 지급하거나 또는 합의사항을 이행치 않거나 번복하여 다시 투쟁이 발생하였다.

한국화약은 임투 때 합의한 사항임에도 불구하고 8월 23일 다른 계열사에는 100% 지급된 추석 상여금을 유독 한국화약 조합원에게만은 '목표미달', '경영부진'이라는 이유로 50%만 지급하였다.[57] 노조는 상

---

57) 회사는 달성할 수 없는 무리한 생산목표를 일방적으로 작성해 놓고 생산목표를 달성하지 못해 상여금을 차등지급한다고 했다. 이 무렵 5공 청문회는 한국화약 김승연 회장이 일해재단에 몇 십억의 정치자금을 헌납한 사실을 밝혀

여금 수령을 거부한 채 전 간부 철야농성에 돌입하였고 마창노련은 연대차원에서 '김승연 회장 구속'을 요구하는 '한국화약규탄 연대투쟁'을 전개하였다.

그런가하면 (주)통일은 회사측이 임투 때 합의한 '구속자석방 즉시 복직' 사항을 무시한 채 9월 15일 석방된 조합원 2명을 징계위원회에 회부하였다. 이에 10월 6일 조합원들은 즉각 집단조퇴와 잔업거부, 규탄대회 등으로 강경하게 맞선 끝에 복직을 쟁취하였다.

삼미금속노조, 해고자 전원복직과 구속자석방 승리 쟁취

한편 삼미금속노조는 9월 22일부터 11월 29일까지 장장 67일에 걸친 노조탄압분쇄투쟁을 통해 해고자 전원복직과 구속자석방이라는 빛나는 승리를 거두었다.

마창노련 대의원 수련회(9/16~17) 참석을 빌미로 회사측이 지부장과 사무장 등 조합간부들을 부당해고하자 삼미금속노조는 9월 22일부터 파업에 돌입하였다.

경찰과 회사측은 강제연행을 시도하거나, 일부 부서를 휴업하는 등 적극적 탄압공세를 취했으나 노조는 민주당 지구당사 및 중앙당사(11/7) 농성투쟁으로 여론을 이끄는 한편, 50여 명의 조합사수 결사대를 구성하여 11월 9일 삼미그룹 본사 3층을 전격 점거하고 바리케이드로 문을 봉쇄하고 가족까지 합세한 투쟁을 전개하였다.

결국 구속을 각오한 집행부의 끈질긴 출근투쟁과 조합원들의 흔들림 없는 민주노조사수 단결투쟁에 힘입어 11월 10일 해고자 전원복직 등의 합의각서에 서명하게 되었다.

냈다. 그럼에도 회사측은 경영부진을 이유로 상여금을 차별지급하였다. 노조는, 그룹 내에서 유일하게 민주노조로 뿌리내리고 있는 한국화약노조를 없애기 위해 회사가 지능적인 탄압술책을 구사한 것이라며 강력 규탄하였다.

그러나 이 합의각서는 11월 11일부터 발생한 관리직 사원들의 파업으로 유보되었고, 11월 22일 지부장과 부지부장이 연행(사무국장은 연행 도중 조합원에 의해 구출됨)되었다. 조합원들은 교도소 면회조, 검찰청 항의조 편성, 작업거부 등으로 맞서 줄기차게 싸웠고, 회사측과 관리직 사원들도 검찰에 탄원서를 제출하여 더 이상 구속시킬 하등의 명분을 주지 않았다.

마침내 11월 29일 박희근 지부장이 석방되어 67일간의 노조탄압분쇄투쟁은 승리로 장식되었다.

5. 11·13 전태일 열사 정신계승 및 노동악법개정 전국노동자대회

전국노동법개정투쟁본부가 주최한 '전태일 열사 정신계승 및 노동악법개정 전국노동자대회'는 1988년 11월 12~13일 연세대학교에서 열렸다. 해방 이후 40년 만에 조직적으로 열린 전국 노동자의 역사적인 집회였다.

전국노동자대회 준비

전국노동자대회 개최를 앞두고 마창노련은 조직동원과 교육선전에 분주하였다.

더구나 1988년 하반기에 대명공업, 오성사, 한국화약, 삼미금속 등 민주노조에 대한 탄압이 극심해지고 노동법개정투쟁 또한 절박해짐에 따라 노조탄압저지투쟁과 노동법개정투쟁은 결합되어 진행되었다.

마창노련은 10월 21일 수출지역 후문 노동자민주광장에서 1,500여 명의 마창 노동자가 참여한 '노조탄압분쇄를 위한 마창노동자 궐기대회'를 열고, 대명공업, 오성사, 한국화약, 삼미금속 등에서 벌어지고 있는 민주노조탄압 실상을 알리고 연대의 힘을 과시하였다.

이후 오성사노조 지부장 테러사건이 발생하고 노조탄압이 심화되자 마창노련은 투쟁사업장별로 집중적으로 지원을 담당하는 노조를 조직화하였다. 그리하여 오성사는 대림자동차와 기아기공 등 7개 노조, 한국화약은 (주)통일노조 등 5개 노조, 삼미금속은 세신실업 등 7개 노조, 수미다는 시티즌과 산본 등 수출지역 전 노조가 각각 담당하기로 하였다.

그리하여 10월 28일 대명공업, 오성사, 한국화약, 삼미금속 앞에서는 각 담당노조별 지원집회가 열렸다. 특히 한국화약 앞에서는 한국화약 김승연 회장의 구속수사 서명운동을 전개하기도 하였다.

그 밖에 마창노련은 전국노동자대회를 앞두고 서명운동(10/21~), '전태일 열사 추모기간' 설정(11/1~13), 슬라이드 상영(10/17~11/10), 사진전, 강연회 등 활발한 홍보선전과 교육을 전개하였다. 그리고 11월 5일 수출지역 후문 앞에서 1,500여 명 마창 노동자들과 함께 '노조탄압분쇄 및 노동법개정투쟁을 위한 실천주간'(11/5~13)을 선포하고, 탄압받는 민주노조에 대한 뜨거운 동지애를 불태웠다.

마창 노동자 1천 명 참가

11월 11일 수출지역 후문 민주광장에서는 전국노동자대회 출정식이 거행되었다. 3천여 명의 마창 노동자들이 질서정연하게 운집한 가운데 출정식은 강연회(강사 : 노무현 민주당 국회의원), '선봉대 발대식', 노동악법 화형식 순으로 거행되었다.

출정식이 끝나고 대표자들과 선봉대가 1차 선발대로 서울로 향했다.

그리고 다음날 밤 8시 1천 명의 마창 노동자들도 창원 체육공원에 집결하여 18대의 버스에 나누어 타고 서울로 출발하였다.

전야제 및 전국노동자대회

연세대 본관 앞에서는 밤 11시부터 전야제가 시작되어 노래와 율동이 공연되었다. 그러나 13일 새벽 2시경에서야 연세대에 도착한 마창 노동자들은 애석하게도 공연을 관람하지 못한 채 내일의 집회를 위해 잠을 청해야만 했다.

연세대는 전국에서 모인 노동자들로 다리 뻗을 공간조차 없을 만큼 초만원이었다.

> "앉으면 침대요, 누우면 행복이라. 천장이 이불이요 딱딱한 의자도 탁자도 모두가 잠자리다. 싫은 기색 하나 없이 새우잠을 잔다. 한순간 고통을 영원한 소망의 이불로 감싸고 떠오를 노동해방, 사람 사는 세상을 꿈꾸며 희망에 부풀어 새우잠을 잔다."[58]

새벽 6시에 일어난 마창 노동자들은 일제히 '노동악법 철폐' 머리띠를 두른 뒤 아침 9시부터 구보행진으로 투쟁의 결의를 다졌다. 그리고 마창노련 깃발을 앞세우고 오전 10시부터 연세대 민주광장에서 열린 '노조탄압분쇄 전국노동자대회'에 참가하였다. 5천여 명의 조합원들은 어깨를 마주 걸고 주먹을 불끈 쥐면서 힘차게 구호를 외쳤다.

연세대 노천극장에 운집한 전국 노동자 4만 명의 물결

노천극장에는 전국에서 4만 명이 넘는 노동자들이 빽빽하게 들어찼다.

한마디로 감격 그 자체였다.

"우리의 깃발을 찾아라!"

오후 1시부터 시작된 본대회 입장식은 한 시간 이상이나 걸렸다.

---

58) 창원 현대정공노조 김종복 홍보부장의 전국노동자대회 참관기.

얼굴은 상기되었고 웃음이 가득 번졌다. 깃발이 등장할 때마다 박수가 요란하게 울렸다.

"처음 노천극장에 입장할 때 마창노련의 파란 깃발이 맨 앞에 들어가는 걸 보니까 괜히 눈물이 났다. 그 때처럼 우리의 깃발이 자랑스럽고 감격스러운 적이 없었다. 그 깃발 아래 머릿띠를 매고 입장하는 얼굴들 모두 흥분으로 상기되어 있었다. 순간적으로 머릿속에는 87년 당시 구사대를 물리치고 얼싸안고 울었던 기억이 되살아났다. 그러면서 아 이것이 동지구나 하는 걸 새삼 깨달았다."

울긋불긋한 깃발이 나부끼는 가운데, 강철같은 노동자 대오의 위용이 역사 앞에 확실하게 그 모습을 드러내는 순간이었다.

이홍석 전국노동법개정투쟁본부 위원장(마창노련 의장)의 추도사가 낭독되는 동안 장내는 숙연한 분위기였고, "전태일 열사의 뜻을 이어받아 2천5백만 우리 노동자와 가족들의 힘으로 노동악법을 뜯어고쳐 노동해방을 기필코 쟁취할 것"을 전국 노동자들 앞에 선언할 때는 뜨거운 박수갈채가 쏟아졌다.

500여 명의 노동자 선봉대의 출정 선서식이 끝나자 갑자기 40여 명의 노동자들이 연단 위로 뛰어나왔다. 그들은 손가락을 깨물어 혈서를 쓰기 시작했다. 장내는 숨소리도 멈춘 듯 긴장감이 감돌았다. 하얀 광목 위로 붉은 핏방울이 떨어지면서 '노·동·해·방' 네 글자가 선명하게 찍혀나갔다.

혈서쓰기를 마지막으로 대회를 마친 노동자들은 "타도 민정당! 해체 전경련!", "전두환, 이순자 구속!", "노동악법 철폐!" 등의 구호를 외치며 대열을 가다듬었다.

연세대에서 여의도 국회의사당까지의 가두행진

3시 30분경부터 여의도 국회의사당까지의 가두행진이 시작되었다.

'노동해방' 혈서 깃발을 앞세우고 행진
1988년 11월 13일 전국에서 모인 5만여 명의 노동자들이 연세대 노천극장에서 '전태일 열사 정신계승 및 노동악법개정 전국노동자대회'를 마치고 여의도 국회의사당까지 거리행진을 벌이고 있다.

행진의 맨 선두에는 붉은 피가 선명하게 찍힌 혈서 깃발을 가슴에 안은 투쟁본부 의장단이 앞장섰다. 그리고 이어서 "노동 3권 쟁취하여 노동해방 앞당기자", "노동악법개정은 노동자의 힘으로" 등의 현수막과 만장을 든 500여 선봉대가 그 뒤를 따랐다.

1천여 명의 마창 노동자들은 21개 본대열의 최선두에 서서 마창노련 깃발, 단위노조 깃발, 현수막, 만장 등을 높이 치켜들고 연세대 정문을 향해 진군하였다.

차도에 나선 노동자들은 "노동악법 철폐", "노동 3권 쟁취", "해체 전경련, 타도 민정당", "구속 전두환, 처단 노태우" 등을 외치며 행진하였다. 서강대 앞을 지나 공덕동 로터리와 마포대교를 통과하여 여의도 국회의사당까지 진군하는 데만 2시간이 걸렸다. 연도에 늘어선 시민들은 시위대가 나누어준 선전물을 받아들고, 노동자 대오의 질서

정연한 모습에 뜨거운 박수와 환호를 보내주었다.

연세대 정문을 통과할 때나 국회의사당 정문 앞에서나 마창 노동자들은 대열의 선두에서 저지하는 전투경찰에 맞서 몸싸움을 벌이기도 했다.

당초 이 날 행진을 봉쇄하려던 당국은 전국 노동자들의 엄청난 위력에 놀라 순순히 길을 열어주지 않을 수 없었다. 경찰과 백골단은 시종일관 불안한 기색을 보이며 '가재걸음'으로 노동자들의 긴 대열을 뒤따라오다 몇 차례 얻어맞기도 하였다.

망국 민정당과 독점재벌규탄 및 노동법개정촉구대회

시민들이 합세하여 5만여 명으로 불어난 강철 노동자 대오는 끝이 보이지 않을 정도였다.

피곤한 기색 없이 오후 6시경 노동자 대오는 국회의사당 앞에 집결하여 '망국 민정당규탄 및 노동악법개정촉구대회'를 거행하였다.

부산 고려피혁 김준환 위원장은 오늘의 전국노동자대회는 "그동안 죽어가고, 구속되고, 해고된 선배 동지들이 투쟁한 결과"라고 말해 숙연한 감동을 자아냈고, 양제복 대구 대동공업 위원장은 "이번에 노동법이 개정되지 않으면 국회의원들을 쓸어버리고 우리가 국회에 들어가 노동법을 통과시키자"고 말해 여의도가 흔들릴 정도의 박수와 환호를 받았다.

이어서 서노협 단병호 의장대행은 "오늘의 집회가 노동해방의 시금석이 될 것이며, 오늘의 집회에도 불구하고 민정당과 야권 3당이 우리의 요구를 무시한다면 여당도 야당도 살아남지 못할 것"이라면서 "노동자를 무시하고 천대하고 핍박하는 그 어떠한 세력과도 싸워나가자"는 굳은 의지를 밝혀 열띤 환호를 받았다.

"야권 3당은 개정시안을 타협 없이 관철시킬 것"을 촉구하는 투쟁본부의 야권 3당에게 보내는 공개서한이 채택된 뒤 집회는 끝났다.

그러나 지방 노동자들이 귀향을 서두르는 가운데, 7시 30분 전경련회관 앞에서는 "노동악법 옹호하는 독점재벌 규탄대회"가 열려, 권처흥(권용목 현대엔진 위원장의 부친)의 독점재벌 규탄연설이 즉석에서 이어졌다.

한편 귀가하던 노동자들을 폭행하는 백골단에 맞서 성난 노동자와 학생들은 영등포역 앞에서 격렬한 가두투쟁을 전개하기도 했다.

6. 지역·업종별 노동조합 전국회의 출범

'왔다갔다 노동정책 야권 3당 각성하라'

11월의 여의도는 불난 호떡집처럼 분주하였다. 11월 13일 노동자 5만 명에 이어, 11월 17일에는 농민 2만 명, 11월 20일 교사 1만 명이 들고일어난 것이다. 이러한 대규모 행렬은 '노동법개정', '수입개방반대', '민주교육보장' 등 요구를 내걸고 거리를 누비면서 진행되었다. 그러나 이러한 요구 투쟁에 대해 여당은 물론이거니와 여소야대의 힘을 가진 야당조차 기회만을 엿보며 꼬리를 감추기에 바빴다.

11월 13일 전국노동자대회를 마친 밤 9시경, 영남권 노조대표자들은 11월 말 정기국회에 상정될 노동법개정을 완전승리로 달성하기 위해 민주당사 농성에 들어갔다.[59] 이들은 추위에도 아랑곳 않고 시멘트 바닥에서 철야농성을 벌였고, 다음날 김영삼 민주당 총재와 면담을 갖고 11월 15일 아침 민주당측으로부터 '빠른 시일 안에 야권 3당 공청회 개최' 의사를 확인한 뒤 민주당사를 나왔다.

그 후 농성대표자들은 계속 평민당과 공화당을 방문하였으나 뚜렷

---

59) 타코마, (주)통일, 대원강업, 대림자동차, 세신실업, 시티즌, 동경전파, TC, 산본, 스타, 남산업, 효성중공업 노조 등 마창지역 17명, 진주 등 기타 영남권 5명을 포함한 노조대표자 22명.

한 답변을 얻지 못한 채 금년 국회회기 마감(12/3) 중에 상정조차 불투명하다는 판단을 내리고 돌아올 수밖에 없었다.

또한 전국투쟁본부도 11월 15일 긴급회의를 소집하고 전국의 선봉대 500명(마창노련 20여 명)을 구성하여 11월 28일부터 30일까지의 3일간 민주당사 시한부 점거농성에 들어갔다. 그리고 이러한 대표자들의 농성과 때를 같이하여 수도권 노동자 1천여 명이 11월 30일 '노조탄압분쇄 및 노동악법개정촉구 청와대 행진'을 벌였고, 마창노련은 국회 회기 마감날인 12월 2일 '노동법개정 및 구속동지석방 촉구대회'를 수출지역 후문 앞 광장에서 열었다. 마창 노동자 1천여 명은 야권 3당에 보내는 마지막 경고서한과 투쟁결의문을 채택하고 검찰청까지 시가행진을 벌이기도 했다.

그러나 끝내 야권 3당은 복수노조금지조항인 3조 5항과 제3자 개입금지 조항 등을 놓고 이 핑계 저 핑계를 들어 민정당과 전경련 사이를 왔다갔다하면서 기회주의적 태도를 버리지 못하더니 끝내 국회회기 중에 노동법개정을 상정도 하지 못하고 말았다.

노동자들은 그동안 보수야당에 대한 향수병을 완전히 떨쳐버리지 못한 것이 사실이었다. 그러나 제도정치의 실상을 통해 귀중한 한 가지 교훈을 얻었으니 정치꾼이란 여야를 막론하고 반민족적, 반민중적, 반노동자적이라는 것, 다시 말해 보수야당 역시 본질적으로 결코 노동자의 편이 될 수 없다는 사실을 확인하게 된 것이다. 결국 이러한 과정을 통해 노동자들은 노동법개정은 노동자의 힘으로 쟁취할 수밖에 없다는 것, 나아가 모든 노동자의 문제는 전체 노동자의 힘으로만 해결할 수 있다는 계급적 각성을 하게 되었다.

전국회의 출범

이 때부터 노동자들은 전국적인 노동자 단일조직을 구축하기 위한 목표를 세우고 발빠르게 진군을 시작하였다.

가깝게는 89년 상반기 투쟁을 힘차게 전개하고, 멀리는 전국 노동자 단일대오를 꾸려 강철군단의 면모로서 노동해방을 이루겠다는 의지가 하나로 모인 결과였다.

마침내 1988년 12월 22~23일 전주에서 열린 '전국노조·단체대표자회의'에 참석한 각 노동조합 및 전국노운협 대표자 40여 명은 전국 규모의 연대조직인 지역·업종별 노동조합 전국회의(이하 '전국회의')를 결성하였다. 여기에는 550여 개의 노동조합 및 약 20여만 명의 조합원이 가입하였다.

전국회의 참가 단체 및 조직은 다음과 같다.

(1) 지역별 노동조합협의회

마산·창원노동조합총연합, 서울지역노동조합협의회, 인천지역노동조합협의회, 성남지구노동조합총연합, 경기지역노동조합연합, 전북노동조합연합회, 광주지역노동조합협의회준비위원회, 대전지역노동조합건설준비위원회, 동광양시민주노조협의회, 대구·경북노동조합연합, 구미지역노동조합대표자회의, 부산·양산·김해지역노동조합 탄압저지 및 임금인상투쟁 공동대책협의회, 진주지역민주노동조합연합, 울산지역노동조합협의회준비위원회, 거제지역노조탄압공동대책위원회 등.

(2) 업종별 노동조합협의회

민주출판언론노동조합협의회, 전국시설관리노동조합협의회, 전국외국인기업노동조합협의회, 전국화물운송노동조합협의회 등(참관 : 전국병원노동조합연맹, 전국연구·전문기술노동조합협의회, 전국사무금융노동조합연맹, 전국언론노동조합연맹, 전국건설노동조합협의회, 전국대학교직원노동조합협의회 등).

(3) 노동단체

전국노동운동단체협의회.

7. 어깨 걸고 나가자

마창노련 조합원들은 1988년을 "펄펄 날아다녔던 해", "거리에서 살았던 해"라고 기억한다.

경험도 없이 처음 연대조직을 꾸리느라 일이 서툰데다가, 눈만 뜨면 투쟁에 달려가야 하는 나날이 계속되었다. 그러나 마창노련 지도부와 집행부는 불타는 동지애와 열정, 그리고 헌신적 희생으로 조직적, 민주적, 자주적 운영을 기한 결과 기적이라고 할 정도로 엄청난 조직확대를 이루었다.

그 결과 마창노련은 1988년 12월 31일 현재 34개 노조, 조합원 약 2만7천 명으로 불어났다.

마창노련 사무실

3만여 마창노련 조합원의 숙원이던 노련 사무실은 9월 30일에 가서야 마련되었다.

물론 사무실이 쉽게 마련된 것은 결코 아니다. 첫 번째 계약은 건물주인의 일방적 계약취소로 무산되었다. 계약 당시에는 아무런 말도 없다가 갑작스럽게 주인의 태도가 바뀐 것은 건물의 주인이 다름 아닌 그 유명한 '7·7 소와 사태'로 악명높았던 소와의 직원이었기 때문이다.

결국 마창노련 사무실은 산호동 소재 상공회의소 근처에 30평 가량의 건물 지하로 결정되었다.

"사무실은 수익 사업을 해서 마련했다. 임투 끝날 때 준비해갖고 여름에 티셔츠를 팔았는데 돈은 못 벌었다. 티셔츠 사이즈가 안 맞는 게 많았다. 마창노련 마크 만들어 찍었는데, 마크는 공개적으로 응모해서 7월 25일 확정했다. 대림

조합원이 만들었다고 들었다. 사무실 현관은 타코마노조 목공실에서 몇 날 며칠을 걸려 정성을 다해 만들었다. 글씨도 거기서 팠다. 솜씨 좋은 조합원이 팠다고 들었다. 바닥과 사방 벽에 스티로폴을 붙이고, 칸막이를 설치하고, 타코마 식당 탁자를 고쳐서 회의용 탁자를 마련했다."

허재우 당시 조직국 간사는 그 때를 회상하면서 "셋이 근무했는데 라면 끓여먹으면서 밤도 새고 거기서 먹고자고 집이 따로 없었다"고 사무실 생활을 전해 주었다.

운영위원회와 집행위원회

마창노련의 중요회의는 크게 운영위원회와 집행위원회로 나뉘었다.

운영위원회는 가입 노조의 대표자 회의체계이고, 집행위원회는 각 국장 및 실무간사들의 회의체계였다. 그리고 각 국이나 분과 회의에는 가입 노조들의 해당 국이나 분과를 맡은 상집간부들이 참가하였는데, 여기에는 마창노련에 가입하지 않은 노조의 간부들이 개별적으로 참석하기도 하였다.

그런데 각 부서의 명칭은 1988년 중반기까지도 각각 달라 그만큼 조직체계가 안정되고 통일되지 못했음을 나타냈다.[60]

반면에 민주집중적으로 조직을 운영하려고 노력한 흔적은 곳곳에서 눈에 띈다. 각 국이나 분과별로 규약을 따로 정하고 재정도 따로 운영하여 자주적 운영체계를 갖춘 것이라든가, 교육이나 수련대회 때는 참가비나 회비를 거둬 예산과 지출을 보고하여 계획단계에서부터 평가

---

60) 각 국이나 분과의 명칭은 자료와 문건에 따라 각기 다르게 표기되었다. 실례로 1988년 12월까지도 " ~ 교류회"와 " ~ 부"가 뒤섞여 사용되고 있으며 심지어 『마창노련신문』과 대의원대회 자료집 역시 명칭이 통일되어 있지 않다. 『마창노련신문』이 주로 " ~ 부"로 표기하는 데 비해, 대의원대회 자료집은 " ~ 국"으로 표기하고 있는 것이 그것이다.

단계까지 참가자의 자발성, 적극성, 책임성을 끌어낸 것이 그것이다.

특히 1988년은 마창노련 결성 첫 해라는 점에서 교육선전국[61]과 조직국[62] 활동이 가장 두드러졌다. 그 중에서도 조직국은 6월 이전에는 체육부, 조직부, 대외부 등 3개로 나뉘었다가 6월 이후에는 조직 1부와 2부, 노사대책부, 체육부 등 4개로 늘었다. 그러나 회의록과 회의 소집공문에는 조직부와 쟁의부로 나뉘어 활동한 것으로 되어 있는데 이는 조직국의 중심 활동이 조직 확대강화와 쟁의지원 활동이기 때문으로 풀이된다.

조사통계국은 6월에 교류회가 발족되어 10월 이후에 가서야 89년 임투를 위한 본격적 조사통계 활동에 들어갔다. 그런가하면 여성국 역시 10월에 출발하여 11월부터 본격 활동에 들어갔다.

재정 운영

사무국 1차 회계년도 결산보고에 의하면 마창노련 1988년 수입 총액은 약 1,150만 원이고 지출 총액은 약 1,047만 원으로(잔액 102만 원) 나타났다.[63]

수입은 주로 조합원 1인당 100원씩의 월 회비로 충당되었는데, 1988년 1월 회비가 총 9만5천 원에 불과하던 것이 1988년 12월에 총 회비가 212만 원으로 급격히 늘어난 것으로 보아 마창노련 조직확대가 마창노련의 재정적 자립에 크게 기여했음을 알 수 있다. 그러나 의무금 수입이 총 523만 원인 데 비해 잡수입이 426만 원에 달해,[64] 마

---

[61] 『마창노련신문』에는 '교선부'로, 공문이나 결과보고서 등은 '교선교류회'와 '교선부' 두 가지로 표기되었다.
[62] 조직국 명칭 역시 '조직부교류회', '쟁의부교류회(느티나무 교류회)'로 되어 있다.
[63] 마창노련 제1차 정기대의원대회, 『1차 회계년도 결산보고』, 1989. 2. 18, 32~35쪽.

창노련 재정운영이 주로 지원금이나 모금 마련으로 충당되었다는 점에서 아직 재정이 자립되지 못했음이 드러났다.

가장 비중이 큰 지출 항목은 사무실 운영비였고,65) 교육선전, 각종 집회나 행사비용, 쟁의기금 등은 각 노조가 분담하여 별도 마련하였다. 특기할 점은 당시 마창노련 실무자의 급료는 한 푼도 지급되지 못했다.

마창노련 창립 1주년 기념, 제1회 들불대동제

마창노련은 조합원들의 1년간 노고를 위로하고 동지애를 나누는 1주년 기념행사를 통해 그간의 활동을 폭넓게 점검해 보고 앞으로의 방향을 발전적으로 모색하는 자리를 마련하였다.

들불대동제 행사기간(12/11~14)에는 임단투 등 각종 투쟁 사진과 만화를 엮은 전시회를 비롯해 삼성재벌규탄 불매운동 선포식도 가졌다.66)

---

64) 재정 마련 사업으로는 티셔츠 판매사업과 일일찻집이 있었다. 그런데 티셔츠 판매사업 이익금은 85만여 원밖에 안 되었고, 11월 27일 '지역노동운동 발전과 마창노련 기금마련을 위한 하루찻집'(마산 창동 동방다방)은 2천여 명이 다녀가 수익금 총액이 470여만 원에 달했다. 이는 7·8월 비디오 상영, 전국노동자대회 사진전, 민주가요 발표회, 각 노조 소개 등의 프로그램으로 다채롭게 꾸민데다가, 18개 노조위원장들이 솔선수범하여 찻잔을 나르는 등 노고를 아끼지 않았기 때문이다. 수익금은 사무실 마련 때의 적자분과 소식지, 속보 등 홍보비 적자분을 메꾸고 나머지는 각종행사 및 활동을 위해 쓰였다.
65) 지출규모가 큰 순서로 보면, 사무실 유지비(약 230만 원), 실무자 복지비(189만 원), 쟁의지원금(186만 원), 그리고 노련 1주년 기념행사 등의 행사비(113만 원)순이고, 지출규모가 적은 순서로는 교육비(15만 원), 직무판공비(22만 원), 소모품비(35만 원) 등의 순으로 나타났다.
66) 11월 14일 거제 삼성조선소에서 민주노조결성을 추진한 노동자 15명이 납치되자 삼성조선 노동자 600여 명이 '불법납치자 안전귀사, 유령노조 해체, 노조설립보장' 등을 요구하며 파업농성을 시작하였고, 11월 28일 밤 거제대교

12월 11일(일)에는 무악산 등반대회에 이어 각 노조 노래패 연합공연 및 민중가요 경연대회(경남대학교 한마관), 그리고 극단 '현장'의 초청연극이 공연되었다. 그리고 12월 12일(월) 경남대 강인순 교수의 기념 강연회(여성노동운동 관련)에 이어 12월 13일에는 '마창노련 1년의 평가와 과제' 토론회가 마산 가톨릭여성회관에서 각각 열렸다.

　　토론회에는 14개 노조에서 17명의 토론 대표자가 참석해 그간 마창노련 활동에서 나타난 문제점을 제기하고 극복 방안을 중심으로 4시간여 동안 허심탄회하고도 열띤 토론을 전개하였다.

　　12월 14일에는 경남대학교 한마관에서 '마창노련 창립 1주년 기념대회'가 열려 기념식과 시상식에 이어 강사 김문수의 강연회를 경청하기도 하였다.

　　그런데 이렇듯 철저한 사전 준비와 노력에도 불구하고 참석자는 매일 100~400명에 지나지 않아 아쉬움을 남겼다.

　　1988년이 저물어 가는 12월 29일 마창노련은 석방 노동자를 환영하는 놀이마당에서 흥겨운 노래와 춤판으로 1년간의 고단한 투쟁에 지친 몸과 마음을 풀고 1989년 새해의 투쟁의지를 새롭게 다졌다.

에서 위재학(1988년 6월 노조결성시 위원장)이 강제납치에 항거하여 쥐약을 먹고 중태에 빠져 삼성조선 노동자들이 변전실 점거농성에 들어갔다. 또한 삼성중공업 창원 1공장에서는 11월 28일 민주노조를 결성하려던 유병태 등 5명이 납치당해 300여 노동자들이 파업농성에 들어갔고, 이후 무기한 휴업에 항거 12월 1일 30여 명이 백찬기 민주당지구당사 사무실 점거농성에 돌입했다. 또한 삼성클라크 노동자들도 11월 28일 노조를 결성하고 신고서를 제출했으나 회사측이 먼저 유령노조를 접수시켜 무산되었다. 마창노련은 삼성 노동자들의 노조결성투쟁을 적극 지지하는 연대투쟁을 전개하였다.

참고자료 및 문헌

- 가톨릭여성회관 노동문제연구소, 『마창지역 1988년도 임금인상투쟁 자료집』, 1989. 1. 22.
- 김용기, 『마산·창원지역 노동조합 운동 — 1988년 임금인상투쟁을 중심으로』, 경남대학교.
- 「마산·창원노동조합연합회」, 『새벽』 5호, 석탑, 1989. 6. 25, 246~251쪽.
- 마창노련, 『어깨 걸고 나가자 — 마창노련 1년을 되돌아보며』, 도서출판 새길, 1989. 5. 15.
- 「뭉치면 인간되고 흩어지면 노예된다 — 타코마」, 『새벽』 3호, 석탑, 1988. 10. 20, 372~378쪽.
- 전국노동운동협의회 정책자료실, 「지역보고 : 상반기 노동운동의 현황 — 마산·창원지역」, 『내 사랑 한반도여 민주노조 물결쳐라』, 사계절, 1988. 11, 124~135쪽.
- 「파업이라는 이름의 학교 — 삼미금속」, 『새벽을 여는 함성』, 현장 출판사, 1988. 10. 30, 157~189쪽.
- 한국노총, 「청원경찰로 구성된 구사대」, 『부당노동행위 규탄대회』, 1988. 11. 29, 101~102쪽(두산유리 사례).

제2장
내 사랑 마창노련
1989

1. 마창단결! 완전쟁취!
2. 세신실업 구사대 퇴치투쟁
3. 들불처럼 타오른 창원대로 대투쟁
4. 5·1절 총파업투쟁
5. 1989년 임금인상투쟁 및 상반기 투쟁 마무리
6. 9·2 마창노련 침탈 테러사건
7. (주)통일노조 폭력테러와 탄압규탄투쟁
8. 11·1, 11·2 마창노련 총파업투쟁
9. 11·12 전국노동자대회
10. 전노협 건설을 위하여

마창노련 8년의 역사 가운데 1989년 만큼 역동적인 투쟁과 승리로 장식된 해는 없었다. 동시에 1989년 만큼 구속, 수배, 해고, 폭력테러, 압수수색 등 탄압이 극심한 해도 없었다.

그만큼 1989년은 마창노련에 있어서 승리와 좌절이 명암처럼 엇갈린 한 해였다.

1. 마창단결! 완전쟁취!

'마산·창원지역 노동법개정 및 임금인상투쟁본부'

여소야대를 이룬 국회와 노태우 군부독재정권이 기만적이긴 하지만 광주청문회로 정국을 주도하는 가운데, 기층 민중들은 점차 전국조직 건설에 박차를 가하면서 정치사회적으로 비약적인 진출을 하고 있었다.

이에 노태우 정권과 독점재벌은 1988년 12월 28일 '민생치안 확립을 위한 비상조치'를 발표한 직후 1989년 벽두부터 공권력을 동원한 강제진압과 피를 부르는 폭력테러를 서슴지 않았다.[1] 덩달아 언론도

---

[1] 1월 2일 풍산금속 안강공장노조 경찰병력 투입, 1월 8일 현대중전기 조합원 수련회장 석남사 산장에 대한 습격테러, 같은 날 현대해고자복직실천협의회 사

경제위기와 노동자책임론을 끊임없이 퍼뜨리면서 기층 민중의 역사적 진출을 매도하려 하였다.

이에 맞서 '전국회의'(1989년 1월 19~20일, 대구)는 전국 노동자들을 총 결집하여 노동법개정투쟁 및 임금인상 전국투쟁본부(이하 '전국투본')를 결성하였다.[2]

마창노련도 경남노동자협의회와 결합하여 마산·창원지역 노동법개정 및 임금인상투쟁본부(이하 '마창공투본')를 구성하였다. 여기에는 마창노련 가입 노조는 물론, 다수의 미가입 노조 외에 민주노조추진위원회까지 포함하여 총 65여 개 사업장이 참가하였다.

마창공투본의 조직체계는 크게 지구위원회, 상황실, 기획조정실 등 3개로 구성되었다.

지구위원회는 마창노련 미가입 사업장을 견인하고 간부 중심의 연대를 조합원 차원의 연대로 발전시키기 위해 마련되었는데 5개 지구로 나뉘어 구성되었다.[3]

또한 선봉대는 각 지구별로 구성되었다. '선봉대'는 1988년 11월 13일 연세대에 모인 4만여 노동자 대열 최전선에서 자주빛 선연한 복장으로 그 뿌듯한 위용을 처음으로 전국에 드러낸 후 노동자군대라는 새로운 단어출현과 함께 노동자군대의 상징으로 자리잡게 되었다.

그리고 상황실은 실무 집행조직으로 산하에 4개 집행 부서를 두었다.[4]

무실 폭력 테러, 1월 21일 현대중공업 노동자들에 대한 식칼 테러사건 등.
2) 전국 및 각 지역투본은 지역별, 업종별, 가입 노조와 전국노동운동단체협의회 및 지역노동운동단체가 결합하여 구성되었다.
3) 초기에는 1지구 17개(남산업), 2지구 8개(시티즌), 3지구 11개(삼미금속), 4지구 12개(효성중공업), 5지구 15개((주)통일) 등으로 구성되었다가 4월 말경 5지구에서 3지구로 통합되었다(괄호 안은 지구장 노조).
4) 담당부서는 조직, 문화선동, 교육, 대외협력 등 4개이며 각 부서장은 경노협 활동가로 충원되었다. 마창노련에는 상근자 3인(총무, 신문편집, 조직업무 분담)

마창공투본 조직체계 가운데는 별도로 2개의 특별위원회가 구성되었다. 하나는 방위산업체특별위원회(이하 '방산특위')로 방산업체의 쟁의를 제한하는 데 맞서기 위해 구성되었고,5) 또 하나는 다국적기업대책특별위원회(이하 '다국적특위')로 수출지역 내 외국자본의 철수에 효율적으로 대처하기 위해 마련되었다.

선봉대 및 정방대

마창지역에서는 정방대라는 이름으로 더 많이 알려진 선봉대는 1989년 벽두부터 피의 탄압이 가중되면서 그 역할이 더욱 강조되었다.

선봉대는 각 노조별 정방대와 마창노련 선봉대로 나뉘어졌는데 정방대가 단위노조를 사수하는 단위노조 내 조직이라면 선봉대는 마창노련을 사수하는 마창노련 차원의 조직인 셈이다.

따라서 선봉대는 공권력이나 구사대로부터 마창노련을 사수하기 위해 지역 공동 대처에 나서거나 점거농성 및 대외투쟁의 역할을 담당하는 타격대로 기능하였기 때문에 자연히 연대의식과 정치의식, 그리고 정치투쟁력을 발전시키는 데 그 목적을 두게 되었다.

선봉대는 각 노조의 정방대원 중 10% 인원(단사별 80명당 1명 꼴로)으로 선발되어 주로 상집간부, 대의원, 핵심조합원으로 구성되었다.6)

이외에 상근 전임간부는 없는 실정이었기 때문이다.
5) 정부와 자본은 연초부터 71개 방산업체를 지정하고 쟁의행위금지법을 적용하여 파업을 원천봉쇄하는가하면 특례해고자를 강제징집하는 등 방산업체 노조 탄압을 강화하였다.
6) 선봉대와 정방대는 조직적으로 이원화됨으로써 통제되지 못하였다. 특히 선봉대원 대다수가 단위노조 간부로 구성되었기 때문에 선봉대 활동은 어려움에 처하게 되었다. 결국 나중에 가서 선봉대와 정방대는 일원화되어, 각 노조별

그에 비해 정방대원(약 1,500여 명)은 전체 조합원 중 10%의 조합원과 대의원들로 구성하였는데 각 노조마다 지원자가 하도 많아 선발해야 할 정도로 정방대에 대한 대중적 참여는 아주 높았다.

각 노조는 규약을 통해 집행부는 바뀌어도 정방대는 상설기구로서 기능하도록 규정함으로써 정방대는 노조 안의 확고한 대중조직으로 자리잡게 되었다.[7] 이는 '정방대'가 흔히 알려져 있듯이 단순히 싸움만 하는 부대가 아니라 노조에서 가장 중요한 역할을 담당하는 중추조직임을 의미하는 것이었다. 실제로 정방대원은 준간부로서 현장에서는 비조합원들 앞에 모범을 보이고 투쟁의 정당성을 설명하고 설득

민주노조사수의 선봉 – 마창노련 정방대
마창노련 정방대는 구사대와 공권력으로부터 민주노조와 마창노련을 사수하고 이를 통해 마창노련의 연대의식, 정치의식과 투쟁력을 발전시키기는 데 목적을 두었다. 사진은 정방대의 여름 수련회.

정방대 안에 선봉대, 규찰대, 경호대, 경비대로 재편성하였다.
[7] 각 조합은 규약에 "구속자 적립금은 쟁의기금 중 30%로 항상 예치할 것, 생계비 지급할 것, 석방 후 완전복직" 등을 명시하여 정방대원들의 부담 및 걱정을 덜어주었다.

하며 강화해 나가는 사람들, 뭔가 이론적으로도 더 알고 있는 사람들로 알려져 있었다.[8] 정방대의 핵심업무는 노조사수이며 구사대와 공권력 격퇴, 의장단 경호와 단상보호, 집회규찰, 가두행진시의 선봉 역할, 그리고 인근 사업장의 투쟁을 지원 연대하는 임무도 수행하였다.

각 노조는 임투를 앞둔 수련회나 교육 등을 통해 정방대의 취지와 목적, 임무와 역할 등에 대한 교육과 피티체조, 화염병투척 연습, 구보 등의 체력단련과 무술훈련, 전략과 전술에 대한 훈련 점검을 실시하였다. 실례로 금성사노조는 꽃병투척 대회를 열어 사기를 높이는가하면, 대림자동차노조는 정방대 안에 화염병투척반, 봉술훈련반을 따로 조직하고 회사 본관 앞에서 기합소리와 함께 쇠파이프를 휘두르며 봉술훈련을 하는가하면 호를 파놓고 그 안에 들어가 사과탄을 투척하는 훈련을 감행하여 회사의 간담을 서늘케 하였다.

특히 5지구 정방대는 금성사 1공장, 대림자동차, (주)통일 등 17개 노조에서 400여 명이 정방대로 조직될 정도로 숫자로 보나 투쟁력으로 보나 단연 우세하였는데, 그 중 과반수인 200여 명을 거느린 (주)통일노조 정방대는 마창노련을 살렸다고 할 정도로 가장 모범적이었다.

정방대원들은 가두집회와 타격전에 나갈 때마다 화염병, 각목, 마스크, 물안경 등을 준비하였으며 수출 1, 2지구의 여성정방대원들은 망치 등을 가지고 보도블럭을 깨거나 돌을 날라주기도 했다. 여성노동자들이 가두에서 남자들과 함께 경찰과 몸싸움을 벌이거나 경찰을 향해 돌을 깨서 던지는 모습은 아마도 세계 어느 노동운동의 역사에서도 찾아보기 힘든 광경일 것이다.

---

8) 허상식 마창노련 선봉대장(타코마노조 조직부장)은 "정방대는 노동자의식이 투철하고 선진적인 노동자들로 구성된다. 노조 집행부와는 별도로 노동자들 속에 존재하면서 노동조합의 민주성, 대중성을 유지하게하는 역할을 담당하기 때문에 노동조합의 튼튼한 중간 허리라고 할 수 있다"라고 말했다.

마창노련 제1차 정기대의원대회

마창노련은 1989년 2월 18일 마산 가톨릭여성회관에서 제1차 정기대의원대회를 열었다. 92명(참석률 93%)의 대의원이 참석한[9] 이 날 대회에서는 이흥석 타코마노조 위원장을 2대 마창노련 의장으로 선출하고, 아울러 대대적인 조직개편을 단행하여 5개국을 6개국으로 국 산하에 분과위원회를 두고, 정책기획실을 사무처 직속으로 신설하였다.

또한 4시간 동안 심의한 끝에 규약을 개정하였는데 그 중 가장 핵심은 "마창노련 가입 노조는 반드시 조합원총회 또는 대의원대회에서 과반수 이상의 찬성을 얻도록 규정"한 것이다. 이는 간부간의 상층 사업이 아니라 조합원들의 결의와 힘으로 민주노조진영을 확대하기 위해서였다.

마창 공투본 발대식

임투 초반의 열기는 하늘을 찌를 만큼 대단했다.

2월 2일 수출지역 후문 옆 삼각공원에서 열린 발대식에는 1만2천여 명이 참가하여 마창 노동운동사상 최대 규모의 연대집회를 거행하였다.

퇴근시간에 맞추어 잔업을 거부한 조합원들은 각 노조별로 임투 발대식을 거행한 후 대열을 맞추어 정문을 출발, 노래와 구호를 외치며 집회장소인 삼각공원까지 행진을 시작하였다. 조합원들은 하루의 고단한 노동에도 불구하고 지친 기색도 없이 걷고 뛰면서 시종일관 상기된 얼굴로 집회장을 향하였다. 평소 때 창원공단은 인적이 없었으나 이 날은 인도마다 작업복의 긴 행렬로 뒤덮였고, 노래와 구호소리

---

[9] 각 단위노조별 파견 대의원은 조합원 200명당 1인을 기준으로 한 차등배정에 의해 선출하였다.

가 공단 하늘을 진동하였다.

각 노조가 집회장에 들어설 때마다 운집한 조합원들은 뜨거운 박수와 환호로 답해 주었고, 집회장인 삼각공원은 발 디딜 틈도 없이 들어찬 인파들로 끝이 보이지 않을 정도였다. 마창투본의 구호 "마창단결! 완전쟁취!"가 전면을 압도하는 가운데 새까만 인파 위로 각종 현수막과 만장 그리고 각 단위노조의 깃발이 바람을 가르는 힘찬 돛처럼 펄럭이고 있었다. 참으로 감격스런 장관이 아닐 수 없었다. 행인과 시민들은 발을 멈추고 태산이라도 삼킬 듯한 엄청난 노동자들의 위력에 넋을 잃고 바라보았다.

대부분이 여성노동자들인 금성사 창원 2공장 조합원 1천여 명이 당당하게 입장하자 창원공단의 남성노동자들의 열띤 환호성이 터져 나왔다. 금성사 창원 2지부에서는 1월 28일 이후 조합원들의 자발적인 잔업거부와 중식집회가 매일같이 전개되어 투쟁열기가 고조되고 있었다.10) 창원2공장 지부는 생긴 지 2년밖에 안 된 신생공장이라 그만큼 어용의 힘이 약해 1987년 투쟁으로 분출되기 시작한 조합원의 불만을 통제할 수 없었다. 이에 1989년 1월 대의원대회에서 민주파 대의원들이 주축이 되어 지부장 불신임안을 제출하였고 이 과정에서 대의원과 조합원들간에 충돌이 빚어져 민주파 대의원이 해고되었다. 이에 1월 25일 소속 부서인 전자관(대다수 남자사원)에서부터 부당해고에 맞서는 잔업거부투쟁이 일어나고 여기에 1월 28일 해고 대의원들의 출근투쟁이 결합되었다. 전자관 조합원들이 앞장서서 전 공장 안

---

10) 금성사노조는 1963년 결성 이래 30여 년간 어용노조에 의해 지배당해 왔으며 구로, 평택, 청주, 구미, 김해, 창원 1, 창원 2 등 7개 공장지부, 23,400여 명의 조합원으로 이루어졌다. 그러나 44명의 중앙위원단이 간선으로 각 지부장 중에서 본조위원장을 선출하는 구조인데다가 임금교섭과 체결권은 본조위원장에게, 파업결정권은 의장단회의에 귀속되어 사실상 지부차원의 결정권은 없는 상태였다.

을 순회하면서 부당해고 철회투쟁을 전개하자 회사측은 흑색선전과 납치 등으로 탄압하였으나 이들은 굴하지 않고 투쟁을 계속하였다.

이러한 금성사 창원 2공장의 투쟁은 1989년 벽두를 장식한 중요한 투쟁으로서 임투의 기폭제가 되었다.

이홍석 마창공투본 본부장은 감격적인 어조로 공투본 발족을 공식 선언하였다. 그리고 "주 44시간 노동으로 생계비를 확보하자"는 요구와 함께 전노협 건설의 토대를 강화할 것을 천명하는 투쟁결의문과 투쟁선언문을 힘차게 외치면서 투쟁결의를 다졌다.

발대식이 끝난 후 마창 노동자들은 현수막과 오색깃발을 앞세우고 가두로 진출하기 시작하였다. 오동동과 불종거리를 거쳐 육호광장까지 2시간여 동안 시가행진을 벌인 마창 노동자들은 밤 늦게 "독점재벌, 독재정권"의 화형식을 마지막으로 해산하였다.

1989년 마창 임단투 출정의 나팔소리가 힘차게 울려퍼진 최초의 날이었다.

다국적기업대책특별위원회 발대식

수출지역에서는 자본 이전과 철수 압박, 인원감원, 부당휴업 등 다국적 기업의 횡포가 날로 극심해져 갔다.

수미다에서는 1988년 1,500여 명이었던 조합원이 820명으로 급감하였으나 회사측이 또다시 2월 말까지 400명 감원을 계획하면서 고용불안과 위기의식을 부추겼고, 또한 TC에서는 1988년 12월부터 시작된 단협 교섭이 회사측의 일방적인 연기 끝에 3월 6일 조업이 중단되었다. 이에 마창투본은 3월 15일 오후 6시 수출지역 후문 노동자민주광장에서 '다국적 특위 발대식(특위장 : 이종엽 마창노련 부의장, 중천노조 위원장) 및 TC노조탄압규탄 대회'를 열었다. 3,500여 명의 참석자 중에는 마창노련 가입 노조 이외에 수출자유지역노동조합협의회(이

"외자기업 횡포 연대투쟁으로 맞선다."
1989년 3월 15일 저녁 수출지역 후문 노동자민주광장에서 열린 다국적기업 대책 특별위원회 발대식.

하 '수노협'), 마창노련 미가입 노조도 대거 포함되어 지역연대투쟁의 전망을 밝게 해 주었다.

참석자들은 본대회를 마친 저녁 7시 20분경부터 각 노조별로 대오를 형성, '수출지역 관리소' 앞까지 40여 분 동안 역내 가두시위를 벌이고 '다국적기업 화형식'을 가진 후 해산하였다.

임투 전진대회 및 마창노련 최초의 조합원총회

임투의 열기는 3월 24일 임투 전진대회에 2만2천여 명이 참가함으로써 절정에 달했다. 투본 발대식에 참가한 1만2천여 명의 숫자를 갱신하면서 마창 노동운동사상 최대의 연대집회를 이루어낸 것이다.

마창지역 연대의 폭은 1988년 말부터 가속화된 대규모 공장의 노조 민주화투쟁으로 크게 확산되었다. 효성중공업노조의 홍여표 지부장

1. 마창단결! 완전쟁취! 147

마창노련 최초의 '조합원총회'
1989년 3월 24일 수출지역 후문 옆 삼각공원에서 임투전진대회를 겸해서 열린 마창노련 조합원총회. 2만2천여 명의 노동자들이 모인 이 날 집회는 마창지역 노동운동 사상 최대 규모의 연대집회이자 조합원총회였다.(사진 : 경남도민일보 제공)

등 민주집행부 출범, 화천기계노조의 민추위 대의원 대거 당선, 쌍용중공업노조의 새 집행부 출범, 효성기계노조의 민주집행부 당선 등 마창노련 가입 노조들의 민주집행부 출범이 속속 이어지면서 마창지역 1989년 공동임투는 민주노조의 주도 아래 진행되었다.

마창지역 노동자들은 각 노조별로 집단조퇴를 결행하고 출정식을 거행한 후 전원 머리띠를 묶고 대열을 형성하고 나서 구호를 외치면서 행진을 시작하였다.

"같이!" 하고 한 간부가 선창하면 조합원들은 "죽자! 죽자! 죽자!"를 세 번 반복하였다. 그 때마다 힘차게 허공을 향해 뻗쳐나간 팔뚝에서는 무쇠와 같은 힘이 넘쳤고 이를 본 시민들은 달리는 차 안에서도 손을 흔들어 주었다. 도도하고 거센 파도를 일으키면서 집회장을 향해 전진하는 노동자의 대열은 끝없이 이어졌다.

"마창단결! 완전쟁취!"

금성사 창원 1, 2지부 조합원 4천여 명도 창원에서부터 노래를 부르면서 긴 대열을 이루고 수출지역 후문으로 향하였다.

특히 금성사 창원 2지부 조합원들은 뿌리깊은 30여 년 럭키그룹 어용노조 역사에 최초로 조합원 직선제를 통해 민주노조를 출범시켰고 이로 인해 금성사 투쟁은 1989년 공동임투의 전망을 더욱 밝게 해 준 활력소로 작용하였다. 금성사 창원 2지부에서는 2월 민주노조추진위원회(이하 '민추위')가 결성되어 지부장 불신임요구투쟁을 전개하였다. 그러나 3월 15일 임시대의원대회(이하 '임대')에서 대의원들이 지부장 불신임요구를 부결하자 조합원들이 거세게 항의하였고, 이에 두려움을 느낀 대의원들이 도망을 친 자리에서 조합원들은 임시총회를 열고 지부장 불신임안을 통과하고 지부장 직선제 실시를 결의하였다. 그러자 다음날 회사측은 휴업을 실시하였고(25일까지) '민추위'는 회사측의 물량과 기계의 반출에 대비하여 철야농성으로 맞섰다. 3월 17일 금성사 창원 2공장에서 열린 '부당휴업 및 89 임투전진대회'에는 2지부 조합원 2천여 명과 1지부 조합원 4천여 명이 합세하여 투쟁열기는 하늘을 찌를 듯 했고 이를 계기로 금성사 창원 2지부는 3월 23일 노조 최초의 조합원 임시총회에서 99%의 절대적 지지로 '민추위' 하태욱을 지부장으로 선출하였다.11)

이렇듯 역동적인 금성사노조 조합원 4천여 명이 발대식장에 입장

---

11) 회사측은 3월 23일, 4월 1일, 4월 11일 세 번씩이나 조합원들이 선출한 하태욱 지부장 및 그 집행부를 계속 인정하지 않았다. 그러나 하태욱 집행부는 실질적으로 그 역할과 책임을 다하였고 럭키금성 임금협상 교섭위원으로 참가하여 본조를 이끌었을 뿐 아니라 그룹 전 지부의 투쟁을 선도적으로 이끌어나간 실질적인 지도부였다. 결국 하태욱 지부장 및 그 집행부는 추후 노동부를 통해 인정받게 되었다.

하자 참석자들은 열렬한 환호와 함께 뜨거운 지지와 격려의 박수를 아낌없이 보내주었다.

그러나 무엇보다 이 날 집회의 특별한 감격은 마창노련 역사상 처음으로 열린 전 조합원총회였다. 이승필 마창노련 조직국장(대림자동차노조 위원장)은 힘차게 조합원총회 성원을 보고하였다.

"마창노련 전 조합원 3만2천 명 중 오늘 참석한 조합원은 2만5천 명입니다. 따라서 전 조합원 2/3이상의 출석으로 총회가 성립되었음을 공표합니다!"

우리나라 역사상 최대 규모의 지역 노동자 연대집회이자 조합원총회가 힘차게 성사되는 순간이었다.

이홍석 마창공투본 본부장은 대회사를 통해, "공권력이 M16으로 무장한다면 우리는 우리의 생존권투쟁과 자위권을 위해 스스로를 보호할 수 있는 무장을 해야 한다"고 역설하고 공동투쟁과 공동쟁취의 결의를 재확인하였다. 허상식 선봉대 대장(타코마 조직부장)의 '선봉대 선서', 풍물패 100여 명의 문선대 풍물시범식, 그리고 전민련 이부영 공동의장의 강연 등이 이어지는 동안 참석자들은 "해체 민정당! 퇴진 노태우!", "폭력테러 노동탄압 노태우는 퇴진하라!"는 구호로 화답하였다.

본대회가 끝난 저녁 7시 20분경 참석자들은 3·15 분수 로터리까지 평화대행진을 위해 "확실하게 연대하여 100% 쟁취하자", "천만 노동자 단결하여 노조탄압 분쇄하자"는 구호를 외치며 수출지역 후문을 나섰다. 그러나 산호동 썬스타 호텔 앞에서 무장경찰 300여 명이 최루탄을 쏘며 저지하자 화염병과 돌을 던지며 격렬한 가투가 벌어져 밤 11시까지 시내 곳곳에서 동시다발적인 시위가 벌어졌다.

한편 이 날 저녁 6시 30분경 결사대 20여 명은 마산역 앞 현대자동차 대리점을 기습 타격하여 대형 유리창을 깨고 승용차들을 불태우는 등 현대재벌의 폭력테러를 강하게 응징하였다.

바야흐로 마창지역 1989년 임투에 불이 붙기 시작하는 순간이었다.

쟁의발생 결의와 준법투쟁

교섭이 시작된 시기는 주로 3월 24일 임투전진대회 이후부터 4월 초순 사이로 69%(38개 노조)가 여기에 속하였다. 마창투본의 결성으로 공동투쟁의 기운이 높아져 조직적인 시기집중을 가져왔음을 알 수 있다. 그 중에는 3월 29일(6개), 4월 1일(6개), 4월 3일(9개) 3일 동안 21개 노조가 같은 날 동시에 교섭을 시작할 정도로 마창공투본 노조들의 연대투쟁의 열기는 매우 뜨거웠다.

그러나 대부분의 회사들이 적자타령을 늘어놓고 인근 사업장의 눈치를 보면서 뚜렷한 제시안을 내놓지 않아 교섭이 결렬되거나 지연되는 일이 많았다.

전국투본 및 마창공투본은 현대 노동자들에 대한 지지연대의 일환으로 4월 10일 전후를 쟁의발생신고 공동일정으로 계획하였다. 이에 따라 마창공투본 노조의 쟁의발생 결의는 4월 10일부터 4월 19일 사이에 63.1%(집계대상 38개 중 24개 노조)가 집중되었고, 그것도 90% 이상의 높은 결의율을 나타내 마창공투본의 시기집중 결의를 조직적으로 관철하였다.[12]

이렇게 대부분의 노조들은 4월 중순까지 줄다리기 협상과 파업 결의 속에 준법투쟁을 전개하고 있었다. 이 가운데는 회사측의 직장폐쇄나 휴업조치로 준파업에 들어가거나 잔업거부와 태업에 준하는 강도높은 준법투쟁으로 정상조업이 이루어지지 않고 있는 곳도 많았다.

1988년에 이어 1989년에도 준법투쟁은 전체 조합원들의 자발성에

---

12) 쟁의발생결의 노조는 총 44개이지만 날짜가 확인된 노조는 38개이다.

기초하여 적극적 참여로 이루어졌다. 중식과 휴식시간 집회, 잔업거부, 특근거부, 정장하고 밥먹기, 줄 서서 중식 먹기, 정시 출퇴근, 물 자주 먹기, 화장실 자주 가기 등 다양한 준법투쟁이 활발하게 진행되었다. 그 중에서도 타코마, 대원강업, 중천, 시티즌 등에서는 강도높은 준법투쟁으로 회사측에 실질적 타격을 주기도 하였다.13)

"하늘보고 밥 먹으니 소풍나온 기분 ……"
수출지역 내 웨스트, 수미다, 산본, 소요, 동경전파 노동자들이 1989년 4월 20일 점심시간에 함께 모여 밥을 바꿔 먹는 준법투쟁을 벌이고 있다.

---

13) 대원강업은 조기출근거부, 잔업거부, 매일 아침·점심·저녁 집회하기 등으로 생산량이 60% 선으로 감량되었는데 4월 12일 이후는 야간조 근무를 전면 거부함에 따라 생산성이 25% 선으로 급격이 떨어졌다. 또한 4월 14일에는 조합원 스스로 통근버스에 빈 좌석이 있을 경우에만 승차하는 운동을 벌여 통근버스가 재운행되기도 했다. 또한 타코마에서는 선거구별로 신협에 저축하기, 각종 증명서 발급받기 등의 준법투쟁으로 생산성이 5% 선으로 급격히 떨어지는 등 파업에 가까운 효과를 얻었고 중천과 시티즌도 준법투쟁으로 각각 40%, 60% 선으로 생산량이 줄어들어 회사측에 타격을 가했다.

특히 마창투본 1, 2 지구 조합원들은 야외에서 함께 점심식사 하기 (4/20), 다함께 머리띠 풀어 어깨에 차고 일하기(4/21), 매시간 정각마다 일손 놓고 노래부르고 구호외치기(4/22) 등 공동 준법투쟁을 전개하였다. 4월 20일의 공동 야외식사는 오후 작업을 지연시켜 회사측에 타격을 주기도 했다. 소요노조의 한 아주머니는 "하늘보고 밥을 먹으니 소풍 나온 기분이다"며 가슴 뿌듯해 했고, 중천노조의 한 조합원은 "바람이 불어 밥에 티가 들어갔지만 이렇게 함께 투쟁하며 즐기니 무척 좋았다"고 말했다.

2. 세신실업 구사대 퇴치투쟁

임투가 고양되던 4월은 자고 일어나면 사건이 터지고 자고 일어나면 또 다른 사건이 터지는 나날의 연속이었다.

울산 현대중공업의 공권력 침탈, 창원공단 효성기계와 세신실업의 구사대폭력, 수출지역 TC 조합원들의 위장폐업에 맞선 생존권투쟁 등 민주노조에 대한 탄압에 대응하는 마창지역 연대투쟁은 4월 한 달을 투쟁에서 시작하여 투쟁으로 끝나는 투쟁의 달로 만들었다.

그 중에서도 4월 10일 세신실업 구사대 격퇴투쟁은 바로 이러한 지역연대투쟁이 유감없이 위력을 발휘하여 승리를 장식한 투쟁이었다. 이 투쟁을 계기로 마창지역은 '전국 노동운동의 성지'로 불리어지고, 마창 노동자들은 '불패의 노동자 군단'이란 신화의 주인공이 되어갔다.

현대중공업 공권력 진압에 맞선 마창지역 연대투쟁

정권과 자본은 3월 16일 서울지하철노조의 파업투쟁을 공권력 침탈로 짓밟은 데 이어 또다시 3월 30일 현대중공업 파업투쟁을 1만5천 경찰병력을 동원하여 강제로 진압하였다. 이로 인해 울산에서는 연일 가두투쟁이 벌어졌고, 서울과 부산 등 전국 각지에서도 현대중공업 탄압에 대항하는 집회와 가투가 격렬하게 이어졌다.

창원 현대정공 조합원들은 3월 30일 출근과 동시에 파업에 돌입하여 가두진출을 저지하는 300여 명의 백골단과 전경에 맞서 격렬한 투석전을 벌였으며 마창 선봉대는 시내 파출소와 현대자동차 영업소, 리바트가구점 등을 타격하였다. (주)통일노조 등 마창노련 조합원들도 중식시간을 이용 규탄집회를 갖고 퇴근 뒤 자발적으로 수출지역 후문 앞 노동자민주광장에 2천여 명이 집결하여 폭력경찰의 무자비한 최루탄 난사에도 불구하고 돌과 화염병을 던지며 전투적인 가두투쟁을 벌였다.

효성기계 폭력탄압에 맞서 일어난 마창지역 연대투쟁

이런 가운데 4월 1일 새벽, '어용 집행부 퇴진, 직선제 실시, 해고자 복직'을 요구하며 3월 22일부터 파업에 들어간 효성기계 농성장에 구사대와 경찰 등 폭력테러단 800여 명이 난입하였다. 이들은 소방호스에서 뿜어나오는 세찬 물줄기를 앞세우고 달려들어 쓰러진 조합원들을 쇠파이프와 워커발로 짓이겼다. 이로 인해 다수의 부상자가 속출하였고 농성장은 1시간 반 동안 피의 아수라장으로 변했다. 그런가하면 결사항전하던 농성조합원 42명 전원은 연행되는 과정에서 전경차 안에서 워커발로 차이고 화이바로 머리 등 전신을 구타당하여 몇몇 조합원은 의식을 잃기도 했다.[14]

긴급호출을 받고 달려온 세신실업, 대원강업, (주)통일, 대림자동차

---

14) 「효성기계 민추위 김병오 홍보부장의 피맺힌 투쟁기」, 『마창투본속보 2』, 1989. 4. 3.

조합원들은 경찰의 폭력저지로 구조에 성공하지 못한 채 발을 굴러야 했다.15)

마창노련 의장단 및 투본 지구장 등 13명은 4월 3일 창원 민주당 황낙주 의원 사무실을 점거하고 농성(4/3~7)에 들어갔다.

"3일과 7일 밤은 현대중공업, 효성기계, 공권력이 박살나는 날!"

거칠게 써내려간 집회 안내전단이 말해 주듯이 4월 3일과 4월 7일 이틀 동안 수출지역 후문 노동자민주광장과 창원대에서 각각 '마산·창원지역 및 현대중공업노조탄압분쇄 결의대회'가 열렸다. 집회는 "노동운동 탄압하는 노태우정권 타도하자!"는 구호와 함께 가두투쟁으로 발전하여 돌과 화염병, 그리고 최루탄이 난무하는 공방전 속에서 격렬하게 전개되었다.

또한 4월 9일 일요일, 창원대 민주광장에서는 '현대중공업노조탄압 규탄 및 89 임투승리 전진대회'(전국 동시다발)가 1만여 마창 노동자의 참여 속에 열렸다. 집회를 마친 오후 5시부터 학생 등 1천여 노동자들은 파업 중인 부산산기를 향해 가두행진에 나섰고, 경찰차를 불태우며 투석전을 벌이는 등 격렬한 접전을 벌였다.16) 19명의 연행자가 발생하자 노동자와 학생 등 500여 명은 재집결하여 창원대 봉림관에서 농성을 벌인 끝에 결국 연행자 전원을 석방시켜 냈다.

남은 100여 명은 부산산기 구사대 침탈에 대비하여 부산산기 파업 철야농성장으로 향했다.17)

---

15) 효성기계노조는 어용 집행부 퇴진 후 4월 15일 민추위 김병오를 위원장으로 선출하여 민주노조를 쟁취하였다.
16) 이 과정에서 학내에서 몰래 탐문수사를 하던 경찰 3명을 붙잡기도했다.
17) 부산산기노조(단체협약)는 1988년 11월 28일 교섭시작 이후 63차 교섭결렬에 항의하여 3월 21일 80%의 찬성으로 파업을 결의하고 3월 23일 마창지역에서 가장 먼저 전격 파업에 돌입하였다. 그러나 직장폐쇄, 구사대폭력과 조합간부 5명 해고, 노조간부 고발조처 등 회사측의 부당노동행위가 속출하였다.

세신실업 구사대폭력탄압 발생

"세신실업에 구사대가 떴다!"

부산산기 파업장에서 새우잠을 자던 마창 노동자들은 뜻밖의 소식에 경악하였다.

4월 10일 새벽 5시, 세신실업 조합원 50여 명이 농성장에서 곤히 자고 있을 때 200여 명 구사대가 농성장 건물 옆 철조망을 뚫고 침입하여 삽시간에 농성장을 아비규환으로 만들어버린 것이었다.[18]

구사대들은 조합원들이 몸을 일으키기도 전에 무조건 닥치는 대로 개 패듯이 패고, 밧줄로 묶고, 콘크리트 바닥에 엎어놓은 채 워커발과 각목으로 구타하였다. 이들이 미친개마냥 휘두르는 몽둥이에 노조간부와 조합원, 그리고 아주머니까지도 피투성이가 되어 바닥에 나뒹굴게 되었다. 그 결과 진창근 사무국장은 팔에 금이 가는 등 중경상자만도 10여 명에 달했다. 또한 구사대들은 노조사무실 집기들을 깡그리 부수고 서류를 강탈하거나 불태워버렸고, 조합원들을 강제로 끌고 가 식당에 감금하고, 노조간부 10여 명을 경찰에 넘겨버렸다.

특히 구사대 중에는 이전에 노조를 배반한 적이 있던 조합원까지 가세하여 설쳐댔다. 이를 본 조합원들은 분노와 슬픔을 느끼지 않을 수 없었다. 더구나 회사가 앞에서는 협상에 응하는 척하면서 뒤로는 노조말살 음모의 칼날을 갈면서 구사대를 조직하고 침투공작을 꾸미고 있었다는 사실에 조합원들은 겉 다르고 속 다른 회사의 비열한 작태에 치를 떨었다.[19]

---

[18] 세신실업 창원공장(김명길 노조위원장)은 1월 7일부터 단협에 들어갔으나 회사측은 교섭요구를 묵살하고(3월 11일 단 한 차례 응하였다) 2월 18일 직장폐쇄조처를 단행하였다. 노조는 즉각 '직장폐쇄철회투쟁'에 돌입하여 파업농성을 벌였고 회사측은 구사대투입(2/21), 정방대원 2명 구속 등으로 탄압하였다. 이에 마창투본 제3지구는 연대집회(2월 25일, 3월 9일, 2천여 명 참석)를 통해 노조의 파업투쟁을 격려지원하였다.

불패의 마창노련, 세신실업 구사대 격퇴투쟁

세신실업 구사대 난입 소식은 삽시간에 전 마창지역으로 퍼져 나갔다.

부산산기에서 지원농성을 하던 마창노련 선봉대를 비롯하여 타코마노조 정방대가 들이닥쳤고, 대원강업 조합원 300여 명은 통근버스에서 이 소식을 듣자마자 버스를 그대로 돌려 달려왔고, 금성사 2공장 노조는 총회를 하던 중 소식을 듣자마자 조합원 200명이 달려왔다. 그 밖에 대림자동차, (주)통일, 삼미금속, 부산산기 노조 등 순식간에 정방대원 700여 명이 속속 세신실업 앞으로 모여들었다.

현장은 엉망이었다.

현수막은 갈기갈기 찢겨져 있었고, 구사대 몇 명이 사내를 청소하러 왔다갔다하는 가운데 본관 앞에는 조합원 몇 명이 무릎을 꿇린 채 각목과 쇠파이프로 계속 난타당하고 있었다.

이를 지켜본 마창 노동자들의 눈에 불이 번쩍였다.

"동지여, 내가 있다!"

700여 정방대원들은 대오를 짜고 '퍽!' 하는 신호음(타코마 정방대가 가투 때 포획한 사과탄 5발을 터뜨리며 정문 돌파함)에 맞춰 정문으로 한꺼번에 돌진해 뛰어 들어갔다. 동시에 측면에서는 준비한 화염병과 돌을 던지며 우뢰와 같은 함성을 지르며 달려들었다. 순식간에 정방대원들은 정문을 돌파하였다.

당황한 구사대들은 마치 불을 만난 짐승들처럼 이리저리 흩어져 달아났고 경호대가 새총으로 위협사격을 하자 구사대 몇몇은 두려운 나

---

19) 회사측이 갑자기 태도를 바꾸어 4월 3일부터 매일 교섭에 응하고 '구속자 2명에 대한 고소취하', '기본급과 상여금 등 제수당 5억 제시', '2월분 체불임금 4월 10일 지급' 등 협상에 성의를 보였다. 그러나 이는 조합원들의 긴장을 풀게하려던 위장술책이었음이 나중에 드러나고 말았다.

머지 2미터나 되는 가시철망 담을 뛰어넘으면서 손이 찢기는 줄도 모르고 도망치기에 안간힘을 다했다.

정방대원들이 50여 명의 구사대를 체포하고 현장을 탈환하는 데는 5분도 채 걸리지 않았다. 식당에 감금되어 있던 농성조합원들도 즉시 구출되었다.

붙잡힌 구사대들이 작성한 자술서를 통해 구사대 조직과 배경, 그리고 침투과정이 낱낱이 폭로되어 회사측의 노조말살 음모공작이 백일하에 드러나게 되었다.[20] 구사대에게 구타당해 중경상을 당한 세신실업 조합원들을 생각하면 울분을 삭히기 어려웠으나 마창노련 정방대는 훌륭하게 자제력을 보여주었다. 구사대는 지휘계통과 폭력행사에 따라 단순 가담자는 풀어주고 악질 구사대와 지휘자는 구분하여 남겨 두었다.

어느새 회사의 연락을 받고 전경버스 6대가 달려왔다. 전경들은 모두 진압복으로 갈아입고 세신실업 정문 앞에 도열하기 시작했다. 긴장이 감도는 순간이었다. 마창노련 정방대원들은 여성노동자와 일부를 돌려보낸 뒤 정예부대를 앞세워 경찰과 정면 대치하였다.

의장단은 경찰서장, 시장과 협상을 벌여 경찰에 강제연행된 세신실업노조 간부 10명과 구사대와의 교환문제를 논의한 끝에 우선 노조간부 6명과 구사대 10명과의 첫 번째 교환을 시도하기로 하였다.

오후 4시 30분경 먼저 구사대를 내보낸 뒤 노조간부를 기다렸으나 경찰에 대한 불신 때문에 초조감과 불안감은 더했다. 마침내 노조간부 6명이 당당하고 늠름하게 돌아왔다. 그러나 돌아온 간부들의 모습

---

[20] 세신실업 구사대는 창원공장 홍두식 공장장 외 20명과 양산 41명, 그리고 서울, 대구, 부산, 대전, 광주, 경기, 제주도 등 영업부 소속 사원과 영업소장 등 61명으로 구성되었다. 이들은 4월 8일 부산 애린 유스호스텔에 집결하여 영업부 교육을 빙자한 창원공장노조 침탈훈련을 받았다. 그 밖에 자세한 내용은 세신실업 창원공장노조 『1989년 활동보고서』 참고.

은 말이 아니었다. 옷은 피투성이였고 온 몸은 피멍으로 물들었다. 구사대를 석방하고 싶은 마음이 없었으나 간신히 분노를 참고 나머지 구사대 7명을 또다시 교환조건으로 내보냈다.

오후 7시 30분경 김명길 위원장과 사무장 등 간부 4명이 풀려남으로써 연행자 전원이 석방되었다.

"다른 때 같았으면, 그대로 구속시켜 버렸을 겁니다. 하지만 우리가 '그렇게만 해봐라. 동맹파업도 불사하겠다'며 대의원을 소집하고 그랬죠. 창원경찰서장이랑 한참 고민하더니 저녁 때 다 풀어줍디다."

이 사건을 계기로 마창지역 노동자는 연대투쟁의 위력과 중요성, 그리고 투쟁에 대한 자신감을 확실하게 깨닫게 되었다. 아울러 마창노련 및 마창공투본을 중심으로 한 지역연대투쟁이 크게 활성화되면서 진짜 임투 분위기가 뜨기 시작했다.

여담이지만 이 사건 이후 마창 노동자는 "구사대에게는 깨지지 않는다"는 '불패의 신화'란 자랑스런 명예를 얻은 대신, 회사측 관리자들 사이에서는 "구사대에 끼었다가 귓방망이나 얻어터지고 불명예나 뒤집어쓰느니 가만히 있으면 중간이나 간다"는 소신론이 파다해졌다는 일화가 전해졌다. 경찰은 세신실업 부위원장과 정방대원이 함께 잡혀오자 부위원장은 풀어주면서도 정방대원으로 밝혀진 일반조합원은 오히려 구속할 정도로 정방대를 두려워하고 경계하였다.

TC노조의 위장폐업분쇄 결사투쟁과 마창지역 연대투쟁

한편 TC 1,400여 조합원들은 3월 6일부터 미국 자본가 탠디 그룹의 악랄한 위장폐업을 분쇄하고 생존권 사수를 위한 철야농성을 벌이고 있었다.

4월 10일 지역 노동자들이 함께 한 상경결사대의 결단식은 눈물바다로 변했고 결사대 18명은 두 줄로 늘어선 조합원들의 환송을 받으며 서울로 향했다.

4월 11일 결사대는 동화빌딩 8층에 위치한 TC 연구소를 기습적으로 점거하였다.[21] 그러나 농성을 시작한 지 몇 시간도 되지 않아 백골단이 이춘구 사장을 빼내려고 몰래 건물 내부로 잠입하게 되었다. 이에 결사대원들은 신나를 뿌리고 쥐약을 탄 물을 앞에 놓고서, "들어오면 모두 죽겠다"며 8층 유리창을 깨고 뛰어내릴 태세를 갖추었다.

완강한 저항에 놀란 백골단은 철수하였고 그 후 섣불리 진압하지 못하게 되었다.

목숨을 내건 TC노조 결사대의 투쟁소식은 전국으로 퍼져 나가 각계에서 지지성명서가 이어졌다. 마산 공장에 남아 철야농성하던 조합원들도 범시민서명과 3월분 임금지급을 요구하는 TC 사원 서명운동을 전개하였다. 마창투본은 '위장폐업철회' 깃달기, TC노조 지원농성, 철야조 편성 등으로 연대해 나갔다. 그리고 '다국적특위'는 4월 13일 3천여 명이 참석한 가운데 수출지역 후문 노동자민주광장에서 '마산수출자유지역 89 임투 완전쟁취결의 및 TC 위장폐업 규탄대회'를 열고 "이 땅이 뉘 땅인데 양키놈이 판치느냐!"는 구호를 목청껏 외쳤다. TC 조합원 4명은 숙연한 감동과 분노 속에서 단발식을 거행하여 투쟁결의를 드높였다.

한편 상경결사대는 4월 15일과 19일 두 차례에 걸쳐 전원 연행되고 김정임 위원장마저 구속되었다.[22] 4월 19일 TC노조는 농성장에서

---

21) TC노조측이 회사측을 부당휴업으로 고발함에 따라 TC 한국인 사장 이중구는 수배를 받게 되었다. 그런데도 사장은 버젓이 연구소에서 근무하고 있었고, 이를 본 결사대는 분노하여 일단 감금상태에서 사장에게 문제해결을 촉구하였다.
22) 4월 15일 깨진 유리에 부상당한 박옥금이 과다출혈로 인해 병원으로 옮기는 도중 동행한 김선화가 강제연행되고 부상자 박옥금은 3시간 동안의 수술 후 곧바로 영등포서로 연행되었다. 또한 남은 16명도 4월 19일 밤 경찰의 강제

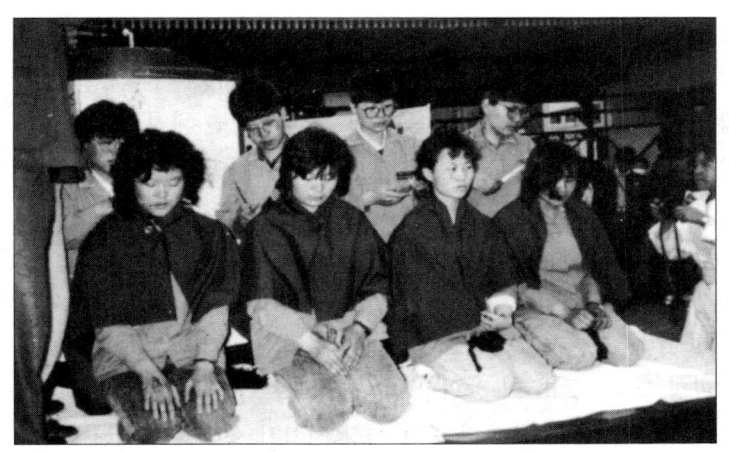

'TC 여성전사'들의 삭발식
TC 노동자들이 1989년 4월 10일 위장폐업을 분쇄하기 위한 상경투쟁을 앞두고 출정식을 열고 있다.

'TC 위장폐업분쇄를 위한 노동자 한마당'을 열어 지역 노동자와 함께 집회 이후 격렬한 투석전을 벌였다.

3. 들불처럼 타오른 창원대로 대투쟁

4월 들어 파업투쟁의 불길이 전 공단으로 들불처럼 옮겨붙으면서 자본과 정권의 탄압도 그만큼 거세졌다. 단순히 임투를 제압하려는 일시적인 것이 아니라 노동자의 진출을 원천적으로 막고 노동운동 자체를 약화 내지는 무력화시키려는 의도를 드러낸 것이다.

단병호 전국투본 본부장이 4월 14일 구속되었고, 문성현 전국노운

진압으로 전원 영등포서로 강제연행되었고 4월 20일에는 강제진압에 항의하던 김정임 위원장마저 연행되었다.

협 공동의장도 4월 22일 구속되었다.23)

이에 노동자들의 요구는 구호에서도 나타났듯이 "구속자석방, 공안합수부 해체, 고문경관 처벌" 등에서 "노태우정권 퇴진" 등 정치적 성향을 띄어갔고 투쟁의 양상 역시 단순 방어적이고 수세적 투쟁에서 공격적인 전투로 변해 갔다.24)

신문과 TV는 연일 마창지역의 투쟁을 대문짝만하게 보도하였고 항간에는 마창지역에 위수령이 발효될지 모른다는 유언비어가 퍼지기도 했다.

마창 노동자들이 가장 인상적인 투쟁으로 기억하는 창원대로 투쟁은 연일 1만 명 이상이 일 주일 이상 시가전 형태로 전개된 투쟁으로서 마창노련 8년 역사에서 가장 역동적이고 규모가 큰 투쟁이었다.

특히 4월 24일 창원대로 대투쟁 때 불 붙은 콜타르 드럼통을 백골단을 향해 굴리며 싸우는 장면은 자본가와 정권의 간담을 서늘케 하였고 경찰은 이러한 정방대원의 전투적 활약에 악발이라고 부르며 혀를 내둘렀고 노조간부보다 더 두려워하고 경계하였다. 이로 인해 구속자 중 유독 정방대원들에 대한 구타나 고문이 더욱 극심하게 자행되기도 하였다.

하루가 멀다하고 벌어진 수많은 투쟁에 참여하다보니 투쟁의 전모나 투쟁 하나하나를 일일이 상세히 기억해내기란 어렵다. 많은 이들의 단편적인 기억을 종합하여 여기 다시 되살려본다.25)

---

23) 경노협은 문성현 의장의 구속과 함께 압수수색을 당하였다.
24) 공안합수부는 4월 4일 발족되어 6월 19일 해체되었는데 77일 동안 317명을 구속하고 126명을 불구속입건하였다.
25) TV 등 언론들은 노동자의 과격시위를 과장 왜곡할 때마다 창원대로 투쟁을 악용하여 노동자들의 분노를 샀다. 또한 투쟁의 가장 선봉에 있던 (주)통일노조 임종호 열사가 이 사건으로 투옥, 석방, 또다시 투옥 등을 거쳐 끝내 의문 속에 숨짐으로써 생생한 기록을 남기지 못하는 안타까움마저 더해 주었다.

연대투쟁으로 금성사 조합원 석방

금성사(7개 지부)는 4월 6일 쟁의발생신고를 공동으로 내놓고, 4월 17일부터 동시파업을 계획하였으나, 금성사 1공장은 11일부터 파업에 돌입(2공장은 4월 17일부터 파업에 돌입)하였다.

파업 8일째인 4월 18일 금성사 1공장 2천5백여 조합원은 '임금인상 투쟁 결의대회'와 '구자경 럭키금성그룹회장 모의장례식'을 가진 뒤 만장, 상여, 허수아비 등을 앞세우고 회사 밖으로 진출, 회사 주위를 돌며 1시간 동안 평화적인 시위를 벌이면서, "임금 52.3% 인상"의 구호를 외치며 회사측의 성의있는 협상 자세를 촉구했다.

그런데 KBS(창원)가 금성사 임투 보도과정에서 회사측 보도자료만 인용하여 왜곡보도한 데 항의하여 다음날 4월 19일 금성사 1공장 조합원들이 KBS를 항의방문하게 되었다.26) 이 과정에서 조합원 6명

4월 10일부터 전면파업에 들어간 금성사 창원 1지부 노동자들이 본관 앞에서 농성을 벌이고 있다.
(사진 : 경남도민일보 제공)

---

26) 회사측 제시액은 호봉포함 22% 인상이었으나 KBS는 이미 시행되고 있는 상여금 50% 인상을 포함하여 회사측이 "36.6%를 제시했다"고 보도하였다.

이 경찰에 불법연행되자 분노한 금성사 1공장 1천5백여 조합원은 연행자 구출을 위해 즉각 창원경찰서로 진출하였고 최루탄을 쏘며 저지하는 경찰과 투석전을 벌였다. 경찰의 거친 폭력진압에 밀린 금성사 조합원들은 (주)통일 1공장 안으로 피신하게 되었고 경찰은 (주)통일 작업장 안에까지 들어와 최루탄을 쏘며 과잉진압을 하였다. 작업장에 최루탄 냄새가 진동하자 격분한 (주)통일 조합원들은 전원 작업을 중단하고 뛰쳐나와 돌과 화염병으로 폭력경찰과 맞서 투석전을 벌이면서 싸움은 격화되었다.

오후 5시경, 파업 중인 금성사 2공장 2천여 조합원과 인근의 효성기계, 대원강업, 루카스, 램트레이딩, 부산산기 등에서 조합원들이 뛰쳐나와 합세, 내동상가 쪽에서 경찰을 공격하며 치열한 접전을 벌였다.

이렇듯 내동상가 쪽과 창원대로 쪽 양쪽에서 노동자들이 양동작전으로 경찰에 치명적인 타격을 가하자, 당황한 경찰은 다연발탄 철갑차량 2대를 동원하여 앞이 안 보일 정도로 지랄탄을 난사하고, 30여 명의 노동자를 폭력적으로 연행해 갔다.

투쟁은 시가전을 방불케 하는 전투로 바뀌었고 퇴근하는 노동자들까지 합세하여 불어난 노동자 군단은 더욱 사기가 충천하여 전투는 점차 격렬해져 갔다.

결국 경찰은 노동자들의 격렬한 저항에 밀려 더 이상 진압능력을 상실한 채 오후 8시경 황급히 철수하게 되었다. 승리한 노동자들은 힘찬 진군가를 부르며 파업사업장으로 돌아갔다.

한편 경찰의 폭력 진압과정에서 광대뼈와 이빨이 부러지고, 넘어진 여성노동자까지 무참히 짓밟혀 10여 명의 부상자가 발생했으나, 금성사 1공장 조합원 6명을 포함한 연행자 38명은 자정 무렵 창원경찰서장과의 협상으로 전원 석방되었다. 이 투쟁을 통해 완전승리를 쟁취한 마창 노동자들은 끝까지 투쟁하면 승리할 수 있다는 자신감을 얻게 되었다.

마창투본 쟁의결의 및 방산특위 발대식[27]

그동안 마창투본은 각 지구별 정방대 발대식 및 결의대회를 통해 투쟁의지를 고양시켰다.[28] 아울러 각 특위별 발대식도 거행하였다.

그리하여 4월 24일 수출지역 후문 노동자민주광장에서는 '마창투본 쟁의결의 및 방산특위 발대식'이 열리게 되었다.

마창투본 조합원들은 집회장으로 속속 모여들기 시작했다. 투쟁 중인 노조에서는 조금 일찍 출발하였고 정상조업 중인 노조는 오전 근무 후 집단조퇴 후 출발하였다. 끝없이 펼쳐진 아스팔트 위로 노동자들은 '광주출정가'를 부르며 진군하였다. 세신실업 앞에는 백골단과 전경들이 쭈욱 늘어서 있었다. 비록 몽둥이는 눈에 거슬렸지만 노동자들은 당당하게 사열받는 기분으로 그들 앞을 지나갔다. 봉암다리를 지날 때는 한국중공업 4천여 조합원들이 합세하여 거리는 온통 작업복 물결로 뒤덮였다. 수출 3공구에서부터는 여성노동자들의 물결이 앞서거니 뒤서거니 나가고 있었다. 민주광장으로 가는 수출지역 후문 앞 도로는 노동자로 가득 찼고 힘찬 노래와 구호소리가 온 거리를 진동하였다. 새벽에 별보고 출근하여 별보고 퇴근하는 지옥같은 장시간 노동에서 벗어나 한낮의 밝은 햇살을 바라보는 노동자들의 눈빛은 어느 때보다 밝게 빛났다.

---

27) 대림자동차 김경만의 전태일문학상 수상 투쟁기 중에서.
28) 각 '지구별 정방대'는 공동투쟁체제를 갖추고 발대식 및 결의대회를 통해 4월 24일 방산특위 발대식에 대비한 만반의 준비 태세를 갖추면서 투쟁의지를 높였다. 1, 2지구는 4월 18일(TC노조에서), 3지구는 4월 20일(세신실업노조에서), 4지구와 5지구는 4월 21일(4지구는 부산산기노조에서 5지구는 대림자동차노조에서) 각각 거행하였다.

'마창단결 완전쟁취, 89 임투 승리하자!'

민주광장에 가득찬 2만5천여 명의 노동자들은 방산업체 연대투쟁을 힘차게 결의한 후 오후 4시경 집회를 마친 후 거리로 진출하기 위해 대열을 정비하였다.

그 때였다.

"노동자가 앞장서서 민주사회 건설하자! 건설하자! 건설하자!"

구호소리가 끝나기도 전에 '빠빠빠빵'하며 최루탄이 터졌고 삽시간에 민주광장은 뿌얀 연기로 뒤덮였다. 비오듯 쏟아지는 최루탄을 맞으면서도 여성노동자들은 보도블럭을 깼고 남성노동자들은 그것을 힘껏 던졌다. 물안경에 습기가 차오고 목구멍으로는 가스가 메어오고 마스크 속엔 콧물이 주루루 흘렀다.

"백골단이 넘어온다, 화염병 앞으로!"

화염병이 하늘로 오르고 삽시간에 불바다가 되었다. 백골단이 주춤했다.

"앞으로 나가자!"

'와! 와!'

하늘에 돌이 까만 점이 되어 박혔다. 그리고 여지없이 SY-44가 날아왔다. 두 번의 지랄탄 공격으로 수출지역 후문이 뚫리자 서서히 밀리기 시작하면서 수출지역 안에까지 경찰이 싹쓸이로 들어왔다. 돌과 화염병으로 대응하는 노동자와 최신식 장비로 진압하는 경찰과의 싸움은 다윗과 골리앗의 싸움과 같았다. 그나마 화염병도 얼마 안 남았고 풍물패의 선동도 효력이 떨어졌다. 그러나 바다를 뒤로 하고 싸우는 수출지역 내에서는 물러설래야 물러설 땅이 없었다.

"야! 담배 한 대 피우고 하자!"

노동자와 전경 사이에는 쉬다가 다시 싸우는 웃지 못할 전투가 벌어지기도 하였다.

세신실업 앞에서 금성사 조합원이 불심검문으로 연행되었다는 소식이 들리는가하면 창원을 벗어나지 못한 금성사와 (주)통일 노동자들이 창원대로에서 가열차게 싸운다는 소식이 들려왔다. 서서히 밀리기 시작한 노동자들은 역내를 한 바퀴 돌아 6시쯤엔 포기하고 머리띠를 풀고 백골단이 늘어서 있는 후문을 나왔다.29)

창원대로 대투쟁

한편 이 날 창원대로에서는 발대식에 참석하기 위해 오전 근무를 마치고 집단조퇴한 노동자들이 정문 밖으로 진출하려다가 행진도 시작하기 전에 경찰과 맞닥뜨려야 했다. 경찰은 아예 마산으로 통하는 모든 길목을 차단하고 이에 저항하는 노동자를 향해 엄청난 양의 최루탄을 마구 난사하였다.

(주)통일 조합원들은 창원대로 앞에 있는 한국기계연구소 앞까지 나와 싸웠으나 점차 밀리게 되었다.

그 때 마침 도로포장용 콜타르 드럼통을 발견한 몇몇 조합원과 정방대원들은 드럼통에 불을 지르자고 제안하였다. 드럼통에 불을 붙여보니 시커먼 연기가 솟아올랐고 좀 있으려니까 '펑'하는 엄청난 폭발음과 함께 파편조각들이 사방으로 튀어 솟구쳤다. 방심하고 있던 노동자 몇 명이 엄청난 폭발력으로 인해 화상을 입고 병원으로 실려갔다. 비록 위험부담이 많긴 하지만 경찰병력과 대항하려면 이 정도의 무기가 필요한 것이 사실이었다.

콜타르 드럼통의 위력적인 폭발력을 실감한 노동자들은 결국 콜타르 드럼통에 불을 붙인 후 굴리기 시작하였다. 대로를 향해 진군하려던 경찰은 '펑'하는 폭발음과 함께 시커먼 연기가 하늘 위로 구름처럼

---

29) 이 중 2천여 명은 다시 마산 지검으로 몰려가 문성현 전국노운협 공동의장의 석방을 요구하며 농성을 벌이기도 했다.

솟아오르자 혼비백산하여 도망쳤고, 이후 감히 창원대로 쪽으로 접근할 엄두도 내지 못한 채 건너편 먼발치에서 대치하게 되었다.

'펑펑펑' 터지는 폭발음과 시커먼 연기와 함께 치솟는 화염기둥, 거기에다 최루탄의 매운 연기, 화염병과 돌의 난무 등으로 창원대로 전체는 화약과 폭탄으로 뒤덮인 그야말로 전쟁터 그 자체였다.

이 날 하루 동안 무려 63개의 드럼통이 폭발하였다.30)

이로 인해 유사시 활주로로 활용할 수 있게 포장된 10차선 창원대로 전체가 차량통행이 완전 차단되었다. 차에서 내려 걸어나온 시민들과 일반노동자들까지 합세하자 시위대는 더욱 불어났다.

들불처럼 타오른 창원대로 투쟁
"구속자를 석방하라!" "노태우정권 퇴진하라!" 노동자들이 1989년 4월 24일 창원대로 10차선을 완전 점령한 채 콜타르통에 불을 붙여서 굴리며 경찰에 맞서 투쟁하고 있다.(사진 : 경남도민일보 제공)

---

30) 7월 24일자 마산지방법원 제2형사부 판결문에는 "이 날 하루 동안 창원시장 관리의 콜타르가 63드럼 타버렸으며 이것은 시가 315만 원 상당"이라고 명시되어 있다.

창원대로를 가운데 두고 공단지역 쪽으로는 작업복 차림의 노동자 군대가, 일반 주거지역에는 전투복 차림의 경찰군대가 대치하면서 군사분계선을 형성하였다. 이따금 공단지역 쪽에서 구호와 노랫소리가 간간이 들려오면 곧장 '따따따따' 하면서 다연발 최루탄 터지는 소리가 메아리처럼 대답했다.

한 정방대원은 그 날 가장 기억에 남는 건 "돌"이라고 말할 정도로 창원대로는 아스팔트가 아닌 돌길로 화했다.

> "돌이 무려 무릎 정도까지 쌓여 있었다. 보도블럭은 다 깨뿌아 하나도 남은 게 없었고, 달리기라면 누구보다 자신 있었지만 거기서는 아무도 달리지 못했다. 그 정도로 돌을 많이 던졌다."[31]

얼마나 격렬한 전투였는지를 짐작할 수 있는 대목이 아닐 수 없다. 그러나 이 투쟁은 워낙 투쟁 범위가 넓고 광범위해서 한 사람이 보고 겪은 것만으로는 전체를 파악하기 어렵다. 창원대로와 그 이면 도로가 다 전투 지역이라고 해도 과언이 아니었기 때문이다. 게다가 창원공단 전체 노동자가 거리로 쏟아져 나왔을 정도로 많은 인원이 동원되었으며, 시간 역시 오후 1시경부터 시작된 전투가 밤 늦게까지 계속되었다. 경찰은 창원대로가 막히자 바둑판처럼 이어진 공단길로 진입을 시도하였으나 모든 공단길은 파업사업장이 막고 있어 진입조차 할 수 없었다. 이로 인해 경찰은 거의 무장해제 상태나 다름이 없었다.

특히 내동상가 옆 이면도로에는 예비군 훈련 때 쓰는 모래주머니로 방어벽을 쌓아 진지를 구축해 놓았는데, 방어벽은 하나가 아니라 3, 4단계 정도로 구축하여, 1차선에서 싸우다 밀리면 2차선으로, 3차선으

---

31) 당시 마창노련 정방대 간사였던 배종수와의 인터뷰 중에서.

로 계속 옮기면서 싸웠다. 도로가 완전 불바다였기 때문에 경찰은 멀리 창원대로 건너편에서 최루탄만 쏘아대곤 했다. '따따따따' 하는 콩 볶듯한 최루탄 소리가 나면 노동자들은 재빨리 방어벽 밑으로 수그려 피했다가 다시 나와 싸우곤 했다. 완전 전쟁터였다.

또한 기아기공 앞 쪽은 기아기공, 대림자동차, 금성사 1공장 조합원들이 창원대로를 사이에 두고 경찰과 계속 밀고 밀리는 싸움을 하고 있었다. 워낙 불을 많이 질렀기 때문에 경찰은 도로까지 나오지 못하고 있었는데 노동자들은 베어링이나 볼트를 넣어서 쏘는 새총을 사용하여 멀리 있는 전투경찰에게 위협을 가하기도 하였다.

또한 금성사 1공장에서는 1987년 대투쟁 때 지게차를 동원한 투쟁경험을 살려 이번에는 경찰의 지랄탄을 막기 위해 방패용 철판을 부착한 지게차를 동원하기도 하였다. 심지어 현대정공에서는 탱크를 몰고 나가자는 의견도 나왔으나 '위수령 발동' 유언비어 및 경찰에게 빌미를 주지 말자는 점 등을 고려하여 포기하였다는 이야기도 들렸다. 창원경찰서장이 직접 창원대로에서 진두지휘를 할 만큼 정권에게는 심각한 상황이었던 것이다.

전자봉고문 규탄과 책임자처벌을 위한 투쟁

4월 24일 콜타르 드럼통 폭발로 부상당한 (주)통일 조합원과 간호하던 노동자가 응급실에 들이닥친 경찰에 의해 강제연행되었다. 그 과정에서 중상으로 응급실에 누워 있던 (주)통일노조의 임종호는 탈출하여 연행을 면하였으나(이후 수배됨) 또 다른 조합원은 도망 중 산에서 연행되었다. 또한 금성사 조합원은 집회에 참석하기 위해 도보행진 중 세신실업 앞에서 전경의 불신검문 끝에 몸수색을 받고 새총 및 수상한 무기를 소지했다는 이유로 경찰에 연행되었다.[32]

이렇게 연행된 조합원들은 경찰차 안에서부터 전경들에게 안전모,

워커발, 경찰봉 등으로 전신을 무수히 구타당한 뒤 또다시 창원경찰서 지하실에 끌려가 9시간여 동안 전신구타는 물론 전자봉고문까지 당하게 되었다. 경찰은 창원대로 투쟁에서 받은 수모에 대한 보복으로 이같이 구타와 전기고문을 자행하면서 드럼통에 불을 붙인 사람의 이름과 새총 소지 목적 등을 진술하라며 무고한 노동자를 방화범으로 몰고 가려 했다. 그 중 4월 26일 구속영장이 발부된 정택구 (주)통일 조합원은 경찰이 무릎을 꿇게 한 후 턱과 팔목을 책상 위에 올려놓고 길이 1미터 가량되는 경찰 전자봉으로 팔과 허벅지 어깨 등 온 몸을 지져대 고통과 공포를 참다못해 전자봉을 빼앗아 도망다니기도 했다.

불구속으로 석방된 금성사 조합원은 악몽같은 고문과정을 이렇게 털어놨다.[33]

"입 안에도 전자봉을 넣어 전신을 사시나무 떨게 하듯 하는 전기고문을 수십 회 반복했습니다. 또한 바늘침으로 등과 허벅지 등 전신을 고문하여 육중한 몸이 견디다 못해 지상에서 30센티씩 펄쩍펄쩍 뛰어 오르기도 했습니다. 일행 11명 모두 이렇게 고문을 당해야 했습니다."

마창 노동자들은 (주)통일 조합원 조용석과 정택구가 머리 전체와 목과 손을 흰 붕대로 감싼 처참한 사진을 보자 걷잡을 수 없이 분노가 폭발하였고, 5지구 대표자회의는 시가전적 가투를 조직하기로 결의하였다.

26일 오전 마창노련 의장단과 민주당 조사단이 창원경찰서에 들어가 직접 피해자를 확인한 결과, 팔과 어깨 등 온 몸에 심한 피멍과 붉

---

[32] 금성사 조합원은 볼펜심 대신 바늘을 넣은 볼펜을 소지한 이유로 연행되었는데 경찰은 간첩이 사용하는 독침이라면서 고문하였다. 당시 힘이 약한 여성 노동자들은 경찰과의 몸싸움에서 간혹 바늘을 사용하기도 했다고 한다.
[33] 금성사 조합원 황종수, 김진환이 자필로 쓴 사고경위서 중에서.

은 반점을 확인하고, 사진 확인을 통해 고문 경찰의 이름(박정호, 이종훈, 안병준 등)을 밝혀냈다. 그러나 경찰서장은 이를 부인하고, 의장단과 민주당 조사단의 대질심문 요구조차 거부하였다.

마창노련 의장단과 민주당 조사단이 창원경찰서에 갔다가 그냥 돌아왔다는 소식이 전해지자 오후부터 투쟁이 시작되었다. 마창 노동자들은 폭력경찰을 처단하기 위해 창원경찰서로 향했다. 그러나 경찰서에 도착하기도 전에 금성사 앞, (주)통일 앞, 현대정공 앞에서 치열한 전투가 벌어졌고 금성사 1, 2공장, (주)통일, 대림자동차 등의 노동자 1만 명은 (주)통일, 한국기계연구소 앞, 창원대로에서 구속자석방을 요구하며 창원경찰서로 진출을 시도하다 이를 저지하는 경찰에 맞서 격렬한 투쟁을 벌였다. 그러나 경찰은 보복이라도 하듯 오후 5시 반경부터 무차별적으로 최루탄을 난사했고, 백골단을 앞세워 폭력으로 강제해산을 기도하였다.

공안합수부 해체와 노태우정권 퇴진투쟁

4월 27일 오전 민주당 조사반이 참석한 가운데 창원호텔에서는 전기고문당한 조합원들의 기자회견이 있었다. 그리고 기자회견 후 전기고문을 당한 노동자와 전기고문을 가한 경찰 3명과의 대질신문을 위해 이흥석 본부장 등 마창투본 간부 및 정방대 40여 명은 '민주당 진상조사단' 그리고 기자단과 함께 창원경찰서로 향했다.

그러나 경찰은 정문을 차단하였고 이에 항의하자 민주당 진상조사단만을 들여보낸 뒤 투본 위원장단 일행이 뒤따라 들어가려는 순간 갑자기 정보과장이 "잡아라"는 명령과 동시에 백골단 수십 명이 달려들어 이흥석 본부장과 이승필 대림자동차 위원장을 집단폭행하고 본부장 외 4명의 조합간부를 강제연행하였다. 이를 본 민주당 심완구 의원이 거세게 항의하였으나 폭력경찰은 심 의원의 옷을 찢고 팔을 비틀고 혁대까지 풀어제꼈다. 경찰의 오만불손한 폭력에 분노한 심의원이 경찰간부의 뺨을 후려치자, 언론은 고문사건은 은폐한 채 일제히 "국회의원이 경찰간부를 구타했다"고 대서특필하였다.

한편 전자봉고문에 대한 확실한 증거에도 불구하고 창원경찰서장은 앞뒤가 맞지 않는 변명과 고문사실이 없다는 발뺌만 계속하였고 그로 인해 대질심문은 무산되고 민주당 진상조사단 6명의 국회의원은 별 성과 없이 그냥 돌아가게 되었다.

그러나 이홍석 본부장이 백골단에 의해 강제연행되는 한 장의 사진은 전 마창 노동자를 격분의 도가니로 몰아넣었다.[34]

투쟁의 불길은 급속하게 구속자석방투쟁으로 옮겨붙었다.

4월 27일 마창투본 산하 40여 개 노조는 오후 2시경 임시총회, 집단조퇴, 작업거부 등 형태로 전원 가두로 진출하여 살인정권 타도와 구속자석방을 요구하며 격렬한 투쟁을 벌였다. 구호는 "공안합수부 해체하고 우리 동지 석방하라", "전기고문 진상규명하고 책임자를 처벌하라"에서 어느새 "살인마 노태우정권 퇴진하라"는 구호로 바뀌었고 투쟁은 격렬해졌다.

기아기공 등은 가음정동 일대에서, 5지구 금성사 1공장과 대림자동차 조합원 약 7천 명은 금성사 앞에서, 3지구는 (주)통일 1공장 정문 앞에서, 그리고 효성기계, 금성사 2공장, 금성산전, 대원강업, 세신실업, 삼미금속 노동자 5천여 명은 내동상가 옆 도로를 완전 점거하였고, 현대정공 노동자 800여 명도 효성중공업 입구까지 가두진출하고, 각각 경찰의 최루탄과 다연발탄 철갑차량에 대항하여 돌과 화염병을 던지며 격렬한 전투를 벌였다. 연일 교통이 막힌 창원대로는 앞이 안 보일 정도로 뿌연 최루탄 가스로 가득찼다.

한편 수출지역에서는 타코마노조를 중심으로 한 20개 노조 조합원

---

[34] 풀려난 3명 중 이승필 대림자동차노조 위원장은 부상으로 입원.

4천여 명이 수출지역 정문 쪽으로 진출하면서 저지하는 경찰에 맞서 "구속자 석방", "공안합수부 해체", "노동쟁의조정법 철폐" 등을 외치며 격렬한 전투를 벌였다. 정방대를 중심으로 가두로 진출한 노동자들은 노동자탄압에 앞장섰던 민정당 을지구 사무실과 수출 역내 파출소를 타격하고, 이번에는 불법구속에 항의하기 위해 검찰청으로 진출하던 중 또다시 경찰의 저지를 받자 남성동파출소와 자산동파출소에 돌과 화염병을 던져 각 파출소를 박살내기도 했다.

"씨말리자 씨말리자 폭력경찰 씨말리자!"며 폭력경찰에 대항하는 구호를 외치던 노동자의 입에서는 어느새 "노태우정권 타도!"와 "노동자가 앞장서서 민주사회 앞당기자!"는 정권에 대항하는 구호가 터져 나왔다.

그리고 창원에서 격렬한 투쟁이 벌어지던 같은 날 같은 시각에 20여 명의 공안합수부요원들이 마창노련 사무실에 들이닥쳐 1시간 동안 강제 수색했다. 이들은 사무실뿐 아니라 개인 소지품까지 낱낱이 수색하여 깡그리 압수해 싣고 갔다.35)

이에 늦은 밤 세신실업노조 사무실에서는 마창투본 산하 40개 노조 대표자들이 본부장의 전격 구속과 압수수색과 관련하여 긴급회의를 갖고 4월 28일부터 지구 단위노조별로 시차적 동맹파업에 들어갈 것을 결의하였다.

4. 5·1절 총파업투쟁

---

35) 경찰은 사무실 칠판에 적힌 낙서("죽이자 전두환놈, 이순자년", "타도 노태우 축출하자 미일외세" 등)를 베끼고는 "내 이름도 밑에 적어두라"며 겁없이 빈 정대기도 했다.

마창투본 43개 노조 4·28, 4·29 노동절 총파업

마창투본 전체 대표자회의의 결의에 따라 마창투본 각 노조는 4월 28일 일제히 동맹파업에 들어간 뒤 곧바로 가두투쟁에 돌입하였다.36)

금성사 1공장과 대림자동차 노동자 2천 명은 회사 앞 창원대로를 차단하고 경찰과 대치, 돌과 화염병을 던지며 최루탄에 맞서 투쟁하였다. 또한 효성중공업과 (주)통일 노동자 4천 명은 회사 주변 일대의 도로를 점거하고 항의 농성하였고 기아기공, 삼미금속 노동자 3천 명은 창원대로에서 고문경찰관 처벌을 요구하며 창원경찰서 쪽으로 나가려다 경찰이 최루탄을 쏘며 저지하자 돌과 화염병을 던지며 격렬하게 투쟁했다.

또한 수출지역 내 타코마, 중천, 수미다 등 20여 노조에서 노동자 3천 명이 수출지역을 빠져나와 시내 진출을 시도하다가 경찰의 최루탄에 밀려 민주광장에서 연좌농성을 벌였고 이 중 300여 명이 수출지역 후문 앞 양덕파출소와 관리사무소에 돌을 던져 유리창과 사무실 집기를 부수었다.

그런데 이 날 경찰은 전날에 비해 더욱 폭력적으로 진압에 나섰다. 이는, 그동안 경찰이 전국으로 확산된 집단사표 소동을 빌미로 공권력 확립의 목소리를 더욱 높인 데 따른 것이었다.

창원경찰서는 전자봉고문 사실을 은폐하고 국민여론의 따가운 눈총을 돌리기 위해, 그리고 더욱 확대되고 격렬해지는 마창 노동자들의 투쟁을 호도하기 위해, 경찰이 뺨 맞은 사건을 교묘하게 집단사표 소동으로 몰고 갔고, 여기에 장단을 맞춰 제도 언론은 집단사표 사건을 확대 보도하였다.

이렇듯 경찰의 과잉진압으로 4월 28일의 노동자 가두진출은 극력

---

36) 전국투본은 총회형식의 투쟁지침을 내렸으나 마창공투본 43개 노조는 28일과 29일 양일간 총파업과 가두투쟁을 전개하였다.

저지되고 말았다.

4월 29일 총파업 이틀째였다.

수출지역 후문 민주광장에서 열린 '노동운동탄압분쇄 및 노태우정권퇴진 결의대회'에는 한국중공업 3천여 명과 타코마 1천여 명이 참가하는 등 열기를 더했다. 그러나 집회는 지리멸렬한 연설 일변도로 이어졌고 노동자가 당면한 문제들과는 동떨어진 내용으로 일관하여 많은 노동자들이 집회를 이탈하는 결과를 낳았다.

4·28과 4·29 양일간 마창투본이 전개한 총파업은 중요한 의의를 갖는 투쟁이었다. 특히 마창노련에 가입하지 않은 사업장까지 포함된 마창투본 공식회의에서 시가전적 전투가 결의되었다는 점에서 그 전의 자연발생적 투쟁과는 분명 다른 의미가 있었던 것이다.

그러나 마창 노동자들은 그동안 연일 계속된 가투로 인한 부상과 피로로 지친데다가 정확한 전술변화와 올바른 선전선동이 조직되지 못하여 안타깝게도 투쟁력을 소진하고 말았다.

4·30 노동절 전국노동자대회

4월 30일 열린 노동절기념 전국노동자대회는 마산(수출지역 후문 앞 민주광장에서)과 창원(세신실업에서)에서 각각 열리기로 예정되었으나 계획처럼 대대적인 참여는 이루어지지 못했다.

이는 공안합수부에서 유포한 '5월 1일 총파업설'에 대한 경찰의 폭력진압과 유례가 없는 원천봉쇄 때문이었다. 개정된 집시법에 따라 집회신고까지 마쳤으나 경찰은 사업장 정문이나 요소요소에 경찰차를 상주시키면서 아침 일찍부터 출입을 통제하였다.

마창 노동자들은 노조별 혹은 지구별 집회를 가진 후 가두로 진출하여 저녁까지 경찰에 맞서 치열한 접전을 벌였다.

마산에서는 오후부터 시작된 가두시위로 연행자 60여 명과 부상자

15명이 발생했다. 그런가하면 창원공단 노동자 2만여 명은 원천봉쇄에 항의하여 창원대로를 막고 "폭력경찰 나타나라 홀라홀라 ……" 등 홀라송을 불렀고, 헬기가 뜨고 전경들이 나타나자 달려드는 경찰을 향해 화염병과 보도블럭을 깬 돌을 퍼부었다.

그러나 이 날의 전투는 노동자들의 참패로 끝났다.

페퍼포그차는 다연발 최루탄을 계속 쏘아대면서 이리저리 밀고 돌아다녔고, 전경들은 차를 타고 신속하게 노동자들을 앞질러 제압하였다. 공장 담을 넘어 좌우 삼지사방으로 도망치다 연행된 노동자들도 많았다. 어떤 노동자는 백골단에게 잡혔다가 백골단을 때리고 도망치기도 하였다.37)

불타는 바리케이드!
뒤따르는 경찰의 진출을 막기 위해 노동자들은 바리케이드에 불을 질렀다. 1989년 5월 1일 금성사 2공장 앞.
(사진 : 경남도민일보 제공)

37) 같은 날 여의도에서 열린 서울의 노동자대회 역시 연세대로 장소를 옮겨 100여 명의 마창 노동자가 참가한 가운데 서울 곳곳에서 가두투쟁을 벌였다.

마창투본은 당시 상황을 "노동운동 탄압분쇄를 위해 4만여 명의 노동자가 연대하여 4월 24일 이후 1주일이 넘는 동안 실질적인 동맹파업을 결행(각 사업장마다 정상조업이 전혀 안 되는 상태)하고 그 중 5천~1만여 명이 필사적인 규탄시위를 갖는 일은 대한민국 정부수립 이후 처음 있는 일이다. 아울러 강제 납치, 무더기 구속, 수색, 압수, 전기고문, 살인, 폭행, 대대적 공권력 투입 등 현재와 같은 노동운동의 전국적 탄압 또한 그 유례를 찾아볼 수 없다"라고 보도하였다.[38]

전국투본은 5·4 전국노동자 결의대회를 마창지역에서 열기로 하였다. 이는 마창지역의 상황이 급박한데다가 마창 노동자들의 선봉적 전투에 대한 전국 노동자의 지원연대투쟁을 조직하기 위함이었다.

오후에 금성사 2공장에서 열린 위원장단 회의에서는 5월 2일과 3일은 가두투쟁을 하지 않는다는 결정이 내려졌다. 조합원들이 너무 지친데다가 5월 4일 전국집회에 총력을 기울이려면 힘을 축적할 필요가 있었기 때문이었다.

5·3 동의대 사태와 5·4 전국노동자 결의대회

5월 4일이 밝아왔다.

경남대에서 열리기로 되어 있었던 '구속노동자석방촉구 및 공안합수부해체를 위한 전국노동자 결의대회'를 위해 마창노련은 분주하게 움직였다.

그러나 바로 전날 발생한 5·3 동의대 사태[39]를 빌미로 경찰은 서

---

38) 『마창투본소식』 제6호, 1989. 5. 15. 1쪽.
39) 5월 3일 새벽, 부산 동의대에서는 파출소장의 총기난사와 백골단의 폭력진압에 맞서 농성 중이던 학생들을 경찰이 사전 준비 없이 무리하게 진압하는 과정에서 경찰 6명이 희생되는 비극이 발생하였다. 정권은 이를 빌미로 대대적인 공안한파를 조성하였다.

울과 영남권 병력을 포함해 70여 개 중대 1만 명을 동원하여 새벽부터 마산진입 고속도로에서부터 검문검색을 실시하고 수출지역 후문 앞 도로를 완전 차단하였다.

전국투본 및 마창투본은 경찰의 철통같은 원봉에 대처하는 수정계획들을 속속 발표하였다.

창원공단은 각 노조에서 약식 집회를 포함한 출정식을 치르고 만약 정문 앞 경찰과의 투쟁에서 방어막을 뚫지 못하면 그것으로 5·4 투쟁을 대신하기로 하였다. 그리고 수출지역 노동자들은 최대한 집회에 참석하여 소수라도 정식집회를 치루기로 하였고, 영남권 대학생과 전국 각지의 노동자는 경남대로 집결하여 별도의 집회를 가지기로 하였다.

그러나 대부분의 사업장은 회사측의 하루 휴업이나 조기퇴근 조치로 인해 집회를 열수 없었다. 또한 파업 중인 노조의 경우는 창원공장 진입 3개 검문소에 검문검색이 강화되고 각 파업사업장마다 경찰이 둘러싸 원천봉쇄함에 따라 일부 조합원과 간부들만이 경찰의 허술한 감시망을 뚫거나 혹은 폐수로 범벅된 개천 쪽을 따라 발이 푹푹 빠지면서 공장 안으로 간신히 들어갈 수 있었다.

경남대 쪽 상황도 좋지 않았다.

경남대 앞에서 진을 치고 있던 경찰은 대회 한 시간을 앞둔 1시부터 병력을 학교 안으로 투입시켰다. 결국 경남대에서 2차로 집회를 열려던 계획은 취소되었고 오전 일찍부터 미리 들어와 있던 전국 각 지역 60여 명의 노동자들은 발길을 돌려야 했다.

이리하여 전국 집회는 무산되었다.[40]

---

40) (주)통일노조는 3천여 조합원들이 약식집회를 가진 뒤 자진 해산했으며, 금성사는 철야농성 중이던 조합원들만으로 약식집회를 가졌다. 수출지역에서는 시티즌노조 조합원을 포함한 2천여 명이 약간의 충돌 후 해산했다.

5. 1989년 임금인상투쟁 및 상반기 투쟁 마무리

1989년 마창지역 파업투쟁

4월 7일 남산업노조가 교섭 10일 만에 요구액 완전쟁취라는 결실을 맺은 여세를 몰아,[41] 4월 24일 전후로 마창공투본 19개 노조는 일제히 파업투쟁에 돌입하였다.[42]

그리고 창원대로 투쟁이 일 주일 이상 급격하게 폭발하자 대부분의 노조가 파업이나 준파업, 혹은 준법투쟁 과정에서 그대로 거리로 나와 투쟁을 벌이는 등 4월 한 달은 정상조업이 전혀 이루어지지 못하였다.

이렇듯 마창 노동자들은 사업장이 아닌 최루탄과 화염병이 난무하는 창원대로에서, 단위사업장 자본과의 대치가 아닌 정권과의 직접 대치를 불러일으키면서, 임금인상투쟁과 노동운동탄압분쇄투쟁을 동시에 전개하였다. 따라서 이 시기 임투는 파업이 아니면서 파업의 상

---

[41] 4월 7일 남산업노조는 교섭에 들어간 지 10일 만에 요약액 100% 완전쟁취라는 빛나는 결실을 맺었다. 단 10일 만에 임투를 완전 승리로 장식한 요인은 무엇보다 치밀하고 철저한 임투준비와 200여 명의 조합원의 관심과 주체적인 참여를 통한 단결된 힘이었다. 또한 크리스마스 츄리를 주생산하는 남산업은 4월부터가 한창 물품생산 및 제품출하 시기여서 준법투쟁과 파업은 회사측에게 결정적인 타격을 주었다. 특히 남산업 노조는 요약액과 교섭시기 및 투쟁전술을 통일시키면서도 마창지역 공동임투의 기본원칙을 단위사업장의 특성에 맞게 모범적으로 실천했다는 점에서 남산업의 성과는 마창지역 공동임투에 있어 빛나는 승리의 기폭제가 되었다.
[42] 파업기간이 확인된 노조(파업기간)는 풍성정밀(12일), 두산유리(19일), 대림자동차(20일), 신흥화학(24일), 스타(28일), 금성사 창원 1지부(29일), 영흥철강(30일), 시티즌정밀(35일), 부영공업(38일), 금성산전(38일), 효성중공업(44일), 금성사 창원 2지부(48일), 부산산기(70일), 태평공업(71일), 세신실업(93일) 등이고 소요, 산본, 동양전장, 대한화기 등은 타결 날짜가 확인되지 않아 파업 기간은 알 수가 없다.

태로 치닫는 경우가 많았는데 그것은 노동운동탄압분쇄투쟁으로 작업을 거부하거나 총회나 집회를 매일 열게 되어, 거의 생산이 중단되었기 때문이다.

따라서 1989년 임금인상투쟁은 노동운동탄압분쇄투쟁과 함께 진행되어 상호간에 영향을 주고받을 수밖에 없었다. 이로 인해 4·28 마창공투본 총파업 첫날 (주)통일노조가 서둘러 조기 타결한 것을 비롯하여 핵심노조가 거의 같은 기간에 타결되었다. 이는 강고한 연대투쟁의 고리를 끊어버리기 위한 자본측의 의도가 관철된 결과였다.

4월 20일에서부터 5월 19일까지 약 한 달 사이에 82.9%에 이르는 39개 노조에서 타결이 된 것은, 바로 이 시기가 마창지역의 연대투쟁이 가장 치열했던 시기라는 점에서 임투가 연대투쟁에 힘입어 타결되었음을 알 수 있다.[43]

그렇지만 5·3 동의대 사건 이후 5·4 전국노동자결의대회가 사실상 좌절된 것을 기점으로 공동임투는 고전을 면치 못하게 되었다. 그 결과 공동임투의 역량은 개별 노조별로 현격히 분산되었다.

공동투쟁전선이 막바지에서 흐트러지게 된 것은 기업별 노조의 한계에서 비롯되기도 하지만 그보다는 임금인상투쟁과 노동운동탄압분쇄투쟁이라는 두 가지 투쟁을 목적의식적으로, 또 유기적으로 결합하지 못한 결과였다. 대중투쟁 동력이 뒷심을 받쳐 주지 못한 상태에서 파업 농성투쟁이 전개되다보니 노동자들은 구속, 수배, 해고, 구사대 폭력, 공권력 진압 등 자본과 정권의 탄압책동에 속수무책으로 당할 수밖에 없었다.

세신실업은 마창노련 정방대가 구사대를 물리친 후 조합원들의 투

---

[43] 타결시기는 4월 15개(31.9%), 5월 26개(55.3%) 등으로 4월과 5월에 41개 노조에서 집중적으로 임투가 마무리되었다. 그 밖에 6월 3개, 7월 3개 노조가 각각 타결되었다.

쟁의지가 되살아났으나 결국 134일의 교섭기간과 93일 동안의 파업투쟁을 접고 5월 20일 합의하였다.

마지막 투쟁의 불꽃, 금성사 창원 2지부의 파업투쟁

이렇듯 투쟁이 소강상태에 접어드는 길목에서 마지막 투쟁의 불꽃을 당긴 것은 금성사 창원 2지부의 복지관 점거농성투쟁이었다.

금성사 창원 2지부는 1월부터 시작된 노조민주화투쟁으로부터 6월 3일 복지관 농성투쟁을 마무리할 때까지 장장 6개월 동안 독점재벌과 독재정권에 맞서 싸웠다. 전국 7개 지부와 공동교섭으로 진행된 금성사의 1989년 임투는 3월 31일 1차 교섭을 시작으로 4월 6일 쟁의발생 신고를 공동으로 내놓고 4월 17일부터 7개 지부 동시파업을 계획하였다. 그리하여 4월 11일 창원 1지부, 4월 12일 금성산전, 4월 13일 금성자판기에서 각각 파업이 시작되었다.

금성사 창원 2지부는 회사측의 조업중단으로 준파업상태에 있다가 4월 17일부터 파업에 돌입하였다.

그러나 5·3 동의대 사태와 극심한 공권력 탄압으로 마창투본의 투쟁력이 급격하게 떨어진 가운데, 럭키금성 계열사의 임투는 기업별 차원에 한정된 채 조직적인 연대투쟁을 수행하지 못하고 각개 격파되었다. 결국 럭키금성 재벌은 5월 9일 기만적인 합의를 이끌어 평택지부, 구미지부, 그리고 창원 1지부까지 직권조인 등으로 무릎을 꿇린 뒤, 합의에 반발하는 금성사 창원 2지부를 철저하게 고립시키면서 투항을 강요했다.

금성사 창원 2지부 조합원들은 임금합의에 끝내 굽히지 않고 브라운관으로 바리케이드를 치고 파업투쟁을 계속하였다. 그러자 회사는 농성지도부 음해 유인물을 뿌리거나 관리직 사원을 동원하여 회사 담 밖에서 매일 정상조업을 요구하는 시위를 벌였다. 이렇듯 안팎의 고립작전과 협박회유로 회사측 분열작전에 말려들면서 3천여 조합원의 파업대오는 점차 줄어들었고 어느새 공권력 침탈과 구사대 습격 소문이 무성해진 농성장에는 200여 대오만이 남게 되었다.

그러던 5월 27일이었다.

관리직 사원과 직장, 반장, 조장으로 구성된 500여 명의 구사대(금성사 작업복을 입은 경찰 포함)와 전경 및 백골단(시내버스 8대 인원)이 농성 중인 공장 안으로 난입하더니 농성조합원들을 무차별 구타하여 농성장을 피투성이로 만들어버렸다. 분노한 마창 노동자들이 즉각 달려왔으나 이미 겹겹으로 둘러친 경찰의 삼엄한 봉쇄에 막혀 접근조차 할 수 없었다.

이에 조합원들은 신축건물인 복지관으로 피했고, 이 때부터 복지관 점거투쟁이 시작되었다. 독점재벌답게 금성사측은 동원할 수 있는 온갖 수단을 통해 탄압했으나 농성조합원들은 초인적인 투쟁의지를 발휘하여 일 주일간에 걸쳐 감동적인 투쟁을 전개하였다.

피로 쓴 금성사 창원 2지부 복지관 점거농성투쟁 일지

복지관을 점거하자마자 회사측은 전기와 물을 끊었고, 동시에 1,500여 경찰은 24시간 상주하면서 회사 안팎을 봉쇄하고 외부인의 출입을 완전히 차단하였다. 또한 농성기간 내내 낮에는 가족을 동원하여 회유와 협박, 방송과 헬기를 통한 투항방송으로 교란 작전을 감행하고 밤에는 돌과 베아링 등 쇠뭉치를 던져 유리창을 밤새도록 깨거나, 소방호스로 물을 뿌려 잠을 못자게 했다.

한밤중에 들리는 '쨍! 쨍!' 유리창 깨지는 소리 때문에 농성자들은 잠을 잘 수 없어 가뜩이나 허기와 더위로 지친 농성자들을 더욱 지치게 만들었다. 게다가 회사측은 복지관에 들어오지 못한 조합원들을 찾아다니며 강제로 또는 대리로 조업정상화 지지서명(63%)을 받아내

파업농성 조합원들에 대한 악선전을 일삼았다.

5월 28일과 29일 두 차례의 회사측과의 줄다리기 협상도 결렬되었다. 농성조합원들은 초인적인 투지를 발휘하여, 호시탐탐 침투를 기도하는 경찰과 회사측을 4층 옥상에서 돌과 화염병을 던져 쫓아버렸다. 그러나 5월 30일 퇴근 무렵 이번에는 대규모 진압작전이 실시되었다. 구급차와 사다리차 3대, 그물과 매트리스를 실은 차 10여 대가 회사 안으로 진입하였고, 동시에 헬리콥터가 투항을 종용하는 방송을 해댔다. 전투경찰과 백골단은 복지관 앞 50미터 앞까지 도열하였다.

농성조합원들은 복지관 옥상에 올라가 봉화연기를 올렸다. 마창 노동자들에게 구원을 호소하는 신호였다. 출입봉쇄로 들어가지 못한 채 밖에서 이 연기를 바라보던 금성사 조합원들은 목동교 다리 난간을 붙잡고 안타까움으로 발을 굴렸고, 여성조합원들은 울음을 터뜨렸다. 격노한 (주)통일노동자와 농성에 참여하지 못한 금성사 남성조합원 200여 명은 경찰의 위봉에도 아랑곳 않고 화염병과 돌을 날렸다. 이러한 지지와 성원을 목격한 복지관 내 조합원들은 사기를 되찾고 옥상에서, 혹은 창 밖으로 브라운관을 던지며 결사적으로 저항하기 시작했다.

팡! 팡!

엄청난 폭발음을 내며 브라운관이 터지자 전경들은 소스라쳐 한 발짝씩 뒤로 물러났다. 브라운관은 진공상태라서 떨어지자마자 '팡!' 하는 굉음과 함께 폭발하면서 유리 파편이 사방으로 흩어지는 엄청난 파괴력을 지닌 무기였다. 농성조합원들은 "모두 죽을 각오가 돼 있으며, 유리를 녹이는 염산과 폭발력 강한 신나와 아세톤이 건물 곳곳에 뿌려져 있음"을 경찰에 경고하였다. 이에 폭력진압으로 여론이 악화될 것을 두려워한 경찰은 결국 일단 철수할 수밖에 없었다.

농성조합원들의 결사항전이 거둔 작은 승리였다. 그러나 경찰은 완전봉쇄를 풀지 않은 채 외부의 지원을 철저히 막고 재차 진압의 기회를 엿보았다. 자정이 되자 이번에는 깨진 유리창으로 최루탄을 던지는가하면 소방호스로 물을 뿌려대기 시작했다. 조합원들은 자위책으로 다시 브라운관을 던졌고 공방전은 새벽 5시까지 이어졌다.

밖에 남은 조합원들은 5월 31일 민주당 경남도지부 사무실 점거농성에 들어가 진상을 알려나갔다.

5월 31일 복지관 농성 5일째가 되자 농성조합원들 110명은 파업동지회를 결성하였다. 모두들 입을 꽉 다물고 말이 없었다. 숙연한 가운데 읽어내려가는 파업동지회의 결의문을 들으면서 농성자들은 마지막이 다가옴을 예감하고 있었다.

6월 1일과 2일 회사측은 가족들을 찾아다니며 위협과 협박을 가하고, 가족을 동원하여 농성조합원들을 강제로 끌어내기 시작하였다. 가족들에게는 차마 어쩔 도리가 없었다. 결국 끌려나가는 조합원을 눈물로 보내줄 수밖에 없었다. 창원경찰서장과 공단관리소장, 상공회의소회장, 정보과장 등이 차례로 방문하였으나 이는 복지관 내부를 조사하기 위한 구실에 불과하였다.

6월 3일 새벽부터 시작된 3차 협상은 아침까지 이어졌으나 정오 뉴스는 공권력투입 소식을 전했다. 농성자들은 밤낮없는 경찰과 구사대의 침탈기도와 폭력에 잠을 자지 못한데다가 음식물 반입이 금지된 상태에서 먹을 것도 변변치 못하고 찌는 듯한 더운 날씨로 인해 피로와 허기로 지쳐갔다. 이런 상태로는 공권력 투입을 버티기 어렵다는 우려가 조심스럽게 나오기 시작했다.

결국 6월 3일 복지관 농성 8일째 되는 날, 마라톤 협상은 밤 늦게서야 타결되었다.

"공권력을 바탕으로 한 터무니없는 교섭 결과! 억울하다!"

이것이 농성장에서 쓴 파업일지의 마지막 외침이었다.

금성사 창원 2지부노조 연대투쟁

금성사 창원 2지부노조가 외롭고 힘겨운 싸움을 시작하자 어느 때보다 연대투쟁의 필요성이 대두되었다.

비록 마창노련 가입 사업장은 아니었지만 금성사 창원 2지부 조합원들의 투쟁은 1989년 마창지역의 공동임투를 활성화시킨 기폭제가 되었을 뿐 아니라 이후 들불처럼 번진 노동운동탄압분쇄 연대투쟁에 크게 기여한 바 있었다. 특히 전노협 건설을 앞두고 마창지역뿐 아니라 전국적으로도 독점재벌 대공장 노조민주화투쟁은 전략적 의의를 지니고 있었다.

그러나 이데올로기 공세와 공권력의 집중적 타격은 마창노련이 이제껏 겪어본 탄압과는 그 규모와 속도가 크게 달랐다. 거기다가 연일 반복된 똑같은 형태의 가두투쟁에 지친 조합원들은 지도력의 부재 속에 주춤거렸고, 그 사이에 일단 공세를 잡은 경찰력은 단위사업장까지 밀고들어왔다. 조기타결된 사업장조차 지원연대투쟁으로 조직화되지 못함으로써 금성사 창원 2지부노조의 파업투쟁은 고립되고 말았다.

그렇지만 대규모는 아니었지만 마창지역 노동자들은 농성장에 합류하지 못한 금성사 조합원과 함께 일 주일 내내 회사 주변에서 거리시위를 벌이고 경찰에 맞서 화염병과 돌을 투척하는 가투를 전개하였다.

5월 27일 (주)통일, 효성기계, 대원강업, 세신실업, 삼미금속 노조 등에서 조합원 1천여 명이 가두투쟁을 전개한 데 이어 5월 29일에는 (주)통일, 효성기계, 효성중공업, 대림자동차, 세신실업, 삼미금속, 금성산전 노조 등에서 조합원 3천여 명이 금성사 주위에서 연대투쟁을 벌였고 6월 1일부터는 마창노련 정방대가 조직적으로 지원투쟁에 나섰고, 금성사 창원 1지부도 여기에 가담하였다.

금성사 외곽 도로에서 부르는 마창지역 노동자들의 노랫소리를 들은 복지관 내의 금성사 조합원들은 기뻐 얼싸안고 눈물을 흘렸다. 또한 금성사 주위 도로가 경찰에 의해 완전 봉쇄되어 출입이 통제되자, 파업 중인 부산산기에서는 저녁마다 앰프를 틀어 파업투쟁가를 들려주고, 지역 노동자들의 인사말을 전해, 금성사 조합원들의 사기를 북돋아주었다.44)

특히 (주)통일과 대림자동차노조의 정방대원을 비롯한 5지구 정방대원들은 화염병과 새총으로 무장한 채 경찰에 맞서 과감히 투쟁하여 숙연한 동지애를 보여주었다. 이는 5·3 동의대 사태 이후 전대협까지 기자회견을 통해 비폭력을 선언하고 화염병 자제를 발표하는 상황에서 전국에서 처음으로 화염병을 투척했다는 점에서 주위를 깜짝 놀라게 하였다. 당시 마창노련 지도부 대부분이 수배와 구속으로 일시나마 마비상태에 빠진데다가 금성사 투쟁에 대한 조직적 대처를 제대로 해내지 못한 와중임에도 이들 정방대원들은 독자적으로 작전회의를 열어 투쟁을 결의하고 실천하였던 것이다.

특히 그 중에서도 (주)통일노조의 지원투쟁은 물론 일부 선진노동자들에 의해 이루어지긴 했지만 지역 노동자들에게 끼친 영향은 컸다. 정상근무 시간임에도 (주)통일노조 간부 및 핵심조합원 100~200명은 1주일간 매일같이 지원투쟁을 시도하였다. 경찰은 닭장차(경찰차량을 일컫는 속어) 20대 병력을 동원하여 금성사 주위를 포위하였으나 (주)통일 노동자들은 새총으로 베어링을 쏘아 유리창을 모두 깨어 경찰병력을 철수케 하였다. (주)통일 노동자들이 이처럼 과감한 연

---

44) 부산산기노조는 3월 21일부터 파업에 들어가 회사측 직장폐쇄에 맞섰다. 그러던 중 4월 11일 조합활동을 감시해 온 고성능 도청장치가 발견되어 전 조합원의 분노가 폭발하자 파업투쟁은 한층 당당하고 떳떳하게 진행되었다. 부산산기는 파업 70일 만인 5월 31일 타결되었다.

대투쟁을 전개할 수 있었던 것은 노조에 축적된 선진노동자층의 힘이 있었기에 가능했다.

(주)통일노조의 모범적 지원투쟁으로 마창지역 연대투쟁이 확산되어 가자 경찰은 6월 1일 어마어마한 병력으로 무장하고 무차별 최루탄을 난사하며 작업장 안까지 진입하였다. 백골단의 횡포는 5월 30일 금성사 농성 진압에 실패한 데 대한 분풀이를 하려는 듯 극에 달했다. 현장 내 잔업자는 물론 사내 축구장에서 체육대회를 하고 있던 조합원들에게까지 쇠파이프와 각목, 헬맷 등으로 무차별 폭행을 가하고 그것도 모자라 잔디밭에서 막걸리를 마시고 있던 조합원들을 구타하는가하면 도망치는 조합원에게 사과탄을 던져, 부상자만도 15명 이상에 달했다. 이들은 또한 주차장에 세워둔 오토바이 자전거들까지 모두 파괴하고 항의하는 조합원에게 각목을 휘둘러 왼쪽 다리 인대가 늘어져 한 달간의 병원치료를 요하는 폭력을 자행하였다. 그러나 부상자들은 실제로 지원투쟁에 한 번도 나서지 않은 조합원이었다.45)

6월 2일 마창투본과 전국투본은 수출지역 후문 옆 체육공원에서 5천여 마창 노동자들이 참가한 가운데 전국노동자대회를 열었다. 원래는 전노협 건설을 앞둔 총체적 탄압에 대응하기 위해 전국투본이 6월 4일 전국 동시다발로 대회를 개최할 예정이었다. 그러나 금성사 창원 2지부 투쟁에 대한 공권력진압이 초읽기에 들어감에 따라 예정을 앞당겨 6월 2일 결행되었다.

특히 이 날 대회는 5·4 전국노동자대회가 원천봉쇄된 이후 다소 침체되었던 투쟁 국면을 새롭게 전환하는 중요한 계기가 되었다. 금성사 투쟁보고, 구속자 가족의 눈물겨운 투쟁보고, 전교조 교사들의 꿋꿋한 투쟁, 광주 시민들의 가열찬 투쟁보고가 진행될 때마다 힘찬 박수와 함성이 쏟아졌다.

---

45) 『통일노보』 제14호, 1989. 6. 12, 14쪽.

또한 금성사의 한 여성조합원은 연대투쟁을 호소하여 감동을 자아내기도 했다.

"우리가 밖에서 어떻게 싸울 것인가를 고민하고 있을 때 금성사 농성동지들은 죽을 것인가 살 것인가를 고민하고 있다."

본대회가 끝난 뒤 참석자들은 육호광장까지 40여 분간 평화대행진을 벌였다.

임금인상투쟁 마무리

그러나 금성사 농성조합원의 영웅적이고 초인적인 투쟁과 마창 노동자들의 헌신적 지원투쟁은 대중적이고 조직적인 위력을 발휘하는 데까지는 확산되지 못하였다. 결국 금성사 창원 2지부는 6월 3일 회사측과 협상을 마무리 짓고 농성을 해산하였다.46)

독점재벌과 폭력정권이 가하는 총체적 탄압을 단위노조 투쟁역량만으로 뚫고 나간다는 것은 역부족이었다. 그러나 16명의 구속자와 수십 명의 해고자, 대의원 감영기 의문사47) 등 수많은 희생에도 불구

---

46) 주요 타결내용은 "임금인상률 39%, 파업기간 동안의 임금 30만 원 지급, 고소고발 조합원 60여 명 중 1심 계류 중인 고소고발건 취소, 민형사상 책임 묻지 않는다. 단 사전구속영장 발부된 하태욱 지부장과 변화석 부지부장, 김기석 대의원은 협상타결 5일 뒤인 6월 8일 자진 출두한다" 등이다.
47) 1989년 7월 8일 새벽 6시경 동마산 경찰서 바로 뒷산인 합성동 팔용산 약수터 부근에서 감영기(27세) 대의원이 4미터 높이의 소나무에 나일론 끈으로 목이 매인 채 숨져 있는 것이 발견되었다. 금성사노조 진상규명대책위원회는 감영기 대의원이 민주파 후보인 김시민 위원장 선거운동원이었다는 점, 누군가의 전화를 받고 나갔다는 점 등 정황을 면밀하게 검토하고, 경찰의 태도와 여러 증거를 들어 타살로 규정하고, 진상규명을 위한 조사활동을 벌였으나, 경찰이 7월 10일 사체부검 후 자살로 단정지어 버려, 의혹은 풀리지 않았다.

하고 소중한 대기업 민주노조의 싹을 끝내 키워내지 못한 것은 안타까운 일이 아닐 수 없었다.48)

한편 대다수 사업장이 임투가 끝나 정상조업 중인 가운데 시티즌정밀과 부영공업을 비롯하여 TC(위장폐업 분쇄투쟁), 소요(파업투쟁) 등 몇몇 사업장에서는 구사대 탄압, 직장폐쇄, 해고와 고소고발, 폭력 도발 등 극심한 탄압에 대응하여 힘겹고 외로운 투쟁이 계속되다가 7월에서야 타결되었다.49)

1989년 임투에서 마창공투본은 기업별 노조 체계의 한계를 초보적이나마 뛰어넘으려 노력하였다. 실제로 마창공투본은 결성 그 자체로 정권과 자본에게 크나 큰 위협의 대상이 되었다. 따라서 마창공투본은 89년 임투에서 공투본의 목표인 "주 44시간 노동제와 최저생계비

약 2년 뒤인 1991년 6월, 출소한 하태욱 지부장 이하 금성사 해고자들은 감영기 대의원의 의문사를 밝히는 재 조사작업을 벌였다. 신발에 묻은 흙을 국립과학수사연구소에 의뢰하여 흙이 사체가 놓인 장소와는 다른 장소의 흙이란 게 밝혀졌고, 또한 목에 난 상처 또한 자살한 상처와는 전혀 달랐다는 것은 밝혔으나 끝내 의문사의 진상은 묻혀버리고 말았다.

48) 금성사 창원 2지부는 7월 8일 보궐선거(6개월 남은 임기를 맡은 집행부 선출)에서 회사측 후보를 압도적으로 누르고 김시민 후보를 선출하여 다시 한번 민주노조의 위력을 발휘하였다. 그러나 김시민 집행부는 회사측의 협박과 회유를 막아내지 못한 채 물러났고, 이후 다시 민주파 김인식 지부장이 당선되었으나 회사측은 대의원을 장악하여 대의원대회에서 집행부 인준을 끝내 거부함으로써 노조는 교착상태에 빠지게 되었다.

49) 시티즌정밀노조(35일)는 6월 12일 구사대 30여 명의 기습을 50여 명의 여성 조합원과 (주)통일노조 정방대 15명의 신속한 지원으로 40여 분 만에 격퇴시켰고, 부영공업노조(38일)는 5월 25일 회사측의 직장폐쇄로 자동파업에 들어갔으나 회사측이 구사대폭력을 휘두르며 회유, 협박, 고소고발, 왜곡선전과 악선전, 교섭기피 등 갖은 탄압을 가하였으나 이에 굴하지 않고 강고한 투쟁을 전개한 끝에 7월 2일 마무리되었다. 그러나 타결 직후 위원장, 사무국장, 조직부장 3명이 구속되었다. 소요노조 역시 회사측의 무노동무임금을 철폐하기 위해 5월 3일 회사측의 직장폐쇄에 맞서 파업에 들어갔으나 7월 9일 경찰의 기습적 침탈로 전원연행되고 그 중 위원장과 부위원장 2명이 구속되었다.

확보"를 쟁취하였다.

또한 전노협 건설을 앞두고 어느 때보다 자신감에 찬 마창 노동자들의 비타협적 투쟁과 정치의식 고양으로 말미암아 폭발적 공세기 속에 임투가 진행되어 자본으로부터 대폭 양보를 받아내 조기타결, 100% 요구 달성을 쟁취하였다.

그런가하면 "포고령 없는 계엄상태"에 가까운 탄압으로 말미암아 투쟁이 장기화되거나 노조측의 양보로 타결된 경우도 있었다. 이는 정권과 자본이 연대투쟁의 고리를 끊기 위해 강한 고리는 조기타결로 유도하고 약한 고리는 지연술책으로 지치게 하였기 때문이었다.50)

구속자석방투쟁

상반기 투쟁 과정에서 마창노련 지도부,51) 각 노조의 대표, 간부, 핵심조합원 등이 줄줄이 구속·수배·해고되었다. 이로 인해 마창노련 지도 역량은 크게 훼손되었고 마창노련은 시급하게 구속자석방투쟁에 떨쳐 일어나지 않을 수 없었다.

"앞에 가면 주동자요, 뒤에 서면 배후조종, 좌로 가면 좌익이요, 가운데 있으면 가담자다."

이 말은 노동자를 구속하는 데에 특별한 법이 필요없을 만큼 불법적인 구속, 해고가 자행되었다는 뜻이다. 아울러 그만큼 구속노동자가 속출했음을 드러내는 말이기도 하다.52)

---

50) 교섭기간은 동명중공업 9일과 남산업 10일이 가장 짧았고 세신실업 134일과 부산산기 185일이 가장 길었다.
51) 마창노련의 이흥석 의장, 신덕우 사무차장, 백승만 부의장, 김명길 교선국장, 류은순 총무국장 등은 구속되었고 의장대행 진영규 부의장은 수배되었다.
52) 전노협 집계에 의하면 1989년 상반기 전국 구속노동자는 800여 명이고 그 중 마창지역은 60여 명에 달했다. 노조별 구속자 수는, 금성사 16명, (주)통일 5명, 세신실업 4명, 현대정공, 부영공업 효성중공업 각각 3명, 타코마, 효성기

상반기 투쟁 이후 마창노련은 지도부와 핵심간부 및 각 노조위원장 등 60여 명이 구속·수배당하는 등으로 일시적 마비상태에 빠지기도 했다. 이런 가운데 구속자 가족들이 구속자석방투쟁의 주체로 나서기는 했으나 마창노련의 조직적 뒷받침이 따르지 못한 결과, 가족들만의 투쟁으로 끝나게 되었다.53)

그러나 가족들은 점거농성투쟁을 통해 괄목할 만한 의식의 변화와 발전을 이루게 되었다. 구속자가족위원회 이가숙 회장은 남녀가 함께 '노동해방'을 위해 싸워나가야 한다면서 다음과 같이 말했다.

> "남편의 구속이 삶의 커다란 전환점이 되었다. 남편 직장(현대정공, (주)통일, 기아기공, 삼미금속 등)을 견학한 뒤 훨씬 더 남편을 잘 이해하게 되었고 앞으로는 가족협의회를 노조의 한 부서로 만들고, 임금협상 때도 가족의 일원으로서 사장에게 직접 생활의 고충을 털어놓을 수 있도록 발전시켰으면 한다. 그리고 무엇보다도 강제로라도 노조에서 교육을 시켜 아내에 대한 고루하고 편협한 생각들을 남편들 머리에서 싹 없애버렸으면 한다."

특히 6월 12일에는 이승필 마창노련 조직국장(대림자동차노조 위원장)이 연행되었다가 대림자동차노조와 5지구노조, 그리고 마창투본의 신속하고도 조직적인 대응으로 석방되고 집회는 물론 시가행진까

계, 부산산기, 금성산전, 소요 각각 2명, 대원강업, 세방전지 각 1명씩의 순이다.
53) 마산·창원 구속자석방 및 수배조치해제를 위한 가족대책위원회(이하 '마창구가위') 가족들은 5월 22일부터 25일까지 민가협과 함께 서울 평민당사 농성투쟁을 전개하였다. 동시에 마산에 남은 가족들은 5월 23일부터 5월 29일까지 6박 7일 동안 민주당 강삼재 의원 사무실에서 점거농성투쟁에 들어갔다. 원래 마산농성은 서울 농성 일정에 맞춰 5월 25일 해산할 예정이었으나 27일에서 다시 29일로 두 차례나 연장했을 정도로 가족들의 참여와 호응이 높았다.

지 보장받는 승리의 쾌거가 있었다. 경찰로서는 악몽과 같은 4월 투쟁이 재현될지 모른다는 점이 가장 두려웠고 그런 점에서 이승필 조직국장의 석방은 그동안 축적된 마창 노동자의 투쟁력이 얻어낸 소중한 승리로 기록되었다.

마창 노동자들은 이 승리를 발판으로 한 걸음 더 나아가 40여 마창 노동자의 석방투쟁을 강행하였다. 6월 16일 수출지역 후문 노동자민주광장에서 열린 '구속자석방촉구 및 마창노련사수투쟁 결의대회'에는 3천여 명의 마창 노동자들이 참가하여 각종 현수막을 들고 피빛 붉은 머리띠를 두른 채 수출지역 후문에서 마산역까지 2킬로미터 남짓한 거리를 시위 행진하였다. 그리고 이 투쟁을 계기로 구속자석방투쟁은 새로운 차원의 대중투쟁으로 발전하였다.

구속자가 발생한 각 노조는 매일 면회투쟁(허용인원의 3배수 동원)을 전개하고, 면회후 시가전(시위) 및 대시민 홍보활동을 전개하였다. 또한 재판이 열리는 날에는 조퇴 등 가능한 방법으로 최대한 인원을 참가하게 하여 법정투쟁을 전개하였다. 이를 통해 일반조합원과 구속동료를 결합시키는 대중투쟁을 구사하였다. 또한 구속·수배·해고자 가족들은 문화공연과 일일찻집 등의 수익금으로 기금을 마련하였을 뿐 아니라,54) 타지역 가족들과 함께 집단면회, 공동면회을 실시하였다.55)

---

54) 5월 25일 수출지역 후문 민주광장에서 종합 상황극 '님을 위한 행진곡—5월 그 찬란한 새벽의 노래' 공연, 6월 7일 창원대학교에서 '구속자 기금마련을 위한 일일찻집', 7월 1~2일 마산 가톨릭여성회관에서 '구속자석방을 위한 문화공연 한마당'(민문연의 마당극 '푸른 옷의 사람들'과 소리새벽의 '동지여 내가 있다' 노래공연) 등.
55) 6월 1일 마산교도소에서 공동면회 실시, 7월 20일 부산 민가협과 함께 매주 화요일 부산구치소 집단면회 실시, 7월 25일 부산구치소 집단면회에서 서무과장 면담하여 처우개선 요구 등.

마창노련 조직과 조합원들의 의식 급성장

1989년 8월 마창노련은 39개 노조, 3만2천 명의 조합원을 포괄하는 조직으로 급성장하였다.

이 숫자는 마창지역 전체 노조의 12.5%에 불과하지만 조합원 수로는 마창지역 전체 조합원중 약 1/3을 결집하고 있는 높은 수치였다. 나아가 공단에서는 조직노동자의 40% 이상을 포괄하고 있어 마창노련의 조직력은 타지역 민주노조협의회에 비해 월등히 높았다. 또한 마창노련은 단위조합당 평균 조합원 수 약 800명으로 대공장이 조직의 기본축이었다. 그 중 조합원 1천 명 이상인 노조도 11개(창원공단 4개)에 달했다. 여기에 마산과 창원 두 공단이 산업적 동일성이 뚜렷한 특성을 갖고 있어 공단 내의 광범한 중소부품업체를 하청계열화하고 있는 점을 감안하면 마창노련 가입 노조의 영향력은 엄청나게 컸다.

마창노련은 마창공투본을 결성하면서 미가입 사업장들까지 견인하여 활동에 참여하게 하였다. 그 결과 공동 임투기간 동안 공투본 소속 조합원들은 마창투본의 방침을 충실하게 이행하는 경향을 보였고 급기야 마창노련 가입 여부가 노조의 성격을 민주냐 어용이냐로 판가름하는 기준이 되어갔다. 이는 마창노련이 명실상부한 사실상의 마창지역 노동자의 상급단체로 자리를 굳힌 것을 의미하였다.

이렇듯 창립 이후 2년 사이에 마창노련의 조직확대 기반은 엄청나게 넓어졌다.

이에 따라 조합원들의 연대의식과 투쟁의식도 몰라보게 급성장하였다. 이는 마창공투본 결성으로 선진사업장과 그렇지 못한 사업장간의 활발한 교류가 이루어지고, 잦은 공동집회와 공동투쟁을 통해 각 노조와 간부들간의 의식의 편차가 줄고 기본적인 수준에서 공동행동의 근거를 마련할 수 있게 되었기 때문이다.

연대활동 자체가 노조의 일상활동의 한 부분으로 자리잡게 되면서 노조간부만이 아니라 일반조합원들까지도 기업별 조합주의를 뛰어넘는 연대의식이 자연스럽게 몸에 배게 되었다. 이로 인해 조합원 중심의 조직력, 투쟁력이 강화되었음은 물론이다.

또한 공권력을 상대로 한 직접적인 대중투쟁 과정에서 3자 개입 개념이 사실상 무력화되고, '공안합수부 해체'나 '노태우정권 퇴진' 요구 등 정치권력의 계급적 속성을 인식하게 되자 조합원들의 정치의식 변화 역시 뚜렷하게 드러났다.

마창노련 지도역량의 심각한 한계

그에 반해 1989년 상반기 투쟁에서 보인 권력과 자본의 탄압은 마창노련의 앞길이 이전처럼 그리 순탄하지는 않을 것임을 예고했다.

자본은 핵심 민주노조에 대해서는 일정한 양보를 한 대신 무노동무임금을 관철했고 조직력이 약한 민주노조나 대공장 민주화투쟁에 대하여는 권력과 손잡고 집중적인 타격을 가했다. 구사대를 볼수 없었던 창원의 대공장에 구사대가 등장했고 공동투쟁에 대해서는 국가권력이 직접 탄압을 수행했으며 그 결과 기록적인 숫자의 구속·수배자가 발생했다. 수출지역에서는 휴폐업과 자본철수가 진행되는 가운데 대부분의 노조는 감원, 라인축소 등에 시달리고 있었다. 투쟁열기가 가라앉자 이번에는 (주)통일 등 핵심노조에도 자본과 권력의 탄압이 들어오면서 마창노련은 이제껏 상대한 어떤 탄압보다도 강한 도전을 맞았다.

그러나 이러한 정권과 자본의 탄압에 올바르게 그리고 강력하게 대처하고 지도할 지도역량은 심각한 한계를 드러내기 시작했다.

5월 9일 마창노련 산하 38개 노조대표자들이 "앞으로의 모든 투쟁은 사업장 내에서 평화적인 방법으로 벌이겠다"는 기자회견으로 급속하게 연대투쟁의 열기를 식게 만든 것이라든가, 가두투쟁에서의 역할 배치나 전술 구사가 이루어지지 못해 귀중한 대중투쟁력을 소진하게 만든 것 등이 그것이다. 또한 5월 20일부터 21일까지 개최된 광주항쟁 순례단에 참여한 마창 노동자는 마창투본 전체 노동자의 수에 비해 턱없이 적은 200여 명에 불과하였고, 수출지역의 자본철수와 같은 정치적 성격이 짙은 사안에 대해 방향성을 제시하는 경우도 드물고 노력도 부족했다. 뿐만 아니라 몇몇 사업장에서는 임투 마무리 과정의 후유증으로 투쟁 한번 치루고 나면 집행부가 교체되는 사태까지 벌어졌다.56) 이는 조합원들의 높아진 연대의식과 자발적인 투쟁력의 발전에도 불구하고, 조합원들과 불리한 정세 사이에 낀 조합간부들이 의식적 토대와 지도력 부족으로 이를 올바로 지도하지 못했기 때문이었다.

이렇듯 마창노련의 급성장의 이면에서는 상대적인 지도력의 빈곤이 위기상황을 드러내고 있었다. 마창노련은 시급히 조직을 정비하기 위해 마창투본을 해체한 후 임대를 열었다.

임시대의원대회

1989년 8월 19일 가톨릭여성회관에서는 마창노련 임시대의원대회가 열렸다. 대의원 138명(2월 18일 1차 정기대의원대회 당시 대의원은 98명)은 규약을 개정하였다.

---

56) 한국중공업노조는 1988년 한 해 동안 집행부가 세 번이나 바뀌었으나 1989년 1월에 들어선 4대 집행부가 8월에 또다시 새로운 집행부로 바뀌었다. 또한 금성사 창원 1지부는 5월 15일 조합원투표에서 70%가 집행부의 단독합의 내용을 거부함에 따라 전 간부가 책임 사퇴하고 5월 25일 대의원선거와 5월 27일 새로운 지부장 선거를 치루게 되었다. 동경전자노조 역시 임투 후 위원장이 사퇴함에 따라 5월 22일 대의원대회를 통해 주연옥 수석부위원장을 위원장으로 선출하였다.

개정된 규약 중에는 의무금을 조합원 1인당 100원에서 200원으로 인상하는 것도 포함되어 있었다. 그리고 의무금 인상의 이유에는, 전노협에 납부할 의무금 1인당 30원, 실무자 4명에 대한 처우 개선, 그리고 마창노련 하반기 전체 사업의 확대 등이 포함되어 있었다. 또한 기구 개편에서는 그동안 특위체제로 운영해 오던 '다국적기업대책특별위원회'를 상설기구로 개편하였다. 또한 구속자와 수배자 가족들을 마창노련에 조직적으로 편입시키는 문제가 제기되어 '경남노동자가족협의회'와 각 노조의 '노동자가족협의회'를 하나로 묶어 마창노련 산하에 '가족위원회'로 상설기구화하기로 하였다.57)

투본 해체 후의 정방대는 논의 끝에 마창노련 조직국 산하에 상설기구로 편재하기로 하였다.58) 이는 전노협 건설을 앞두고 정방대를 전국 노동자의 연대투쟁에 앞장설 선봉부대로 조직화하기 위한 것이었다.

전노협이냐 한국노총이냐

한편 전국에서는 1989년 임투가 끝나면서 전노협 건설 논의가 활발하게 진행되었다.

그동안 전국투본은 '투쟁을 통해 전노협을 건설한다'는 원칙하에

---

57) 경남노동자가족협의회는 1988년 경노협 산하에 구성되어 활동하였으며 각 노조별 가족위원회는 1989년 임투를 계기로 효성중공업, 대림자동차, 기아기공, (주)통일, 한국중공업, 타코마 등 11개 사업장에서 결성되었다. 마창노련 가족위원회는 1990년 2월 24일 제2차 정기대의원대회(자료집 60쪽)에서 별도의 규정으로 삭제되었다. 따라서 마창노련 가족위원회 활동기간은 1989년 8월 19일부터 1990년 2월 24일까지로 그 활동내용은 『제2차 정기대의원대회 자료집』('가족위원회 활동보고', 39쪽)이나 『1989년 마창노련 가족위원회 활동보고서』(총 11쪽) 등에 상세하게 기록되어 있다.
58) 조직국은 조직부, 쟁의부, 정방대 등 3부로 구성하고 정방대 업무는 조직국 부국장 중 1인이 관장하기로 하였다.

짧은 기간 동안 무려 일곱 차례의 전국투쟁을 조직하였다. 그러나 마창노련은 전노협의 건설을 목표로 하는 민주노조진영의 가장 유력한 부대였음에도 불구하고 전노협에 대한 대중과 간부들의 인식과 결의는 아직도 '건설되어야 한다'는 당위적 원칙에 동의하는 추상적 수준에 머물러 있었다.[59]

다시 말해 마창노련의 전노협 건설에 대한 준비는 운영위원회에서조차 공식적으로 논의한 바 없는 정도였고, 조합원들에 대한 교육, 선전, 홍보활동은 거의 없어 조합원들 사이에서 전노협을 정치적 단체쯤으로 여길 정도로 전노협에 대한 이해가 취약한 상태였다. 물론 대중집회 때 구호로 외치기는 했으나 이 역시 형식적인 구호에 불과했다.

그러나 더 심각한 문제는 마창노련 지도부 내에 퍼져 있던 한국노총에 대한 입장이었다.

물론 마창노련 가입 노조들은 민주노조와 어용노조의 차이를 마창노련 가입이냐 아니냐로 분명하게 인식하고 마창노련을 상급단체로서 인정하였다. 그러나 또 다른 한편으로는 한국노총 금속노련에 의무금을 납부하고 한국노총 사업을 주요사업으로 추진하는 등 확실한 입장과 태도를 결정하지 못하고 있었던 것도 사실이었다. 그 중 일부

---

59) 전노협 준비소위는 6월 9일 마창노련을 방문하고 토론회를 가졌는데 여기에는 전노협건설 준비소위원회 7명과 진영규 마창노련 의장 직무대행을 비롯한 집행위원 8명(마창지역 주요 노조위원장 17명 수배상태)이 참석하였다. 토론회에서 마창노련은 '전노협 건설에 대한 마창노련의 입장'이라는 문건을 제출하였는데, 이 문건은 6월 8일 마창지역 대표자회의에서 사전토론한 내용을 정리한 것이었다. 마창노련은 이 문건에서 "정상적 운영을 위한 계획과 실천도 제대로 조직화하지 못하면서 전노협을 만병통치약으로 내놓을 수 없다"고 밝히고, "마창지역의 지도구심을 시급히 복구하고, 단위노조의 조직문제를 해결하여 일상활동 체계를 굳건히 세우는 작업이 전노협 건설과 무관하게 이루어져서는 안 된다"고 덧붙였다.

는 한국노총 금속노련은 민주화가 가능하다고 보고 합법공간을 활용할 필요를 내세우며 대의원대회에 참가하는 등 일정한 관계를 유지하기도 하고 심지어는 한국노총 금속노련 박인상 위원장 당선에 영향력을 행사하기도 하였다.60)

그렇다고해서 전노협이 불필요하다는 것은 아니었다. 다만 전노협이 결성되어도 금속노련과 단절할 필요는 없다는 의견이 광범위하게 퍼져 있었던 것이다.

마창노련의 이러한 태도에 대해 전국 노동자들은 심각한 우려를 표명하고 소위 '한국노총 민주화론'에 대한 문제를 제기하고 나섰다.61)

결국 7차 전국회의(6/21~22, 부산대학교)는 이 문제에 대한 열띤 토론을 벌였는데, 마창노련은 이 자리에서 전노협 건설 시기를 둘러싸고 시기상조론을 들고나오기도 하였다.

마창노련의 한 참석자는 이렇게 말했다.

"준비위가 뜬다면 실제적으로 인적, 물적 조건이 풍부한 지역이 사실 어딘가. 마창에서는 후반기의 활동을 볼 때 시기가 너무 빠르다고 생각한다. 실제적으로 물적 토대를 충분히 하자. 이것은 마창노련 집행위에서 얘기된 것이다. 간부들이 수배상태라 지역적으로 어렵다. 마창노련의 지도구심을 살리는 것이 저희의 임무이다. 상당히 죄송스럽다. 전국적인 상황으로 전노협 부분도 중요하지만, 참여는 어렵다."

---

60) 전노협준비소위의 '지역순회 경과보고(6/5~15)' 중 마창노련 토론회(6/9) 결과보고 중에서.
61) 전노협 준비소위는 위 문건에서 "한국노총의 성격이나 권력과 자본과의 관계를 볼 때 한국노총의 민주화는 쉽게 이루어질 수 없으며 오히려 민주노조의 독자적 구심을 강화하는 것이 한국노총을 변화시키는 데 기여할 수 있다. 그런데 마창노련의 태도는 민주노조의 전국구심을 강화하는 사업과는 실천적으로 모순된다"라고 결론지었다.

그러나 하반기 들어 마창노련은 전노협 건설에 대한 입장을 바꾸어 전노협 건설 투쟁에 앞장서게 되었다. 이는 1989년 하반기 들어 마창노련이 정권과 자본이 집중적으로 가한 탄압의 십자포화 한가운데 놓임으로써 전국 노동자 연대조직이 절실하게 요구되었기 때문이다.

6. 9·2 마창노련 침탈 테러사건

하반기 단체협약 갱신투쟁과 공안한파 정국

8월 15일 임수경 학생과 문규현 신부의 북한 방문과 판문점 귀환을 전후로 노태우 정권은 정국을 또다시 공안한파로 몰고 갔다. 노태우 정권에게는 하반기 정기국회와 맞물려 벌어질 국가보안법 등 반민주악법개정투쟁, 노동자의 노동악법개정투쟁, 전교조의 교육악법개정투쟁, 농민들의 수입개방저지 및 추곡가수매인상투쟁, 그리고 노점상과 빈민을 중심으로 한 생존권확보투쟁 등 어느 것 하나 부담스럽지 않은 것이 없었다.

이렇듯 정국이 얼어붙은 가운데 마창지역 하반기 단체협약 갱신투쟁이 시작되었다.

8월 9일 남산업노조가 파업투쟁에 돌입하고, 창원공단에서도 같은 날 세신실업노조가 구속자원직복직을 요구하며 투쟁이 활성화되면서, 대림자동차노조는 "8월의 뙤약볕보다 더 뜨거운 투쟁으로" 사택증축쟁취투쟁에서 이틀 만인 8월 10일 완전승리를 거두었다.[62] 그런가하면 효성기계노조는 주44시간제 실시 등 단협의 중요 내용은 타결되었으나 '무노동무임금'이 쟁점이 되어 8월 16일부터 파업에 돌입하였다.

---

[62] 회사측이 1988년 상반기에 체결된 단협 중 '사택증축' 조항을 1년이 넘도록 이행치 않아 투쟁이 발생하였다.

한편 남산업노조는 회사측이 불법파업이란 이유로 쟁의지도부 7명을 고소고발하고 노동부는 '공익사업장 파업권제한'을 이유로 쟁의발생신고서를 반려함으로써 파업투쟁 4, 5일 만에 위기에 봉착하였다.[63] 그러나 투쟁지도부는 조합원들에게 확고한 입장을 전했다.

"우리가 냉각기간 15일을 고스란히 지키면서 파업에 들어가면 우리 스스로 공익사업체임을 인정하는 꼴이 된다. 그렇게 되면 나중에 직권중재로 개입할 때 꼼짝없이 당할 수밖에 없다. 중요한 것은 우리가 수출자유지역법을 내세워 파업권을 제한하려는 첫 타격대상이 되고 있다는 점이다. 우리가 여기서 물러서면 악선례가 되어 앞으로 수출지역 내 노조의 파업권은 계속 제한당할 수밖에 없을 것이다. 우리만이 아니라 지역 내 다른 동지들을 위해서도 우리는 결코 물러설 수 없다."

이렇듯 지도부의 올바른 대처로 남산업노조는 위기를 오히려 투쟁 강화의 계기로 삼아 훌륭히 극복한 끝에 마침내 파업 18일째인 8월 26일 최종 타결되었다.[64]

남산업노조의 승리는 수출지역에서의 파업권 확보와, 외자기업 감원과 자본철수에 대한 대처방안, 조합활동의 보장과 인사권 및 경영권 참여 등 선진적 수준을 쟁취하는 모범적 선례를 남겨주었다. 특히 조합원을 투쟁의 주체로 세운 대중투쟁으로 승리를 쟁취함으로써 침체 속에 있던 마창 노동자들에게 투쟁에 대한 확신을 심어주었다.

---

63) 정부가 사문화되다시피한 수출자유지역법을 내세워 수출지역 내 사업장을 '공익사업체로 적용'하려하자 마창노련 다국적특위는 이에 항의하는 유인물을 4차례 시리즈(8/18, 8/22, 8/25, 9/29)로 제작 배포하였고, 이를 토대로 '공익사업체 적용'에 항의하는 수출지역 전체 사업장의 대표자들이 1989년 8월 25일 수출자유지역노동조합협의회(이하 '수노협')를 조직하였다. 수노협 대표자 30여 명은 1989년 10월 공익사업철폐를 위한 철야농성투쟁을 전개하였다.
70) 합의사항은 '폐업시 직장 이전 준비금 6개월분, 파업기간 임금 100% 지급, 고소 취하 등'이다.

(주)통일 해고자복직투쟁과 통일교도 난동

그러나 (주)통일노조가 '1987년도 해고자 13명 복직요구'를 내걸고 하반기 단협 투쟁에 돌입하자,65) 통일교재단인 회사측은 통일교도들을 사주하여 난동을 부리고 조업을 방해하는가하면 관리직과 직반장들을 사주하여 집단결근으로 자진파업을 유도하면서 노조를 도발했다.66)

그리고나서 결국 회사측은 철저한 사전 각본에 따라 8월 16일 조업중단을 선포하였다.

87년 노동자대투쟁 당시 통일교 신자들로 구성된 구사대는 쇠파이프를 휘둘러 노동자를 피투성이로 만들면서 "하나님이 내린 사랑의 매"라고 떠들어댔다. 그동안 노조가 통일교와의 직접적 싸움을 자제해 온 것은 종교문제를 건드림으로써 노동자와 자본가의 문제를 엉뚱한 종교문제로 비화하는 빌미를 주지 않기 위해서였다. 그러나 회사측은 이러한 노조측 입장을 오히려 약점으로 이용하여 노조를 도발시키고는, 조업중단으로 선수를 쳐 노조탄압의 고삐를 옥죄었다.

---

65) (주)통일노조 지도부는 1989년도 하반기 투쟁의 중요과제로 '선 단체협약투쟁, 후 해고자복직투쟁' 방침을 확정하였다. 그러나 조합원들이 "해고자들은 우리들의 영웅이다. 그들을 더 이상 찬밥 신세로 놔 둘 수는 없다. 해고자복직투쟁으로 배수진을 쳐야 모두 억센 각오로 싸울 수 있다"고 반발함에 따라 투쟁과제는 '선 해고자복직투쟁, 후 단체협약투쟁'으로 바뀌었다.

66) 8월 7일 수십 명의 통일교 여신도들은 조합사무실에 무단 침입하여, 남자 노조간부들을 이빨로 물어뜯고 손톱으로 할퀴어 여덟 바늘을 꿰매는 상처를 입히는 등 난동을 부렸다. 또한 노조사무실 앞 잔디밭에서 고성능 마이크까지 틀어놓고 스트립 쇼를 벌이고 노래를 부르며 현장의 작업중단까지 유도하였다. 연이어 다음날에는 외부의 통일교도 700여 명이 들이닥쳤고, 회사는 고의로 작업을 중단 방해하며 시비를 걸어왔다. 또 다음날에는 관리자와 반장들이 집단결근한 채 파업해 버렸다. 그리고 또 다음날 8월 10일에는 임금이 체불되었다고 대시민 홍보를 벌이던 조합원이 통일교도들에게 납치 폭행당하기도 하였다.

결국 노조는 통일교 집단과 불가피하게 투쟁을 벌이지 않을 수 없게 되었다. 그러나 회사측은 1987년 해고된 6명에 대한 회사 출입금지 가처분신청을 내고 일체의 대화마저도 기피하면서 진영규 위원장, 조기두 부위원장, 현진용 부위원장, 조호영 교선부장 등 4명에 대해 사전구속영장을 발부하였다.

때 맞춰 마창지역 전 시내에는 연일 '월남참전동지회'와 '자유수호연맹'이 발행한 마창노련 비방 유인물이 뿌려졌고, 마창노련에 협박전화가 걸려오기도 했다. 심상치 않은 분위기가 계속되었다.

이런 와중에 9월 1일 밤 10시경 울산 민주단체들이 밀집한 사무실에 테러사건이 발생하였다.[67] 괴한들은 닥치는 대로 달려들어 7명의 입과 눈을 청색비닐 테이프로 가리고 전신을 포승줄로 묶은 상태에서 쇠파이프와 쇠망치 등으로 얼굴과 머리 부분을 집중구타하는 잔혹한 테러를 가하였다. 그리고 사무실을 쑥밭으로 만들어버린 지 15분 만에 달아났다.

9·2 마창노련 테러사건 발생

그리고 이 테러사건이 발생한 지 12시간도 채 안 된 9월 2일 오전이었다.

마창노련 사무실은 지하에 있어서 한낮에도 불을 켜지 않으면 아무것도 보이지 않았고, 더운 날씨 때문에 환기를 위해 하루종일 문을 열어놓고 지내야만 했다.

서종 실무자는 신문편집에 열중하고 있었고, 허재우 실무자는 캐비넷에서 서류를 찾고 있었다. 구속된 위원장 대신 당직을 서고 있던 윤미정 소요 교육부장(사무실 당직은 마창노련 가입 노조위원장들이 순

---

[67] 울산민족학교, 울산사회선교실천협의회, 전교조 울산울주지회 등은 같은 건물 같은 층에 사무실을 두고 있었다.

번제로 담당함) 등 사무실 안은 세 사람이 각자 일에 몰두할 뿐 한산할 만큼 조용했다.

그 때였다.

갑자기 전등이 꺼졌다. 깜깜한 암흑 속에서 영문을 모른 채 세 사람은 움직임을 멈추었다. 그 순간 다급한 발자국 소리가 들리는 것과 동시에 머리와 얼굴에 난타가 퍼부어졌다.[68] 순식간에 사무실 안은 비명과 고함소리, 집기 부서지는 소리들로 가득찼다.

연락을 받고 급히 달려온 마창노련 조합원들은 경악하지 않을 수 없었다. 부상자들은 나일론 끈으로 손발이 묶였고 입에는 청테이프가

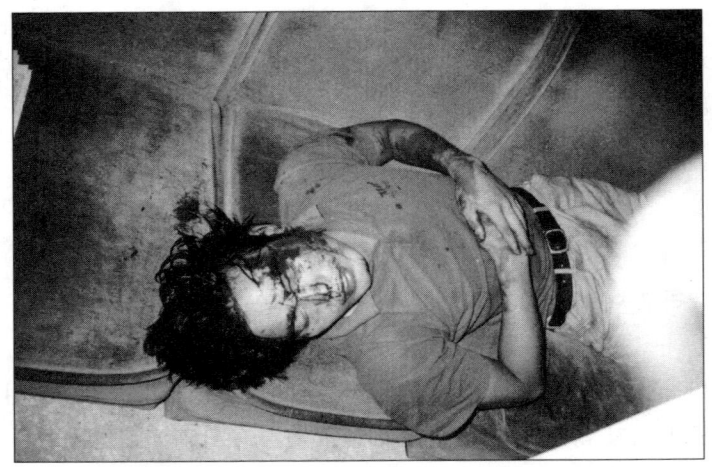

피의 아수라장, 마창노련 테러!
1989년 9월 2일 한낮 마창노련 사무실에 괴한들이 쳐들어와 실무자들을 쇠파이프와 각목으로 테러하고 달아났다. 사진은 피투성이가 된 실무자 서종의 모습.

---

68) 허재우 실무자는 "아무 것도 보지 못했다. 불이 나간 것과 동시에 한 방에 머리를 맞고 기절해 버렸으니까. 나중에 사람들이 이야기해 주어서 알았다"고 말했다.

붙여져 있었다. 그리고 얼굴과 머리는 피로 범벅이 된 채 신음하고 있었는데 특히 얼굴은 알아보기 힘들 만큼 부어올라 있었다. 핏자국이 배어 있는 바닥과 벽, 흩어지고 찢겨진 온갖 서류들과 남김 없이 부서진 사무실 집기 파편들로 사무실은 한마디로 피투성이 아수라장이었다. 급히 경남병원(505호실)으로 후송되었으나, 부상자들은 얼굴과 머리를 집중적으로 강타당한 탓에 서종 실무자는 머리를 수십 바늘 꿰맸고, 허재우 실무자는 부서진 왼쪽 광대뼈를 보강하고 바로잡기 위해 수술을 해야만 했다.

이런 와중에서도 허재우 실무자는 "그동안 우리가 너무 안일하게 활동해 온 것이 원인이 아닌가 한다. 이번 부상으로 노련 일을 거들지 못해 안타깝다"고 말했고, 서종 실무자는 "내일쯤 발간할 예정이던 마창노련신문 12호가 기약도 없이 늦어져 안타깝다"며 마창노련을 걱정하였다.

노태우 정권 출범 뒤 발생한 각종 테러사건과 9월 1일 울산 테러사건 등을 보건대 이제까지 학생, 재야인사에 한정됐던 테러의 대상이 정국의 중요한 변수로 등장한 노동자에까지 뻗쳤다는 사실에 경악과 분노를 금할 수 없었다.69) 이는 노태우 정권이 전노협 건설 등 민중민주세력의 정치적 진출과 민주화 요구를 차단하기 위해 테러를 자행한 것이 분명하였다.

당시 마창지역에는 치안본부 국장급 수명을 포함한 30명 규모의 수사전담반 및 수배자 검거를 위한 특별수사대가 파견되어 있었다. 전노협 건설의 선봉지역이었기에 마창지역은 어느 지역보다 집중적인 탄압의 십자포화 한가운데 놓였던 것이다.

---

69) 1988년 8월 '우리마당' 테러피습 사건, 1989년 1~2월 현대노동자 연쇄테러사건, 3월 김종대 중위 테러, 5월 전국민족민주운동연합 테러, 6월 가톨릭농민회 중앙본부(대전) 테러, 오홍근 기자 테러 등.

한편 마창노련 침탈 테러사건으로 마창지역 전체가 분노로 들끓고 있던 9월 3일 밤과 새벽 사이에 (주)통일노조 간부들에 대한 집단테러가 발생하였다.70) 그리고 다음날인 9월 4일 회사측은 "돈 안 벌어도 좋다. 항복만 받아내면 된다"면서 불법휴업 기간 중임에도 4공장을 매각하고 300여 전 사원을 집단해고한다고 발표하였다.

마창노련은 성명서를 통해 "울산 테러수법과 여러모로 일치한다는 점과 통일교재단의 도발 및 집중적인 테러가 9·2 마창노련 침탈테러 사건 이후 연속적으로 발생한 점으로 미루어볼 때 일련의 사태가 수사당국과 정부당국, 그리고 통일교 및 극우세력이 직접 또는 배후에서 사주했다는 의혹을 제기하지 않을 수 없다"면서 강력 규탄하였다.

공동대책위원회 구성 및 대대적 홍보선전 투쟁

검붉은 피가 말라붙은 테러의 현장을 본 마창 노동자들은 분노를 참지 못했다.

마창노련 전 조합원은 일제히 잔업거부에 들어가 중식집회를 단행하였고 사무실과 부상자 입원실에 대한 24시간 경비는 더욱 강화되었다.

현 정권의 폭력성을 70만 마창 시민에게 홍보하기 위해 마창노련은 현장사진으로 만든 대자보를 시내 곳곳에 부착하고, 연일 대대적으로 유인물을 시내 전역에 배포했다.

9월 4일 즉각 동부경찰서 항의방문단을 조직한 600여 간부 및 조합원들은 각종 피켓을 들고 대열을 맞춰 성안백화점을 거쳐 수출지역 후문 쪽으로 시민홍보와 항의시위를 펼쳤다. 수출지역 후문에서 약식

---

70) 9월 3일 밤 12시 사전영장이 발부된 (주)통일노조 조호영 교육부장 집에 괴한이 침입했다가 (주)통일 조합원들이 긴급 출동하자 도주했다. 또한 허종회 조직차장은 새벽에 집에서 나오다가 4~5명의 괴한에게 각목으로 집단테러를 당했다.

집회를 거친 후, 점차 늘어난 참석자들은 마산역을 거쳐 시외버스 주차장에 이르기까지 노래와 구호를 외치고, 『마창노련신문』호외를 배포하면서 적극적 홍보활동을 전개했다. 시민들은 홍보물을 미처 전해 주지 못했을 때는 따라와 자청해서 유인물을 가져가는 등 높은 관심을 보였고, "사람을 저 지경으로 만들어 놓다니 죽일 놈들이다!"며 분노를 나타내기도 하였다.[71]

동부경찰서 앞에는 무장한 2천여 명의 백골단이 정문 입구뿐만 아니라 마당에도 빽빽이 들어차 있었다. 이에 조합원들은 경찰의 공정수사와 신속한 테러범 색출을 요구하고, 요구가 지켜지지 않을 때는 강도높은 투쟁을 전개할 것임을 엄중 경고하였다.

동부서 항의방문 후 9월 5일 마창노련은 진상보고대회를 갖고 학생, 농민, 교사, 민주시민 단체들과 공동으로 마창노련 폭력테러규탄 및 진상규명 범시민공동대책위원회(이하 '범시민공대위')를 결성하였다. 이어 경찰의 집요한 방해를 뚫고 시내 창동 네거리와 코아양과 앞까지 진출하여 적극적 홍보활동을 펼쳤다. 또한 9월 6일에도 기자회견을 열어 경찰의 의도적 직무유기에 쐐기를 박고 "경찰의 지문채취 등 수사진행과 결과공개, 그리고 전면적인 수사확대" 등을 촉구하였다.

사건의 중대성에 맞춰 전국회의도 9월 6일 마산에서 중앙집행위원회 회의를 갖고 전국적 차원의 투쟁을 위해 '마창노련 폭력테러 공동대책위원회'를 구성하였다.

또한 울산을 거쳐 9월 6일 마창지역에 도착한 평민당 진상조사단도 "울산과 마산의 테러사건이 놀랄 만큼 공통점이 많다"며 "정기국회를 통해 정치적 쟁점화하여 진상규명에 적극 나서겠다"고 밝혔고, 민주당도 9월 6일부터 마산에서 진상조사 활동을 벌였다.

---

[71] 9월 22일 테러만행 분쇄투쟁을 위한 모금 1차 집계 결과 1천만 원이 모금되었다.

"테러분쇄! 독재타도!"

9월 6일 마창노련 주최로 열린 '폭력테러 진상보고 및 공정수사 촉구를 위한 마창 노동자 결의대회'는 마창 노동자의 단결력과 전투력을 유감없이 보여준 날로 기록되었다. 특히 마창노련 조합원들은 이날 오후에 경찰이 몰래 마창노련 사무실에 숨어들어 현장에 보존된 증거물인 "못 박힌 각목"을 훔쳐간 일로 분노가 폭발하여 경찰을 "마창노련 테러범과 공범"이라고 간주하고 격렬하게 대항하였다.

각 노조별로 출정식을 마친 조합원들은 수출지역 후문 노동자민주광장으로 모여들기 시작해 1만5천여 명의 조합원이 광장을 가득 메웠다. 수많은 인파의 머리 위로는 펄럭이는 깃발과, 구호가 적힌 피켓, 그리고 "폭력테러 분쇄하고 마창노련 사수하자!"는 현수막이 분노의 함성과 함께 가을하늘 위로 솟구쳐올랐다.

"폭력테러 박살내고 마창노련 사수하자!"
1989년 9월 6일 수출지역 후문 민주광장에서 열린 '폭력테러 진상보고 및 공정수사 촉구를 위한 마창 노동자결의대회'.

진영규 마창노련 의장 권한대행은 사전구속영장이 발부되어 수배 중인 상태에서도 의연한 기개를 잃지 않고 대회사를 통해 투쟁을 호소했고, 단병호 전국회의 중앙집행위원회 위원장은 "노동자가 지역별, 단위사업장별로 분리되었기 때문에 테러가 일어났다. 앞으로 폭력테러 분쇄투쟁을 통해 결집된 역량으로 전노협 건설에 총진군하자!"고 역설해 열렬한 박수를 받았다. 그리고 소요노조 교육부장은 테러현장을 생생하게 증언, 듣는 사람으로 하여금 치떨리는 분노를 느끼게 하였다.

"항의대행진을 시작하겠다"

사회자의 말이 떨어지자마자 조합원들은 일어나 속속 거리로 출발하기 시작했다.

이윽고 밀고 밀리는 치열한 몸싸움이 시작되었고, 분노한 노동자들의 공세에 밀린 경찰은 사과탄을 까던졌으나 이미 많은 노동자들이 거리로 진출한 후였다. 백골단들의 폭행에 분노한 노동자들은 격렬하게 항의, "비폭력!"을 연호하며 백골단을 순식간에 포위해 버렸다. 결국 거리를 꽉 메운 2천여 명의 노동자들은 노래와 구호를 외치며 거리행진을 시작하였다.

"테러분쇄!", "독재타도!", "노동해방"의 구호소리에 시민들도 손을 흔들며 격려해 주었다.

수출지역 정문과 오동동 다리에서 경찰의 저지를 받았으나, 노동자들은 온 몸으로 밀고 나갔다. 부상자가 입원해있는 경남병원 앞에 도착한 노동자들은 '동지가'와 '단결가'를 부르며 부상자들을 격려했고, 부상자들은 아픈 몸을 이끌고 나와 감사의 인사를 전하며 투지가 건재함을 과시했다.

시위대는 창동 시내를 거쳐 밤 9시경 3·15 의거 기념탑에서 발길을 돌려 시내로 들어갔다. 시민들의 호응은 어느 때보다 높았고 사기가 충천한 노동자들은 작은 대열로 나뉘어 곳곳에서 동시다발로 시위를 벌임으로써 백골단을 혼란에 빠뜨렸다. 코아양과 앞에서 "노동해방"의 구호가 터지면 백골단은 그쪽으로 몰려갔고, 창동 네거리에서 "테러분쇄!" 함성이 터지면 경찰이 그리로 몰려갔으며, 시민극장 쪽에서 "독재타도!"의 함성이 솟아오르면 또 그리로 몰려갔다. 이렇듯 경찰과 백골단은 우왕좌왕 혼돈에 빠지다못해 나중에는 신경질을 내기까지 했다. 그리고 갈수록 시민들의 호응과 지지가 높아지자 초조한 나머지 더욱 난폭해져 시민과 노동자 가릴 것 없이 마구 짓밟고 폭행을 자행하였다.72) 노동자들은 시민들의 열띤 호응과 지지에 더욱 분기탱천하여 시민과 합세하여 집단으로 거세게 항의하였고, 이에 경찰은 완전 고립무원에 빠지게 되었다. 10시경 정리집회를 마친 뒤에도 항의시위는 계속되었고 경찰병력은 위력시위를 하면서 무조건 귀가를 협박하고 공포 분위기를 자아냈다.

투쟁이 끝난 뒤 참석자들은 밤 늦게까지 시내 곳곳의 선술집에서 모처럼 밝은 얼굴로 영웅담을 나누며 이야기꽃을 피웠고, 자정 무렵 마창노련 운영위원들은 40여 명의 연행자 석방을 위해 마산경찰서로 항의방문을 떠났다.

그리고 이틀 뒤인 9월 8일 범시민공대위가 마련한 '마창노련 폭력테러규탄 및 진상규명을 위한 범시민 결의대회' 역시 성공적으로 치

---

72) 백골단들은 분풀이하듯 인적이 드문 거리에서 무차별로 노동자를 폭행하고 헬멧으로 머리를 내리치면서 끌고 갔고 이에 항의하는 노동자를 쓰러뜨리고 가슴과 배를 짓밟았다. 코아양과 앞에서는 야유나 항의만 해도 무조건 끌고 가 마구 두들겼으며, 경찰을 향해 손가락질만 해도 주먹과 구둣발이 날아들었다. 또한 창동 네거리에서는 중년의 아저씨를 폭행하여 그 자리에서 실신하기도 했다. 이에 항의하던 한 청년은 신발이 벗겨진 상태로 질질 끌려가며 머리를 헬멧과 경찰봉으로 마구 맞아 정신을 잃기도 했으며, 이를 보고 비명을 지르는 여성노동자에게는 "개 같은 년, 짖지 마!"라며 욕설을 내뱉기도 했다.

뤄졌다. 노동자가 주를 이룬 가운데 농민, 교사, 교수, 학생 등 각계 각층 5천여 명이 참가한 이 날의 집회는 테러사건에 대한 전국적 관심을 드러냈다. 연사로 참가한 각계 각층의 대표들은 노태우 정권의 '통일반대 정책, 농민압살 정책, 전국교직원노조말살 정책, 그리고 진주 경상대생에 대한 경찰폭력'을 규탄하면서 테러분쇄에 하나되어 나설 것을 촉구했고, 또한 부상자 서종은 환자복 차림으로 등단하여 테러만행의 진상을 폭로하였다.

그러나 전경과 백골단은 9월 6일 당한 수모를 분풀이하듯 보복적인 폭력테러를 서슴지 않았으며,73) 귀가길을 차단하여 몸싸움을 유발하고는 경찰 스스로 보도블럭을 깨 주변의 차량과 시민들에게 던지기까지 했다. 이는 테러만행에 대한 수사부진과 폭력진압에 대한 비난을 집회 참가자들에게 덮어씌우려는 안간힘에 다름 아니었다. 뿐만 아니라 경찰은 구류자 석방시간조차 지키지 않고, 유치장 안에서 부당한 법집행에 항의하고 정당성을 주장했다는 이유로 밤 12시가 되어서야 구류자를 석방하였다.

7. (주)통일노조 폭력테러와 탄압규탄투쟁

(주)통일노조 칼질 테러사건

이런 가운데, (주)통일노조에 연쇄테러 사건이 또다시 발생하였다. 9월 20일(조업중단 35일째) 해고자 유해춘과 조직부장 송민석 등 4

---

73) 집회 직전 마산역 광장에서 유인물을 배포하던 타코마와 세신실업 조합원은 연행과정에서 군화발로 무릎을 채이고 마구 짓밟히는 등 무차별 구타당한 후 구류 3일에 처해졌고, 한 조합원은 머리띠를 소지했다는 이유로 구류 5일을 받았다.

명이 기습연행당한 데 이어, 9월 21일 노조사무원이 기습테러당하고, 이번에는 9월 22일 조호영 교선부장이 공장장 윤재모에게 오른쪽 가슴을 칼로 찔려 중상을 입은 테러사건이 연달아 발생한 것이다.

윤재모 공장장은 노조탄압으로 악명높은 인물로서 8월 9일 관리자 파업을 주도한 대가로 부서장에서 공장장으로 승진하였다. 9월 20일 회사측은 정문을 차단하고 농성을 벌이고 있는 노조측에게 "정문을 개방하면 협상에 임하겠다"는 통보를 공식 전달하였고 이에 노조는 정문을 개방하였다. 그러나 9월 22일 회사측은 약속을 어기고 열린 정문을 통해 물량을 계속 유출시켰고 노조는 정문을 다시 차단하고 회사측의 성실교섭을 촉구하였다. 저녁 6시경 공장장 윤재모가 관리자 15명을 이끌고 노조사무실로 찾아와 협상 대신 간담회를 갖자고 요구했다. 노조는 지금까지 보인 회사의 기만술책에 항의하면서 불신을 드러냈고, 이에 흥분한 윤재모는 "입을 찢어버린다", "너 죽어!"하는 욕설을 퍼붓고는 공장장실로 가서 재크나이프를 들고 돌아와 기습적으로 조호영 교선부장의 가슴에 칼을 찔렀던 것이다.

이렇듯 연이어 (주)통일노조 간부들에 대한 테러사건이 터져 나오고 있고, 9·2 마창노련 테러사건이 3주일이나 지났음에도 범인이나 배후 등 아무 것도 밝혀진 것이 없었다.

경찰과 검찰 등 수사당국은 수사에 성의를 보이지 않는 것은 물론 유해춘 등 4명의 피해자를 강제연행까지 하고는 진술을 받는 과정에서 "범인을 알고 있지 않느냐!"고 강압적으로 윽박지르면서 (주)통일노조 테러사건과 9·2 마창노련 테러사건을 억지로 끼워 맞추려 하면서 수사의 초점을 내부 조작극으로 왜곡 날조하려 들었다. 그리고는 급기야 경남도경에 대한 국정감사(9/23)를 앞두고 "내부 소행"으로 매듭지으려는 기만극까지 서슴지 않았다. 이러한 조작 기도는 수사당국이 9·2 테러사건의 공조자임을 스스로 선언하는 것과 다름이 없었다.

마창노련은 (주)통일노조의 투쟁이 좌절되면 제2, 제3의 탄압이 각 노조로 급격히 파급될 것임을 직시하고, 9월 23일로 예정된 2차 국민대회에 총역량을 집중하여 (주)통일노조에 가해진 일련의 탄압들에 대한 진상을 폭로하고 해결을 촉구하기로 하였다.

2차 국민대회

'2차 국민대회'('전노협건설, 반민주악법개정, 그리고 전교조사수 및 합법성쟁취를 위한 2차 국민대회')는 특히 탄압받는 전교조사수결사투쟁을 지원연대하는 전 민중의 집회로 마련되어 전국 21개 지역(경남지역은 마산, 울산, 진주, 거창 등 4곳)에서 동시에 열렸다.[74]

그동안 전교조 경남지부는 마창노련이나 단위노조의 요청이 있을 때마다 직접 교육과 홍보활동에 적극 참여하였고, 마창노련은 전노협건설을 앞두고 탄압받는 전교조 지원투쟁에 적극 나섰다.

마산집회는 9월 23일(전야제)과 24일(본대회) 양일간 경남대 10·18 광장에서 1천 명 이상의 노동자와 학생, 교사, 시민 등이 함께 어울렸다. 9월 23일 전야제는 새벽까지 진행되었는데 단연 관심을 모은 것은 제도정치권 4개 정당 총재를 풍자하는 연설이었다. 참석자들은 웃음과 분통을 함께 터뜨리면서 정치의 주인은 국민 스스로임을 확인하였다. 9월 24일 오후 2시 1,500여 명이 모인 가운데 본대회가 시작됐다. 대회에서는 전교조 해직교사들의 탄압사례 보고와 마창노련 및 (주)통일노조의 폭력테러 진상보고가 이어졌다. 그리고 대학 총학생회장의 기백이 넘치는 지지연설과 투쟁결의문을 끝으로 평화대행진을 위한 대열을 짜기 시작했다.

---

[74] 전교조는 1989년 5월 28일 결성되었다. 산하에는 14개 지회가 있었다. '전교조 경남지부'는 조합원 800여 명이고, 해직교사는 전체 해직교사 76명 중 14명에 달하였다.

그러나 대회 시작 전부터 경남대 외곽을 차단하고 있던 경찰은 집회가 끝날 무렵 정문을 봉쇄했다. 노동자 및 교사, 학생, 그리고 학부모들은 봉쇄에 맞서 연좌시위에 들어가 노래와 구호를 외치면서 평화 대행진을 요구했다. "학교를 최루탄에서 보호하자"는 교사들의 요구로 일부는 해산하였으나 대부분의 1천여 명의 노동자와 학생들은 시내로 나와 코아양과 앞, 어시장 입구, 회산다리 등지에서 "폭력테러 분쇄"와 "전교조 합법성 쟁취" 구호를 외치며 가두투쟁을 계속했다.

(주)통일 상품 불매운동과 (주)통일노조 총력투쟁 선언

그동안 경찰과 검찰 등 수사당국은 (주)통일노조 조합원과 간부를 폭행한 관리자를 한 명도 조사하거나 처벌하지 않았다. 심지어 테러범 윤재모는 처벌하기는커녕 사건을 "자작극", "자해행위"로 날조하여 반대로 피해자인 조호영 교선부장에 대한 긴급 검거를 지시하고 회사 주변에 경찰을 배치하였다.[75]

(주)통일노조는 9월 23일부터 연일 전 조합원이 참여한 가운데 규탄집회, 폭로 선전전 등을 전개하면서 이를 지역 및 전국으로 확대 강화해 나갔다.[76]

한편 (주)통일 4공장에서는 265명 집단해고자 중 136여 명이 그동안 8월 30일 이후 한 달이 넘게 공장사수와 집단해고철회를 요구하며

---

75) 경찰은 (주)통일 조합원 김철호에게 전치 18주의 중상을 입힌 (주)통일 관리자들을 한 명도 조사, 처벌하지 않았다. 또한 윤재모는 9월 22일 입씨름 과정에서 가벼운 찰과상을 입었음에도 불구하고 병원에 입원하고, 기자들을 불러 "협상하러 갔다가 일방적으로 맞았다"며 오히려 피해자를 자처하기까지 하는 파렴치함을 보였다.
76) 9월 23일 성명서 발표, 매일 아침 2,500여 조합원이 참가하는(직·반장급 제외 조합원 100% 참가) 규탄집회, 9월 25일 소책자와 5종의 유인물 3만여 장 제작하여 각 노조 및 전국 각지에 배포 등.

철야농성투쟁을 계속 전개하고 있었다. (주)통일노조는 9월 27~29일 3일간 (주)통일 4공장에서 '공장사수의 밤'을 열어 기금을 모금하였고, 마창노련도 9월 29일 2천여 명이 참가한 가운데 '노조탄압분쇄 및 외자기업 인원감축저지를 위한 마창노동자 궐기대회'를 갖고 마창지역 노동자들의 동참을 끌어내기 위한 바자회를 열었다. 노동자들은 호주머니에서 꼬깃꼬깃한 돈을 꺼내 투쟁을 지지하였다.

이를 계기로 (주)통일 4공장 농성장은 이후 마창지역의 각종 집회 장소로 활용되었다.

10월 4일 노동부에서 가진 노사간의 교섭이 별다른 진전이 없는 가운데, (주)통일노조는 이틀에 한 번 꼴로 전체 조합원 집회를 개최하고 위원장 선거(10/16)를 앞두고 민주집행부 승리를 위한 조직과 교육선전 활동에 박차를 가하였다.

한편 전국으로 파견된 (주)통일 노동자들은 밤낮을 가리지 않고, 멀고 가까움을 마다 않고 전국의 민주노조를 순회하며 (주)통일 투쟁에 대한 연대지지를 호소하였고 마창노련 역시 강력한 (주)통일 제품 불매운동을 벌였다.[77]

10월 8일 노동악법철폐 및 전노협건설을 위한 영남권 등반대회가 부산 금정산 동래산성에서 열렸다.[78] 원천봉쇄를 뚫고 오후 늦게 도착한 600여 명의 대구·구미 노동자들과 마창지역을 비롯한 거제, 울산, 부산, 진주, 포항 등지에서 모인 7천여 노동자들은 "노동악법 철폐하고 전노협을 건설하자!", "전교조를 인정하라!"는 구호를 외쳤다. 전노협 건설에 대한 신념과 열정은 힘찬 함성으로 온 산을 메아리쳤다.

---

[77] (주)통일 제품 불매운동은 (주)통일 계열사의 각종 음료수인 맥콜, 일화생수, 진생업, 천연사이다, C-타임, 일화인삼차 등과 세일로가방, 일화축구단, 세계일보, 세일여행사 등 (주)통일 계열사의 사업을 적극 거부하는 운동이다.
[78] 수도권은 북한산, 호남권은 광주 무등산에서 각각 동시에 등반대회가 열렸다.

금정산에서 하산하여 부산대학까지 진행된 3시간 가량의 가두행진은 끝이 보이지 않는 긴 행렬이 장관을 이루며 거리를 메웠고, 경찰은 속수무책으로 구경만 하였다. 행진 도중 마창 노동자들은 연도에 늘어선 시민들에게 9·2 마창노련 테러와 통일교 재벌 규탄, 그리고 외자기업의 감원·폐업 등의 횡포를 폭로하는 유인물을 배포하고 통일교 산하 기업체 제품은 먹지도 보지도 말자고 호소하였다. 구호와 노래 속에 행진은 계속되었고, 시민들은 손을 높이 쳐들거나 박수를 쳐 주었다.

부산대학 앞에 이르자 등반대회에 참석하지 못한 노동자들과 많은 학생들이 박수를 치며 맞아주었다. 부산대학 운동장에서 횃불을 밝히고 폐회식을 거행하면서 대회는 절정에 달했다. 노동자와 학생들은 노학연대의 뜨거운 동지애를 나눈 뒤 아쉬움을 달래며 각 지역으로 떠났다.

8. 11·1, 11·2 마창노련 총파업투쟁

TC와 수미다 등 생존권 사수의 기로에 선 수출지역 노동자

한편 수출지역 3만여 명의 노동자뿐 아니라 전국의 외자기업 노동자들은 외국자본 철수로 인해 생존권의 벼랑 앞에 직면하게 되었다. 그동안 외국자본들은 87년 노동자대투쟁 이후 한국에서는 더 이상 값싼 임금과 더 많은 이윤창출을 기대할 수 없다고 판단하고, 중국이나 동남아 등지로 자본 철수에 들어가기 시작했다. 이들은 우선 "감원을 안하면 회사가 망한다"는 논리로 희망퇴사자 모집과 강제감원을 실시하여 노동자 수를 대폭 감축한 뒤 도산, 폐업 등의 절차를 밟아나갔다. 이러한 외자기업의 감원·폐업 사례는 마창노련 가입 사업장이나 미가입 사업장에서도 속출하였을 뿐 아니라 한국피코, 슈어프로덕츠 등 전국 외자기업 전체 노동자의 생존권마저 뿌리째 흔들었다.

  그동안 TC는 1988년 단체교섭이 해를 넘기고도 아무런 진전이 없는 가운데 회사측은 1989년 2월 13일 22차 교섭을 끝으로 무기한 연기하고 남자사원과 부녀사원을 부추겨 노-노 싸움을 유발시켰다. 그리고는 끝내 3월 6일 남녀노동자들의 불협화음으로 정상조업을 할 수 없다면서 무기한 휴업을 공고하고는 한 달도 안 된 4월 3일에는 폐업을 신고하였다. 이에 TC 노동자들은 4월 3일 이후 줄곧 농성장을 사수하면서 눈물겨운 위장폐업철회투쟁을 전개하였다. 그러나 미국본사 원정투쟁은 비자발급 거부로 좌절되고 청산절차가 속속 진행되는 가운데 공권력의 농성장 침탈도 시시각각 다가왔다.

TC노조 투쟁사 공동창작 판화 작품
1989년 5월 6일 TC노조 농성장에서 TC 조합원들, 'TC 판화 모임' 그리고 이성헌 '일과 손'(그림패) 회장 등이 공동으로 TC노조 투쟁 과정을 판화로 창작한 작품이다.

또한 수미다에서도 10월 14일 팩시밀리 한 장으로 도산처리가 되고 450여 조합원 전원이 집단해고당하는 바람에 투쟁이 시작되었다.[79] 그런가하면 시티즌노조는 8월부터 회사측 희망퇴사자 모집에 맞서 "강제감원저지 및 생계대책준비위"를 구성하고 투쟁에 돌입하였으나 3명이 해고되어 10월 12일부터 단식투쟁 및 감원반대·징계철회·서명운동에 적극 나서게 되었다. 게다가 동경전자 역시 석 달 동안 319명이 자진퇴사했음에도 회사측은 추가로 10월 16일부터 11월 20일까지 2차 희망퇴사자 모집공고를 통해 1천 명 이상의 노동자의 목을 자르고자 하였고, 삼양광학, 한국부사공업 등에서도 희망퇴사자 모집을 통해 생존권을 박탈하고자 하였다. 그리고 한국카시오전자, 산본, 소와, 한국삼미, 한국정상화성, 성전, 동경전파 등은 고용위기로 인해 위축된 상황을 이용해 감원 협박을 일삼으면서 근로조건 저하나 임금삭감을 유도하였다. 실례로 동경전파는 상여금을 지급하지 않아 노동자의 격분을 유발하여 노조간부들이 단식투쟁으로 맞섰다.

이러한 자본측의 탄압은 이후의 감원과 해고 등 각종 탄압을 손쉽게 하기 위해 가장 큰 장애물인 민주노조를 무력화시키려는 사전에 계획된 술책이었다. 여기에 정권측 역시 외자기업 노동자의 감원 및 폐업으로 인한 생존권 박탈 문제를 조장 내지는 방치하고 심지어는 이를 빌미로 전체 노동자를 협박하여 노동자의 요구수준을 낮추고 온순하게 길들이는 데 이용하려 하였다.

이에 마창노련 다국적특위와 전국 외자기업공투위('외국기업 부당철수저지 및 노조탄압분쇄 공동투쟁위원회')는 대사관 방문투쟁 및

---

79) 수미다노조는 1988년 10월 이후 1년 동안 약 1천 명 이상이 감원되어 조합원이 1,500명에서 500명으로 줄어들었다. 이런 상태에서 일본인 대표이사 쿠시노 고이찌(대만 수미다에서 경리를 담당했던 자)가 9월 새로 부임하였으나 그는 교섭에 한 번도 얼굴을 내밀지 않다가 가족을 데리러 간다고 대만으로 떠난 후 10월 14일 갑자기 팩시밀리 한 장을 노조로 보내왔다.

점거농성투쟁, 외국 원정투쟁 등 애국적인 연대투쟁을 줄기차게 전개하였다. 그리고 다른 한편으로는 외자기업이 당면한 과제와 노동악법 철폐투쟁이 당면한 전국적 과제를 내용면에서 결합하여 투쟁하기로 하였다. 이는 외자기업의 감원·폐업 문제가 단순히 일회성 집회나 시위로는 해결될 수 없다는 판단에 따른 것이었다. 그리하여 노동법 개정투쟁에 부당노동행위를 자행한 사용자에 대한 처벌을 강화하고, 외국인 자본가의 감원·폐업 등 일방적 횡포로부터 한국인 노동자를 보호하는 법이나 규정을 새로 만들거나 고치는 강력한 '제도개선 요구투쟁'을 담아내기로 하였다.

(주)통일노조 침탈 및 마창노련 사무실 공권력 침탈

그동안 민주노조사수투쟁을 굽히지 않았던 (주)통일노조에서는 10월 16일 위원장을 선출하는 조합원 투표가 실시되었다. 회사측은 민주노조의 뿌리를 뽑겠다며 통일교 신자 한 명을 후보로 내세웠으나,[80] 개표 결과는 회사측의 의도를 단숨에 깔아뭉개버렸다.

"재적 조합원 3,200명 중 2,829명 투표, 진영규 1,698표 당선!"

압도적인 지지로 민주노조 후보가 또다시 선출된 것이다. 그 순간 광장에 모인 1천여 명의 조합원들은 일제히 환호를 날리며 여기저기서 얼싸안고 덩실덩실 춤을 추었다. (주)통일 노동자들의 저력과 불굴의 투쟁혼이 이룬 승리였다. (주)통일노조는 3개월간 쌓였던 분노와 피로를 한꺼번에 날려버렸고, 반면 회사측은 하루아침에 공든 탑이 무너져 버리게 되었다. 탄압의 고삐는 신속하게 공권력에게 넘겨졌다.

---

[80] 회사측이 내세운 후보는 "진영규가 다시 당선되면 회사는 망한다. 내가 당선되면 사원아파트를 건립하고 복지후생에 적극 힘을 쓰겠다. 이제 싸움을 위한 싸움을 그만두고 안정과 화합을 위한 행동에 동참하자"는 달콤한 말을 늘어놓으며 갖은 공작을 꾸몄다.

10월 18일 (주)통일노조 진영규 위원장과 조기두 부위원장이 당선 인사차 전무실에 들어서자 회사측 연락을 받고 달려온 사복형사들이 이들을 즉각 연행하였다. 곧 이어서 회사측은 분노한 조합원들에게 '항복'을 강요하는 마지막 협상안을 던졌다. "파업기간 임금 8월분 20만 원, 9·10월분 50% 지급. 구속자는 제3자 개입금지, 폭력위반 제외하고 복직 선처. 4공장 매각은 철회 못함. 이 제안을 인정 못하면 단 한 조항도 고칠 수 없다." 이것은 (주)통일 노동자들에게 또다시 노예로 돌아가라는 명령이었다.

  협상은 당연히 결렬되었다. 조합원들은 '무릎꿇고 사느니 차라리 서서 죽는 길'을 택하였다. 그러자 자본측은 공권력을 앞세워 군사작전을 진행하였고, (주)통일 노동자들은 '결사항전'의 준비와 아울러 전국 노동자의 동참을 호소하는 작업을 착수해 나갔다. 10월 28일 마지막 협상마저 결렬되었다. 자본가들이 빠른 걸음으로 빠져나간 현장에는 공권력 투입이 시시각각 다가왔다. 대다수 조합원들은 후일을 도모하기 위해 현장을 빠져나갔고, 정예부대 중에서는 현장사수조만 남고 마산농성조와 상경투쟁조는 10월 28일 경찰 난입 직전 농성장을 빠져나왔다. 곧이어 와 마산농성조는 10월 28일부터 민주당 강삼재의원 사무실을 점거하고 농성에 돌입하였고[81] 상경투쟁조는 서울로 출발하였다. 경찰은 신속하게 상경하던 노동자 일부를 도중에서 차단하였다.

  예상대로 10월 28일 토요일 밤 10시 경남도경은 '창원 30분 작전'이란 이름으로 1, 2공장을 완전 포위하고 현진용 전 노조부위원장을 비롯한 12명의 조합원을 강제연행한 후 회사 안팎에 경찰병력을 계속 주둔시켜 노조사무실 출입을 봉쇄하였다. 그리고 만약의 사태에 대비

---

[81] 여기에는 구속자와 수배자 가족 15명도 30일부터 합류하였다. 농성은 국회진상조사단이 방문함에 따라 11월 7일 해산하였다.

하여 전국 경찰서는 주요 건물, 특히 (주)통일 재벌과 통일교 건물을 엄호하기 위한 비상경계에 들어갔다.

또한 다음날인 29일(일) 밤 경남도경은 이번에는 무장전경을 앞세워 마창노련 사무실을 수색영장으로 들쑤셔놓고 (주)통일노조 유수종 사무국장 등 (주)통일 노동자 6명을 비롯하여 마창노련 이종엽 부의장(중천노조 위원장), 이승필 조직국장(대림자동차노조 위원장), 김형대 노사대책국장(한일단조노조 위원장), 실무자 김훤주 등 7명, 총 19명을 불법연행하였다.82)

이에 분노하여 마창노련 소속 노조는 10월 30일 일제히 단위노조별 규탄집회와 총회투쟁으로 총반격을 시도하였다. 특히 노조위원장이 연행당한 중천, 대림자동차, 한일단조 등 노조에서는 10월 30일 즉각 전 조합원 임시총회 후 오전 10시경 마창노련 1,500여 조합원과 함께 동부경찰서로 몰려가 격렬하게 항의하였다.

경찰은 "이종엽 부의장과 이승필 조직국장은 혐의점이 없어 석방하였다"고 했으나 대표자들이 경찰서에 들어가 확인하니 안에 갇혀 있었고, 이 기만적인 발언은 오히려 조합원의 투쟁열기를 고조시키는 계기가 되었다. 결국 오후 2시경이 되어서야 실무자 서종, 허연도 정책실장, 타코마 쟁의부장, 이승필 조직국장만 남기고, 이종엽 마창노련 부의장을 비롯 모두를 석방하였다.

오후 3시경부터 열린 마창노련 비상 운영위원회는 오랜 논의 끝에 마침내 중대결단을 내렸다.

'11월 1일 마창노련 산하 전 조합원 총파업 선언!'

마창노련 전 조합원이 창립 이래 최초로 마창노련 깃발 아래, 군부

---

82) 10월 30일에는 239일째 폐업분쇄투쟁을 벌이고 있는 TC 노동자들의 농성장에 경찰이 난입하여 (주)통일노조 조호영 교선부장을 찾으러 왔다면서 집단행패를 부리고 갔다.

독재정권과 독점재벌에 정면으로 맞서는 전면 투쟁을 선언한 것이다.

역사적인 마창노련의 11·1, 11·2 총파업투쟁

11월 1일 드디어 마창노련은 역사적인 움직임을 시작하였다.

총파업투쟁은 그동안의 탄압에 대한 소극적 대응에서 벗어나 보다 적극적으로 대처하는 계기가 되었고 동시에 그동안의 마창노련 사수 투쟁이 노동악법철폐와 전노협 건설 투쟁의 출발점으로 바뀌는 전환점이 되었다.

마창노련은 기자회견을 통해 총파업을 선언하고 "우리는 비폭력을 선언한 적이 없다. 우리의 정당한 주장이 관철될 때까지 어떠한 방법으로든 투쟁해 나갈 것이며 전국적 연대투쟁도 병행하겠다"고 천명하였다.

11월 1일 마창노련 산하 41개 노조 중 23개 노조가 임시총회를 마친 후 총파업투쟁에 들어갔다.[83] 조합원들은 임시총회가 끝난 오후 결의대회('마창노련 탄압분쇄 및 공권력개입 불법연행저지를 위한 마창노동자 결의대회')에 참석하기 위해 수출지역 후문을 향해 출발하였다. 그러나 대회 장소에 도착해 보니 민주광장은 이미 폭력경찰의 휴식처로 바뀌어 있었다.

경찰의 원천봉쇄로 대회가 무산되자 1지구 수출지역 내 노동자들은 집결장소를 수출지역 정문으로 긴급히 변경하여 약식집회를 갖고 뒤따라 불어난 참석자들과 함께 검찰청으로 진군하였다.

---

83) 총파업 참가노조 23개는, 대림자동차, (주)통일, 기아기공, 대원강업, 세신실업, 삼미금속, 삼미단조, 한국중공업, 경남금속, 한일단조, 현대정공, 시티즌정밀(이상 창원 12개 노조) 등이고, 중천, 스타, 일선, 남산업, 웨스트, 동경전파, 동경전자, 수미다(집단해고철회투쟁 중), 산본, 타코마, TC(이상 마산 11개 노조) 등이다.

또한 대림자동차, 한일단조를 비롯한 5지구(창원) 노동자들은 썬스타 호텔 앞에 집결하여 20여 분간 노래를 부르며 도로를 점거하고 투쟁의 첫 신호를 띄웠다. 수출지역 후문에 진을 치고 있던 백골단과 전경들은 노래와 구호소리가 들리자 냄새맡고 날아드는 똥파리들처럼 움직이기 시작했다. 이에 투쟁대열도 서서히 육호광장 쪽으로 장소를 옮겼다.

가야백화점 앞에서 문화장식까지의 거리를 가득 메운 1지구 노동자들의 힘찬 발걸음은 당당하기 그지없었다. 시내로 접어들면서 선두와 후미의 거리가 멀어지면서 후미대열이 전경과 백골단에 의해 분열되었다. 출발할 때의 결의가 다소 흐려지면서 하나둘 대열 정비가 흩어진 탓이었다. 곳곳에 진을 치고 있는 전경과 백골단을 따돌리고 제2의 집결지인 경남데파트로 향했다. 그러나 검찰청은 경찰의 저지를 뚫을 수 없어 끝내 들어가지 못했다.

한편 동부경찰서 항의방문을 계획했던 제2지구를 비롯한 투쟁대열은 수출지역 후문을 출발하여 목적지인 동부경찰서에 집결하였다. 그러나 이곳 역시 마찬가지로 지도력과 투쟁동력의 부족으로 인하여 적극적인 전투가 되지 못했으며 부분적으로 응집되었던 대열조차 어디로 향해야 할지 갈피를 잡지 못했다.

제1지구 대열은 가열차게 노래와 구호를 외치며 분수 로터리까지 전진했다. 하지만 여기서 지도부의 의견이 엇갈려 잠시 엉거주춤했다가 중앙극장을 거쳐 다음 집결지인 육호광장으로 향했다. 조합원들이 질서정연한 대열로 도로를 점거하는 등 강력한 행동을 보이기도 했지만 태양극장 쪽을 벗어났을 때 전경과 백골단이 들이닥쳐 조합원들은 또 흩어질 수밖에 없었다.

마지막으로 오후 5시경 육호광장에 모인 노동자들은 각 조합별로 간단한 해산식을 갖고 내일 다시 투쟁을 연결시킬 것을 결의했다. 그러나 경찰은 평화롭게 해산하는 노동자를 도발하여 경찰차로 연행하였다.[84] 이에 많은 노동자들이 온 몸으로 항거했지만 경찰이 휘두르는 방패와 몽둥이에 물러설 수밖에 없었다. 시민들조차 "잡으라는 도둑놈은 잡지도 못하면서 왜 아무 죄도 없는 노동자를 잡아가느냐"며 연행 노동자를 적극 엄호해 주었다.

결과적으로 마창지역 총파업은 성공적인 성과를 거두었지만 전체 조합원들의 투쟁열기를 대규모로 결집시켜 내지는 못하였다.

한편 경찰은 11월 1일 2개 중대 250여 명의 병력으로 (주)통일 4공장을 기습 도발하여 두 달째 철야농성 중인 (주)통일 4공장 조합원 및 가족 80여 명 전원을 모두 연행해 갔다.

그러나 강력한 파업투쟁의 결과 첫 결실을 거둘 수 있었다. 마창노련 이승필 조직국장이 구속 직전 10월 31일 석방된 데 이어 마창노련 실무자 서종과 김횐주가 11월 1일 무혐의(!)로 석방된 것이다.[85]

마창노련은 11월 1일 밤 비상운영위원회를 열고 6시간 동안 논의 끝에 총파업투쟁을 하루 더 연장할 것을 결정하였다.

그리하여 전날에 이어 11월 2일 총파업투쟁을 결행한 노조는 대림자동차, 대원강업, 세신실업, 중천, 스타, 남산업 등 11개 노조였다. 그리고 삼미금속을 비롯한 7개 노조는 중식시간 규탄집회 및 각종 준법투쟁을, 그리고 기아기공, 현대정공을 비롯한 10여 개 노조는 긴급확대 간부회의 및 보고대회, 분반토론 등을 개최하였다. 효성중공업과 센트랄 자동차 노조는 앞으로의 총파업 가세결의를 굳혔다. 마창노련은 전국노동자대회(11/12)를 앞두고 있다는 점을 고려하여 일단 파업을 중단하고 당분간 전국투쟁 일정에 보조를 맞추기로 하였다.

---

84) (주)통일, 대림자동차, 동경전자 등 20여 명 노동자들이 연행되었다.
85) 그러나 (주)통일노조 7명과 마창노련 허연도 상황실장, 타코마 최대원 쟁의부장 등 9명은 구속영장이 발부된 상태에서 석방되지 않았다.

마창노련의 이틀 동안의 연대총파업은 역사적 투쟁으로서, 권력과 자본의 본질을 일거에 폭로하고 위대한 연대투쟁의 저력으로 집중탄압에 대한 저지선을 1차 구축했다는 큰 의미를 갖는 투쟁이었다.
　이제 남은 문제는 투쟁으로 노동악법을 철폐하고 그 속에서 전노협을 건설하는 일이었다.

마창노련사수 전국연대투쟁

　한편 (주)통일 노동자들이 10월 28일 이후 서울과 마산에서 각각 민주당사 점거농성을 전개하는 동안,[86] 마창노련 노조대표자 21명도 11월 4일 평민당 마산 을지구당사를 점거하고 단식투쟁에 돌입하였다. 마창노련 사수를 위해 결연한 의지로 "소금과 물만으로" 연명하고 있는 대표자들의 투쟁에 3만5천여 조합원들은 서슴없이 격려방문으로 동참하였다.
　한편 (주)통일노조와 마창노련에 대한 탄압은 각 지역 노동자의 분노에 찬 연대투쟁을 촉발시켰다. 11월 3일 결성된 '울산지역 노동조합협의회 준비위원회'가 결의문을 발표했고, '부산지역 노동조합총연합'은 지지성명서를 발표했다. 더욱이 포항에서는 25명의 노조대표자가 4일부터 민주당사 점거농성에 들어갔으며, 진주에서도 11월 1일 진주역광장에서 800여 노동자가 마창노련 테러규탄 집회 후 시내 곳곳에서 가두시위를 벌였고, 11월 4일에는 12개 노조간부 40명이 민주당사를 점거하고 마창노련 탄압을 규탄하였다. 또한 학생들도 노동자들의 투쟁을 총력지원하여 11월 3일 경남대학교에서 '학생의 날 기념식 및 공안통치·마창노련 탄압분쇄를 위한 결의대회'를 열었다.
　이렇듯 마창노련을 탄압함으로써 전노협 건설을 저지하겠다는 자

---
[86] 11월 2일 (주)통일노조 조철우 외 7명은 서울 민주당 중앙당사 총재실 입구에서 점거농성에 들어갔다가 11월 8일 해산하였다.

본과 정권의 음모는 오히려 노동자 연대투쟁을 확산시키게 되었다.

단식 4일째인 11월 7일 밤 평민당 및 민주당 진상조사단 (단장 황낙주 의원)이 방문해 '국정조사권 발동을 위해 노력하겠다'고 함에 따라 11월 8일 오전 단식농성자들은 기자회견을 통해 농성해제를 밝히고, 앞으로 노동악법철폐와 전노협의 결성을 위해 앞장서 노력할 것을 선언한 후 저녁 7시 경남대 10·18 광장에서 열린 '구속동지석방 촉구 및 수미다, TC 본사출정, 승리를 위한 마창 노동자 결의대회'에 참석했다. 대회에는 수미다, TC, 현대정공 등 1천여 명의 마창 노동자들이 굳센 각오로 참여하였다.

위장폐업분쇄투쟁 248일째를 맞는 TC 조합원들은 2부 결단식에서 "빼앗길 대로 다 빼앗기고 짓밟힐 대로 다 짓밟힌 우리 TC 노동자들은 악으로, 깡으로, 마지막 남은 민족적 자존심으로 전국외자기업 동지들과 함께 미일 자본가와 이를 비호하는 현 정권을 상대로 끝까지 투쟁할 것"임을 밝혔다. 이어 집단해고철회투쟁 26일째를 맞은 수미다 조합원들은 "수미다는 본사로부터 자립기반을 통제받아 왔기 때문에 표면상으로는 철수나 폐업이 아닌 것처럼 보이게 하면서 장부상으로만 적자가 나도록 하여 자연도산하는 것처럼 보이게 하는 아주 악랄한 조작극"임을 폭로하고, "지금 비록 고통스럽고 눈앞에는 가시밭길만 보이지만 정의는 반드시 이긴다는 확신을 갖고 투쟁해 갈 것"을 다짐하였다.

이슬비를 맞으며 지켜보는 가운데 수미다 20명과 TC 10명 등 30명의 노동자들이 앞으로 나와 '죽을 수는 있어도 질 수는 없다'는 혈서를 쓰며 비장한 투쟁각오를 다졌다.

한편 (주)통일노조는 46명의 노조간부가 고소고발당하고 32명이 차가운 감방에 갇혀 살얼음같은 겨울추위 속에 떨고 있었다. 반대로 현장에서는 공장장 윤재모가 처벌은커녕 활개를 치고 다니고 있었다.

(주)통일노조는 대책위원회를 결성하여 회사측과의 교섭을 계속하였으나 회사측은 공권력에 의해 노조의 힘이 약화되었다고 판단하고 이번 기회에 구속자를 모두 해고시키고 노조를 와해시키려는 노조말살 책동을 여실히 드러냈다.[87] 이에 맞서 노조는 12월 1일 백연학 법규부장을 위원장 권한직무대행으로 선출하고 구속동지석방과 민주노조 사수투쟁에 전념하여 숙연한 감동마저 불러일으켰다.

9. 11·12 전국노동자대회

1989년 '전태일 열사 정신계승, 노동악법철폐 및 전노협건설을 위한 전국노동자대회'는 순탄하지 않았다.[88]

작년 88년 대회 때는 '원천봉쇄'란 말도 없었고 백골단도 등장하지 않았고 무려 4만 명이 한데 모여서 서울의 도심지 한복판을 유유히 물결쳤던 노동자 군단만이 있었다.

그러나 1989년 대회는 판연히 달랐다. 초반부터 '원천봉쇄' 통고가 떨어졌다. 그리고 회사에서는 관리자들이 훼방을 놓고, 터미날에서는 전경들이 그물을 쳤으며, 대회장에는 백골단이 포위망을 둘러쳤다. 반면에 이를 뚫어야 할 노동자들은 잘 모이지 않았고 그나마 참여하려는 사람조차 곳곳에서 찢어지고 갈라져 아슬아슬하게 겹겹의 저지선

---

[87] 회사측은 구속자 생계비를 50%밖에 지불할 수 없다고 생떼를 쓰거나, 체크리스트(작업장 이탈시간 임금공제) 작성으로 반장과 반원, 조합원간을 분열, 이간질하려 하였다. 나중에는 복직은 고사하고 생계비조차 1심 판결 때까지만 지급하겠다고 으름장을 놓는가하면, 4차 교섭에서는 합의사항을 백지화하겠다고 협박하면서 1심에서 집행유예로 풀려나도 복직시키지 않겠다는 억지를 부렸다.
[88] 「11월 12일에서 배우는 전노협 건설의 투쟁방침」, 『노동운동』 1989년 12월호, 노운협, 32~43쪽.

을 뚫어야만 본대와 합류할 수 있었다. 막상 치러진 대회조차 애당초 계획했던 보라매의 빵빵한 잔치가 아니라 서울 한귀퉁이 관악산 기슭의 힘겨운 투쟁으로 끝맺어야 했다. 지배세력들이 전노협을 저지하려는 각오가 얼마나 단호했는가를 드러내는 증거였다.

정권과 자본은 먼저 대회로 불길을 확대시킬 소지가 있는 '불똥'들을 짓누르기 시작해, 10월 28일 (주)통일노조와 같이 공권력에 의한 진압으로 조합원에게 겁을 주고, '무노동무임금'으로 노조상근자를 주눅들게 하고, 이데올로기를 이용하여 지도자를 구속하고 사무실을 압수수색하는 도발행위를 서슴지 않았다. 그리고 마지막으로 대회가 임박해지자 공권력을 총동원하여 '갑호 비상'으로 대응해 왔다. 경찰은 집회를 불허했고, 제도언론은 이를 대서특필하며 떠들어댔다. 미리 예약한 전세버스와 차량은 경찰의 협박에 의해 해약, 취소되었고 서울로 이르는 곳곳마다 검문검색이 강화되었으며, 역과 터미널에는 전투경찰을 풀어 놓았다. 한국노총의 11월 5일 집회는 허가, 방조하고 언론매체를 통해 과대포장까지 해댄 것과 비교하면 하늘과 땅 차이였다. 이것은 자본가로부터 돈을 받고, 어용노조를 만들고, 4·13 호헌조치를 지지해 왔던 어용 한국노총을 앞세워 전노협 건설을 저지하겠다는 의도임이 분명했다.

이로 인해 애당초 2만을 넘게 잡았던 동원역량은 1만 정도밖에 참여하지 못했다. 그러나 실제로 진행과정을 주의깊게 살펴보면 지배세력의 기도가 완전히 관철된 것은 아니었다. 철통같은 방어선을 뚫고 무려 1만의 노동자가 상경하였고 곳곳에서 터져 나온 투쟁은 의도대로 쉽게 진압되지 않았다. 지배세력의 단호한 탄압을 부분적으로 무력화시키고 그들의 의도를 일정부분 좌절시킬 만큼 이미 노동자의 힘은 성장해 있었던 것이다. 만약에 그렇지 않았다면 제도언론의 보도는 '원천봉쇄로 무산'이라고 기록되었을 것이다.

서울대에 4천이 모였다는 말을 듣고 안기부가 가슴을 쳤다는 뒷얘기가 전해졌다.

당일 관악산을 넘는 대이동의 작전계획은 전국대회 지도부가 발휘한 지도역량의 개가였다.

마창지역 50여 개 노조, 1천여 명 상경

마창노련은 전국노동자대회 총집결을 위한 투쟁기간(10/23~11/12) 동안 전 조합원 깃달기, '마창 노동자 한마당 잔치'(11/3, 수미다 농성장), 대국민 선전전(11/6~7) 등을 통해 조직동원에 총력을 모아나갔다.

11월 7일 TC 농성장에서 열린 '마창선봉대 발대식'에는 타코마, 중천, 대원, 현대정공, 남산업, 수미다, 대림자동차, 한일단조, 웨스트 등 9개 노조 100여 명의 정방대가 출정식을 거행하였다.

그러나 출발 하루 전, 경남도경의 압력으로 예약버스 20대가 취소되자 각 조합은 신속히 기차표, 고속버스표, 봉고버스 16대를 예약하여 출정을 위한 만반의 태세를 갖추었다.

그리하여 11월 11일 50여 개 노조 1,008명의 노동자가 마산을 출발하였다. 원천봉쇄와 검문·검색을 뚫기 위해 사전에 서울상황실과 마산상황실 비상전화와 상경지침서가 전달되어 각 노조에서는 이를 숙지하고 11월 11일 오후 5시 전후로 노조별로 출발하였다.

악전고투 끝에 관악산을 넘어 서울대 진입에 성공

1차 집결지인 동국대와 2차 집결지인 서울대가 원천봉쇄된 상태에서 밤늦게 서울에 도착한 1천여 마창 노동자들 중 6백여 명은 한밤중에 관악산을 타고 가시철망을 넘어 새벽에 서울대 진입에 성공했고, 동국대에 도착한 2백여 명도 12일 새벽부터 안내원의 지휘를 받으며

5시간 동안 산길을 거슬러 오전 11시 30분 서울대 진입에 성공하였다.

"그 날, 생전 듣도 보도 못한 관악산 한복판을 무려 5시간이나 헤맸지요. 그것도 혹시나 백골단한테 들킬까봐 허리 한번 못 펴고 숨도 제대로 못 쉬고 기어가다시피 했어요. 무슨 전쟁이라도 났는가 싶더라구요."

11월 12일 노동자대회의 무용담은 이렇게 시작되었다.

　11월 11일 오전 작업을 때우고 막바로 서울로 출발한 노동자 대열 30여 명이 6시간 고속버스를 타고 내리달려 서울에 도착, 물어물어 찾아간 곳은 서울대학교 부근이었고, 대기하고 있던 안내조의 인도에 따라서 험난한 바위산을 넘는 장정을 시작할 때는 이미 저녁해가 기울기 시작할 무렵이었다.

　맨 앞에 안내원이 섰다. 그 뒤로 남성들 몇 명이 서고 여성들을 가운데로 산을 오르기 시작하였다. 돌부리에 채이고 가시에 긁히며 힘겹게 산을 탄 지 3시간 만에야 산 정상을 볼 수 있었다. 그러나, 대열은 정상까지 올라 심호흡 한번 할 수 없었다. 곳곳 어딘가에 매복하고 있을 백골단놈들에게 걸려들어서는 안 되기 때문이다. 모두들 비지땀을 훔치며 8부 능선을 돌아 나머지 길을 재촉하였다. 이제 조금만 더 가면 대회장이다! 동지들과 반가운 악수를 나누며 피로를 씻을 시간도 얼마 안 남은 것이다!

　이 때였다, 대열의 선두가 갑자기 멈추었다. 사방에서 후레쉬가 켜지더니 사과탄이 터졌다. 맨 앞의 동지가 얼굴을 감싸고 쓰러졌다. 그리고 바가지들이 우르르 달려들었다. "잡아라!"하는 고함소리와 함께 모두가 본능적으로 뒤를 돌아 뛰기 시작했다. 눈물과 재채기로 정신없이 달리던 중 누군가 소리쳤다. "이대로 가면 다 잡히고 만다! 남자들은 돌아서서 한판 붙자. 그리고 여자들은 틈을 타서 돌아가자!" 누구도 이의를 제기하지 않았다. 그리고 싸움의 양상은 바뀌었다. 한밤중의 관악산에서는 일대 백병전이 시작된 것이다. 돌과 사과탄이 날아다니고 각목이 춤을 췄다. 여기저기서 백골단이 몰리고 싸움은 점점 커졌다. 이 틈을 타서 여성노동자들은 백골단의 저지선을 빠르게 빠져나갔다.

출발 5시간 만인 다음날 아침, 확인된 결과는 "총 30명 중 남자 15명 전원 연행, 여자 15명 전원 서울대 진입 성공!"이었다.

동국대의 전야제

대회 지도부(최동식 인노협의장 등)가 연행됨으로써 중앙지도력의 공백이 생겼던 동국대의 전야제 현장은 노동자들의 자발적인 판단과 행동이 싸움의 양상을 결정하는 데 중요한 역할을 했다.

동국대의 후문 쪽 담벼락에는 사람 키로 두 배를 넘는 벽과 촘촘한 철망이 쳐져 있었다. 한밤중인 11일 새벽 3시에 사람 사다리를 만들어 타고 넘는 한 무리가 있었다. 일찌감치 상경한 50여 명의 마창 노동자들이었다. 이들은 지도부와의 연락이 끊긴 상태에서 마지막 기대를 걸고 전야제 현장으로 진입을 시도하였다. 바로 옆 모퉁이에는 백골단이 먹이사냥하는 포수마냥 진을 치고 있었고 담 안에는 실제로 동지들이 있는지도 확인되지 않았다. 그러나 이들은 본대회에 합류하기 위해 혼신의 힘을 다해 동지의 어깨를 딛고 한 사람씩 담을 타고 넘었다. 무려 한 시간이 넘어서야 모두가 무사히 담을 넘을 수 있었다. 그러나 막상 도착한 대회장에 모인 사람들은 학생 2백여 명과 수도권 노동자 몇 명뿐이었다. 물론 수십 명의 노동자가 경찰의 포위망에 걸려 연행되는 사태가 발생했고, 그럼에도 의지의 행렬은 끊이지 않고 계속 담을 넘었다.

12일 새벽 6시경이었다. 마창노련 노동자들이 탄 봉고차 6대가 정문을 뚫고 당당하게 대회장으로 진입하였다. 이렇게 해서 모인 숫자가 최종적으로 1천여 명이었고 성황리에 전야제를 치뤄낼 수 있었다. 노동자들의 높은 투쟁의지가 마침내 지도부의 공백을 메꿔낸 것이다. 마창노련은 동국대에서 열린 시상식에서 제2회 전태일 노동상을 수상하였다.[89]

마침내 본부와의 연결이 성공하였다. 본 대회 장소가 당초 예정된 보라매 공원에서 서울대로 옮겨진 것이다. "제2집결지로 이동하라"는 지시에 따라 동국대에 있던 1천여 명은 관악산으로의 대이동을 시작하였다.

긴급히 파견된 학생 안내조를 따라 1천여 노동자들은 50명씩 짝을 지어 새벽 5시부터 5분 간격으로 출발하여 관악산을 넘기 시작하였다. 5시간 이상 동안 노동자들은 언제 어디서 튀어나올지 모르는 1만5천여 경찰병력의 철통같은 원천봉쇄를 뚫고 아슬아슬한 산길을 걸어 마침내 서울대 진입에 성공, 4천여 명의 동지들이 기다리는 아크로폴리스 광장에 무사히 도착하였다.

원천봉쇄를 뚫고 서울대 본대회 성사

서울대 본관 앞 잔디밭에서 시작된 전국노동자대회는 전노협 건설 깃발 입장과 함께 마창, 거제, 부산, 인천, 부천, 포항, 대구, 경북, 광주 등 각 지역 노동자와 병원, 광산, 교원노조 등 업종 노동자들의 소개·환영으로 시작되었다.

사회자가 "다음은 전국에서 가장 가열차게 싸우고 있는 마창노련 동지들!"하고 목청을 높이자 타지역·업종 노동자와 청년학생들의 뜨

---

[89] 심사위원들은 노동운동 공헌도를 높이 사 시상한다고 밝히면서 마창노련이 전국회의 및 한국노총과의 관계를 명확히 정립하지 못하고 있는 점과 전교조 투쟁에 다소 소극적인 점을 마창노련이 해결해야 할 과제로 지적하였다.

거운 환호와 우렁찬 박수가 진동하였다. 일선 쟁의부장은 당당한 목소리로 "1천만의 선봉이다. 마창동지 앞장서서 전노협을 건설하여 노동해방 앞당기자!"고 힘차게 구호를 선창하고 마창노련 깃발을 앞세우고 입장하였다.

마침내 전노협 깃발을 하늘높이 치솟아 올리며 본 대회의 막이 올랐다. 단병호 전국회의 중앙집행위원장은 대회사를 통해 "한국노총은 노동자의 상급조직일 수 없다"는 점을 분명히 공언하고 "전노협 건설을 투쟁으로서 반드시 쟁취할 것"을 힘차게 외쳤다.

이어 잔뜩 찌푸린 하늘에서는 이슬비가 내리기 시작하였다. 전국의 농민, 빈민, 교사, 청년학생 대표자들이 차례로 연사로 등장하여 "전노협을 건설하여 노동자가 전체 운동의 중심적 역할을 수행해 달라"는 당부와 함께 굳은 연대투쟁의 결의를 밝혔다.

사실 1988년 전국노동자대회 때는 평민당과 민주당이 후원을 하고 앞장서서 노동법개정을 위한 공청회를 열었으며, 또한 국회에서도 민주노조진영의 입장이 비중있게 반영된 개정안을 제출하였다. 그러나 1989년에는 "색깔을 분명히 하라!"는 집권세력의 협박과 정계개편의 유혹에 넘어가 야당의 태도가 돌변하였고 거기다가 양심적 지식인, 학생들까지 심각하게 위축되었다. 그에 비해 아직까지 농민, 빈민, 노동자들의 의식은 동맹세력의 연대를 구체화할 수 있는 수준까지 발전하지 못하였다. 따라서 노동악법 철폐와 노동해방을 이루기 위해서는 무엇보다 민중연대가 중요한 과제로 떠오르지 않을 수 없었다. 이렇듯 1988년과 비교하여 뚜렷하게 변화한 정치적 배경으로 인해 1989년 전국노동자대회는 특히 민중연대의 대중적 의식발전 기도에 역점을 두었다.

연대사에 이어 전국 다국적기업대책특위는 성명서를 통해 "팩스종이 한 장으로 길거리에 내몰린 수미다 노동자들의 현실, 심지어는 피코 아줌마를 난지도 쓰레기장으로까지 내버리는 이같은 현실을 더 이상 방치할 수 없으며, 이를 타개하기 위해 전국 노동자와 함께 끝까지 투쟁할 것"을 천명하였다.

그리고 마창노련 이종엽 의장 직무대행은 전국 노동자의 열렬한 환호성 속에서 연대총파업투쟁을 성과있게 진행한 마창노련 11·1, 11·2 총파업투쟁 경과를 보고하였다.

격렬했던 가두투쟁

투쟁결의문 낭독을 끝으로 오후 5시 30분부터 본대회 참석자들은 평화대행진을 위해 정문으로 향했다. 그러나 서울대 정문 앞을 가로막고 있던 폭력경찰들은 관악산 전체가 뿌옇게 흐리도록 지랄탄을 퍼부었다. 이런 탄압에 더욱 분노한 노동자, 학생 등은 정문을 돌파하기 위해 돌과 화염병 세례를 퍼부으며 격렬한 투쟁을 전개하였다. 원래 지방 노동자들의 귀향 시간을 위해 6시에 끝내기로 하였으나, 투쟁은 3시간 넘게 계속되었다.

이에 마창 노동자들은 마창노련 선봉대와 의장단을 남겨 놓은 채 서울대 뒷길로 빠져나와 기차, 고속버스, 봉고차 등으로 밤늦게 마산을 향했다. 서울대를 빠져 나오는 과정에서 20여 명이 또다시 연행되자, 해당 노조는 석방을 기다렸다가 연행자와 함께 1~2시간 후 뒤늦게 마산을 향해 떠났다.

한편 삼미금속, 쌍용중공업, 현대정공, 한일단조 등 마창지역 노동자 300여 명은 서울 상황실의 연락이 끊기고 안내원과의 접촉에 실패함으로써 끝내 대회장인 서울대로 들어가지 못하고 말았다. 이들은 타지역 노동자 4천여 명과 함께 보라매공원 근처나 남대문, 동국대, 동대문 등지에서 치열한 규탄시위를 벌였다.

처음 노동자들이 모인 곳은 명동거리였다. 오후 2시경부터 허름한 차림의 청년노동자들이 붐비기 시작하더니, 을지로 입구에서부터 남대문시장까지 줄잡아 3, 4천여 명은 되어 보였다. 노동자들은 곳곳에서 삼삼오오 모여 긴장된 눈으로 주위를 둘러보거나, 신발끈을 동여맸다. 전경들은 긴장하기 시작했다. 연신 무전기에 대고 연락을 주고받더니 전투태세를 갖추기 시작, 투구를 눌러쓰고 사과탄 주머니를 어깨에 걸쳤다.

이 때였다. 남대문우체국 앞에서 한 노동자가 구호를 외치기 시작하였다.

"철폐하자, 노동악법! 건설하자, 전노협!"

우렁찬 구호에 곧이어 박수가 터지고 연호가 허공을 울렸다. 그러나 전투조가 나오질 않았다. 대오를 형성할 수 없었던 것이다. 이를 눈치챈 백골단이 군중을 휘집고 들어왔고 전경이 줄을 지어 압박해 왔다. 인파는 뿔뿔이 흩어졌고 상황 종료였다. 이렇게 되면 으레 시위는 산발적인 시위로 이어지다 끝나게 마련이고 패배감을 안은 채 하나 둘 떨어져 나가게 마련이었다.

그런데 이번에는 좀 달랐다. 노동자들은 동대문 방면으로 이동하였다. 그리고 동대문 시장 앞에서 앞서의 실패를 만회하였다. 시계가 4시를 가리킨 순간, 지하철역 입구 위에 한 노동자가 쏜살같이 올라서더니 "모이자!"고 외쳤다. 그러자 순식간에 거리 좌우에서 2천 명이 넘는 노동자가 쏟아져 나왔다. 손에는 돌을 들고 대오를 형성한 노동자들은 "악법철폐, 건설 전노협"에서 시작하여 "타도, 노태우!"에 이르기까지 갖가지 구호를 외치며 거리로 뛰쳐나왔다. 시위는 무려 2시간이나 계속되어, 지랄탄에 쫓겨 흩어졌다간 다시 모이고, 또 흩어졌다가 다시 모이는 시위가 반복되었다.

연행자는 총 1,580여 명이었고 그 중 2명이 구속되고 30여 명이 구류처분을 받았다.

전노협 건설과 전국노동자대회

11·12 전국노동자대회는 전노협 건설을 앞두고 무엇보다 전국 노동자의 단결을 가시화하고 자신감을 주었다는 점에서 큰 성과를 거두었다.

정부당국이 총력을 기울인 원천봉쇄를 돌파하고 제2집결지인 서울대에 4천여 명을 비롯하여 경희대에 1,000여 명, 한양대에 500여 명이 모여 집회를 치루었다. 또한 가두에서는 연인원 1만3천여 명이 시위와 홍보전을 벌였을 뿐만 아니라, 서울대에서는 가두행진을 가로막는 경찰에 맞서 치열한 접전을 3시간 이상 벌여 전노협 건설과 노동악법 철폐를 향한 투지를 불태웠다.

특히 마창지역은 50개 노조에서 1천여 명의 조합원이 조직적으로 고루 상경하여 전국 최대 동원을 했고, 가공할 대대적 원천봉쇄에도 불구하고 악전고투하며 장시간의 산행을 이겨내어 본대회를 성사시켰다.

전국회의는 전국노동자대회가 원천봉쇄당한 데 대한 항의규탄 집회를 11월 13일 지역별로 개최하기로 하였다. 그러나 마창지역 집회에는 250여 명밖에 참가하지 않았다. 이후 전국회의 중앙집행위원과 전국 단위노조 대표자 90여 명은 전국노동자대회가 원천봉쇄된 것에 항의하여 11월 15일부터 17일까지 사흘간 평민당 중앙당사에서 점거농성투쟁을 벌였다.

10. 전노협 건설을 위하여

1989년 한 해 동안 노동운동에 가해진 탄압은 어디가 어떻게 특별히 심하다고 말할 수 없을 만큼 전국적이고도 파상적인 것이었다. 어디 한군데 상처 입고 피 흘리지 않는 곳이 없었다. 누가 누구에게 수혈을 하고, 수혈을 받을 수 있는 상황이 아니었다. 이쪽저쪽 탄압을 막느라 발을 동동 굴러가며 쫓아다녀도 모자랄 판이었다. 지노협 전체가, 업종 전체가 그랬다.

"지금은 집중탄압을 피해, 투쟁을 멈추고 힘을 다시 추스릴 시간이다. 전노협 건설로 탄압의 빌미를 줄 때가 아니다."

이것은 지배세력의 회유논리였다. 그러나 노동자들은 지배세력의 기대처럼 전노협 건설을 포기하지도, 움츠러들지도 않았다. 오히려 전국회의는 줄줄이 이어지는 탄압을 피하기는커녕 맞서 싸우면서 줄기차게 당면투쟁을 만들어나갔다. 놀라운 것은 전노협 건설이 바로 이런 당면투쟁을 충실하게 수행해 나가는 가운데서 건설되었다는 점이다.

이것은 전노협이 회의나 결의로 만들어진게 아니라 투쟁으로 만들어진 조직이라는 걸 의미한다. 당면투쟁을 피하지 않고 적극적으로 투쟁으로 맞받아치는 가운데서 전노협 건설의 목표와 방향을 더욱 뚜렷이 세웠고, 그 결과 전노협 건설에 대한 결의와 실천력은 더욱 높아지게 되었다.

전노협 건설을 앞둔 어느 날, 마창노련의 한 임원은 오랜 만에 들른 목욕탕에서 몸무게가 10킬로그램이나 빠져 몰라보게 변한 자신의 모습을 보고 깜짝 놀랐다. 형사의 미행을 따돌리랴, 고속버스와 기차에 시달리며 전국 방방곡곡의 회의장소를 물어물어 찾아다니랴, 밤새도록 회의를 견디랴, 농성장 한구석에서 스티로폴이나 라면박스 위에서 쭈그리고 새우잠을 자랴, 몸이 열 개라도 모자랄 정도였던 것이다. 오죽하면 차라리 감옥에 들어가고 싶다는 농담 아닌 농담이 나왔을까. 그러나 이는 비단 마창노련 임원의 처지만이 아니었다. 대다수의 지노협 지도부나 활동가들 모두가 이렇듯 전국 방방곡곡을 누비며 전노협 건설에 헌신적으로 매진하였다.

전노협 건설은 마창노련 위기의 돌파구였다.

마창노련은 1989년 상반기 동안 '한국노총민주화'와 '시기상조' 입장을 내세우며 전노협 건설에 소극적으로 대처했던 것이 사실이다. 그러나 9·2 테러사건 이후 마창노련은 노동자의 힘이 커지지 않는 한 9·2 테러와 같은 탄압은 계속될 수밖에 없다는 사실을 깨달았다.

애초에 지배세력이 마창노련을 집중적으로 탄압한 목적은 가장 핵심적이고 강력한 지역조직인 마창노련이 전노협 건설에 앞장서지 못하게 발목을 묶어두려는 것이었다. 그러나 마창노련은 9·2 테러사건을 계기로 오히려 전노협의 중요성을 깨닫게 되었다. 결과적으로 탄압은 전노협 건설에 미온적이었던 마창노련을 전노협 건설에 더욱 적극적으로 앞장서게 한 셈이 되었다.

특히 상반기 투쟁을 평가하면서 지도역량이 부족하다, 올바른 지도자가 없다는 지적이 여기저기서 들려왔다. 전국적 시야와 전망을 가진 지도역량이 부족하고 올바른 지도자가 없는 원인은 무엇보다 그동안 잠시도 짬을 가지고 자기충전할 수 있는 시간이 없었다는 점과 지도자가 되기 바쁘게 구속·수배되어 버리는 안타까운 현실에 있었다. 그렇다고 싸움을 안 할 수도 없었다. 투쟁이야말로 전국적인 상황을 깊이 꿰뚫어낼 수 있는 정치적 인식의 기회를 확보하는 것이기 때문이다.

이 점에서 전노협 건설은 (주)통일노조와 같이 투쟁을 회피하지 않으면서 동시에 눈앞의 투쟁에만 휩쓸리지 않고 보다 긴 전망 속에서 선진노동자를 전국적 지도역량으로 훈련할 기회를 제공할 수 있다는 측면에서 시급하게 제기되었다. 따라서 마창노련은 훼손된 지도부의 조속한 보강을 위해서도 전노협 건설에 매진하지 않을 수 없었다.

마창노련은 조합원들에게 마창노련의 필요성을 강조하는 교육선전 과정에서 이전과 달리 한국노총을 골수 어용단체로 규정하였다.[90] 그러면서도 마창노련은 "한국노총 집행부와는 달리 순수하게 노동자들의 입장에 서서 일하고 있는 단위조합과는 언제나 '노동자는 하나'라는 생각으로 같이 일해야 하며, 또한 그렇게 하고 있다"면서 한국노총과의 관계에서 여전히 일정한 여지를 남겨 두었다.91) 이는 전노협이 건설된 뒤 마창노련·전노협이 확대강화되면 이쪽저쪽 눈치만 보면서 머뭇거리던 노조들이 대거 전노협에 참여하게 되고 그렇게 되면 자연히 한국노총은 무력화될 거라는 판단에서였다. 어쨌든 같은 노동자이지만 한국노총과는 어깨를 걸고 함께 전노협 건설의 길로 나아갈 수 없다는 것은 분명해진 셈이다.

전노협 건설 전국동시 총회투쟁

11·12 전국노동자대회 원천봉쇄에 이어 11·15 전국농민대회도 원천봉쇄당하는 등 정권의 탄압이 더 이상 간과할 수 없는 극악한 지경에 이르자, 전국회의는 즉각 대응이 필요하다는 인식하에, 당초 11월 22일로 잡힌 총회투쟁을 17일로 앞당겨 결행키로 하였다.

---

90) 마창노련 1989년 12월 작성 문건 "마창노련은 이렇게 성장해 왔습니다" 중 "한국노총은 해방 이후 이승만 정권 때는 '이승만 재출마요구 관권데모', 박정희 정권 때는 '유신헌법 지지', 전두환 정권 때는 '4·13 호헌지지' 등 줄곧 권력의 앞잡이 노릇을 해온 공로로 역대 한국노총 위원장들이 여당 국회의원으로 진출하게 되었다. 또한 한국노총은 87년 노동자대투쟁 때 현대중공업, 현대자동차 노동자들의 노조결성 준비소식을 듣고 회사측에 정보를 제공하여 회사측이 먼저 어용노조를 결성할 수 있도록 하는 반노동자적 작태를 저질렀다. 더구나 한국노총은 전국경제인연합회, 대한무역협회, 한국경영자총협회, 대한상공회의소 등에서 돈을 받음으로써 스스로 사용자 편임을 분명하게 드러내주었다."
91) 마창노련 창립 2주년 기념 소책자, 「마창노련은 한국노총과 한국노총 산하 경남도협의회와 어떻게 다른가」, 『노동자의 햇새벽을 향해 진군하는 마창노련』, 1989. 12. 14, 4~5쪽.

이에 따라 마창노련을 비롯한 전국회의 소속 노조는 11월 17일 오후 3시부터 2시간 동안 동시다발로 일제히 총회투쟁을 벌였다.[92]

마창노련은 타코마, 중천, 남산업, 웨스트, 대림자동차, 기아기공, 한일단조 등 16개 노조 1만 6천여 조합원들(전체 가입 노조의 39%, 총 조합원의 53%)이 참여한 가운데 오후 3시 전후로 약 2시간여 동안 총회투쟁을 벌인 후 잔업을 전면 거부하였다.

특히 대림자동차노조는 전날밤 이승필 위원장이 서울서 강제연행된 것에 항의, 아침 8시 출근하자마자 임시총회를 열어 위원장 연행에 대한 보고대회 및 소위원회별 토론회를 갖고 오후 3시부터 전국적 투쟁과 보조를 맞춰 총회투쟁을 2시간 동안 진행하였다. 또한 중천노조는 관리자들이 현장의 출입문에 바리케이드를 치고 총회투쟁을 노골적으로 가로막아 30여 분 동안 실갱이끝에 전체 조합원 450여 명 중 200여 명만이 참가한 가운데 전노협 건설에 관한 교육, 단협안 현장토론 등을 내용으로 2시간여 동안 총회투쟁을 벌였다.

전국 동시 총회투쟁은 전노협이 투쟁으로 건설되는 전국 노동자들의 조직이라는 점을 역사에 선포한 투쟁이었다. 따라서 전국 노동자의 조직적이고 의식적인 투쟁이었다는 점에서 카다란 의의가 있었다. 비록 형식은 총회투쟁이지만 실질적으로는 전국적 총파업의 의미를 띠는 역사적인 전국 노동자들의 연대투쟁이었던 것이다.

총회투쟁 후 전국 노동자들은 11월 25~26일 전국에서 일제히 민중대회('민중운동탄압분쇄 및 광주학살, 5공비리 책임자처벌을 위한 89민중대회')를 열었다.

---

[92] 서노협, 경기노련, 진민노련 등 6개 지노협 노동자들은 총회투쟁에 이어 지역집회를 갖거나 원천봉쇄에 항의하는 격렬한 가두시위를 벌이기도 하였다. 특히 부노협(부천지역노조협)은 가입 노조의 87%인 43개 노조 5,500여 조합원들이 참여(전체 조합원의 89%) 총회투쟁을 성공리에 끝낸 후 부천역에서 집회를 갖고 밤 8시까지 치열한 가두시위를 벌였다.

마창노련도 '전교조 경남마산지회' 및 '경남 민민련 준비위'와 공동 주최로 경남대 10·18 광장에서 민중대회(25일 전야제, 26일 본대회)를 개최하였다. "전민중적 연대로 공안통치 분쇄하자! 공안통치 깨부수고 민주사회 앞당기자! 광주학살 5공비리 노태우정권 타도하자!"는 구호가 대회장을 뒤덮은 가운데, 해직교사, 구속자가족, 노동자, 청년학생들의 투쟁 경과보고가 이어졌다. 한 구속학생 어머니는 '부산구치소 시국사범 폭행사건'에 대한 진상과 투쟁을 눈물로 보고하였고, 감옥에서도 탄압에 굴하지 않고 힘차게 투쟁하는 구속자와 그 가족들의 투쟁에 참석자들은 힘찬 박수를 아낌없이 보내주었다.[93]

　한편 마창노련 총파업과 전노협 건설 총회투쟁으로 11월 들어 두 번이나 파업성 연대투쟁이 전개되자 자본과 정권의 탄압이 가중되었다.

　한일단조, 삼미금속은 '무노동무임금'을 억지 적용하였고 효성기계는 석방자의 징계를 놓고 회사측과 조합측이 격렬한 대립을 보였다.

---

[93] 11월 17일 부산교도소에 수감 중인 문성현 경노협 의장 등 마창 노동자 다수와 동의대 학생 등 공안관련 사범 50여 명이 교도관들로부터 무차별 집단폭행을 당한 사건이 발생하였다. 사건의 발단은 부산교도소 내 비리문제, 동의대사건 비리문제 등이 폭력적으로 은폐된 데에 있었다. 11월 17일 교도관들은 공안관련사범 50여 명의 손발을 묶어 놓고 가스총까지 쏘며 한 사람 당 15명이 돌아가며 무려 40여 분 동안 발로 지근지근 밟는 등 무차별 집단폭행을 가해 눈이 찢어지거나 팔이 부러지고 심한 타박상을 입은 사람이 무더기로 발생하였다. 교도소측에서는 이를 숨기기 위해 39명에 대한 면회를 전면 금지시켰으나 마침 11월 20일 마창노련 신덕우 사무처장(대원강업노조 위원장)을 면회한 조합원들에 의해 진상이 알려지게 되었다. 분노한 마창 노동자들은 구속자가 있는 노조를 중심으로 교도소를 집단 항의방문하였고, 가족들은 11월 20일부터 25일까지 부산구치소에서 항의농성을 계속하였고, 재소자들은 단식농성을 줄기차게 벌였다. 세계인권선언일(12/10)을 앞둔 12월 6일 영남권 구속자 가족 60여 명이 교도소장을 면담하고 폭행에 대한 교도소장의 사과와 함께 부상자 치료 약속을 받아냈다.

또한 중천은 회사측이 11월 17일 총회투쟁을 빌미로 11월 22일 위원장과 부위원장, 문화부장, 조합원 등 4명을 징계위원회에 회부하자 노조는 즉각 본격투쟁에 돌입, 투쟁이 격화되었다.[94] 중천노조 이종엽 위원장이 마창노련 의장 권한대행을 겸하고 있는 관계로 중천노조의 탄압은 즉각 전 마창지역 노동자들의 대응으로 이어져, 12월 1일 회사 앞에서 지역집회를 갖고 '부당징계 철회'와 '중천노조 및 마창노련 사수' 투쟁을 끝까지 펼칠 것을 결의하였다.[95] 남산업의 경우에도, 노조(위원장 : 정상철 마창노련 사무처장)가 마창노련의 핵심노조로 떠오르자 회사측은 현장장악을 위해 노무관리체제를 강화하였다.[96]

이렇듯 총회투쟁 이후 탄압이 극심해지자, 전국의 구속·수배·해고 노동자 가족들은 12월 10일 세계인권선언일을 앞두고, 12월 7일부터 서울 평민당 중앙당사를 점거하고 농성을 벌이면서 동시에 정부기관 방문, 인권대회 참가, 야당 3사 방문 등을 통해 (주)통일노조 대량 구속자석방과 울산 및 마창지역 폭력테러사건, 부산과 광주 교도소 구타사건 등 노동운동탄압에 대한 진상조사단 파견을 촉구하였다.

---

[94] 11월 27일과 28일 징계위원회가 열릴 예정이었으나 이종엽 위원장 등 조합간부 9명은 28일부터 사장실을 점거, 9일간 단식투쟁을 벌였고 조합간부들은 매일 철야농성하였다. 조합원들도 29일 징계위 개최장소를 점거하여 3차 징계위원회를 무산시킨 후 30일부터 본격적인 물량 떨어뜨리기 등의 준법투쟁으로 회사측의 탄압에 맞섰다.
[95] 회사측은 경고장을 발송하고, 징계위에 회부된 위원장과 김홍선 조합원을 고발조치했다. 또 준법투쟁으로 생산량이 급격히 떨어지자 무노동무임금으로 협박을 가하였다. 이에 노조는 중식집회, 현장토론, 작업 중 노래, 전간부 철야, 생산량 감소 등을 전개하였다. 12월 11일부터 조합원들은 '완장차고 일하기'를 전개했고 조합간부들은 머리띠와 몸벽보를 하고 농성투쟁에 임하였다.
[96] 남산업은 일본인 전직 사장이 스스로 부사장으로 내려앉으면서 군 출신 한국인을 사장에 앉혔다. 이어 노조에 협조적인 '온건한' 공장장과 총무부장을 내쫓고 대신 '노무관리실'을 신설하여, 실장으로 하여금 현장을 장악케 하였다.

전노협 창립 준비위 발족[97]

1989년 12월 17일 경희대학교 크라운관에서 전노협 창립준비위원회가 15개 지역 대표자 610명을 포함해 1천여 명이 참석한 가운데 정식으로 출범하였다. 13차례에 걸친 전국회의의 활동보고와 아울러 전노협 창립 사업계획 및 일정이 발표됨으로써 이제 전국회의 시대는 막을 내리게 되었다.[98]

마창지역에서는 전노협 준비위 발족식(오후 2시)에 참가하기 위해 참석자 모두 그 전날 밤부터 한 장소에 모여 토론을 하면서 출발 시간을 기다렸다. 모두가 잠든 새벽 4시, 꽁꽁 얼어붙은 겨울의 밤공기를 가르며 2인이 1조가 된 사람들은 어둠 속에서 민첩하게 움직였다. 고속버스나 기차를 이용할 수 없었기 때문에(수배자에 대한 검문검색이 심했기에), 할 수 없이 버스를 미리 준비하였던 것이다. 버스는 정확히 10분 후 출발하였다. 고속도로에서도 '혹시나 검문을 받지는 않을까' 조마조마하던 일행은 결국 서울 입성을 포기하고 수원에서 내려 다시 조별로 2개 코스로 나뉘어 경희대에 들어섰다. 원천봉쇄를 예상하고 샛문으로 들어갔으나 다행히 통과되었다.

그러나 행사장 준비가 늦어져, 행사는 예정시간보다 늦게 시작되었다. 오직 전노협 건설로 전진하는 강한 믿음들이 넘쳐흐르는 대회장에서 특히 마창노련이 소개되자 폭발적인 박수와 함께 기자들의 후레쉬 세례가 쏟아졌다.

전노협 창립 준비위원장으로는 단병호 전국회의 의장이 기립박수와 함께 만장일치로 선임되었다. 그리고 부의장은 폭압적 탄압 속에

---

[97] 「차가운 겨울의 새벽공기를 가르며 — 전노협 창립준비위 결성대회 보고서」, 『마창노련신문』, 1990. 1. 19, 4쪽.
[98] 전노협 결성과정은 전노협백서·노동사발간위원회, 『기나긴 어둠을 찢어버리고 — 전노협백서 제1권』, 도서출판 전노협, 1997, 447~624쪽.

서 지도역량을 굳건히 지키기 위해 이흥석 마창노련 의장을 포함한 11명으로 구성되었다. 시간이 길어져 행사는 대폭 수정되었고 이어서 축하곡 '벗이여 해방이 온다'가 울려 퍼지자 전국의 동지들은 서로의 어깨를 걸고 벅찬 감격에 울먹였다.[99]

그리고 12월 20일에는 전국 20만 노동자의 신문, 전노협 기관지 『전국노동자신문』이 창간되었다.

마창노련 1억 원 모금

전노협은 법으로 보장된 합법단체도 아니고, 깃발만 흔들면 모이는 조직도 아니었다. 무엇보다 전노협은 상층의 결의로 건설된 조직이 아니라, 조합원 한 사람 한 사람이 결의하고 실천하면서 건설한 조직이었다.

그 단적인 예가 전노협 건설기금 모금이었다. 사실 전노협 건설기금 모금운동은 단순히 돈을 모금하는 것이 아니라 실천적 조직 건설 투쟁이라 할 수 있었다. "푼돈으로 어느 천 년 세월에 목돈 만들기고?" 주머니 돈을 털어 넣으면서 조합원들은 푸념을 늘어놓았다. 한 푼 두 푼으로 몇 억의 거금을 마련한다는 게 믿어지지 않았기 때문이다. 그러나 전국 노동자 20만 명이 전노협 가입을 결의하고 실천하면

---

[99] 이 날 행사장에는 전노협 건설과 직접 관련이 없는 주장을 포함한 각 정파의 유인물이 뿌려졌고, 연사들의 연설 또한 전노협 건설과 다른 주장을 펴거나, 아직 논의 단계에 있는 합법정당을 홍보하는 인상을 풍기기도 하였다. 특히 그간의 과정에서 보수야당에게 철저히 배신당한 경험을 가지고 있음에도 불구하고, 뜻깊은 자리에 민주·평민 야당 의원들을 참석시켰다. 평민당 부총재가 연설을 하자 야유가 터져 나왔는데, 이는 단지 야당의원에게만 보내는 야유에 그치지 않고 정신 못차린 지도부에 보내는 야유로 들리기도 했다. 행사는 전반적으로 중앙측 위주로 꾸며져 지방에서 상경한 동지들을 생각지 못한 듯 지루한 연설만 계속되었다.

서 서서히 밑으로부터 전노협의 위대한 실체가 구체적 모습을 드러내기 시작하였다.

전국의 모금 총액이 1억3천만 원인데, 그 중 마창노련 모금액이 무려 1억 원(75%)에 달한 것은 마창노련 조합원들의 이러한 자발적, 적극적 활동의 결과였다.100) 또한 모금에 참가한 전노협 가입 조합원 37,950명 중 모금에 참가한 마창노련 조합원은 2만 명으로서 당시 마창노련 가입 조합원이 2만6천여 명이었던 점을 감안하면 마창노련 전 조합원이 모금에 참가했음을 알 수 있다. 물론 모금액이나 모금자 수가 많은 것과 전노협의 조직적 결의가 비례하거나 반드시 일치하는 것은 아니지만, 마창노련이 전노협의 선봉이라 불리는 데는 손색이 없는 숫자라 할 수 있다.

마창노련 창립 2주년 기념, 제2회 들불대동제

'마창노련 창립 2주년 기념, 제2회 들불대동제'는 12월 13일(수)~14일(목) 양일간 3만여 조합원의 축제답게 성대한 행사로 계획되었다. 애초에 예정된 장소는 경남대 대강당이었으나, 행사 시작 3시간 전에 경찰이 기습적으로 원천봉쇄하는 바람에 수미다노조 농성장으로 장소를 급히 옮겼다. 그러나 장소가 옮겨지는 과정에서 연락이 제대로 않아 참여한 조합원은 1,500여 명에 그쳐 "폭넓은 주체적 참여"라는 당초의 취지와 의미에 부합되지 못하였다.

첫날 전야제는 조합별 장기자랑으로 진행되었다. 그리고 다음날 본행사는 이종엽 마창노련 부의장의 기념사와 김승호 전국회의 중집위 부위원장의 연대사, 우수조합 시상식에 이어 노무현 민주당 의원의 초청강연, 노래패 '소리모아' 초청공연, '단결의 밤' 촛불의식 순으로

---

100) 「전노협창립대회 자료집」, 10쪽.

약 3시간 가량 진행되었다. 마창노련은 행사기간 중 재정사업으로 기념노래 테이프 2,500개와 마창노련 배지 4천 개를 제작하여, 판매하였다.

『새로운 전진을 위한 만남』, 마창노련 창립 2주년 기념행사의 제목처럼 전노협 건설과 1990년 임투승리를 위한 새로운 전진을 위해 마창노련은 전노협이라는 물결이 넘실대는 전국의 바다로 향해 마지막 험한 고지, 지역의 산을 넘고 있었다. 그야말로 쉼없는 투쟁의 하루하루로 점철된 1989년을 보내고 1990년 새해를 맞으면서 마창노련은 다시 한번 가쁜 호흡을 가다듬었다.

참고자료 및 문헌

- 「11월12일에서 배우는 전노협 건설의 투쟁방침」, 『노동운동』 1989년 12월호, 32~43쪽.
- 「89노동절 평가와 향후 조직전망」, 『노동자』 1989년 7월호, 백산서당, 90~103쪽.
- TC노조 후속모임 여성전사, 『TC노동조합운동사』, 도서출판 늘벗, 1991. 4. 30, 64~85쪽.
- 『노동운동』 창간준비 1호 1989년 5월호(「전노협, 지금 왜 더욱 절실한가」, 23~29쪽; 「89 노동절을 되돌아보며」, 66~71쪽).
- 『노동운동』 창간준비 2호, 1989년 7월호(「선봉대의 깃발을 다시 들자」, 55~64쪽; 「구속자석방투쟁, 그 경과와 성격, 전망」, 74~83쪽).
- 대림자동차 김경만, 「마창단결 완전쟁취 89 임투 승리하자」, 『새날, 새날을 여는구나』, 세계출판사, 231~242쪽(제2회 전태일문학상 수상작품집 투쟁기 부문우수작).
- 「마산·창원지역 89년 상반기 노동자투쟁」, 『동향과 전망』 제5호, 백산서당, 68~81쪽.
- 마창노련, 「89년 마창지역 노동운동의 전개와 평가, 전망」, 『경대문화』 1990년 제23집, 140~148쪽.
- 박희라, 「노동자 지키는 노동자위대」, 『말』 1989년 5월호, 28~34쪽.
- 「선진노동자, 노동운동비약의 고리를 틀어쥐었는가?」, 『노동운동』 창간준비 3호 1989년 9월호, 50~59쪽.
- 이준수, 「마창노련 정당방위대」, 『노동자』 1989년 6월호, 백산서당, 120~129쪽.
- 전국금속노동조합연맹, 「TC전자 부당노동행위」, 『부당노동행위사례연구』, 21~44쪽.전노협 건설의 「길목을 터라 (주)통일 투쟁」, 『노동운동』 1989년 11월호, 80~87쪽.
- 전노협 준비소위, 『제2차 지역업종 노조협(연맹) 전국순회 경과보고서(1989. 7. 4~14)』, 1989. 7. 17.
- 전노협 창립준비위원회, 『전노협 창립준비위 자료집』, 1989. 12. 17.
- 전노협, 『선봉대자료집 - 1 — 89 상반기까지』, 발행일자 미확인.
- 한국남산업의 단협투쟁(모범사례)」, 『노동운동』 창간호, 1989년 10월, 62~66쪽.

제3장
전노협 깃발 아래 거듭나는 마창노련
1990

1. 전노협 창립과 밀려오는 탄압
2. 업무조사 거부하고 마창노련 탈퇴 저지하라
3. 5·1절 전국 1차 총파업투쟁
4. 이영일 열사와 2, 3차 전국노동자투쟁
5. 1990년 임금인상투쟁
6. 마산교도소 내 처우개선과 고문폭행 규탄투쟁 및 그 지원투쟁
7. 빼앗긴 민주광장
8. 1990년 노동법개정 투쟁 그리고 11·11 전국노동자대회
9. 우리 갈 길 멀고 험해도

I. 전노협 창립과 밀려오는 탄압

이제는 하나다 전노협!

1990년 경오년이 밝았다. 그리고 1월 22일 역사적인 전노협 시대가 막을 올렸다.

전노협 창립을 앞두고 마창노련 가입 노조는 각 노조별로 총회 혹은 대의원대회를 통해 전노협 가입을 결의하였다. 그리고 1990년 1월 13일 마창노련 제2차 임대는 전노협 가입을 결의하고, 전노협 의무금을 조합원 1인당 월 100원씩 납부할 것을 이의 없이 결의하였다.

마창노련 가입 노조 중 일부는 한국노총을 탈퇴하지 않았으나, 의무금 납부는 조합마다 입장이 달라 천차만별이었다. 이에 마창노련 집행위원회는 의무금을 포함하여 한국노총과의 관계를 청산하지 않는 것이 좋다는 제안서를 운영위원회에 제출한 바 있었다.[1] 그러나

---

[1] 1월 3일자 마창노련 집행위원회 회의 결과가 1월 8일 운영위원회에 보고되었다. 집행위원회는 한국노총에 의무금을 내지 않는 등 관계를 완전히 두절할 경우의 문제점을 열거하였다. 첫째 한국노총 내의 민주노조, 중간노조, 업종별 노조를 견인하는 데 어려움이 예상된다는 점, 둘째 1990년에 한국노총이 산별 체제로 되었을 경우(민정당이 동의하고 있고 2월 임시국회에서 법이 개정될 가능성 큼) 한국노총과의 관계를 단절하면 사고 지부로 결정되고 법외 노조화된다. 이 경우 단위노조 및 전노협 합법성 쟁취가 현재 역량으로 어려울 것이

조합원들에게는 일부가 우려하듯 한국노총이냐 전노협이냐라는 선택은 중요하지 않았다. 오히려 마창노련이 이미 전노협을 상급조직으로 인정하고 가입을 결의한 이상 한국노총은 더 이상 논란의 대상이 되지 못했다고 볼 수 있다.

이로써 전국 민주노조의 단일대오, 전노협의 진군 나팔소리와 함께 전노협 원년이 시작되었다.

마창노련 가입 노조들은 정문에 현수막 '축 전국노동조합협의회 창립', '전노협, 마창노련, ○○노조'를 내걸고 마창노련·전노협이 상급조직임을 내외에 당당하고 자랑스럽게 공표하였다.

마침내 1990년 1월 22일!

이제는 하나다. 전노협!
1990년 1월 22일 경찰의 봉쇄망을 뚫고 성균관대 수원캠퍼스에 모인 노동자들이 전노협 결성대회를 열고 있다.

고 미가입 노조 견인도 어려울 것이다. 또 한국노총이 산별체제로 임금교섭을 할 경우 전노협은 대안이 없다 등.

하얀 눈밭 위에 전노협 깃발이 힘차게 솟아올랐다. 해방 뒤 결성된 '조선노동조합전국평의회' 이후 실로 40년간을 목마르게 갈망하던 노동자의 자주적인 전국조직, '전국노동조합협의회'의 힘찬 진군의 나팔소리가 울려퍼진 것이다.

성균관대학교 수원캠퍼스에는 경찰의 철통같은 원천봉쇄에도 불구하고 살얼음을 딛듯 조심스레 전국의 대의원들이 속속 도착하고 있었다.

이종엽 마창노련 의장 직무대행은 당시를 이렇게 기억했다.

"당시 수배 중인데다 얼굴이 알려져 있었기 때문에 창립대회장에 들어간다는 건 구속을 각오해야만 했어요. 그래서 생전 처음으로 안 하던 화장까지 짙게 하고 귀걸이에다 하이힐까지 신고 갔습니다. 역이나 터미널을 통해 나간다는 건 생각조차 할 수 없었고, 김해로 가서 거기서 밀양으로, 밀양에서 기차를 타고 수원에 도착했죠. 경찰은 뒤늦게 장소를 알아가지고 쳐들어왔는데 그 때는 이미 결성식이 끝날 무렵이라 다행히 행사는 무사히 치룰 수 있었습니다."

전노협 가입 예정인 14개 지노협과 3개 업종(총 602개 노조 20만 명)에서 선출된 전노협 대의원 500명, 선봉대 200명, 학생 300명, 기타 내빈 30여 명 등 1천여 명이 참석(마창노련 200여 명 참석)한 가운데 12시 40분경 개회선언으로 역사적인 전노협 출범을 알리는 창립대회가 시작되었다.

"새 날이 밝아온다. 동지여, 한 발 두 발 전진이다 ……"

전노협 진군가가 울려퍼졌다.

목소리는 떨렸고, 눈가에는 벅찬 감격의 이슬이 맺혔다. 단병호 전노협 신임의장의 취임사가 진행되는 도중, 전경과 백골단이 쇠파이프를 들고 학생회관을 침탈하려고 진입을 시도하였으나 선봉대와 학생들은 이를 결사적으로 막아냈다. 1990년 전국임금인상투쟁본부 결성을 선포한 뒤 참가자들은 '임금인상 쟁취'와 '공동준비, 공동투쟁'을 결의하고, '경단협 해체, 무노동무임금 철폐, 노동악법, 반민주악법 철폐' 등을 촉구하였다.

"수배와 가택연금을 뚫고 전국에서 집결한 500여 대의원의 결의, 갑호비상령을 뚫고 창립대회를 성사시킨 완벽한 조직력, 자기 한몸을 던져 조직과 지도부를 지켜 낸 선봉대원들의 헌신적인 투쟁 속에서 전노협은 그 자랑스런 깃발을 드높이 들었다. 그리고 외쳤다. 이제는 하나다! 전노협!"[2]

1시간 만에 식은 모두 끝났으나 대의원 다수가 밖으로 나온 뒤부터 교정에서는 노동자와 학생 1천여 명이 최루탄을 난사하는 백골단 400여 명과 맞서 한 시간 동안 격렬한 투석전을 전개하였다. 그러나 전혀 방어할 수단을 갖지 못한 바람에 136명이 연행되고 나머지는 도서관이나 기타 학교건물로 피하거나 학교 밖으로 퇴각하였다.[3]

"과감하게 맞서 열심히 싸웠지만 역부족이었다. 밀리다 밀리다 산으로 철망을 넘어 또다시 가시밭길을 뛰어 한길로 뛰었다. 많은 동지들의 아우성과 비명 ……! 퍼뜩 스치는 소리 '노동자들은 먼저 넘어 가시오' 선봉대 학생들이 철망 앞에서 노동자들을 넘겨 주었다. 고맙다는 생각과 함께 말 없는 눈물이 두 볼을 적셨다. '개새끼들' 어금니를 깨물며 떨리는 두 주먹을 불끈 쥐며 눈물어린 눈동자로 아수라장을 노려 보았다."[4]

폭력으로 짓밟힌 창립대회장, 그러나 마창 노동자들은 그 속에서도

---

2) 방현석, 「전노협 결성」, 『노동과 세계』 제44호, 1999. 1. 3.
3) 마창지역 연행자는 동경전자노조 주연옥 위원장 등 2명, 산본노조 장복순 위원장 등 2명, 허정도 (주)통일노조 쟁의차장 등.
4) 대림자동차노조, 「전국노동조합협의회 창립투쟁 보고서」, 『등대』 제31호, 1990. 2. 20, 7쪽.

기어이 결성식을 치루었다는 자부심으로 밤차를 타고 내려오면서도 피곤하고 지친 줄을 몰랐다.

그러나 연행자들에 대한 안타까움을 가라앉히기도 전에 이번에는 놀라운 소식이 노동자들을 기다리고 있었다.

민자당과 경단협의 총공세

전노협이 창립된 바로 같은 날 같은 시각에 민주당과 공화당 두 야당이 여당인 민정당과 야합하여 3당을 통합하고 민자당을 창당한 것이다.[5] 이는 한마디로 여소야대로 독재를 막아달라는 국민의 여망을 정면으로 비웃은 배신행위였다. 국민들은 분노했다. 민족민주단체 및 각계 각층에서는 연일 3당합당 반대 성명서와 유인물을 배포하였고, 마창노련·전노협 또한 1월 24일 각 노조별로 '전노협창립대회 보고 및 탄압 규탄대회'를 통해 노동자의 분노를 표출하였다.

사실 '전노협'의 등장은 정권과 자본에게는 커다란 위협이었다. 단지 단체 하나가 새로 건설되어서가 아니라 노동운동 및 민중운동의 성과가 하나의 실체로 등장하였다는 의미에서였다. 이에 정권은 독점재벌의 안정적 자본축적을 유지하고 민중운동을 탄압하기 위하여 보수대연합체인 민자당을 창당하고 전노협과의 전면전을 선포하기에 이르렀다.

1월 18일 정부가 발표한 "산업평화 조기정착과 임금안정 대책"은 한마디로 전노협 가입 노조에 대한 대대적인 탄압의 신호탄이었고, '노사분규 전담수사반 편성', '산업평화 저해사범 엄단', '주동자 배후 의법 조치' 등 한마디로 '끽'소리 말고 죽어지내라는 것이었다.

여기에 덧붙여 정부는 전노협을 "급진적 좌경노동세력", "경제위기

---

[5] 민자당 창당대회에는 한국노총이 '귀빈'으로 참석했다.

와 체제전복을 추구하는 폭력집단"으로 아예 매도하고 나섰다. 그리하여 '전노협 핵심인물 산업사회에서 완전 격리', '전노협 가입 노조 업무조사', '기간산업 쟁의 때 긴급조정권 발동' 등의 조치를 잇달아 발표하였다. 뿐만 아니라 '수도권'과 '울산, 마창'지역은 특별 관리지역으로 선포하고 특히 자본측이 112 전화신고만 하면 즉각 출동하도록 조치하기까지 하였다.

한편 자본세력 역시 1989년 12월 23일 전국경제인연합회(이하 '전경련') 등 6개 단체가 총집결하여 전국경제인단체협의회(이하 '경단협')을 결성하였다.

결성 직후 경단협은 우선 1990년 임금인상률을 7% 선으로 한정 짓고 '쟁의 없이 한 자리 숫자로 조기타결'한다는 기조방침을 세웠다. 그리고 여기에 산업평화공제기금을 추진하고 소위 '노사분규'로 인한 피해금액을 서로 보상해 주기로 하는 등 '무노동무임금 관철'과 '작업시간 내 조합활동 금지', '인사·경영권 고수를 위한 공동대응'을 결의하고, 어려운 기업은 지원하되, 어기는 기업은 징계한다는 방침까지 시달하였다.

그리하여 1990년이 시작되자마자 정권과 자본은 전노협·마창노련 가입 노조에 대한 업무사찰, 파업권 축소, 무노동무임금 강제적용 등 총체적 탄압을 가하기 시작하였다. 이는 조합원들로 하여금 "올 임투는 힘들다", "연대활동은 위험하니 우리 조합만이라도 살아보자"는 무사안일주의와 조합주의적 심리를 조성하여, 단위노조별로 철저하게 분리해서 제도권 내로 묶어, 급기야는 전노협을 기본단위에서부터 무력화·분열시키려는 책동이었다.

마창노련·전노협은 이러한 총체적 탄압에 맞서 '연대를 두려워 한 1970년대 민주노조운동의 비참한 말로'를 되풀이해서는 안 된다는 각오 아래 노동자와 민중연대, 나아가 전 민족민주세력 연대로 총 결집하여 결사저지하기로 하였다. 무엇보다 마창노련·전노협은 전 국민에게 전노협의 실체를 알리는 선전전을 강화하고 시급하게 닥친 1990년 임투준비에 총력을 기울였다.

마창노련 지도력과 집행력 위기, 의장 권한대행 체제로

이렇게 전노협 건설을 결사저지하는 정권과 자본의 집중탄압으로 1989년 하반기부터 마창노련 지도부와 임원 대부분이 구속·수배되었다.6) 이로 인해 운영위원회와 집행위원회가 열리지 못할 정도로 마창노련의 지도력과 집행력은 심각한 위기에 직면하게 되었다. 뿐만 아니라 단위노조에서도 간부 기피현상이 두드러졌고, 집행부는 조합원들이 따라주지 않는다는 현실을 탓하면서 책임을 방기하기도 했다. 심지어는 "요 시기가 지나면 정세가 호전될 것이고 그 때 싸우자", "어려운 시기에 싸워 구속되면 누가 조합을 이끌고 나갈 것인가"라면서 투쟁의 일선에 나서기를 주저하기도 했다. 그러나 일시적으로 투쟁을 멈춘다고 탄압이 멈출 리도 없었고, 경단협이나 민자당이 해체되는 것도 아니었다.

이런 가운데 1990년 1월 13일 제2차 임대에서는 많은 대의원들이 마창노련의 파행적이고 비민주적인 운영에 대해 문제를 제기하고, 조합원 중심의 조직운영을 요구하고 나섰다.

이러한 대의원들의 요구에 따라 마창노련은 지도력 보강 등 현안 문제를 논의하기 위해 2월 초순부터 가입 및 참관 노조와 잇달아 간담회를 열었다. 하지만 이런 노력에도 불구하고 단위노조마다 업무조사나 마창노련·전노협 탈퇴압력으로 안팎의 위기가 겹쳐 있어 마창노련의 지도부와 집행력의 공백을 메꾸려던 목적은 빨리 이루어지기

---

6) 당시 이흥석 의장은 구속 중이었고, 이종엽 부의장은 수배 중이었다.

어려웠다.

이에 1990년 2월 24일 제2차 정대는 직무대행 체제로는 지도력을 확보하기 힘들다는 판단하에 현재 활동 중인 마창노련 간부 중에서 임원을 새로 선출하여 집행력을 강화하기로 투표로 결정하였다. 이에 3대 임원선출 문제는 선거관리위원회로 넘어갔고 정대는 휴회상태로 연기되었다.[7]

그러나 3대 마창노련 의장 후보로 추대된 이승필 대림자동차노조 위원장이 3월 8일 밤 마산 시내에서 연행되어 전격 구속되었다.[8] 결국 3월 9일로 예정된 마창노련 정대 역시 또다시 연기되었고, 3월 16일 열린 2차 정대는 강력한 지도력을 요구하는 대의원들의 뜻을 수렴하지 못한 채, 구속·수배 중인 2대 임원이 유임되고 정상철 남산업노조 위원장이 마창노련 사무처장으로서 의장 권한대행을 맡는 체제로 들어가게 되었다.

대림자동차노조 압수수색 및 연행 구속

한편 2월 23일 오후 6시 반경, 650여 명의 전경과 백골단, 그리고 30여 명의 대공요원들이 대림자동차노조에 들이닥쳤다.[9] 이들은 근 1

---

[7] 2차 정대에서는 그동안 의무금 납부 및 활동이 전혀 없었던 영흥철강, 창원공업, 일진특수판금노조를 제명하였다. 이에 2월 현재 총 41개 가입 노조, 총 24,450명의 조합원이 가입하였다. 조직부서는 7국에서 8국(복지국 신설)으로 늘렸고, 또한 다국적기업특위와 가족위원회를 규약에서 삭제하고 별도의 규정을 제정하여 운영하기로 하였다.

[8] 대림자동차노조는 3월 5일 간담회를 통해 이승필 위원장을 마창노련 의장으로 추대할 것을 결의하였다. 그러자 회사측에서는 3월 8일 식당과 사내 곳곳에 불온유인물을 다량 배포하고 "마창노련 의장 출마를 포기하고 노사안정을 간절히 바란다"는 호소문을 부착하는 등, 현장 안은 초비상사태를 방불케 할 만큼 긴장감이 팽배하였다.

[9] 경찰 침탈 전, 창원시 사회과 노정계는 업무조사차 방문했다가 노조가 거부하

시간여 동안 공장 내외각을 완전 포위하고 경비실 전화마저 끊은 상태에서, 조합의 각종 자료를 압수하고 쓰레기통까지 뒤졌다. 그런가하면 비디오와 사진 촬영은 물론 심지어 현수막 제작을 위해 비워둔 신나통에 빗물이 고인 것을 불법무기 제조라며 압수했고, 노조사무실 확장공사용 쇠파이프도 폭력무기라며 압수해 갔다.

'오고 가며 무노동 무임금 박살'
대림자동차노조가 사내에 걸어둔
'무노동무임금' 샌드백.

그동안 대림자동차노조는 1990년 임투를 앞두고 자본가의 집요한 이념공세와 물질적 조직적 공격에 대응하기 위해 조직강화는 물론 조합원 의식향상에도 힘을 기울였다. 그리하여 노조는 자체 학습교육 프로그램을 개발하여 조합원 전체를 대상으로 '대림 노동교실'을 운영하기도 하였다.10) 경남도경은 이 '대림 노동교실'을 '의식화 교육과 이적표현물 제작배포' 혐의를 뒤집어씌워 압수수색을 자행하였다. 대림

자 최후통첩을 전하고 오후 4시경 돌아갔다.
10) 대림노동교실은 1월 11~2월 17일 매주 월요일과 목요일 두 차례씩 저녁에 실시하였는데, 수강신청이 쇄도하는 바람에 1차로 선착순 50명을 선발할 정도로 조합원의 호응이 높았다.

자동차노조가 마창노련·전노협의 핵심노조라는 점과 노동부의 업무조사 요구를 조합원 전체의 투쟁으로 막아냈다는 점에서 정권과 자본의 집중탄압의 표적이 된 것이다.

뒤늦게 소식을 듣고 달려온 조합원들은 강제연행해간 간부를 구출하기 위해 철조망과 담벽을 뛰어넘으며 사과탄에 맞서 치열한 투석전을 40여 분간 전개했다. 3명의 간부는 철야로 취조를 당한 후 다음날 풀려났으나, 경찰은 다음날 위원장을 비롯한 조합 간부들의 집과 기숙사를 덮치고, 천정까지 뜯어 수색하였다.11) 대림자동차노조는 즉각 성명서 발표, 도경 대공분실 항의방문, 전 조합원 연일 규탄대회(2월 26일 사내 민주광장에서) 개최로 맞섰고, 마창노련 산하 각 노조는 일제히 중식집회를 개최하는 등 대림자동차노조에 대한 공권력 침탈을 강력 규탄하고 연대투쟁전선을 강화하였다.

이순용 안기부 프락치 사건12)

전노협 창립을 전후하여 전국 곳곳에서 노동운동에 대한 대대적인 집중탄압이 가해지고 있는 가운데 안기부가 국가보안법을 이용하여 마창지역에 대규모 조직사건을 조작하려 한 음모가 폭로되었다.

이것이 바로 3월 초에 발생한 이순용 안기부 프락치 사건이었다.13) 정권은 언제나 극심한 탄압국면에서 이러한 조직사건을 조작해 왔는

---

11) 대림자동차노조는 이 사건 이후 이승필 위원장, 김윤수 총무부장 등 집행간부 8명이 국가보안법 위반 등으로 구속되고, 김경만 홍보부장이 수배되었다.
12) 전국노운협, 「마창지역에 대한 안기부 프락치공작을 폭로한다」, 『노동운동』, 1990. 4 ; 안기부 프락치공작 진상조사 및 노동운동탄압저지 대책위원회, 『이순용 프락치 사건 백서』, 미발행.
13) 이순용은 전남 출신으로 1987년 마산 오성사에 입사 1987년 해고, 1988년 7월경 TC 구사대폭력사건 때 구속되었다가 1988년 12월 20일경 집행유예로 석방, 그 뒤 1989년 10월경부터 오성사노조 상근자 및 지역활동.

데 당시 안기부는 이순용 프락치를 이용하여 소위 '남도주체사상연구회'라는 유령단체를 만들어 마창지역 학생과 노동자들을 조직사건으로 엮으려는 음모를 획책하였다.

먼저 1월 15일 한일합섬 공장 벽에 김일성 찬양 현수막이 붙었다는 사실이 이순용에 의해 알려졌다. 그러나 이 사실은 언론에 알려지지 않은 사실을 이순용이 알고 있다는 점으로 인해 이순용에 대한 의혹이 제기되었다. 그러자 이순용은 자신이 안기부 프락치임을 고백하고 한일합섬에서 50미터 떨어진 곳에서 자취하던 한 활동가에게 피신하라는 귀뜸까지 해 주었다.

이번에는 2월 17일 수출지역 맞은편 길 당구장에 '김정일 생일 축하' 현수막이 걸린 사건이 TV나 신문에 대문짝만하게 보도되었다. 마창지역 노동자들은 경악과 불안를 느끼면서도 한편으로는 강한 의혹을 제기하지 않을 수 없었다. 왜냐하면 당구장이 바로 양덕파출소 옆인데다가 현수막을 걸려면 적어도 5~6분 정도 시간이 걸리는데 때마침 퇴근시간이라서 엄청난 인파가 쏟아져 나왔을 터인데 목격자가 하나도 없다는 것은 납득하기 어려웠기 때문이다. 또한 언론보도와 수사기관의 태도 역시 의도적으로 노동운동과 연관이 있는 것처럼 분위기를 유도하고 있었다. 이러한 여러 정황을 미루어 이 사건은 의혹 투성이로 보였다.

더구나 이순용은 자신이 안기부 프락치라는 사실을 공공연히 떠들고 다니면서 주변 인물들에게 '남도주체사상연구회'에 대해 수소문을 하고 다니기까지 하였다. 현수막에 사용한 각목이 봉암공단에서 나온 것으로 확인되었다느니, 천에 최루탄 냄새가 배어 있는 것으로 보아 학교 쪽에서 만든 것으로 추정한다느니 하면서 마치 현수막 사건에 노동자와 학생이 관련된 것처럼 말을 퍼뜨렸던 것이다. 특히 이순용은 안기부가 '남도주체사상연구회' 사건을 해결하면 5천만 원을 주겠다고 제안했다는 사실까지 털어놓았다. 이로 인해 이순용에 대한 의혹은 더욱 증폭되었고, 누군가 모종의 사건을 조작하려 한다는 불길한 소문까지 무성하게 퍼져 갔다.

이런 가운데 이순용은 3월 4일 마산 공설운동장 보조경기장에서 열린 '제3회 봉암공단 16개 업체 친선 축구대회'에 찾아와 사진을 찍으며 돌아다녔다. 이를 수상하게 여긴 주위 사람들이 그의 행동을 제지하고 신분확인을 요구하게 되었다. 이순용과 동행한 허태완(창원기화기 해고자)이 자초지종을 설명했으나 아무래도 책임있는 조사가 필요하다는 의견이 모아져 일꾼노동문제연구원 박기영, 김종욱 등이 연락을 받고 달려왔다.14)

마산시 진동면으로 함께 간 일행은 3월 5일 밤 9시까지 30여 시간 동안이나 대화를 나누었으나, 이순용은 사실을 축소, 은폐, 번복하면서 발뺌하였다. 양심선언 등으로 사태를 수습하려던 조사팀은 배신감으로 분노가 폭발하여 구타를 하기에 이르렀다. 그런데 놀랍게도 그 순간 경남도경 대공분실 소속 수사요원과 카빈으로 무장한 전경 50여 명이 급습하였다. 경찰은 이미 3월 5일 아침부터 사건현장에 포위 잠복해 있었고, 밤 9시 30분경 폭행이 일어나자 기습적으로 덮친 것이다. 박기영, 이재구, 손택만, 허태완이 연행되었고, 대공분실에서 조사를 받은 후 구속되었다.

처음으로 사건 소식을 접한 마창지역 노동자들은 한마디로 경악을 금치 못하였다. 게다가 한술 더 떠서 제도언론들은 한결같이 이순용이 억울하게 프락치 누명을 쓰고 같은 노동운동 동지들로부터 강제연행, 감금, 구타까지 당했다고 왜곡보도하면서 노동운동세력을 도덕적으로 매도하려 들었다.

---

14) 이순의 말에 속아 허태완이 대신 해명에 나섰으나, 나중에 이순용에게 속았음이 드러났다.

마창노련은 진실 규명을 위해 마창지역 민주단체들과 함께 노동운동탄압저지 및 안기부 프락치공작 진상규명 공동대책위(이하 '프락치대책위')를 구성하고 진상조사에 들어갔다. 조사 결과 이순용이 프락치였다는 사실과 특히 '남도주체사상연구회'라는 대규모 용공조직사건을 조작하는 음모에 이용되고 가담하였다는 사실이 명백하게 밝혀지게 되었다.

그러나 조사과정에서 뜻하지 않은 문제가 발생하게 되었다.

이순용이 1989년 12월 26일과 1990년 1월 7일 두 차례에 걸쳐 일꾼노동문제연구원인 서종, 박성호, 주재석 등에게 자신이 프락치임을 고백했다는 사실과, 세 사람이 프락치 사실을 알고 있었으면서도 지역 전체에 알리지 않고 자체 판단으로 대응해 왔다는 사실이 밝혀진 것이다. 사건은 노동운동 활동가의 문제로 비화되었고, 거기에 이순용이 교묘하게 활동가 내부를 분열하기 위해 퍼뜨린 "또 다른 프락치가 있다"는 소문까지 무성하게 번지면서 상호불신감이 크게 확대되었다.15)

프락치 대책위는 프락치를 막기 위해서는 무엇보다 프락치 활동의 온상이 된 활동가들의 개별적이고 소그룹적인 활동을 지양하고 "건강

---

15) 박성호, 서종, 주재석 등은 이순용의 프락치 고백을 듣고도 "설득과 인간애로 고쳐나가야 된다"면서 세 사람만 알고 있자고 약속하였다. 그리고 "양심선언은 적당한 시기로 미루자", "안기부에 넘겨 줄 정보를 사전에 의논하자", "역정보 및 또 다른 프락치를 찾아내자"는 등에 합의하였다. 그러나 이순용은 활동가들의 조직적·사상적 소그룹성을 교묘하게 이용하고 이간질시킨 간교한 인물이었다. 이에 프락치 대책위는 그럼에도 그를 인간애로 설득하고 고쳐보려 한 것은 잘못된 판단이었음을 지적하였다. 대책위는 백서에서 "이는 사적이고 자의적인 판단과 대응으로서 특히 공개적, 조직적, 공적 책임을 원칙으로 하는 활동가의 원칙에서 벗어난 대응이었다"고 규정하고 "결국 이로 인해 프락치 활동을 묵인, 방조, 인정해 주게 되었을 뿐 아니라 적의 끄나풀을 신뢰하고 오히려 활동가 내부를 불신한 결과를 빚게 되었다"고 날카롭게 지적하였다.

한 운동 풍토"를 조성하자고 역설하였다. 이런 점에서 이 사건은 특히 운동을 이끄는 활동가들과 선진노동자들에게 경종을 울려주기도 했다.

그러나 이 사건은 마창지역에 엄청난 희생을 불러왔다. 가장 큰 타격을 입은 곳은 일꾼노동문제연구원이었다. 수사기관은 일꾼실무자들에게 이전의 교육내용까지 문제삼아 국가보안법을 적용하여 4명을 구속하고 3명을 수배조치하였다. 어쨌든 이 사건이 개별적이 아닌 지역 공동의 대처와 조사로 인해 안기부의 조작 음모를 1차 저지시키고 더 큰 조직사건의 조작 음모를 막아낸 것은 천만다행이라 하겠다.

2. 업무조사 거부하고 마창노련 탈퇴 저지하라

마창 공투본 구성

마창노련은 3월 16일 제2차 정대에서 '마창 공투본' 결성을 결의하였다.16) 총 57개 노조가 가입한 공투본 본부장에는 이종엽 마창노련 부의장(수배 중)이 선출되었다.17)

노동자들의 생활은 1987년 이후 3년 동안 투쟁을 전개한 덕분에 경제적인 측면에서 다소 나아졌다고 할 수 있으나 피부로 느끼는 물가상승률은 상당히 높은데다가 전세와 월세 상승률이 물가를 능가하여

---

16) 공투본은 4개 지구로 나뉘었는데 1지구 17개 노조(남산업), 2지구 14개 노조(세신실업, 한국중공업), 3지구 10개 노조(부산산기), 4지구 16개 노조 등으로 구성되었다(괄호 안은 지구장 노조). 그러나 활동이 활발했던 곳은 2지구와 3지구뿐이었다. 1지구는 수출지역의 감원과 민주집행부 탈취 및 마창노련 탈퇴 등으로 활동이 원활치 못하였고, 4지구는 만호제강과 한일단조 등이 마창노련을 탈퇴하고, 대림자동차노조가 위원장 및 상집간부들의 대거 구속과 수배 등 극심한 탄압으로 인해 활동이 원활하지 못하였다.
17) 이종엽 부의장은 3월 31일 구속되어 본부장 권한대행으로 정상철 마창노련 사무처장(남산업노조 위원장)이 선출되었다.

실제 노동자의 생활은 더욱 어려웠다. 따라서 1990년 임투는 주택문제 해결과 주 44시간 확보를 통해 최소한의 인간다운 생활을 영위하는 것을 목표로 하였다.

1990년 3월 23일 오후 6시 경남대학교에서는 '마창공투본 발대식 및 임투승리 전진대회'가 열렸다. 이 대회는 애초 수출지역 후문 민주광장에서 열릴 예정이었으나 경찰의 철통같은 원천봉쇄에 막혀 결국 경남대 한마관 대강당으로 옮겨 열린 것이다. 게다가 경찰의 경비검색 강화로 간신히 600여 명이 참가한 가운데 열려 1990년 임투의 어두운 전망을 예고하였다. 참석자들은 업무조사 탄압과 아울러 회사측의 각종 고소고발에 대한 세부적 대응방안을 결의한 뒤 쏟아지는 비를 맞으면서 시민들에게 물가와 주택문제에 관한 유인물을 배포하였다.

90 마창공투본 발대식 및 임투 승리 전진대회
1990년 3월 26일 저녁 600여 명의 노동자들이 경찰의 원천봉쇄를 뚫고 경남대 한마관에 모여 90 임투 승리를 다짐하고 있다.

외자기업 노동자들의 공동투쟁

한편 수출지역에서는 감원과 휴폐업 등 생존권에 대한 위협과 민주노조에 대한 탄압이 극심하였다. 그러나 TC노조나 수미다노조와 같이 고립적인 투쟁으로서는 이를 뚫고 나갈 수가 없다는 인식이 공유되면서 외자기업 노동자 전체가 함께 하는 대중투쟁에 대한 요구가 확산되었다.

이리하여 '다국적특위'는 1989년 11월 정상철 남산업노조 위원장을 특위장으로 선출한 뒤 힘차게 재가동에 들어가 제일 먼저 대중적 차원에서 외자기업 문제를 홍보선전하기 위해 1989년 12월 18일 『마산수출자유지역 노동자소식』을 창간하였다.[18]

또한 수출지역 40여 개가 넘는 노조들이 각기 마창노련과, 한국노총 내의 외기노련과 금속노련으로 나뉘어져 상급단체에 가입되어 있는 실정을 감안하여, 감원과 휴폐업에 대한 상반된 시각과 해결책의 차이점을 좁히기 위해 감원·폐업 방지법 개정운동을 전개하였다.[19]

이는 외자기업에서만이 아니라 국내기업에서까지 "경제위기-기업경영악화-산업구조조정 정책"이라는 논리가 확산되어감에 따라 감원·폐업시 노동위원회 사전심의와 절차를 강화하고 보상의 최소기준을 정하여 부당하게 감원당하지 않도록 하기 위한 것이었다.

그리하여 2월 임시국회 개원에 맞추어 '법개정 범시민서명운동'(2/6~15)과 시민공청회(2/14)[20] 등 법개정 운동으로 수출지역 내 노동자

---

18) 격주 4면 발행, 편집실무는 이미숙 시티즌노조 전 부위원장과 수출지역 노조 교선부장들이 맡았다. 1990년 4월 3일 제7호로 발행 중단됨.
19) 법개정운동에는 ① 감원·폐업 방지에 관한 특별법 제정안, ② 수출자유지역 설치법 개정안, ③ 외자도입법 개정안 등이 포함되어 있다.
20) '수출지역 감원·폐업 대책마련을 위한 시민공청회'는 가톨릭여성회관에서 250여 명의 노동자가 참석한 가운데 열렸다. 수출문제로 마산의 지역경제가 크게 약화됨에 따라 14개 지역단체가 모여 감원·폐업의 심각성과 해결방안

들의 문제의식과 요구수준, 그리고 초보적 대응이란 면에서 공통분모를 넓혀나갔다. 그 결과 마창노련 가입사업장을 중심으로 '수출자유지역 외자기업 노동조합협의회'가 구성되어 소속 27개 노동조합이 함께 공동임투를 준비해 나갔다.

업무조사를 거부하라

1990년 2월 초, (주)통일, 대림자동차, 효성기계, 대원강업, 한국중공업, 남산업, 한일단조, 만호제강 등 10개 노조에 마산·창원시의 사회과 노정계와 지방 노동청사무소로부터 업무조사에 따른 자료제출 요구공문이 날아들었다.[21]

업무조사의 내용은 주로 상급단체에 대한 소정의 의무이행 여부, 의결사항의 행정관서 보고, 조합비의 지출내용 등이었는데, 그 중 전노협 창립 기부금과 모금 그리고 마창노련·전노협에 대한 의무금 납부에 집중되었다. 이는 전노협 가입을 막고 무엇보다 대기업 노조가 전노협에 가입하는 것을 막아 전노협의 조직 기반을 아래로부터 무너뜨리겠다는 책동이며 또한 마창노련·전노협에 재정적인 압박으로 목을 조이겠다는 의도를 드러낸 것이었다.

창립과 동시에 전노협은 업무조사라는 탄압을 이겨내야 하는 첫 시련에 부딪치게 되었다. 전노협은 발빠르게 대응방안을 마련하고 2월 2일 '회신공문'이나 '노사대책반의 강제조사나 압수'에 대한 대응방식과 '노동부 출두요구서'에 대한 지역 공동대응방식 등을 제시하였다.

을 모색하는 첫 사업으로 마련한 것이었다. 학계, 법조계, 노동계에서 각각 주제발표를 한 뒤 이어서 외자횡포 저지를 위한 지역공동대응방안 모색을 주제로 종합토론을 벌였다.
21) 1990년 한 해 동안 마창노련의 업무조사 대상노조는 23개 노조이고, 전노협의 업무조사 대상 노조는 296개 노조(조합원 수 총 129,513명)이다.

그리고 '전노협지원 공동대책위'의 도움을 받아 회계사와 변호사를 통해 회계장부 정리와 법적 대응을 돕는 한편 전국 각 노조의 모범적 대응사례를 전문으로 배포하거나 '업무조사 대응 공청회'를 통해 어려움에 처한 노조를 도와나갔다.[22]

마창노련도 2월 12일 7차 운영위에서 업무조사를 '전체 조합원 결의로 거부하는 것'을 원칙으로 하되, 서명운동과 깃달기, 그리고 관련 부처 항의방문, 중식집회 등 연대투쟁을 실천하기로 하였다. 이에 따라 마창노련 대다수 노조들은 법적 대응전략으로서 관계기관에 질의서를 발송하였다.[23] 근본적으로 노동조합이란 자주적인 결사체이므로 내부 운영의 자율성은 어떤 경우라도 침해될 수 없었다. 따라서 업무조사는 제한적이고 엄격한 법적용과 해석이 요구된다는 것이 질의서의 요지였다. 그리하여 질의서는 "자료제출을 요구할 수 있는 해당 관계법령을 밝힐 것과, 많은 노동조합 중 유독 몇몇 노조를 대상으로 선정한 합당한 사유를 밝힐 것" 등을 요구하였다.

이러한 공문 공방전은 2월 초부터 2월 말까지 집중되었다. 대부분의 노조가 계속 조사에 불응하자 지방 노동청 근로감독관은 노조대표자들에게 출석요구서를 남발하였고 그래도 불응하자 지방법원의 약식명령으로 벌금까지 물렸다.[24]

마창노련 대다수 노조들은 법적대응과 동시에 전 조합원에게 업무조사의 부당성을 홍보, 선전, 교육하고 그 숨은 의도를 폭로하였다. 그리고 마창노련·전노협을 사수하기 위해 조합원총회나 대의원대회를

---

22) 전노협은 1990년 8월 16일 업무조사에 대한 대응 지침을 담은 34쪽 분량의 『업무조사, 어떻게 대응할 것인가』를 발행했다.
23) 한국중공업노조과 만호제강노조 등은 마창노련의 결의와 관계없이 자체적으로 업무조사에 응하였다.
24) 3월 현재 전국 139개 업무조사 대상노조 중, 서류제출을 거부한 70개 노조 가운데 36개 노조가 고발조치당하였다.

통해 조합원 전체의 결의로서 업무조사 거부투쟁을 벌여나갔다.

특히 대림자동차노조는 2월 15일 '업무조사분쇄 결의대회'를 갖고 매일 아침조회와 중식시간 때마다 집회를 열어 업무조사 거부와 분쇄의 정당성을 홍보하고 경과를 보고하고, 전 조합원 깃달기를 통해 단결력을 과시하는 등 강도높은 대중투쟁을 벌였다. 3월 5일 노동부가 대림자동차노조 대표를 업무조사 거부를 이유로 고발하였음에도 조합원들은 이에 조금도 흔들리지 않았다. 또한 회사측이 현수막을 떼거나 간부들이 외출 때 사사건건 시비를 거는 등으로 노조를 자극해 옴에 따라 3월 17일 집행부 전원은 공장장실을 점거농성하고 항의하여 마침내 회사측의 의도를 좌절시켰다.

한편 정부가 7개 부서로 편성된 노사대책반으로 탄압을 강화하자 이에 대응하여 노동자들도 노동조합과 노동운동단체, 민중세력과 민족민주세력과 연계하여 '업무조사 분쇄를 위한 공동대책위원회'를 전국과 지역별로 각각 조직하였다. 마창지역에서는 3월 12일 19개 노조 대표자들이 참석한 가운데 '업무조사 마창공대위'를 구성하고 (주)통일노조를 책임조합으로 선정하였다. 그리고 3월 17일 경남대 10·18 광장에서 노동자, 시민, 학생 등 400명이 모여 업무조사 공대위 발대식을 가진 후 '민자당 장기집권저지 및 민중기본권쟁취를 위한 마창 시민대회'를 통해 업무조사를 빌미로 노조를 침탈하고 노조대표자를 구속할 때는 총파업도 불사하겠다는 의지를 내외에 천명하였다.

마창노련 탈퇴를 거부하라

이렇게 대부분의 노조에서 업무조사 거부투쟁이 벌어지자 소환과 고발이 잇따르면서 마창노련·전노협 탈퇴 압력이 거세지게 되었다. 이로 인해 한일단조, 만호제강, 부영공업, 한국강구 등의 노조가 마창노련 탈퇴를 결의하였고(3/10), 수출지역의 시티즌(3/14)도 민주노조

대열에서 탈퇴하였다.25) 이들 탈퇴 노조(6개 노조) 대표자들은 3월 10일 창원 노동복지회관에서 공동기자회견을 열고 마창노련 탈퇴를 발표하였다. 이는 집행간부의 기회주의 속성과 관계기관의 공작이 어우러진 결과였다. 이 중 3개 노조(일진특수판금, 영흥철강, 창원공업 노조)는 이미 2월 24일 제2차 마창노련 정대에서 제명된 노조였고 시티즌노조는 대의원대회에서 탈퇴 여부를 결정하기도 전에 위원장이 일방적으로 마창노련 탈퇴를 발표하였다.26)

이로써 마창노련 가입 노조 41개 중 탈퇴와 제명으로 인해 가입 노조는 33개 노조로 줄어들었다.

마창노련은 각종 교육선전물을 통해 마창노련·전노협이라는 연대조직의 필요성을 역설하면서 "1989년 현대중공업노조의 파업투쟁 때 마창지역 노동자들이 50여 일 동안 항의 연대투쟁을 전개한 결과 현대중공업 민주노조를 지켜냈을 뿐 아니라 마창지역 임투 분위기도 고양되었던 점"27)을 상기하면서 "진정한 연대정신이란 개별 노조들이 각각 무엇인가를 얻기 위한 연대가 아니라 개별 노조들의 참여를 통

---

25) 시티즌은 1989년 11월 1일 1,200명이라는 대규모 집단감원을 성사시키고, 민주파 조합원과 간부들을 해고 등 징계로 처리하였다. 그리고 1989년 12월 5일 2대 집행부 선거에서 노사협조주의를 내세운 총무부장을 위원장에 당선시킨 후 회사측은 생산성 30% 향상을 강요하면서 현장 분위기를 1987년 노조결성 이전의 억압적인 상태로 재환원하였다. 노조 집행부는 1990년 3월 14일 스스로 임금동결을 선언하고 일방적으로 마창노련 탈퇴를 선언하였다. 이후 사측은 절대 감원하지 않겠다는 약속을 어기고 300명씩 두 번 더 감원하여 1987년 2,700여 명에 이르던 조합원 수가 300명 정도로 대폭 축소되었다.
26) 마창노련은 3월 24일 「6개 노조 탈퇴 기자회견에 대한 마창노련의 입장」이란 성명서를 통해 기자회견은 경찰, 보안사, 안기부 등 관계기관이 배후조종한 것이며 마창노련의 명예에 흠집을 내고 단결력을 무너뜨리려는 의도라며 강력히 비난하였다.
27) 현대중공업노조의 1989년 파업투쟁은 3월 30일 공권력 진압에 맞선 10여 일간의 강고한 가두투쟁 및 결사항전으로 이어져 장기간 투쟁이 전개되었다.

해 전체를 강화하는 연대"임을 새롭게 되새겨 주었다.28)

앞으로 단위노조의 힘만으로 풀수 없는 집값 전세금 상승으로 인한 주거문제, 교육문제, 불공정한 조세문제, 교통과 공해, 그리고 실업과 고용불안 등 전 민중의 연대가 아니고는 풀 수 없는 문제들이 산더미같이 노동자를 기다리고 있다는 점에서 연대는 꼭 필요하다는 인식이 점차 확산되었다.

이런 인식과 상황은 그대로 마창노련 가입 노조들의 실천으로 나타났다.

한국중공업, 현대정공, 경남금속 등의 노조는 대의원대회와 조합원총회의 의결로 마창노련 탈퇴 공작과 음모를 폭로하고 적극 저지해, 다시 한번 마창지역 및 전국 노동자들에게 큰 격려와 용기를 안겨 주었다. 아울러 대세에 따라 움직이는 기회주의 세력의 준동을 막는 성과를 올리기도 했다.

한국중공업노조 마창노련 탈퇴 저지에 성공

마창노련 가입 노조 중 4,300여 명으로 조합원 수가 가장 많은 한국중공업노조는 3월 10일 임대에서 반대 33명 찬성 6명으로 마창노련 탈퇴안을 부결시켰다.

업무조사가 강도높게 자행되고 있는 가운데 상당수의 노동조합이 흔들리고 있는데다가 몇몇 노조는 이에 굴복하여 탈퇴하기도 하는 등 마창노련은 조직적인 위기에 직면해 있었다. 이런 상황에서 한국중공업 대의원들이 보여준 압도적인 마창노련 탈퇴거부 결의는 전노협 사수, 마창노련 사수를 위해 투쟁하던 전국 노동자들에게 모처럼 가뭄의 단비같은 낭보가 아닐 수 없었다.

---

28) 마창노련, 「마창노련 운영위원이 마창노련 조합원 동지께 드리는 글」, 1990. 3. 26.

그동안 한국중공업노조는 업무조사 실시가 시작되자 마창노련·전노협의 결의와 관계없이 업무조사 관련서류를 제출하였고 마창노련의 의무금(1인당 100원) 중 70원이 전노협 건설기금으로 쓰여졌다 하여 여러 방면으로 압력을 받았다. 이로 인해 한국중공업노조는 연대활동 중단과 전노협신문 구독 중지 등 '연대'의 관점에서 보면 다소 흔들리는 모습을 보였던 것이 사실이었다.

그렇지만 임대에서 마창노련 탈퇴가 부결된 뒤부터 집행부는 심기일전하여 "새로 태어나는 마음으로 한국중공업 전 노동자가 일체 합심하여 연대의식을 더욱더 투철히 하여 마창노련의 어려운 상황을 같이 동참하여 극복하기로 했다"고 밝혀 많은 마창 노동자들에게 큰 용기를 주었다.29)

우리가 마창노련을 지켜냈다! 현대정공 노동조합30)

현대정공 노조는 마창노련 탈퇴 여부 의결을 대의원대회에서 할 것인지 조합원총회에서 할 것인지를 놓고 격론을 벌인 끝에 조합원총회에 부치기로 결정하였다. 현장활동가와 다수의 대의원들이 연대의 필요성과 마창노련의 중요성을 역설한 결과 그 문제를 대의원대회가 아닌 조합원 투표에 부치기로 결정한 것이다. 이것은 마창노련 탈퇴를 저지하는 투쟁에서 거둔 1차 승리였다.

마침내 3월 28일 새벽 6시 30분부터 9시 사이, 작업시간을 피해 새벽 일찍부터 시작된 조합원총회에서 찬반투표가 실시되었다. 총 투표자 1,791명(투표율 91.6%) 중 탈퇴찬성이 659명, 기권이 165명, 탈퇴

---

29) 한국중공업노조 조직부, 「마창노련 탈퇴설 무엇 때문인가?」, 『소리모아』 제17호, 1990. 4, 27쪽.
30) 현대정공노조 이상호, 「마창노련 탈퇴를 저지하라!」, 『마창노련창립 8주년. 제7회 들불대동제 자료집』, 28~33쪽(마창노련문학상 최우수작).

반대가 1,124명으로 집계되어, 마침내 마창노련 탈퇴안은 그대로 조합원의 의지(62.75%)로 부결되었다.

이러한 마창노련 탈퇴안 부결은 저절로, 그리고 가만히 앉아 이루어진 것이 아니었다. 이 승리는 선진조합원과 대의원, 간부들이 회사측의 악랄한 미행, 납치, 협박, 폭력을 이겨내고 끝까지 헌신적으로 분투한 결과였다.

마창노련은 3월 28일 투표당일 발행한 유인물을 통해 왜 전노협, 마창노련과 연대하지 않으면 안 되는가, 그리고 회사측이 마창노련 탈퇴를 성사시키기 위해 대의원과 핵심조합원들에게 어떤 비열한 음모와 탄압을 가하였는가를 낱낱이 폭로하였다.[31]

그러나 이 유인물 한 장을 제작하고 배포하기까지에는 이름모를 수많은 노동자들의 헌신과 희생, 그리고 용기가 필요했다. 회사측의 집요한 감시와 폭력적 탄압, 그리고 잘못하면 해고될 위험까지도 무릅쓰지 않으면 안 되었기 때문이다. 당시 '동지후원회'(마창노련 동지들을 돕기 위해 결성한 현대정공 조합원들의 자발적인 후원회)는 대다수 조합원에게 마창노련 탈퇴가 회사측의 공작이라는 것과 마창노련·전노협과 함께 하지 않으면 안 되는 이유를 알리는 홍보물을 제작 배포하기로 했다.

그러나 회사측은 투표일이 확정된 다음부터 대의원과 조합원을 대상으로 1대 1의 감시와 미행작전을 펼쳤고, 보안사와 창원경찰서 정보과 형사들이 집까지 찾아와 공공연한 압력을 가하는 바람에 며칠 동안 집에도 들어가지 못하였다. 이렇듯 회사와 경찰은 투표일까지 이들의 발목을 잡아 활동을 차단시키고자 갖은 술책을 다 썼지만 마침내 동지후원회는 그물망 같은 감시와 핍박을 뚫고 홍보물을 제작하는 데 성공하였다.

---

31) 「마창노련조합원이 현대정공조합원께 드리는 글」, 마창노련, 1990. 3. 28, 1쪽.

3월 28일 투표날이 다가왔다. 새벽부터 봄을 재촉하는 봄비가 내리고 있었다. 동지후원회는 홍보물을 회사 안으로 어떻게 가지고 갈 것인가를 놓고 고민하였다.

"당시는 경비원들의 불시 가방수색이 심했던 터라 마음을 놓을 수 없었다. 철차 쪽을 담당한 황호남 대의원의 가방을 수색할 것에 대비하여 동지회의 김도영 회원의 가방과 바꾸고 조마조마한 마음으로 정문을 통과하려던 순간이었다. 아니나 다를까. 경비원은 황호남 동지를 기다렸다는 듯이 달려들어 가방을 수색하려고 하였다. 순간 황호남 동지와 경비원 사이에 밀고당기는 실랑이가 벌어졌다. 그 사이에 홍보물이 든 가방을 짊어진 김도영 동지는 유유히 정문 안으로 들어가고 있었다. 이렇게 하여 순식간에 뿌려진 마창노련 탈퇴 저지 홍보물은 회사를 발칵 뒤집어 놓고 말았다."

이러한 지혜와 기지로 홍보물을 회사 안까지 그리고 조합원의 손에까지 전달하는 데 성공했다. 홍보물을 읽어본 조합원들은 대의원과 열성 조합원들을 납치·감금까지 한 회사측의 음모에 분노를 터뜨렸고, 회사측이 기권을 염려하여 통근버스까지 동원해 투표에 참석케 하는 열의를 보였음에도 불구하고 결국 마창노련 탈퇴안에 당당히 반대표를 던지게 되었다.
이것은 자본과 정권에 대항하여 헌신적으로 투쟁한 건강한 대의원과 현장조합원 그리고 어려운 여건 속에서도 마창노련을 지키려는 활동가 모두의 승리였다.

"숨을 죽이고 개표 결과를 바라보던 조합원들은 중기식당의 천정이 날아갈 듯한 함성으로 기쁨을 외쳤다. 기계가공의 손영진 동지가 조합원 속에서 '동지가'를 선창하였다. '휘몰아치는 거센 바람에도, 부딪쳐오는 거센 억압에도 우리는 반드시 모이었다. 마주보았다 …….' 나도 모르게 목이 메이고 눈물이 글썽거렸다. 감정이 복바쳐올라 아랫입술을 꽉 깨물었다. 주먹을 불끈 쥐며 속으로 외쳤다. '동지들이여 고맙다! 우리는 해냈다. 우리가 마창노련을 지켜냈다!'

마창노련 탈퇴 저지에 성공한 현대정공 조합원들은, 현대정공·마창노련·전노협의 승리를 외치며 감격의 눈물을 흘렸다.

3. 5·1절 전국 1차 총파업투쟁

1990년 임금인상 교섭기

1990년 임투는 시작도 하기 전에 업무조사, 마창노련·전노협 탈퇴 압력, 그리고 대림자동차노조 공권력 투입 등으로 파란이 예고되었다.

그러나 4월 3일 국회의원 보궐선거에서 민자당의 패배로 민심의 이반이 확실하게 드러나자 정권이 그동안 무차별적으로 휘두르던 탄압의 예봉은 한풀 꺾였다.

그런 가운데 대다수 사업장에서는 교섭이 시작되었다.

자본측은 전략적으로 교섭을 지지부진하게 진행시킴으로써 공동임투의 열기를 식히는 한편, 허약한 노조는 낮은 인상수준으로 재빨리 타협해버려 유리한 고지를 먼저 차지하려 하였다. 또한 노조대표자나 간부들을 수배나 해고 등으로 발을 묶고, 조합원들은 대대적인 이념공세로 고립시키거나 업무조사, 무노동무임금으로 위축시켜 투쟁의지를 약화시켰다.

특히 수출지역 외자기업들은 한편으로는 감원이나 휴폐업을 내세우고, 또 다른 한편으로는 임금삭감과 민주노조 포기를 내세우면서 둘 중 하나를 선택하도록 위협하였다. 그러나 사실상 생존 그 자체가 걸린 감원이나 휴폐업을 선택할 수 없는 노동자로서는 임금삭감과 민주노조 포기를 받아들일 수밖에 없었고 따라서 수출지역의 1990년 임투는 거의 무력화되었다.

4월 15일 무학산에서는 '90 임투승리를 위한 마창 노동자 등반대회 및 중간보고대회'가 열렸다. 그러나 경찰의 원천봉쇄가 없었음에도 애초에 각 노조마다 준비위원회를 구성하고 전체 참가인원 3천 명 동원을 예상한 계획과는 달리 실제 참석인원은 500여 명에 그쳤다. 참석자들은 "전노협의 깃발 아래 90 임투 승리하자!", "노동운동 탄압하는 민자당을 지옥으로!"라는 구호를 외쳤다. 오후 한때 경찰 헬기가 착륙하려다가 선봉대와 규찰대에 의해 허둥지둥 이륙해버리는 해프닝도 일어났으나, 가족 및 자녀들까지 동행한 참석자들은 각종 문화행사 일정을 즐기고, 승리를 위한 분위기를 한층 고조시켰다.

마산교도소 옥중투쟁위원회 단식투쟁 승리

한편 4월 6일 이종엽 마창노련 의장 직무대행(중천노조 위원장)이 구속되었다.

1990년 전노협 창립 이후 구속노동자 수가 폭증하면서 특히 시국사범의 증가가 두드러지게 되었다.

구속자들은 감옥을 노동운동의 단련장의 하나로 활용하기 위해 감옥 안에서도 투쟁을 조직하고 실천하기에 이르렀다. 특히 마창노련은 감옥 안에서 운영위원회가 열릴 정도로 지도부 전원이 구속되어 마창노련 지도력은 공백상태에 빠진 반면 감옥 안에서는 부당한 대우나 불법적 폭력에 대항하여 누구보다 앞장서서 비타협적으로 투쟁을 벌여 숙연한 감동마저 불러일으켰다.

4월 10일 마산교도소 양심수들은 옥중투쟁위원회(이하 '옥투위')를 결성(의장 : 이승필 대림자동차노조 위원장)하고 4월 11일 보안과장을 면담하였다.[32]

면담 결과 4월 12일 운동시간 10분 연장과 도서검열 완화 등의 요구사항은 받아들여졌으나 나머지는 개선되지 않았다. 이에 옥투위 전원이 4월 13일부터 치약을 사용하여 몸벽보 투쟁에 돌입하였다. 그 중 전창현(코렉스 해고자)은 몸벽보를 한 채 면회를 나가려다가 교도관에게 저지폭행을 당하게 되었고, 이에 옥투위는 4월 14일부터 단식투쟁에 돌입하였다.

한편 4월 11일부터 양심수 석방을 위한 서명운동을 벌이고 있던 구속자 가족들은 단식투쟁 소식을 듣자마자 즉각 마산교도소 앞에서 연일 집회를 열고 교도소측에 항의하고 옥투위의 투쟁의지를 격려하였다.33) 그 결과 4월 17일 가족대표, 보안과장, 옥투위 대표가 요구사항에 합의함으로써 옥투위는 승리를 거두고 단식투쟁을 해제하였다.34)

마창 시민운동본부와의 연대활동

전국의 기층민중들과 민족민주세력들은 속속 전국적인 조직을 건설, '전국교직원노동조합', '전국농민연합', '전국빈민연합', '전국노동운동단체협의회', '전국대학생대표자협의회' 등 전국조직 시대를 열어갔다. 그리고 이러한 조직적 결속을 토대로 민족민주세력들은 1989년부

---

32) 교섭대표는 위원장과 손택만(이순용 프락치 사건 건), 여영국(경노협 실무자) 등이고, 요구조건은 "개인별 영치금 카드지급, 부식 개선, 운동시간 확충, 책 검열폐지, 자유로운 서신 왕래, 건강권 확보, 목욕시간 연장, 재판정에서의 수갑 제거 등"이다.
33) 4월 11일부터 19일까지 10일 동안 구속자 가족들은 "일꾼노동문제연구원에 대한 구속 탄압 중지" 등을 요구하는 대시민 서명운동을 벌여 큰 호응을 얻은 결과 6,800여 명의 서명을 받아냈다.
34) 합의결과는 "개인별 영치금 카드지급, 부식담당자와 옥투위의 협상기회 부여, 운동시간 목욕시간 30분으로 연장, 책 검열은 법무부지침 103권으로, 서신왕래는 집필실 늘려 매일 하겠다, 운동기구 당장 지급, 3일에 한 번씩 진료, 재판정 수갑 제거는 교도소장 관할이 아님, 재소자 폭력 절대근절" 등이다.

터 불어닥친 공안정국의 탄압에 통일적으로 대응하기 위해 전국민족민주운동연합(이하 '전민련')을 결성하였다.

그러나 1990년 전노협이 건설된 뒤 전민련은 전체 민족민주세력의 결집력을 담아내기에는 조직적 한계를 드러내게 되었다. 이에 전국의 모든 단체를 총망라한 공동투쟁기구의 결성이 시급히 요구됨에 따라 1990년 4월 21일 민자당 일당독재 분쇄와 민중기본권 쟁취 국민연합(이하 '국민연합')이 결성되었다.

마창지역에서도 국민연합의 지역 하부조직으로서 지역 공동투쟁기구의 필요성이 논의되기 시작하여,35) 4월 30일 경남대에서 열린 '민자당 일당독재분쇄와 민중기본권쟁취 마창시민운동본부 결성대회 및 현대중공업투쟁 지지대회'에서 마창시민운동본부(이하 '마창시본')가 공식 출범하였다. 여기에는 마창노련을 비롯하여 경남민연, 전교조 경남지부, 마창총협(마창지구 총학생회 협의회) 등 총 16개 단체가 참가하였다.

KBS투쟁과 현대중공업 파업투쟁36)

한편 4월 말이 다가오면서 전국은 KBS노조와 현대중공업노조의 투쟁으로 인해 일촉즉발의 대치국면으로 접어들고 있었다.

KBS노조는 서영훈 사장 강제퇴진 이후 3월 18일 서기원 KBS사장이 임명되자, "정권의 충견이 또다시 사장이 되게 할 수는 없다"면서 4월 7일 위원장단 삭발을 시작으로 4월 12일 3천여 사원 전체가 '서기

---

35) 1990년 2월 출범한 경남민족민주운동연합(이하 '경남민연')은 2월 24일 노동자, 학생, 시민이 연대하는 '반민주 3당 야합 분쇄와 민중기본권쟁취 국민대회'(경남대 400여 명 참가)를 성공리에 개최한 뒤 마창지역 제민주단체들을 추동하여 연대사업과 공동투쟁을 전개하였다.
36) 「상반기 노동자투쟁을 중간점검한다 — 5월 투쟁을 중심으로」, 『노동운동』 1990년 6월호, 1990. 6. 6, 17~19쪽.

원 사장 출근저지 시위'를 강행했다. 이에 4월 12일 공권력이 투입되고 진압작전이 실시되어, 117명을 무차별 연행하였다. 그러나 공권력 투입 이후 KBS 투쟁은 오히려 더욱 확산되어 방송이 전면 마비되었다. 4월 13일 전국 KBS 지방방송국 조합원까지 포함한 전 조합원 3천여 명은 총회를 열고 무기한 제작거부 및 철야농성에 들어간 것이다.

현대중공업노조 역시 4월 25일 1만 7천여 명의 전 조합원들이 전면파업에 돌입하였다.[37] 이 투쟁은 겉으로는 '고소고발 취하' 및 '단협갱신'을 요구조건으로 내걸었지만 본질에 있어서는 출발부터 정치적 폭력에 정면으로 맞선 정치투쟁으로서 전국노동자투쟁으로의 확산을 예고하였다.

거대하게 솟아 있는 골리앗에서는 햇불이 타올랐고, 미포만 가득 쇠파이프의 울림과 노랫소리가 힘차게 울려퍼졌다.

마침내 4월 28일 새벽, 끝이 보이지 않는 경찰 73개 중대 1만3천여 명이 움직이기 시작했다. 현대자동차 노동자들이 공권력을 저지하며 돌과 화염병으로 맞섰으나 거대한 공권력은 중장비를 앞세워 정문을 돌파하고 단 7분 만에 3차 바리케이드까지 무너뜨렸다. 페퍼포그가 쏟아붓는 최루가스로 현장과 하늘이 뒤덮인 가운데 이에 맞서 1만 5천여 현대중공업 노동자들은 회사 건물 9곳을 점거하고 화염병과 수백 개의 볼트를 날리며 경찰과 격렬하게 맞섰다.

텐트가 화염에 휩싸이기 시작했다.

현장에는 73개 중대 1만여 병력이 물밀 듯 밀려오고, 하늘에서는 헬기가 날고, 미포만에는 군함이 상주한 가운데, 그야말로 육해공 입

---

[37] 현대중공업노조는 1990년 들어서도 탄압이 계속되어 2월 9일 이영현 위원장 구속, 2월 10일 노조사무실 압수수색, 4월 20일 우기하 수석부위원장 구속 등으로 이어졌다. 이에 조합원들은 '더 이상 물러선다면 우리에게 남는 것은 아무 것도 없다'는 각오로 투쟁을 시작하였다.

체작전으로 공격이 본격화된 것이다.

82미터 높이의 골리앗 투쟁지도부에서 확성기가 울려퍼졌다.

"동지들! 투쟁하면서 퇴각하라! 공장을 빠져나가 야전지도부의 지도 아래 가두투쟁을 전개하라! 우리는 골리앗으로 간다! 골리앗은 결코 점령당하지 않는다! 동지들! 승리하는 그 날 만나자."

조직적인 퇴각이 시작되었다. 마지막까지 항전하던 4, 5도크의 동지들이 오전 9시경 마침내 무장해제당했다. 용접봉과 장작, 볼트가 수북하게 널부러진 도로 위를 따라 사복조들이 도열한 가운데 빠져나오는 노동자들의 눈에는 눈물이 흘러내렸다.

아, 골리앗이여

82미터 높이의 골리앗 크레인 위에서 전사 200여 명이 결사항전을 벌이는 동안 현대 전 계열사 노동자들은 4월 28일부터 30일까지 현대그룹노조총연합(이하 '현총련')의 연대총파업 지침에 따라 가두로 진출하여 시내 곳곳에서 바리케이드를 치고 화염병을 던지며 '경찰차량 9대와 페퍼포그차 2대 전소! 전경 300명 무장해제! 등' 격렬하고도 영웅적인 투쟁을 전개하였다. 한마디로 울산 시내 전역은 전쟁터를 방불케 했다.

특히 감동적인 것은 가족들의 투쟁이었다. 1989년에 128일간의 파업을 경험한 가족들은 스스로 팀을 짜서 물품 보급조나 구급조를 편성하여 조직적으로 동참하였다. 그런가하면 골목마다 쓰레기를 모아 바리케이드를 설치하고 최루탄을 씻어낼 고무호스까지 준비했다. 더구나 중학생들로 꾸려진 가투부대가 나타나는가하면 유치원생까지 돌을 날랐다.

또한 서울에서는 4월 29일 경찰의 폭력적 원천봉쇄를 뚫고 '현대중공업 경찰폭력난입 규탄과 세계노동절 쟁취를 위한 수도권 노동자 결의대회'가 열렸다. 집회가 끝난 후 참석자들은 청량리, 신촌, 영등포, 종로 등지에서 격렬한 가두투쟁을 전개, 현대중공업노조 투쟁에 대한 전국 노동자의 지지연대를 과시했다. 또한 같은 날 부산(부산대)과 대구(경북대)에서도 노동자와 학생 1~2천 명이 현대중공업노조 연대투쟁을 전개하였다.

마창투본의 현대중공업노조 연대투쟁

현대중공업노조가 4월 25일 파업에 돌입하자 마창투본 가입 노조들은 4월 26일부터 5월 1일까지 단사별 잔업거부에 들어가 현대 노동자들에 대한 강력한 연대투쟁의 결의를 보여주었다. 또한 '결코 물러서지 않으리, KBS 현중 사수투쟁'이라는 현수막을 걸고, 4월 26일 하루 동안 15개 노조에서 조합원 및 간부를 포함하여 총 5,655명이 중식집회에 참가하였다.

경남대학교에서 열린 '노동자문화제'(4/25~28)는 현대중공업노조 연대투쟁의 일환으로 마련되었다. 조합원의 투쟁동력이 급격하게 떨어진 탓에 낮은 차원의 문화제에서부터 힘을 모아 점차 최대한 동원해내자는 취지에서 계획된 것이었다. 그러나 4월 25일(풍물경연대회), 4월 26일(민중가요 경연대회와 웅변대회)에는 경찰의 원천봉쇄가 없었음에도 불구하고(전투경찰 80여 명 정도 배치) 참석자는 200~400명 정도에 그쳐 아쉬움을 남겼다. 다행히 27일과 28일에는 분위기가 회복되어 1,500여 명이 영화 '파업전야'를 관람하였다.

특히 4월 28일에는 현대중공업 공권력 진압 소식에 분노한 (주)통일과 대립자동차 등 마창투본 노조들은 중식시간에 일제히 규탄대회를 열고 퇴근 후 경남대에서 약 3천여 명이 모여 집회를 가진 후 교문 밖으로 진출하여 노동부 마산지방사무소 내부를 불태우고, 유리창을 모두 깨버렸다. 그 후 창동 시민극장으로 옮긴 300여 명은 20분간 연좌농성한 뒤 저녁 8시경 전투경찰에 밀려 북마산과 회산다리로 옮겨 시위하다가 9시경 해산하였다(연행자 20여 명).

전노협의 5·1절 전국총파업 선언과 마창투본의 철야농성

전노협은 4월 29일 오전 10시 서울대학교에서 13개 지역대표자가 참석한 가운데 비상중앙위원회 회의를 열고 "전체 노동자의 생존권 수호와 노조활동의 자유를 위해" 노동조합의 마지막 수단인 전국 총파업을 5월 1일부터 단행할 것을 선언하였다.

이에 따라 마창투본은 4월 30일 오전 10시 비상대표자회의(26개 노조)에서 5월 1일부터의 총파업을 결의하였다.

4월 30일 각 단위노조는 중식시간 집회, 조합원총회, 출정식, 구속결단식 등을 통해 총파업 결의를 가열차게 모으고, 퇴근 후 경남대에서 '시민운동본부 발족대회 및 현중 공권력투입 규탄대회'를 열고(200여 명 참석), 부림시장과 창동에서 산발적 시위를 하다 해산하였다.

그리고 밤에는 마창투본 대표자 6명 등 30여 명의 상집간부와 대의원, 그리고 핵심조합원들이 마창노련 사무실에서 철야농성을 전개하였다. 이 자리에서는 현대중공업노조 투쟁상황 보고와 투쟁 의의, 전국적 연대투쟁 상황보고, 그리고 마창지역 총파업 연대투쟁과 대처방안이 폭넓게 논의되었다.[38]

전국 5·1절 1차 총파업투쟁

전노협 총파업투쟁 결정이 내려졌을 때 많은 사람들은 과연 어느 정도 이루어질 수 있을까에 대해 상당한 우려를 표명했던 것이 사실

---

38) 마창투본, 「노동운동탄압분쇄 및 임투 승리를 위한 대표자, 상집간부, 대의원, 핵심조합원 철야농성 자료집」, 1990, 15쪽 분량.

이다. 그러나 4월 30일 울산 12개 현대계열사의 파업을 필두로 5월 1일 마창과 부산에서 일제히 시작된 총파업투쟁은 전국 민주노조가 전면파업, 부분파업, 집단조퇴, 중식시간 총회투쟁 등 동원할 수 있는 모든 수단을 동원하여 투쟁에 참여했으며 구속노동자들까지 교도소와 구치소에서 단식농성으로 투쟁에 참여하는 등 역사적인 전국 총파업을 기록하였다.39)

그리하여 5월 1일 하루 동안 전국 155개 사업장, 12만 명의 노동자들이 총파업에 참여하였고, 서울지하철노조는 1일 하루 동안 무임승차를 강행했다. 이는 그동안 전노협에 가해진 집중탄압을 상기해 볼 때 엄청난 투쟁력이 아닐 수 없었다.

이러한 투쟁 분위기는 방송사노조들의 연대 제작거부 투쟁으로 인해 더욱 확산되었다. 전노협에서 선포한 전국 총파업투쟁을 불과 몇 시간 앞둔 4월 30일 정부는 KBS노조에 2차로 공권력을 투입하여 333명 조합원을 강제연행하고 KBS건물 전체를 경찰병력으로 뒤덮어 장악하였다. 조합원들은 명동성당에 집결하려 했으나 경찰의 원천봉쇄로 MBC로 이동하였다. MBC노조도 즉각 제작거부(5/6까지 시한부)에 돌입하였고, 동시에 CBS노조도 제작거부에 들어갔다. 이렇게 KBS, MBC, CBS 등 3개 방송국노조가 함께하는 실질적인 방송연대 제작 거부 투쟁의 막이 오르자, 전국 노동자들의 사기는 더욱 충천하였다.

한편 울산에서는 5월 1일 현대자동차노조가 효문 로터리와 염포검문소 등 2개 방향으로 평화대행진을 벌이고, 현대중공업노조도 전 조합원(조합원 참여율 95%)이 오후 3시 만세대 민주광장을 경찰로부터 완전 탈환하고 노동절 기념집회와 대규모 가두시위를 계속했다.

---

39) 마산교도소에 수감 중인 노동자들은, 4월 30일부터 5월 2일까지 '현중 공권력 투입 규탄 및 5·1절 기념' 시한부 단식투쟁을 전개했다.

5월 1일 마창지역 총파업투쟁 및 격렬한 가두투쟁

총파업 첫날인 5월 1일 총파업에 참가한 마창지역 노조는 수출지역 7개, 창원공단 19개 등 총 26개(조합원 2만3천 명)였다. 휴무에 들어간 대림자동차, 효성기계, 삼미금속, 세신실업, 루카스, 남산업, 웨스트, 제일정밀, 현대정공 등에서는 노조 상집간부와 핵심조합원이 참여하였다. 그리고 대원강업, 타코마, (주)통일, 기아기공 등에서는 오전은 정상작업하고 오후에 조합원이 전원 집단조퇴하여 부분파업을 감행하였다. 이리하여 실제 전면파업에 들어간 노조는 일선, 동양전장, 스타, 경남금속, (주)통일, 한국중공업 등 6개였고 그 밖에는 간부 및 일부 핵심조합원만이 참가하였다.

오후가 되자 단위노조별로 집회나 출정식을 마친 노동자들이 대열을 지어 속속 수출지역 후문 쪽으로 진출하기 시작했다. 그러나 대회 장소인 민주광장 근처까지 집결한 노동자들은 곳곳에서 제지하는 경찰의 봉쇄를 뚫지 못함으로써 각개 분산적으로 거리시위를 전개하게 되었다.

3천여 명의 한국중공업 노동자들과 (주)통일, 대원강업, 동양전장, 경남금속 등 1천여 명의 노동자들은 봉암 쪽으로 진출하려 했으나 페퍼포그차 1대와 전경차 6대에 막혀 대치하고 있었다. 그리고 같은 시각 타코마 500여 노동자들은 무학주조 앞에서 대기하고 있었고, 수출지역 후문에서는 중천, 일선, 웨스트, 스타 등 700여 노동자가 대기하고 있었다. 그러나 3시 20분경이 되어도 창원공단 노동자들은 봉암다리에서 경찰과 대치한 채 봉쇄망을 뚫지 못하였고 그 사이에 대기하고 있던 타코마 조합원들은 경찰에 봉쇄당하게 되었다. 그제서야 창원 노동자 4천여 명은 차량 후문 쪽으로 집결하기 시작하였다. 3시 40분 중천, 스타, 일선, 남산업, 웨스트 등 수출지역 노동자 500여 명은 화염병을 던지며 성안백화점 쪽으로 진출하였으나 전경과 백골단에 밀리면서 이 과정에서 경남대학생이 백골단에게 집중구타당하는 장면이 목격되기도 하였다.

오후 4시 마침내 창원공단 노동자들이 마산에 도착하자 수출지역 노동자들과 합류, 약식집회를 열었다.

"노동운동 탄압하는 민자당 박살내자!"

"현중노조 탄압하는 민자당 박살내자!"

"민중생존권 위협하는 민자당 독재 타도하자!"

이 때부터 수출지역 후문 앞에서부터 성안백화점, 그리고 운동장에 이르는 거리에서 700~1,000명에 이르는 노동자들의 무리가 이곳저곳에서 경찰과 쫓고쫓기는 접전을 벌여나갔다.

4시 15분 2차 집결지인 육호광장에 이미 전경차 5대가 대기하고 있다는 연락이 왔다. 또한 경찰은 이미 합성동 시외주차장을 비롯한 요소요소에 병력과 전경차를 배치하고 있었다. 그러나 연락을 미처 받지 못한 노동자들은 산발적으로 육호광장에 집결하기 시작하였고 이 과정에서 화염병 2박스를 빼앗기기도 하였다. 그리고 일단 육호광장에서 해산한 노동자들은 200~300명 단위로 이곳저곳으로 진출하기 시작하였다. 회산다리에서 가투를 벌인 뒤 해산할 무렵에는 300여 명만이 남았고, 오후 8시 남성동파출소와 산호동파출소를 타격한 후 가투는 끝이 났다.40)

한편 다음날 창동 코아양과 앞에서 예정된 '5·1절 행사 원천봉쇄 및 노동운동탄압 규탄대회'는 경찰의 원봉으로 무산되었다.

4. 이영일 열사와 2, 3차 전국노동자투쟁

---

40) 하루 동안 총 16명 연행, 그 중 5명 훈방, 마산경찰서 5명(대림자동차 2, 타코마 1, (주)통일 1, 삼우산기 1), 동부경찰서 6명이 남았다.

> **이영일 열사 약력**
>
> - 1962년 9월 25일(만 28세) 강원도 양양에서 3남 2녀 중 2남으로 태어남. 속초 고등학교 졸업.
> - 1989년 4월 3일 (주)통일에 입사, 입사 직후 통일 4공장 매각철회투쟁 때 정방대원으로 활동.
> - 1989년 12월 조사통계국 차장.
> - 1990년 2월 16일 보궐선거로 20선거구 대의원에 당선.

이영일 열사의 분신

1990년 5월 3일 오전 8시, (주)통일 1공장 식당 2층 옥상에서, 이영일 조사통계국차장(28세, 차축부품부)이 온 몸에 신나를 붓고 불을 붙인 뒤 6미터 아래로 투신하여 신음 중인 것을 동료들이 발견, 곧바로 창원병원으로 옮겼다. 그러나 전신 3도 80분의 화상을 입은데다 투신하면서 머리에 충격을 받아 뇌수술을 준비하던 도중 10시 45분경 운명하였다.

"영원히 통일 자본가들과 싸우고 싶습니다."
1990년 5월 3일 (주)통일 1공장 식당 2층 옥상에서 온몸에 신나를 붓고 불꽃으로 타오른 고 이영일 열사의 생전 모습.

옥상에는 죽음을 앞두고 삶을 되돌아보며 마지막으로 피운 담배꽁초 2개와, 우산, 수첩, 명찰과 사원증 그리고 신나를 담았던 프라스틱 사이다병이 남아 있었다. 열사가 이 세상을 향해 마지막으로 외친 말은 "군부독재 타도!", "노조탄압 중지!", "회사는 각성하라!"는 세 마디 구호였다. 이것이 28살의 짧은 생애가 이 세상에 남긴 분노와 희망이었다.

운명하기 전, 5월 2일 저녁에 친구와 술을 마시면서 열사는 "5월 10일이 어머님 생신인데 형사들이 어머니를 괴롭힌다. 회사를 그만두고 고향으로 올라가야 할 것 같다"고 토로하였다. 아버지가 돌아가신 직후 중풍으로 쓰러져 7년 동안 투병 중이던 어머니에게 형사들이 찾아와 "자식이 노동운동을 하고 있으니 그만 두게 하라"고 협박했다는 말에 열사는 어머니에 대한 효심과 동지애 사이에서 갈등하였다. 그러나 회사와 경찰의 집요하고도 지긋지긋한 노조탄압 공작과 협박에 더 이상 분노를 참을 수 없었던 이영일 열사는 결국 어머니와 동지를 뒤로 한 채 먼저 이 세상을 떠난 것이다.

그동안 회사측은 1989년 노조간부에 대한 테러와 구속, 해고 등 악랄한 탄압을 자행하여 11월 마창노련 연대 총파업투쟁을 야기시킨 바 있다. 거기다 회사측은 1989년 11월에 합의한 구속·수배자의 복직을 거부하고 무기연기시키는가하면 임금 2.6% 인상을 제시하여 조합원들의 분노를 유발하였다.

하지만 1989년 이후 약화된 (주)통일노조의 투쟁력은 오랫동안 살아나지 않고 있었다. 무엇보다 노조 집행간부 다수 구속·수배, 핵심 조합원과 대의원의 구속·수배로 (주)통일노조의 지도력이 거의 공백 상태나 다름 없이 무력화되고 약화된 것이 큰 요인이었다.

이런 상황에서 비록 내성적이긴 했으나 이영일 대의원은 정직했고 또한 어릴 때부터 가난에 대한 노동자적 분노를 가지고 있었기에, 회사의 횡포와 노조의 무기력에 남다른 갈등을 느끼고 있었다. 결국 열사는 기본적인 노동조합 활동마저 탄압하는 현 정권의 폭력성에 항거하기로 하고, 하나뿐인 생명을 던져 죽음을 통해 노동운동의 새로운 부활을 이루고자 했다.

결국 열사를 죽음으로 몰고간 직접적 원인은 바로 자본과 정권의 노동운동 탄압이었던 것이다.

창원병원에서의 '노조탄압분쇄 및 이영일 열사 추모집회'

열사의 분신 소식에 가장 큰 충격을 받은 것은 (주)통일 조합원들이었다.

분신소식을 듣자마자 3천여 명의 전 조합원은 작업을 거부한 채 식당에서 상황보고와 함께 노조탄압 규탄집회를 벌였다. 얼마 뒤 열사의 운명 소식이 전해지자, 노조는 즉각 창원병원 영안실에 빈소를 차리고, 성명서와 기자회견을 통해 이영일 열사 분신 사건의 진상을 알리는 한편 회사측에 4가지 조건을 강력 요구하였다.[41]

12시 40분경 루카스 조합원(150여 명)이 가장 먼저 병원에 도착하였다. 이어서 삼미금속 조합원(200명)과 이 날 아침 8시부터 파업투쟁에 들어간 대림자동차 조합원(700여 명)이 속속 도착하였다.

그러나 바로 그 시각, 경찰 병력 7개 중대 900명이 병원 주위를 철통같이 봉쇄하고 출입을 막기 시작하였다. 병원으로 들어가지 못한 마창지역 노동자 300여 명은 병원 맞은편 내동상가 주위에 모여 구호와 노래를 부르며 대치하고 있었고, 시신탈취에 대비한 장례위원회는 노학선봉대 30여 명을 병원의 옆문과 정문에 규찰대로 배치하고, 영

---

41) ① 노사협력과 직원 전원 사퇴, ② 일간지에 대표이사 명의로 노조탄압 공개사과, ③ 기만적 휴업이나 시신탈취시 전국적 연대를 통한 강경투쟁 전개할 것, ④ 상시적으로 병원과 회사 사이에 통근버스 3대를 배치할 것 등.

안실 지붕에도 20여 명의 규찰대를 배치하여 만약의 사태에 대비하였다.

오후 3시 수출지역 후문에서 차단된 수출지역 노동자들은 스타 앞에서 500여 명이 참가한 가운데 이영일 열사 분신 상황을 보고하는 약식집회 후 창원병원으로 이동하려 했으나, 경찰에 의해 차단되자 각자 분산하여 시내에서 선전물을 배포하기도 하고 일부는 개별적으로 창원병원으로 향했다. 그러나 일부 사업장은 아예 회사 정문에서 봉쇄당해 진출조차 하지 못했다.

오후 4시경 경찰병력 2천여 명이 병원 주변을 에워싸자 병원은 완전히 봉쇄되었다.

이와 때를 같이하여 (주)통일, 대림자동차, 루카스, 세신실업, 삼미금속 노조 등 1,600여 명의 노동자들은 병원 안에서 진상보고대회 겸 '노조탄압분쇄 및 이영일 열사 추모집회'를 가졌다.

"박봉에도 재형저축 2개를 들어, 한 개는 7년 동안 병환에 계신 어머님의 치료비를 마련해 주던 효심 많은 동지, 또 한 개는 동생의 수술비를 마련하기 위해 애쓰던 우애 많은 동지, 그런 동지가 노동운동 탄압을 분쇄하자고 외치며 착취 없는 세상을 위해 쓰러져 갔습니다."

"살려내자, 살려내자, 내 동지를 살려내자!"

구호를 외치는 모든 노동자들의 눈시울이 젖어갔다. 투쟁결의문에 따라 여기저기서 "불태우자 불태우자 노태우를 불태우자!", "죽을 놈은 따로 있다. 노태우를 끝장내자!", "한 손엔 짱돌 들고 한 손엔 꽃병 들고 노동해방 그 날까지 끝까지 투쟁하자!" 등 거침없이 구호가 터져 나왔다.

집회가 끝난 후 200여 명의 선봉대와 규찰대만을 병원에 남기고 나머지 노동자들은 모두 시내로 진출하였다.

가두투쟁

마창투본은 속보 7천 장을 긴급 제작해 오후 6시 이후 시내 곳곳에 배포하고, 가두투쟁을 전개하였다.

노동자와 학생 등 5백여 명은 코아양과 앞에서부터 육호광장 사이에서 기습적인 산발시위를 1시간 30분 동안 벌이며 최루탄을 쏘며 달려오는 백골단이나 전경들과 숨바꼭질하듯 쫓고쫓기면서 2차 집결지인 어시장으로 향하였다. 그러나 시민들은 그저 지켜보는 정도의 반응뿐이었고, 시위대열도 투쟁의지를 확고하게 세우지 못한 채 시내 일원에서 이리저리 돌려다니기만 하는 바람에 기습적 가두진출과 적극적 투쟁은 이루어지지 못했다.

7시 30분경 어시장 입구에서 400여 명이 "열사의 뜻 이어받아 민주노조 사수하자!"는 선동구호와 함께 가두로 진출하였으나 15분 정도 거리를 점거할 무렵 경찰이 최루탄을 쏘자 시위대열은 전투 없이 해산하였다. 전투대열이 책임있게 배치되지 못한데다가 그 수도 10명 정도로 축소되어 경찰병력이 출동하면 곧바로 해산하는 방식이었다.[42]

가투 이후 시내 일원에서 선전전을 벌이던 참가자들은 8시 40분경 3차 가투 예정지로 이동하였다.

---

[42] 선봉대 평가 문건에는 "동원된 역량을 가투로 배치하는 전술이 없고, 가두로 진출하고서도 우왕좌왕하는 모습이 역력하다. 전투준비는 꽃병이 1차에서 100여 개 정도, 2차에서 20개 정도로 머무른 데다가 전투조의 편성이 조직적이지 못하다"는 지적과 함께 힘있는 집행력의 부재와 특히 결전의 태세가 부족하다고 평가하였다. 따가운 지적은 비단 이뿐만이 아니었다. "백골단의 횡포 앞에서 응징은커녕 무기력하게 후퇴하는 모습", "왕년의 기백을 찾아볼 수 없었다"는 등 마창노련 연대투쟁에 대한 실망을 나타냈다(「상반기 노동자투쟁을 중간점검한다」, 『노동운동』, 1990년 6월호, 27쪽).

그러나 병원 출입이 자유롭지 못하고 시신탈취가 예상되는 긴급한 상황에서 귀중한 투쟁대오와 동력을 거리에서 흩어지게 한 이 날의 가투 전술은 이후 엄청난 과오를 남기게 되었다.43)

동지의 시신을 사수하자!

5월 4일 새벽 1시경이었다.

"친구는 멀리 갔어도 …… 살아 살아, 이 어둠을 사르리 사르리. 이 장벽을 부수리 부수리 ……"

열사의 죽음을 애도하는 노랫소리가 영안실 안에 무겁게 울려퍼지고 있었다.

곧이어 노조측과 유가족, 그리고 검·경이 참가한 가운데 열사의 검시를 위해 온 몸을 가리웠던 가운이 벗겨졌다. 그 순간 모두의 눈시울이 뜨거워졌다. 온 몸에 얼룩진 핏자국에도 불구하고 열사의 감은 눈은 너무나도 평온해 보였다. 시커멓게 온 몸이 타들어가면서도 "노동운동 탄압을 중지하라!"고 외쳤던 열사의 영전 앞에서 모두가 오열을 참을 수 없었다.

검시가 끝나 경찰이 물러가고 채 1~2분도 안 된 순간,44) 정확히 5

---

43) 마창투본대표자회의는 5월 7일 조합원에게 배포한 '투본 조합원들에게 드리는 글'을 통해 5월 3일 시신탈취가 충분히 예상되었는데도 창원병원에 집결한 1,500여 명의 역량을 마산 가투로 분리한 것은 큰 실책이었으며, 당시 상황에서는 창원병원을 투쟁의 상징, 기점으로 삼았어야 했다는 지적에 대해 오류를 솔직히 인정하고 지도성과 책임성 부족을 반성하였다.

44) 경찰측은 백연학 위원장 권한대행에게 검시확인서에 도장을 찍어야되니 밖으로 나가자고 제의했다. 이에 영전 앞을 떠날 수 없으니 여기서 서류를 작성하자고 했더니 경찰측 대답이 걸작이었다. "명색이 높으신 검사님인데 어떻게 이런 데서 확인서를 작성할 수 있겠나?" 높으신 검사님은 초상도 안 치루나? 노동자들이야 밤새도록 몇 날 며칠 밤을 초상집에 있어도 되지만 높으신 검사님은 초상집에 잠시도 머물 수 없다? 노동자들은 이 싸가지 없는 경

월 4일 새벽 1시 30분경이었다.

갑자기 창원병원 정문에서 '와―'하는 소리와 함께 숫자를 헤아리기 어려울 만큼 많은 경찰이 검은 헬멧을 반짝이며 한 손에는 방패, 한 손에는 몽둥이를 들고 밀려오고 있었다. 그리고 뒤에는 하얀 헬멧, 푸른 헬멧의 백골단과 운동모자를 쓴 특수 기동대원들의 빠른 몸놀림이 눈에 보이는가 싶자 곧바로 선봉대를 형성한 대열과 전투가 벌어지기 시작했다.

앞에서 조금 싸우는 소리가 들렸고, 옥상에서 화염병이 떨어지는 소리도 들렸으나, 곧이어 싸움은 잠잠해졌다. 마침내 백골단 3천여 명이 파죽지세로 밀려들어온 것이다. 유리창이란 유리창이 모두 쇠파이프에 의해 부서지면서 영안실 입구 및 화장실 입구가 열렸다. 마창노련 정방대원과 (주)통일 조합원 200여 명은 결사항전 태세로 저항했으나 수적인 열세를 감당하기 어려웠고 결국 영안실 안으로 다 밀리게 되었다.

비좁은 영안실 안에는 150여 명이 숨도 쉴 수 없이 꽉 들어차 아무리 밀어도 더 이상 밀리지 않았다. 그러자 경찰은 그 때부터 한 사람 한 사람씩 끄집어내기 위해 수없이 방망질과 발길질을 해댔다. 스크럼을 짜고 밀려나지 않으려는 몸부림만으로 수천 명의 완전무장한 공권력을 막아내기란 불가능했다.

마창투본의 대자보는 당시의 긴박했던 상황을 굵은 매직펜으로 다음과 같이 전해 주었다.

"화장실의 유리창이 깨지고, 한 발 한 발 백골단이 다가선다. 함께 있던 동지찰의 대답에 분기탱천하였고 장내는 술렁거리기 시작했다. "열사의 뜻 이어받아 노동해방 이룩하자!" 구호소리가 쩌렁쩌렁 영안실 안을 울려 퍼지자 놀란 경찰은 뒤도 돌아보지 않고 물러가고 말았다.

들이 저녁에 코아얀과 앞 투쟁을 위해 나가 돌아오지 않은 상태에서 우리는 150명, 저들은 3천 명, 이젠 영안실 입구의 유리창마저 깨어졌다. 선두에 선 남성동지들의 쇠파이프 소리가 무뎌지고, 여성동지의 비명이 허공을 깨뜨린다. '동지의 시신을 사수하자!'는 외침도 점점 비명으로, 절규로, 이젠 꽉 잠겨버린 목구멍 속에서의 울먹임으로 변했다."

군화발과 몽둥이가 난무하였다. 짓밟히는 노동자의 비명소리, 머리채를 휘어잡혀 질질 끌려나가는 여성노동자의 울음소리 …… 시신을 지키려는 동지애의 몸부림! 극한적 상황에서도 경찰의 무자비한 폭력만행에 맞서 자기보다 동지를 보호하고자 자신의 몸을 내던져 몽둥이를 막아내면서, 모두들 끌려나가지 않으려 서로 엉켜 한 덩어리로 뭉치고 또 뭉쳤다. 한 사람 한 사람이 떨어져 나갈 때마다 처절한 몸부림과 비명, 그리고 절규가 터져 나왔다.
"안돼! 절대 안돼!"
(주)통일노조 유인물은 이 때의 광경을 이렇게 서술하였다.45)

"이상하게도 참혹하고 처참해야 할 광경이 오히려 갖가지 번쩍이는 헬멧의 움직임과 마구 휘두르는 몽둥이가 어울려 아름답게 보이기까지 했습니다."

이건 무슨 의미일까. 죽음도 두렵지 않고, 적의 광란하는 침탈도 두렵지 않고, 오히려 투쟁의 한가운데서 목숨을 바치고 싶을 만큼 비장한 각오와 결의에 차있던 동지들의 모습이야말로 이 세상에서 가장 순결하고 아름다운 모습이었던 것이다.
이렇게 두들겨 맞고, 채이고, 끌려가면서도 노동자들은 이를 앙다문 채 죽음으로서 시신을 지키고자 온 몸으로 저항하였다.

---

45) 「열사의 시신 경찰력에 의해 탈취되다!」, (주)통일 노동조합, 1990. 5. 7.

1시간쯤이 지났을까. 마침내 영안실을 지키던 150여 명 전원은 닭장차에 실리고46) 열사의 유해는 운명한 지 채 15시간도 안 되어 열사가 그토록 저주하던 적들의 손에 의하여 더럽혀지고 말았다.47)

"열사는 마창투본의 마지막 자존심이었고 전노협의 투사였다. 동지의 주검이 더럽혀진 것은 바로 투본이 더럽혀진 것이다."

이영일 열사가 아까운 젊음을 바쳤음에도 불구하고 대중 투쟁력이 복원되지 못한 죄책감으로 활동가들까지도 많은 분노와 아픔을 겪어야 했고, 이 여파는 5월 9일의 이영일 열사 전국노동자장에까지 악영향을 미치게 되었다. 시신탈취 소식을 들은 마창지역 노동자들은 분노와 슬픔을 가눌 길이 없었다.

마창노련 조합원들은 즉각 5월 4일 점심시간에 추모제를 개최한 뒤, 오후 3시 경남대 한마관에서 '노조탄압분쇄 및 고 이영일 열사 추모집회'에 참석하였다. 그러나 경찰의 철통같은 원천봉쇄로 250여 명만이 참석한 가운데 진행되었다. 새벽에 시신탈취를 막으려다 연행당한 149명의 (주)통일 노동자들이 불참한 가운데 열린 집회는 침통한 분위기를 더해 주었다.

5월 4일 남산업, 웨스트, 수미다, (주)통일, 대림자동차 등 5개 노조가 총파업 대열에 참가한 가운데 5월 4일 하루 동안 24개 노조가 잔업거부, 타코마, 중천, 수미다, 경남금속, 한국중공업 등 4개 노조가 전조합원 집단조퇴, 일선, 대원강업, 세신실업, 부산산기 등 4개 노조가 간부 및 핵심조합원 조퇴 실시 등으로 정상조업이 이루어지지 못하였다.

---

46) 149명 연행자 중 3명이 즉심에 회부되어 구류 2일의 처분을 받았다.
47) 열사의 시신은 5월 4일 새벽 3시 30분쯤 경찰로부터 회사에게, 그리고 다시 유가족들에게 넘겨졌다. 창원시청에서 마련해 준 운구차는 전경 및 경찰의 삼엄한 호위 속에서 대전 시립화장장으로 옮겨졌고 유해는 화장되어 5월 4일 가족들의 오열 속에 충남 대청댐에 뿌려졌다.

흔들리는 골리앗

5월 3일 창원에서 이영일 열사가 분신하고 이어 다음날 폭력경찰에 의해 시신이 탈취되는 만행이 저질러지는 동안 서울, 인천, 부천에서는 총파업투쟁이 거세게 타올라 5월 4일 서울 32개, 인천 36개, 부천 30개 노조가 파업에 돌입했으며 전국에서 전면파업에 들어간 사업장만 해도 71개에 달했다.

5월 1일부터 4일까지 전국을 뒤흔든 노동자들의 1차 총파업투쟁의 성공으로 전노협의 투쟁력은 복원되었고 대중들의 침체된 분위기도 일신되어 비로소 노동자투쟁 전선은 전국적으로 확대되었다.

그러나 이렇듯 고양된 투쟁 분위기는 연휴(5/5~6)를 거치면서 점차 수그러드는 양상을 보였다. 이영일 열사의 분신조차 대중투쟁의 동력을 살려내지 못한 것이다.

한편 5월 투쟁의 구심이었던 울산에서도 골리앗 지도부만이 외로운 항쟁을 계속할 뿐 가두투쟁은 산발적이고 비조직적으로 힘겹게 끌어가고 있었다. 사실 5월 1일 약식 노동절기념 집회를 가진 뒤 기자회견을 갖고 결사항전에 들어갔을 때만해도 골리앗 전사들은 전국노동자투쟁 전선의 확고한 구심이었고, 횃불이었다. 그러나 수심 100미터, 해면 80미터의 상공에서 불편한 화장실과 단전단수를 참아내며 의약품 및 소량의 생필품마저 반입금지된 채, 쏟아지는 비와 거센 바람에 흔들리는 악조건을 견디다 못해 한두 명씩 내려가게 되었다. 또한 5월 3일부터는 물과 비상식량도 바닥나 하루에 생라면 하나로 때우게 되었다.

골리앗 전사들은 마침내 5월 6일 전체회의를 통해 '단식투쟁'을 선언하고 남은 식량을 모두 바다로 던져버렸다. 무전기는 방해전파로 단절되고, 가두투쟁을 직접적으로 관철시킬 수 없었던 골리앗 지도부는 투쟁의 전 과정을 야전지도부에 의존할 수밖에 없었다. 이런 상황에서 5월 4일 현대자동차노조가 정상조업을 결정하고 5일 이후 울산의 가두투쟁이 지리멸렬해지자 결국 골리앗 지도부의 상징성마저도 퇴색되었다. 결국 이런 조건에서 단식투쟁은 마지막 투쟁일 수밖에 없었다.

전노협은 6개 각 지노협에서 파견한 선봉대 114명과 공개모집에 참가한 학생을 포함 200여 명으로 '전노협 선봉대'를 조직하여 울산으로 파견하였다. 그리하여 전노협 선봉대는 5월 5일과 6일 사천세대에서 전노협 깃발을 들고 투쟁을 전개, 특히 현대중공업 경찰 봉쇄선을 물리력으로 뚫고 전노협 깃발을 휘날림으로써 골리앗 전사들에게 깊은 감명을 주었으며 '역시 전노협'이라는 연대정신의 살아 있는 표본으로 기록되었다.

전노협 및 마창노련은 5월 9일 민자당 창당일을 '고 이영일 노동열사 전국노동자 장례식'날로 정하고, 동시에 국민대회를 통해 전 민중과 함께 반민자당 투쟁의 불길을 지필 것을 결의하였다.

고 이영일 노동열사 전국노동자 장례식

5월 9일 마창노련 총 23개 사업장(5,150명 참가)은 오전 작업 후 조퇴하고(17개 사업장은 전 조합원 조퇴, 6개 사업장은 간부 조퇴) (주)통일노조에서 열리는 고 이영일 열사 전국노동자장례식에 참여하기로 하였다. 전국 노동자들도 전노협 방침에 따라 오후 1시를 기해 각 노조별로 약 30분씩 '고 이영일 열사 추모식'을 가졌다.

원천봉쇄에 대비하여 미리 (주)통일노조 안에 들어와 있던 전노협 관계자들과 타지역 노동자, 그리고 마창지역 인사들은 (주)통일노조 사무실 건물 앞에 마련된 분향소에 분향하였다. '근조', '고 이영일 열사'라는 흰 글씨가 검은 천 위에 찍혀 있었고, 왼쪽에 '철폐 노동악법' 오른쪽에 '사수 전노협'이란 검은 글씨가 장승처럼 양 옆으로 버티고서 있는 가운데 흰 국화꽃 바구니들 위로 향냄새가 번져나갔다.

오후가 되자 분향소가 철거되고 바쁜 손길과 발길들이 조합 앞마당을 메운 가운데 본격적인 전국노동자 장례식장 꾸미기에 들어갔다.

예상대로 경찰은 병력 24개 중대 2천여 명을 투입하여 장례식장인 (주)통일의 정문과 후문을 봉쇄하고 검문검색을 실시, 철통같이 방문객을 차단하였다. 오전 작업만 마치고 조퇴한 타노조 조합원들은 장례식장에 들어오지 못한 채 발길을 돌려야 했다.

장례식은 오후 2시부터 길놀이와 추도 비나리로 시작되었다. 열사의 시신을 지키지 못한 자책감으로 인해 (주)통일 조합원 150명을 포함한 타노조간부 및 각계 인사 400여 명은 시종일관 침통한 분위기였다. 장례준비 기간 중 (주)통일노조는 일일 동원역량이 50명을 넘지 못하는 등 자체 역량동원이 되지 못해 전체 상황을 효과적으로 추동하지 못했다. 참석자가 적다는 것만으로 장례식을 평가할 수는 없지만 전국노동자장에 걸맞지 않은 참석인원으로 인해 분위기는 더욱 가라앉았다.

장례위원장인 단병호 전노협 위원장은 "진정한 용기는 가진 자와 정권에 맞서 끝까지 투쟁하는 것이다. 나를 두 번 죽이지 말아다오"라고 외친 이영일 열사의 유언을 떨리는 목소리로 읽어 내려갔다.

"그대 다시 해방의 불꽃으로 타올라라"가 낭독되자 여기저기서 흐느낌이 새어나왔다.

"벗이여, 그대 처음 이 창원 땅에 오던 날이 기억나겠지. 마산과 창원의 공단 거리가 최루가스로 뒤덮이고, 백골단의 검은주먹과 쇠파이프가 공장마다 난무하던 지난해 봄, 임금인상 하자는데 전자봉고문 웬 말이냐며 목이 터져라 외치는, 푸른 작업복을 보았지."

벌겋게 충혈된 철의 노동자들은 눈망울을 떨구었고, 볼에는 눈물이 흘러내렸다.

"단 한줌의 뼈라도 사내에 뿌려져 자본가와 싸우겠다던, 그대의 뜨거운 분노를, 피맺힌 한을, 그대의 시신을 끝내 적들에게 뺏겨버린, 우리를 용서해주게."

열사의 시신을 뺏긴 통한은 끝내 참았던 오열을 터뜨렸다.
"벗이여, 그대 못다 이룬 꿈, 우리에게 맡기고 오늘은 편히 잠들게"
베꾸마당의 추모가가 울려퍼지고, 분향 및 헌화에 이어 한풀이 춤을 마지막으로 장례식은 3시간 만에 끝이 났다.

그러나 (주)통일노조가 원천봉쇄될 것에 대비하여 영결식이 예정되었던 창원대학교에는 오전에 전경차 7대가 배치되었고, 미리 창원대에 들어온 노동자와 학생 등 200여 명이 오후 3시부터 5시 30분까지 영결식을 치루었다.

또한 경남대학교에서는 국민연합이 반민자당투쟁과 결합하기로 하고 주최한 '5·9 민자당 창당 발족 규탄 국민대회'가 노동자와 학생, 시민 등 약 1,500여 명이 참가한 가운데 열렸으나, 예정된 가두시위는 경찰의 원천봉쇄에 밀려 무산되었다.

이렇듯 5월 9일 하루 동안 (주)통일노조, 창원대, 경남대 등 세 군데로 분산되다보니 전국노동자장이라는 이름이 무색할 정도였고, 투쟁 전반에 대한 비판이 빗발치게 되었다. 특히 최전선 싸움을 이끌어내는 데는 정방대, 선봉대의 타격전이 가장 중요함에도, 선봉대는 논의 구조도 계획도 전술도 책임성도 없었다.[48]

---

48) 선봉대는 4월 25일부터 5월 9일까지의 투쟁을 평가하고, "원천봉쇄를 뚫고 나갈 의지가 전혀 없었다, 가투 때 역시 미리 패배감에 젖어 대오형성조차 안 되었다, 무기를 들지 않거나 혹은 앞장서 타격하는 사람이 없었다"는 등 위기의식을 나타냈다.

마창지역 민족민주단체들도 마창노련 활동에 대해 불만을 토로하고 따끔한 비판을 가하였다.49)

"오죽했으면 열사가 나왔겠습니까. 운동이 잘 되고 있었다면 분신하지도 않았겠죠."

마창노련의 상황은 존폐의 위기에 처할 만큼 최악이었다.

5·9 반민자당 투쟁과 그 후

한편 5월 9일 하루 동안 서울 및 전국에서는 '해체 민자당, 퇴진 노태우'의 구호와 거센 함성이 거리를 뒤덮었다. 물가 폭등과 집값 상승 등으로 누적된 국민들의 분노가 불을 뿜으면서 서울에서는 5만 명이 넘는 시위대가 곳곳에서 경찰력을 무력화시키고 시위에 참가한 모든 사람들이 '전노협 사수'를 부르짖었다.

그렇지만 정작 노동자들의 조직적인 대오는 어느 곳에서도 찾아볼 수 없었다. 노동자들은 '노동운동 탄압분쇄'의 영역에서 더 이상 발전하지 못하였던 것이다.

전노협 및 국민연합은 5·9 투쟁으로 고양된 정세를 계속 유지시켜 전 국민적으로 반민자당투쟁을 확산하기 위해 5월 9일부터 명동성당에서 무기한 단식철야농성에 들어갔다. 그리고 이 투쟁열기를 광주항쟁 10주년 기념 때까지 계속 살려내서, 5월 20일 '전국노동자대회'와 '2차 국민대회'라는 두 대회에 총 투쟁역량을 결집시키기로 하였다.50)

---

49) 비판내용은 주로 "대중성이 약하다, 음모적 비공개적 비민주적이다, 책임있는 행동이 부족하다, 약속을 자주 어긴다 ……" 등이다.
50) 전국노동자대회(광주민중항쟁계승 및 노동운동탄압하는 민자당독재분쇄 전국노동자대회, 12~1시, 조선대학교)는 전노협, 전국노운협, 업종회의가 주최한 대회였고, 반민자당 국민대회(5월항쟁계승과 민자당합당독재분쇄 및 민중

그러나 5월 6일부터 단식투쟁에 들어간 골리앗 전사들의 상황은 더욱 악화되었다. 일교차가 20도가 넘는 악조건에서 며칠째 비에 젖은 상태로 지내 건강이 약화된 상태에서 회사측이 생수랍시고 썩은 물을 올려보내는 바람에 여기저기서 배탈환자가 속출하게 되었다. 거기다 회사측은 몇 차례 협상에서도 노동자들의 소박한 요구마저 거부하여 투쟁종결 여지조차 없음을 확인시켜 주었다. 탈진상태에 빠진 골리앗 전사들을 본 지도부는 결단을 내렸다.

결국 5월 10일 오후 2시 골리앗 최후의 결사대 51명은 뜨거운 눈물을 흘리며 골리앗을 내려옴으로써 13일간의 골리앗 농성은 15명의 구속자를 남긴 채 끝나고 말았다. 그리고 골리앗 투쟁이 마무리된 후 5월 18일 KBS노조도 제작에 복귀함으로써 전국 노동자들의 투쟁 분위기는 급속하게 가라앉고 말았다.51)

마창투본은 각 노조별 임단협 상황과 조건에 맞게 투쟁불씨를 살려내는 작업에 들어갔다.

파업투쟁 중인 사업장은 투쟁내용에 광주항쟁을 결합시켜 광주순례단에 적극 참여하고, 교섭이 진행 중인 사업장은 원래의 요구수준을 최대한 고수하면서 투쟁 분위기를 이어나가되 5월 20일 전후로 투쟁열기가 상승할 때를 타결시점으로 몰아가기로 하였다. 그리고 타결 사업장은 투쟁 중인 사업장을 지원연대하면서 투쟁 분위기를 계속 유지하여 광주순례단에 적극 참가하기로 하였다. 또한 광주에 출정하지 못한 노동자를 위해 5월 17일 경남대에서(400여 명 참석) '광주민중항쟁 10주년 기념식'을 갖고, 민중가요 대회를 진행하였다.

기본권쟁취 국민대회, 오후 2시, 도청앞)는 국민연합 주최하고 광주전남민주연합이 주관한 대회였다.
51) 한 달 넘게 완강하게 저항해 온 KBS 언론민주화 투쟁 역시 MBC노조 내부의 대립과 갈등, 비대위 지도력의 한계 등으로 5월 18일 제작에 복귀함으로써 끝이 나고 말았다.

격렬했던 광주항쟁 10주년 기념 전국노동자대회 및 2차 국민대회

마침내 5월 20일이 다가왔다.

마창투본 220명의 광주순례단은 경찰의 삼엄한 검문검색을 뚫고 7시간 만인 20일 새벽 2시 광주 무등산에 도착, 1시간 동안 산길을 걸어 전국노동자대회가 열리는 조선대학에 도착하였다.

이 날 광주에는 3중, 4중으로 겹겹이 둘러싼 경찰의 원천봉쇄를 뚫고 전국에서 4천 명이나 되는 노동자들이 모여들었다.

거제에서 출발한 대우조선 등 200여 노동자들은 광주 집결을 저지하려는 경찰에 맞서 순천 톨게이트에서 치열한 전투를 벌여 많은 부상자를 냈으며, 그 밖의 대부분 지역도 예약했던 차량이 무더기 취소되어 악전고투를 벌인 끝에 새벽녘이 되어서야 광주에 도착할 수 있었다.

그러나 경찰은 오전 10시 전국노동자대회 자체를 무산시키기 위해 대회장소에 무차별 최루탄을 퍼부어 전국에서 참석한 3천여 노동자들을 전쟁터로 몰아넣었다. 결국 대회는 일시 중단되었고 막바로 치열한 싸움이 전개되었다.

오후 1시부터 장소를 옮겨 약식 집회로 대회를 마친 전국 노동자들은 오후 2시부터 진행될 제2차 국민대회를 위해 광주 시내로 진출하였으나 폭력경찰 8천여 명이 원천봉쇄하는 바람에 곧바로 금남로, 충장로, 중앙로 일대에 밀집해 있던 시민, 학생, 노동자들과 합류하여, 격렬한 시가전에 돌입했다. 특히 거리에는 전날 5월 19일 전대협 출범식이 열린 관계로 대학생 숫자가 많았다.[52] 마창노련 선봉대도 오

---

[52] 한편 전남대 병원에는 고 신장호(성남 대유공전 2년) 군의 영안실과 분향소가 설치되어 많은 시민, 학생, 노동자 들이 참배하러 모여들었고 시신사수를 위한 학생 선봉대들이 규찰을 서고 있었다. 신장호 군은 망월묘역 참배 및 전대협 출범식(5/19)에 참가하기 위해 경기도에서 열차로 내려오던 중 폭력

랜 만에 투쟁열기를 되찾고, 전경의 방패를 빼앗아 불태우는 등 선두에서 열심히 싸웠다. 이 과정에서 폭력경찰의 쇠파이프·직격탄에 맞은 부상자들이 속출하기도 했다.

특히 광주 시민들의 열기는 믿기 어려울 정도였다.53) 기브스를 한 환자가 병원에서 뛰어나와 돌을 던지는가하면, 시위대의 화염병에 맞아 청바지 가게가 완전히 불타도 상점주인은 불평 한마디하지 않았다. 어떤 가게 주인은 음료수와 인절미를 내주기도 하고 택시기사는 택시비를 거절하는가하면 식당에서는 밥값을 받지 않기도 했다. 이렇게 학생과 노동자, 그리고 광주 시민들은 하나가 되어 중앙로에서 대형 스피커를 단 트럭을 앞세우고 금남로로 진군했다.

아쉽지만 마창 노동자들은 망월동 묘지를 오후 7시에 참배하고 마산행 버스에 올랐다.

"광주영령들이 원하는 것은 돈이 아니라 오직 하나 학살 원흉 처단"임을 뼈저리게 확인한 하루였다.

이렇듯 4월 중순부터 5월 20일경까지 전국 노동자들은 민자당 정권의 혹독한 탄압에 총력 대응하여 역동적인 투쟁을 전개하였다. 하지만 광주투쟁은 노동자들의 투쟁을 전국적으로 확산시켜 내는 결집점이 되지는 못했다.

이제 총파업투쟁을 통해 한차례 타올랐던 대중투쟁 동력은 개별적인 단위사업장 차원의 임투전선으로 돌아갔다.

5. 1990년 임금인상투쟁

경찰의 검문검색을 피하려다 사망하였다.
53) 마창노련 교선국 소속 광주순례 공동취재단, 「다시 살아오는 오월에」, 『마창투본소식』, 1990. 5. 25, 2쪽.

1990년 임금인상 공동투쟁 전개과정

상반기 공동임투는 전노협의 건설로 이전보다 높은 수준의 내용과 일사분란한 행동통일이 요구되었으나 실제는 그렇게 진행되지 못하였다. 또한 목적의식적인 활동이 제대로 수행되지 못한데다가 정권과 자본의 파상적인 탄압공세에 밀려 준비기에서부터 분위기가 많이 위축되었다. 말하자면 1990년의 공동임투는 유례없는 탄압에 당황하고 자신감을 잃은 채 공동투쟁 일정에 오르게 된 것이다. 그 결과 공동임투를 통한 투쟁전선의 확대, 조직력 강화라는 목표를 달성하지 못하였다.

자본측은 경단협의 지침에 따라 임금인상 가이드라인 7% 설정, 철저한 무노동무임금 적용, 법을 악용한 노조간부 고소고발 등 공세를 강화하였다. 그리고 공동투쟁 대열을 교란하기 위해 교섭지연작전을 구사하고, 비밀교섭을 요구하는 등 각개격파 전술을 구사하였다.

이에 반해 마창공투본은 이러한 자본측의 각개격파 전술을 효과적으로, 조직적으로 격파하지 못하였고 시기와 전술 전반에 걸친 공동행동을 조직하지 못하였다. 결국 공동임투는 각 노조별 고립분산적인 투쟁으로 바뀔 수밖에 없었다. 4월 10일 쟁의발생신고, 4월 20일 동시 쟁의돌입이라는 전국 공동투쟁 일정은 지켜지지 않고 두 번이나 재조정되었고 5월 1일 전후 파업이라는 일정도 지켜지지 않았다.

그리하여 공투본 산하 대부분의 노조가 자본측의 지연작전을 돌파해내지 못하였다.

또한 5·1절 전국 총파업투쟁과 이영일 열사 분신투쟁 및 전국노동자장례식 과정에서도 조합원의 투쟁열기는 위축되었다. 게다가 마창노련 대표자와 간부들이 줄줄이 구속됨으로써 마창투본은 강력한 지도력을 잃고 단위노조의 힘겨운 투쟁에 의존하게 되었다.

마창노련 지도부 집단지도체제로

1990년 3월 이승필 부의장, 4월 이종엽 부의장이 각각 구속된 뒤 마창노련은 정상철 의장 권한대행 (마창노련 사무처장, 남산업 노조위원장) 체제로 힘겹게 지도력과 집행력의 공백을 메꾸어나가고 있었다. 이러한 위기상황은 밖에서 알고 있던 것보다 훨씬 더 심각했다.

당시 조직국 간사였던 허재우는 마창노련 8년 중 가장 어려웠던 당시를 이렇게 피력하였다.

> "당시는 운영위원회를 진행할 사람이 없었다. 회의를 진행하면 결과나 집행사항에 대해 의장이 다 책임져야 하는 건데, 의장과 부의장은 구속됐지, 사무실은 털려쌌지, 그러니까 마창노련 회의를 소집할 수 있는 책임자가 없었다. 오죽하면 회의를 국장들이 교대로 소집했겠나. 회의 소집하고 진행하고 그러면 구속되는 거였다. 그런데 그 일을 정상철 처장이 말 없이, 무리 없이 해냈다. 뻔히 구속되는 줄 알면서. 그런 것들이 마창노련을 이어온 힘이었다고 생각한다. 이 때는 자료도 없고, 알려지지 않아 사람들이 잘 모를 것이다. 하지만 내부에서는 정 처장이 당시 위기를 잘 넘겨주었고, 그게 엄청나게 큰 힘이었다."

그러나 5월 22일 정상철 의장 권한대행마저 구속됨으로써 마창노련 지도력은 공황상태에 빠졌다.

5월 24일 마창투본 비상대표자회의는 지도부 침탈에 조직적으로 대응하고 지도체제 혼란을 사전에 방지하기 위해 지도역량을 총동원할 수 있는 효과적인 방법으로 집단지도체제를 채택하고 집단지도부를 구성하였다.

집단지도부는 조통국장, 조직국장, 교선국장, 노사대책국장, 여성국장과 지역 내 대규모 핵심사업장인 (주)통일노조 위원장 직무대행과 대림자동차노조 위원장 직무대행 등 7명으로 구성되었다. 그리고 회의 소집권자는 집단지도부 중에서 논의를 통해 결정하기로 하였다.

대림자동차노조의 법정투쟁

대림자동차노조는 2월 23일 노조침탈 이후 3월 8일 이승필 위원장 및 지도부 8명이 전원 구속된 가운데 4월 6일부터 임투에 들어갔다.

교섭이 시작되자 회사측은 "구속, 해고자 문제를 거론하지 않으면 섭섭하지 않을 정도의 임금인상안을 내놓겠다"고 나왔으나 노조는 "돈 몇 푼에 동지를 팔아먹을 수 없다"며 입장을 굽히지 않았다. 회사측은 대안조차 내놓지 않으면서 교섭을 지리멸렬하게 만들고는 노조의 일상활동과 업무에까지 시비를 걸거나 도발하고, 노조에 대한 흑색선전과 이념공세를 퍼붓는 등 탄압을 계속 강화하였다.

그러나 노조는 흔들리지 않았다. 조합원들은 적극적으로 지도부를 믿고 따라주었고, 지도부는 이러한 조합원의 지지를 믿고 한치도 흔들림 없이 앞장서서 투쟁해 나갔다. 이러한 조합원과 지도부의 절대적 신뢰는 5·18 법정투쟁으로 나타났다.

5월 18일은 이승필 위원장과 이윤수 총무부장의 심리공판이 열리는 날이었다.[54]

낮 12시 대림자동차 전 조합원은 '노조탄압중단 및 임투 중간보고대회'가 끝난 뒤 집단조퇴를 강행, 차가운 빗방울이 뚝뚝 떨어지는 가운데 대열을 맞춰 마산법원을 향했다.

위원장과 총무부장은 공판정에서 조합원들과 함께 "국가보안법 철폐하고 인간답게 살아보자!", "노동운동 탄압하는 노태우정권 타도하자!"는 구호를 외쳤고, 이로 인해 감치 20일에 처해졌다.

---

[54] 김윤수 총무부장은 1999년 3월 30일 진해시 야산에서 스스로 목숨을 끊었다. 고인은 1990년 3월 구속되었다가 1년 후 석방되었다. 석방 뒤 해고되자 끈질기게 회사앞 출근투쟁을 계속해 왔다. 고인은 1993년 말까지 건설현장에서 목공으로 일하면서도 복직의 희망을 버리지 않았으나 IMF 이후 건설 경기부진으로 어려운 살림살이에 시달려왔다.

한편 미처 법정 안에 들어오지 못한 300여 명의 조합원들은 법정 밖에서 구호를 외치고 '동지가' '임을 위한 행진곡' 등 노래를 부르며 장외투쟁을 전개하였다.

판사는 증인 참석을 이유로 5분 만에 공판을 6월 8일로 연기하였다. 위원장과 총무부장은 호송차인 봉고차에 실려 나왔다. 양손에 수갑, 몸에는 포승줄을 한 채 백골단 전경들에 둘러싸여 나오는 위원장의 모습을 본 300여 조합원들은 순식간에 호송차를 막고 에워쌌다.

"위원장 보자는 데 폭력경찰 웬 말이냐!",

구호소리와 함께 '구속동지구출가' 노래가 힘차게 터져 나왔다.

"선봉에 동지들이여, 구속된 동지여, 동지의 뜻을 따라서, 그대 자리 채우리라 ……"

장외투쟁은 30여 분이나 계속되었다. 그러자 백골단과 전경들이 조합원들을 향해 덮치기 시작했다.

"잡아라 한 놈도 놓치지 말고 싸그리 차에 실엇!"

양쪽 팔과 허리를 잡힌 조합원들이 한 명 한 명 차에 실렸다. 56명 전원이 마산경찰서, 마산동부경찰서, 창원경찰서, 함안경찰서 등으로 분산 격리 수용되었고 5월 19일부터 즉결재판 결과 4명이 훈방되고 그 밖에 51명 전원은 구류 3~15일에 처해졌다.[55]

구류형은 분명 정당한 투쟁에 대한 부당한 탄압이었다. 노조는 5월 21일부터 구류형에 처해진 조합원에 대한 대대적인 면회투쟁을 전개, 매일 200여 명의 조합원이 4개 경찰서를 찾아 면회투쟁을 실시하고 구류 조합원들이 하나둘 속속 석방될 때마다 환영식과 보고집회를 열었다.

그러나 법정투쟁 다음날 임원 및 조합간부 9명이 고소고발당하

---

55) 56명 연행자 중 조련준 조직부장은 노동쟁의조정법 위반으로 5월 21일 구속되었다. 구류내용은 15일 5명, 10일 33명, 7일 5명, 5일 7명, 3일 1명 등이다.

고,56) 25일에는 윤광열 수석부위원장마저 연행 구속되었다. 이런 가운데 회사측이 복사기 사용마저 금지시키자 조합원들은 자발적으로 추진위원회를 구성하고 모금활동을 벌여 노조에 대한 뜨거운 애정을 유감없이 발휘하였다.

5월 29일 15일 구류형에 처해진 5명을 남겨 놓고 구류 조합원이 석방되었다. 석방된 조합원들은 마중나온 동지들이 넣어준 두부를 씹으며 "이제는 더 이상 속지도 않을 것이요, 투쟁의 불로만 타오를 것이다"라고 말했다. '싸우는 자에게는 승리, 물러서는 자에게는 노예의 삶'이라는 노동자의 투쟁의지를 다시 한번 되새겨 준 순간이었다.57)

이러한 흔들림 없는 조합원들의 투쟁의지에 힘입어 대림자동차노조는 5월 30일 93% 찬성으로 파업투쟁에 돌입할 수 있었다.

1990년 파업투쟁

1990년 임투에서 파업투쟁에 들어간 사업장은 대림자동차노조 등 4개 노조였다. 5월 15일 전후로 쟁발신고를 결의한 사업장은 약 15개이지만 실제 파업투쟁에 돌입한 것은 5월 30일 대림자동차를 비롯하여 6월 초부터 중순에 걸쳐 경남금속, 두산기계, 한국캬브레타 등 4개 노조가 파업에 들어갔다. 회사측은 즉각 직장폐쇄(경남금속)나 간부에 대한 고소고발(경남금속), 식당폐쇄와 통근버스 운행중단(대림자동차, 캬브레타) 등으로 탄압하였다. 이로 인해 파업기간은 길지 않았고 대부분 10일 내외에서 타결되었다.58)

---

56) 고소고발된 9명은, 윤광열 수석부위원장, 차석부위원장, 교육부장, 쟁의부장, 조직부장, 전 쟁의부장(최재우) 홍보차장, 조직차장(홍지욱) 조직차장(김봉중) 등이다.
57) 김건곤, 「유치장 문을 나서며 ― 제1회 마창노련문학상 가작 당선 체험기」, 『등대』 제32호, 대림자동차, 1990. 3. 30, 6쪽.
58) 파업기간은 경남금속 9일, 한국캬브레타 10일, 대림자동차 12일 등이다.

전반적으로 1990년 임투는 6월(16개, 57.1%)에 마무리되었다. 이는 전노협 건설과 동시에 자본과 정권의 총체적 공세가 자행되었기 때문이다. 교섭기간이 가장 짧은 곳은 현대정공으로 단협갱신이 끝난 보름 후 1차 임금교섭에 들어가 12일 만에 타결되었다. 그에 비해 (주)통일은 82일이라는 가장 긴 교섭기간을 기록하였다. 이영일 열사 분신 및 장례투쟁과 같은 사건이 일어났음에도 불구하고 쉽게 타결이 이루어지지 않은 것은 그만큼 자본측의 탄압이 악랄했음을 나타낸다. 또한 삼우산기 역시 78일이라는 장기간 교섭을 전개했음에도 위원장 직권조인으로 마무리됨으로써 불신임투쟁으로 이어지는 불씨가 되었다. "(주)통일의 한계"라고 외친 삼우산기 위원장의 마지막 한마디는 바로 (주)통일 자본이 악랄한 악덕기업주임을 다시 한번 확인케 해 주었다.

그런가하면 1990년 마창 임투에서 가장 최고수준액(기본급 54,600원)을 쟁취한 곳은 기아기공노조였다. 철야협상 끝에 6월 1일 단협을 마무리한 기아기공은 6월 8일부터 임금교섭에 들어갔는데 단협승리에 고무된 조합들의 사기는 충천하였다. 회사측은 조합들의 투쟁력과 조직력이 급속히 확산되는 것을 두려워한 나머지 3차 교섭(6/14)에서 기아계열사 타결기준치인 5만4천 원을 제시하였다. 그러나 집행부는 여기서 안주하면 영원히 기아자동차의 지부라는 인식을 불식시키기 어렵다고 판단하고 노조의 자주성을 살리기 위해 강력한 투쟁을 펼치기로 하였다. 그리하여 6월 16일 쟁발신고 결의, 6월 18일 집행부와 정방대원의 철야농성 등으로 맞서면서 세차게 내리는 비바람에도 굴하지않고 집행부는 투쟁에 나섰고, 조합원들은 자발적으로 집단조퇴와 생산물량 감소를 실행하면서 일치단결 투쟁하였다. 이에 교섭 13일 만인 4차 교섭(6/21)에서 마창지역 최고수준의 임금을 쟁취하였다.

또한 뒤늦게 임투에 돌입한 루카스노조는 8월 9일 1차 교섭을 시작으로 9월 3일 10차에서 타결되었다. 노조 집행부는 6월부터 치밀한 임투계획을 수립하고 준비활동에 들어갔고 조합원은 모범적으로 단결투쟁을 전개하였다. 특히 평조합원으로 구성된 정방대, 풍물패, 문선대는 체계적인 선전선동과 위력적인 조직과 투쟁의 주역으로 등장하였다. 이러한 강한 조직력을 갖출 수 있었던 것은 세 차례에 걸친 현장 토의와 간부수련회, 4차례의 정방대 수련대회, 그리고 가족등반 수련대회 등 가족들을 투쟁에 동참시키는 등의 다양하고 적극적인 활동과 노력에 의한 결과였다.

한편 타코마노조는 4월 13일 1차 교섭 이후 회사측에 의해 아예 교섭이 무기연기되어 어두운 앞날을 예고하였다.

임투에서 얻은 것

많은 한계와 엄청난 탄압 속에서도 마창 노동자들은 5월 총파업을 통해 조직을 사수하고, 국민대회 등을 통해 전 민중들에게 전노협의 위력을 보임으로써 민주노조운동에서의 전노협의 위치를 확실하게 세워주었다.

그리고 이러한 투쟁과정에서 정치의식을 한 단계 올려놓는 계기가 마련되기도 하였다.

또한 요구조건에서는 미진하나마 주택문제를 임투의 주요내용으로 설정함으로써 정책적 대응을 강화하였고 법 제도개선투쟁의 기초를 다졌다.[59]

그 중 무노동무임금은 파업사업장에서 조합과 사측 간에 예민하게

---

[59] 마창노련 조사통계국(1990년 7/19~8/7)에서 조합원 744명 대상으로 '90년 임투평가와 조합원 의식수준 설문조사'를 한 결과에 의하면 창원공단 큰 사업장은 주택자금 융자 요구안이 수용되었으나, 중소 사업장이나 수출지역은 부분적으로 남자들에게만 주택수당 명목으로 주어진 것으로 나타났다.

대립하였던 문제였다.

특히 이 무노동무임금으로 인해 노조가 파업이라는 강력한 무기를 사용하지 못한 관계로 교섭기간이 지리멸렬한 가운데 길어지게 되었고, 이런 점에서 1990년 임투에서는 무엇보다 무노동무임금을 깰 수 있느냐 못 깨느냐가 초미의 관심이었다.

하지만 회사측으로서는 파업으로 인한 손실액보다 파업기간 중의 임금액 지불이 실제 더 적게 든다고 판단해서 임금명목은 아니지만 다양한 형태로 지불되는 경우가 많았다. 경남금속은 9일의 파업기간 중 생활보조금 명목으로 8만 원, 12일간의 파업투쟁을 벌인 대림자동차의 경우는 파업기간 중 생산장려금 명목으로 50% 지급을 받는 등 사실상 무노동무임금은 조합원의 투쟁으로 승리를 거둔 셈이었다. 다만 이것을 임금으로 지급하지 않고, 다른 명목으로 지불함으로써 무노동무임금을 원칙적으로 깨지 못한 아쉬움이 많이 남았다.

6. 마산교도소 내 처우개선과 고문폭행 규탄투쟁 및 그 지원투쟁

마구잡이 국가보안법

악명높은 5공 때에 비해 6공 들어 양심수는 1.5배 증가하고 구속노동자는 하루에 3명 꼴로 발생하였다. 그 중에서도 마창지역은 전국 구속노동자 수 364명 중 81명, 수배자 722명 중 26명으로 전국에서 가장 많았다(1990년 12월 현재).

마창노련 지도부 전원 구속·수배, 전노협 중앙위원 38명 중 19명 구속과 나머지 수배 등으로 인해 마창노련 운영위원회와 전노협 중앙위원회를 감옥에서 열어야 한다는 말이 나올 정도로 1990년 한 해 동안 구속노동자는 속출하였다.

특히 1990년 상반기 투쟁이 끝난 뒤 마창지역 구속자 수는 더욱 늘어났다.60) 이는 마창노련·전노협을 탈퇴하게 하기 위해 집중탄압을 퍼부었기 때문인데, 특히 1990년 들어서 노태우 정권은 이전과는 달리 노동자들에게도 반공이데올로기에 기초한 '국가보안법'이란 탄압무기를 마구 휘둘러 정치적으로 집중탄압을 퍼부었다. 1987년 이후 노동자들도 대중의 자생성에 의존한 투쟁으로는 폭압적이고 이념적인 탄압을 분쇄하고 노동자의 제 권리를 찾을 수 없다는 것을 절실히 깨달아 의식화 교육과 선전홍보에 힘쓰게 되었고, 또한 민주화 요구가 높아지면서 노동자투쟁에 대한 국민의 지지와 관심도 차츰 증대되었다.

이에 지배권력은 "의식화 = 공산주의"라는 정치적 이념공세를 가하여 진보적 노동운동과 관련한 서적 및 각종 문건을 이적표현물로 간주하여 국가보안법을 무차별 확대 적용하였다. 그 결과 마창지역 구속자 중 국가보안법 적용이 37%로 가장 많고 그 다음이 폭력과 업무방해, 집시법, 화염병특별법, 그리고 쟁의조정법 순으로 나타나 학생에 대한 국가보안법 적용보다 더 많았다.

또한 노동관계법 위반보다 업무방해와 폭력, 특수공무집행 방해 등 민형사법을 적용한 구속사유가 더 많았다. 이는 국민여론과 정서를 의식하여 노동자들을 이적단체에다가 폭력집단이라는 이미지를 만들어 매도하려는 탄압의도 때문이었다. 또한 노동관계법 적용을 줄임으로써 구속자석방투쟁이 노동악법 등 반민주악법의 철폐운동과 직결되는 것을 차단하려는 의도도 포함되어 있었다. 쟁의조정법이 11명인데 비해 집시법, 화염병특별법과 폭력 및 업무방해가 2배가 넘는 29명에 달한 것은 바로 이런 의도 때문이라 볼 수 있다.

여기에 덧붙여 노태우 정권은 '기획수사'라는 방식으로 노동운동단체와 회원, 즉 경남노동자협의회 3명, 일꾼노동문제연구원 5명 등을

---

60) 대림자동차 7명, 효성기계 5명, 효성중공업 3명, 수출지역은 TC 5명 등 10여 명.

국가보안법위반혐의로 구속하였다. 경노협이나 일꾼노동문제연구원은 노동자를 대상으로 초보적 수준의 교육과 상담활동에 주력하면서 노동자와 노조활동을 지원해 온 단체였다. 이러한 노동운동단체를 조직사건으로 엮어 탄압한 의도는 민주노조와의 고리를 차단하여 민주노조운동을 말살하고 노동자들의 정치적 각성을 저지하기 위한 음모였다.

이렇듯 심화된 노동자의 구속과 정치적 탄압으로 인해 결국 한여름의 뜨거운 폭염 속에서 마산교도소 내 처우개선과 고문폭행 규탄투쟁이 터져 나오게 되었다.

사건의 배경과 발단[61]

7월 11일 마산교도소 내 재소자들이 처우개선과 폭력근절을 요구하고 나섰다.

이에 7월 14일 교도소 당국은 폭력에 대한 사과와 몇 가지 처우개선 이행을 약속하였고, 이로써 투쟁은 일단락 되었다.

그러나 7월 16일에 새로 부임한 보안과장 안유는 가스총을 옆구리에 찬 채 교도관 4~5명을 거느리고 각 사동을 수시로 순시하면서 공포분위기를 조성하였다. 심지어는 아무 물증도 없는 재소자를 조사한다고 끌고 가 한 쪽 다리를 못 쓸 정도로 두들겨패는 등 그 행패가 심했다.

그러던 중 7월 25일 한 조직폭력사범이 접견금지에 항의하였다는 이유로[62] 보안과 지하실로 끌려가 손발을 묶인 채 폭행당한 사건이

---

[61] 마창노련 창립 3주년 기념, 「마창노련 선정 90년 10대 사건」, 『들불』, 마창노련, 62~63쪽.
[62] 조직폭력사범 배영태 부인은 면회를 왔다가 남의 주민등록증을 가져왔다는 이유로 접견금지당했다.

발생하였다. 폭행사실이 알려지자 재소자 40명(시국사범 34명과 일반수 6명)은 단식에 돌입하였고, 보안과장은 이승필 옥투위 의장을 비롯한 7명의 시국사범과63) 일반수 몇몇을 연행하여 보안과 지하실과 보안과 부속 거실에 가두었다. 그리고는 7월 14일 합의한 사항 중 '사식 부분'을 포기하라고 협박하였고, 거부하자 보안과장은 전창현과 김성대 2명을 징벌방으로 보냈다.

이 사실이 전 사동에 알려지면서 저녁 4시 일반재소자 전원은 징벌과 집단폭력에 대한 항의와 그리고 '7·14 합의사항 이행'을 촉구하면서 관식을 거부하였다.

보안과장은 즉각 교도대와 교도관들을 동원하여 각 사방에 수감된 43명에게 1인당 4~5명씩 달려들어 무차별 구타하면서 이들을 강제로 끌어냈다. 그리고 잔디밭으로 끌고 나와 본격적인 폭행과 고문이 자행되기 시작하였다. 한 사람 앞에 3~4명의 직원이 달라붙어 속칭 비녀꽂기64)라는 고문을 가하고 몸을 조금이라도 움직이면 뒤로 휘어진 허리 위를 군화발로 짓밟고 끈을 잡아당기며 구타를 일삼았으며 소리를 지르지 못하게 개구를 씌우거나 방성구를 씌웠다.65) 그리고는 보안과 사무실, 휴게실, 출장대기실, 특별접견실 등으로 격리 수용하고는 또다시 그 때부터 구타하기 시작하여 2시간 이상 짓밟고 줄을 조였다 풀었다하며 고문을 자행하였다.

이러한 고문상태에서 교도관들은 사태의 책임을 재소자에게 돌리

---

63) 이승필, 이재구(일꾼연구원), 여영국((주)통일 해고자), 강보순(창원대생), 조명제(창원대생), 전창현(코렉스), 김성대 등 7명.
64) 비녀꽂기란 손에 수갑을 꽉 채운 뒤 팔굽 주위를 포승줄로 묶고, 발과 발목을 포승줄로 묶은 뒤 다리를 뒤로 젖혀 대퇴부와 연결되게 묶어서 두 손에 채운 수갑과 두발을 허리가 꺾어질 정도로 세게 당겨 연결시켜 묶은 상태에서 마구 구타하는 고문이다.
65) 개구는 입안을 틀어막는 기구이며 방성구는 투구와 비슷한 모양인데, 자살방지용으로 속에 두터운 스폰지가 들어 있다.

기 위해 진술서와 각서쓰기를 강요하고, 쓴 사람은 풀어주고 거부하면 두 손과 두 발 사이를 묶은 줄을 잡아서 사람을 들었다 놓았다하는 고문을 밤 10시까지 계속 자행하였다. 때로는 지하실로 데려가 알몸에 손발을 묶어 집단폭행하는가하면 더러운 물통에 머리를 처박고, 목에 줄을 매서 조르고, 또 속칭 통닭구이 등 잔인한 고문도 가하는가하면 심지어는 30분간 매달아 두었다가 1미터 높이에서 땅으로 떨어뜨리기까지 했다. 그러면서도 이들은 어두운 지하실에서 후래쉬를 눈에 비춰가며 누가 구타했는지 확인할 수 없게 하는 교묘한 방법을 썼다.

이런 고문과정에서 전교조 교사 안종복은 갈비뼈를 다쳐 가슴과 허리에 통증을 호소하는가하면 구토와 하혈까지 하였다. 또한 윤광열(대림자동차노조 수석부위원장)은 허리통증, 여영국과 김상명(현대정공노조)은 양볼이 흙바닥에 문지러져 피부가 벗겨졌고, 이승필 등 모든 양심수들이 목, 가슴, 옆구리, 팔, 다리에 시퍼렇게 멍이 드는가하면 포승줄이 살을 파고들어 깊은 상처가 나기도 했다.

밤 10시경, 보안과장은 35명을 0.7평 독방에 4~5명씩 수용하여 한증막 같은 징벌방에 처넣었다. 재소자들은 폭력과 고문에 의한 통증을 호소하고 치료를 요구하였으나 교도당국은 묵살하였다.

경미한 항의에서 불거진 사건이었음에도 백주에 보안과장의 지시하에 많은 재소자들이 엄청난 고문을 당한 이 사건은 교도소측의 의도적이고 계획적인 인권유린 사건임을 여실히 보여주었다.

교도소 앞 집회 및 항의농성투쟁

다음날 7월 26일 오전 9시 고문폭행 소식에 경악한 가족들은 교도소 앞에 모여들었다.

끔찍한 고문과 폭행, 그리고 징벌 등의 진상이 어느 정도인지, 그리고 상처는 얼마나 받았는지 고통은 얼마나 심한지, 모든 것이 답답하고 억울했다. 분노와 슬픔에 젖은 가족들은 악랄한 교도소측에 울부짖으며 저항하였다. 그러나 교도소측은 경교대를 정문에 배치시키고 가족들의 접근조차 금지시키고 면회를 요구하는 가족에게 입에 담지 못할 욕설을 해대며 폭행까지 자행하였다.

교도대와의 몸싸움 과정에서 박기영의 처 박인나는 군화발로 배를 차여 실신 동마산병원에서 치료를 받았고, 허태완의 처 서양원은 하혈을 하였다. 또한 일용공모임터 박창석과 코렉스노조 정민수는 수십 명의 교도대와 교도관에 의해 짓밟히면서 끌려가 특수공무집행 방해죄로 즉각 구속되었다.

가족들은 구속자 2명의 석방을 요구하며 격렬히 항의하는 한편 유인물, 대자보 등으로 진상을 폭로하고, 스프레이로 교도소 앞마당을

"갇힌 것도 억울한데 폭력만행 웬 말이냐!"
마산교도소는 수감 중인 양심수들에게 1990년 7월 26일부터 8월 2일까지 무자비한 폭력을 휘둘렀다.
7월 26일 마산교도소 앞에서 열린 규탄집회.

홍보선전문으로 뒤덮었다. 그리고 경남대 사물놀이팀과 함께 교도소 주변을 돌면서 구호와 함께 구속자 이름을 목마르게 외쳐 불렀다.

오후 박세경, 석진국 변호사가 재소자를 접견하고 폭행사실을 확인하였다.

다음날 7월 27일 가족들은 또다시 교도소 앞에 모여 면회를 요구하였다. 그러나 겨우 얼굴을 내민 교도소장은 "폭력이란 있을 수 없다. 뭔가 잘못 전달된 것 같으니 집에서 기다리라"며 돌아갈 것을 종용 협박하였다.

소나기가 퍼붓는 가운데 전 가족들은 호송차 및 모든 차량을 온 몸으로 막고 격렬한 몸싸움을 벌였다.

오후 재소자를 접견하고 나온 변호사는 "접견한 11명 모두 성한 사람이 없으며 안종복은 링겔을 꽂은 채 의무실에서 나오는 길이었는데 혼자 걷지도 못해 부축을 받는 상태고, 단식에다 폭행 고문까지 당해 전원 탈진상태에 빠졌고, 소측은 강제급식하겠다고 호언하였다"고 전했다.

오후 7시 가족들과 마창 노동자 200여 명이 '교도소 내 폭력만행 분쇄 및 범시민 결의대회'를 열기로 하자, 당황한 교도소측은 가족대표와의 면담을 요청하였다. 그러나 가족대표 5명, 교도소장, 동부서 정보과장의 면담은 아무 성과 없이 결렬되었다.[66]

집회를 마친 참석자 300여 명은 교도소 주변을 돌며 구호를 외치고 구속자 이름을 불렀다.

교도소장 사과와 폭력근절 약속

---

66) 가족들의 5가지 요구사항은 ① 징벌징계의 즉각철회와 면회, ② 부상자의 즉각적인 외래진료, ③ 연행자석방 및 재소자(강보순) 고소철회, ④ 폭행교도관 색출과 책임자 사고 해명, ⑤ 치료비지급 등이다.

한편 변호사와 가족들은 교도소측에 법률적으로 대응하기로 하고 고소고발 준비에 들어갔고, 이승필, 안종복 등은 고문흔적을 증거보존 신청하기 위해 인도주의실천의사협의회 소속 의사(사당의원 김록호 원장)에게 진단서확보를 의뢰하고 소송제기에 들어갔다. 또한 대한변호사협회 차원에서 진상조사단을 구성하기로 하고 KNCC에 소내 인권문제에 대해 제기하고 정당 차원에서 조사권을 발동하기로 하였다.

7월 28일 가족 30명이 집단면회한 결과 징벌과 징계가 해제되고, 교도소장이 폭행을 시인하고, 폭력근절과 합의사항 이행을 약속했다는 사실이 알려졌다. 교도소 당국은 여론이 확대되고 보안과장 및 폭력교도관에 대한 고소고발, 대한변호사협회의 진상조사단 파견요청 등으로 상황이 불리하게 몰리자, 재소자에게 폭력사실을 시인하고 폭력 근절 합의사항 이행을 약속하면서 일부 재소자의 징벌 징계를 해제한 것이었다.

그러나 밥 먹듯 어기는 합의만 믿고 돌아설 수는 없었다.[67] 이번에야말로 교도소 내 폭력을 뿌리뽑고 사태의 결말을 완전히 매듭지어야만 했다. 특히 전교조 교사 안종복은 입원하지 않으면 안 될 만큼 위험한 상태에 있었다.[68]

옥투위는 단식을 계속 강행하였고, 가족들도 200~300여 명이 교도소 앞에 모여 "고소고발 취하와 연행자 석방, 부상자 외래진료" 등을 강력히 촉구하는 농성투쟁을 전개하였다. 그리고 7월 31일 인도주의

---

67) 실제 교도소측은 이후 약속을 또 어기고 운동시간을 1시간으로 늘렸다가 다시 30분으로 줄였고, 이에 항의하여 재소자들은 일제히 운동을 거부하고 보안과장 퇴진을 강력히 요구하였다. 그러자 보안과장은 재소자들을 격리수용하고, 각 사동마다 돌아다니며 협박하였다.
68) 전교조 교사 안종복은 갈비뼈 부상으로 인한 호흡곤란과 뇌진탕으로 인해 3일간 각혈과 혈변, 그리고 구토증세 등 위독상태가 되었다. 27일 교도소측은 마산성모병원에서 간단한 응급처치만 한 뒤 그를 계속 방치하였다.

실천 의사협의회 김록호 원장이 재소자 3명을 진료한 뒤 안종복의 입원치료를 강력 촉구하고 나서자 마침내 다음날 8월 1일 안종복은 경상대병원으로 후송되었다.69)

8월 2일 '마산교도소 공대위'는 교도소장과 협상에 들어갔으나 결렬되어 협상은 다음날로 연기되었다.70)

그러나 그 날 저녁 8시경 교도소측은 다음날 협상하기로 한 약속을 파기한 채 재소자 대표들과만 협상을 통해 합의하게 되었다.

다음날 협상 결과를 통보 받은 마산교도소 공대위측과 가족들은 "야간 취침시간을 이용하여 전격적으로 합의한 것은 명백한 약속위반"이라며 강력 항의하였다. 특히 책임자 처벌과 재발 방지를 위해 "서면이나 공개적으로 사과할 것"과 무엇보다 "합의내용을 서면으로 공식화할 것"을 강력 요구하였다.

교도소 내 고문폭행 사태는 마산만이 아니라 목포, 부산, 대구, 청송 등 전국에 걸쳐서 동시에 일어났다. 그러나 '공대위'를 구성하여 정면으로 탄압을 물리친 것은, 확인된 바로는, 마창지역이 전국에서 유일한 곳이었다.

이 투쟁을 계기로 '마산교도소 공대위'는 마창지역 전체의 민족민주세력을 하나로 결집하고 확대해 나가기 위해 9월 4일 '마창시민운동본부'를 '국민연합마창본부'로 명칭을 바꾸고 새롭게 출범하였다.

---

69) 안종복은 위장파열로 상처가 심한데도 교도소측은 성모병원에서 응급처리만 하고 소염 진통제와 지혈제 등 악화되는 처방만 하여 입원치료하지 않으면 위험한 상태에 이르게 되었다.
70) 마산교도소 내 고문폭력근절과 책임자처벌을 위한 공동대책위원회(이하 '마산교도소 공대위')는 8월 2일 구속자 가족, 교도소 옥투위, 그리고 마창시민운동본부가 참여하여 결성하였다.

7. 빼앗긴 민주광장

1990년 한 해 동안, 마창노련 핵심노조였던 TC노조와 수미다 노조가 청산되는가하면, 시티즌(3/14), 남산업(6/16), 동경전파(7/7), 중천(9/25), 스타(10/17) 등 노조가 마창노련을 탈퇴하였다. 이로 인해 마창노련에 가입한 수출지역 노조는 13개에서 6개로 줄어들었다.[71]

마창노련이 아닌 창원노련이라는 말이 나올 만큼 수출지역 민주노조는 조직적으로 심하게 훼손당했고 약화된 것이다. 이로 인해 마창노련 창립 이후부터 마창 노동자의 집회와 시위의 전용 광장으로 이용되었던 수출지역 후문 앞 민주광장에서는 더 이상 노동자의 힘찬 노래와 구호소리가 들리지 않게 되었다. 민주광장은 수출지역 민주노조의 힘에 의해 역사의 전면에 등장했다가 다시 역사의 뒷면으로 사라지게 된 것이다.

아, TC 전사들이여[72]

그동안 정권과 자본의 철저한 살인적 폭력과 탄압에 죽음으로 맞서온 TC 노동자들의 투쟁이 1990년 3월 6일 마침내 끝나게 되었다.

TC 노동자들의 투쟁은 한마디로 여성노동자들의 장렬하고 숭고한 투쟁사였다.

애초에 투쟁은 미국 탠디그룹의 노조 불인정에서부터 시작되었으

---

71) 1990년 2월까지만해도 수출지역 내 마창노련 가입 노조는 총 13개 노조(조합원 9,220명)로서, 산본, 웨스트, 동광, 중천, 시티즌, 동경전파, 남산업, 스타, 수미다, TC, 소요, 일선, 코렉스 등이다. 그러나 폐업 사업장 2개, 해산 노조 1개, 탈퇴 노조 7개 등으로 1991년 9월에는 3개 노조(산본, 웨스트, 동광 등) 2,684명으로 급감하였다.
72) TC 노동조합 후속모임 여성전사, 『TC노동조합운동사』, 도서출판 늘벗, 1991. 4. 30.

나, 이후 미국 자본가의 사주를 받은 한국 관리자들과 남성노동자들이 벌인 분열책동과 구사대폭력, 그리고 자국의 어린 딸들에게 총부리를 겨누는 매판적 국가권력의 폭력과 구속 등, 탄압을 더 많은 분노와 투쟁을 불러일으켰다.

더욱이 미국 자본과 이를 비호하는 한국 국가권력에 대한 분노는 급기야 한국 노동자와 전 국민의 반미감정으로, 반미투쟁으로 확산되었다.

그리하여 1988년 유명한 마창노련 연대투쟁으로 구사대 살인폭력 만행은 1차 분쇄되었다. 그러자 미국 자본은 폐업을 선언하였고 이에 1989년 4월 3일부터 위장폐업분쇄투쟁에 나서게 되었다. 이후 줄곧 농성을 계속해 온 TC 노동자들은 1989년 12월 14일 농성장에 밀어닥친 공권력을 마창 노동자들과의 뜨거운 연대투쟁으로 물리쳤다. 그러나 12월 19일 청산대리인과의 협상 끝에 다음날 20일 잠정합의하고, 합의문 작성만을 남겨둔 상태에서 12월 21일 경찰은 또다시 농성장을 폭력적으로 진압하면서 농성조합원 21명 전원을 연행한 후 5명의 간부들을 구속하였다. 이는 TC 투쟁의 승리가 수출지역 내 노동자들에게 미칠 엄청난 파장과 마창노련의 투쟁 분위기 회복을 두려워 한 나머지 저지른 만행이었다.

TC 노동자들은 또다시 죽기를 각오하고 18명으로 결사대를 구성하고 1989년 12월 27일 농성장을 재탈환하였다. 그러나 다음날인 12월 28일 전경차 20대, 소방차 2대, 매트리스 트럭 7대, 1,500여 명의 전경과 백골단이 새까맣게 몰려들어 18명의 결사대 전원을 연행하고 말았다.

이렇게 1989년 한 해가 저물어갈 무렵 TC 노동자 16명은 차디찬 감옥에서 떨고 있었고 그 사이에 회사측은 경찰의 철저한 보호 아래 청산작업에 들어가 1990년 1월 폐업에 따른 1인당 16개월치 평균임금(800만 원) 지급 등 일방적으로 청산을 끝냈다. 그러나 TC 노동자들은 이를 거부하고 2월 5일부터 또다시 서울 평민당 중앙당사에서 김정임 위원장 등 구속자 8명의 석방을 요구하며 농성에 들어갔으나 결국 투쟁은 마무리되었다.

이렇게 하여 TC 노동자들은 여성노동자의 몸으로 강고한 미국 자본에 맞서 450여 일간 길고도 험난한 투쟁을 전개하였다. 비록 다수의 부상자와 대량 구속이라는 엄청난 희생을 치루고 끝마치는 비운을 맞았으나, TC 노동자들의 투쟁은 보상금 액수에 따라 승리냐 패배냐로 판가름할 수 없을 만큼 투쟁의 전 과정에서 전체 노동운동에 미친 영향과 기여가 엄청나게 컸다.

무엇보다 TC 투쟁은 비타협적인 투쟁으로 흔들리지 않고 1년 넘게 투쟁의 불씨를 살려나감으로써 침체상태에 빠진 마창지역 투쟁 분위기를 이끌면서 이후 수미다노조와 수많은 외자기업투쟁에 승리를 안겨 주는 계기가 되었다. 또한 대중적 선전투쟁을 통해 외국자본의 수탈야욕을 국내뿐 아니라 전 세계에 여론화하였다는 점도 큰 의의로 남았다.

노조는 1990년 5월 25일 마산 가톨릭여성회관에서 투쟁평가 공청회를 갖고 1년 넘게 외자횡포와 싸워온 TC 투쟁을 올바르게 평가하고 그 성과를 공유하였다.[73]

투쟁! 238일, 승리! 수미다 투쟁[74]

수미다 노조는 1989년 10월 14일 팩시밀리 한 장으로 도산을 통지

---

73) 1990년 4월, 23명의 TC 전사들은 후속모임을 결성하고 꾸준히 활동, 이후 '마창 여성노동자회'를 창설하고 뒷받침하였다.
74) 수미다노조, 『외자횡포 분쇄를 위한 수미다 투쟁 보고서』, 1990. 8. 8, 369쪽; 전노협백서발간위원회, 『전노협 깃발 아래 총진군』, 도서출판 전노협, 1997. 6. 20, 243~246쪽.

받은 이후 '외자횡포 분쇄투쟁'에 돌입하였다. 팩시밀리 한 장으로 인한 충격과 분노가 이후 238일간의 고난에 찬 대장정으로 이어진 투쟁이 되리라고는 아무도 예상하지 못했다. 그리고 그 대장정의 길 위에서 조합원들이 노동자적 계급의식과 투철한 투쟁의식으로 똘똘 뭉친 여성노동자로 성장, 변모하리라고는 전혀 기대하지 못했다.

수미다 노동자들은 열 차례가 넘는 노동부·관리소·부산 일본영사관 항의방문, 거리홍보 등으로 폭력경찰과의 치열한 몸싸움, 백찬기 민주당사 점거농성과 6박 7일간의 상경투쟁 속에서 일본대사관, 민자당 점거농성 등등 갖은 탄압과 폭력 속에서도 꿋꿋하게 투쟁해 마침내 승리를 쟁취하였다.

특히 1989년 11월 15일부터 1990년 6월 8일까지, 위원장을 비롯한

"지구 끝까지라도 간다."
수미다노조는 일본 본사의 자본 철수에 맞서 1989년 11월 15일부터 1990년 6월 8일까지, 4명의 대표를 보내 일본 원정투쟁을 벌였다.

4명의 일본원정 교섭대표단들의 눈물겨운 투쟁은 지역과 전국 그리고 국외로까지 노동자의 연대투쟁의 폭을 넓히고, 노동운동사에 지워지지 않을 외자기업투쟁의 한 전형을 남겨 주었다.

타결되자마자 국내외 신문들은 앞다투어 승리의 소식을 보도하였다.[75]

수미다 투쟁의 값진 승리는 무엇보다 외자기업 철수와 폐업문제에 대해 국민들의 관심과 인식을 높이고 또 바꾸어 준 계기가 되었다는 점이다. 단지 돈 떼먹고 도망간 사장에 대한 기업윤리적인 측면에서도 그렇거니와, 특히 일본인 사장과 한국인 여성노동자라는 민족적 자존심 측면에서도 위장폐업 분쇄투쟁에 대한 국민적 여론은 점차 긍정적이고 동조적으로 바뀌었다. 심지어 '수미다노조와 연대하는 모임' 등 일본인들까지 분개하여 일본 본사에 항의전화가 빗발치는 등 일본 국회, 인권단체, 노동조합과 노동단체들도 지지와 격려를 보내주었다.

수미다노조는 8월 8일 지역 노동자들과 함께 공청회를 열어 투쟁을 평가하고, 8월 17일 해산과 아울러 끝까지 남아 투쟁한 91명의 결의를 모아 후속모임을 결성하였다.

중천과 스타 조합원에게 가해진 구사대 폭행

중천노조는 마창노련의 핵심 민주노조였다.

그러나 1989년 하반기 마창노련에 가해진 집중탄압을 신호로 회사측의 노동조합 탄압이 시작되었다. 이는 (주)통일노조에 이어 중천노

---

[75] 타결내용 : 회사측은 '집단해고' 부분에 대해 정식으로 사과한다. 마지막까지 농성에 참가한 91명에 대한 생계대책비 3억9천6백만 원과 투쟁경비 3천5백만 원, 1989년 10월 말까지 재직한 전 종업원에게 임금, 연월차수당, 퇴직금, 퇴직위로금(단협 60조에 명시)을 지급한다. 또한 퇴직할증금(해고수당)으로 평균임금의 2개월분을 지급한다. 마지막으로 각종 피해를 보상한다.

조를 집중탄압함으로써 마창지역 민주노조세력의 힘을 약화시키고 궁극에는 전노협 건설에 치명적인 타격을 가하기 위한 것이었다.

회사측은 1989년 11·12 전국동시총회투쟁을 빌미로 '불법파업 주동선동'으로 이종엽 의원장(마창노련 의장 권한대행)을 포함한 조합간부 및 핵심조합원에게 해고와 정직 등의 징계를 가하였다.[76]

그럼에도 노조측이 강력하고 굽힘없는 투쟁을 계속하자[77] 회사측은 더욱 노조탄압에 혈안이 되어 이종엽 위원장 등 4명을 구속시키고 총 23명을 징계조치(해고 7명, 정직 10명, 징계 6명)하였다.

뿐만 아니라 1989년 12월 21일부터 시작된 단협은 1990년 7월(64차 교섭)까지도 제4조에 머물러 있었고,[78] 1990년 4월부터 시작된 임금인상 교섭 역시 회사측의 무성의하고 고의적인 교섭기피로 인해 전혀 해결기미가 보이지 않았다. 이에 해고·정직자들은 부당노동행위 고발 및 해고무효소송을 제출하고, 조합원 자격으로 강력한 출근투쟁을 감행하였다.

그러자 회사측은 7월 18일부터 남자관리자들을 동원하여 정문에서 출근투쟁을 벌이는 징계자 20여 명의 출입을 차단하고 집단폭행까지 자행하였다. 관리자들은 곤봉에 머리를 맞아 실신하고 쓰러진 사람을

---

[76] 이종엽 위원장과 서양원, 이선애 조합원은 해고, 장말분 수석부위원장과 최둘래 문화부장은 정직 3개월, 김미숙 교선차장과 이명옥 조직부장은 해고 이후 서양원 조합원은 관리자에게 폭행을 당한 당사자인데 반대로 폭력행사자로 몰려 구속되었고, 그 충격으로 임신 2개월만에 유산되는 불행을 겪었다.
[77] 조합원들은 징계위 개최장소를 점거하여 징계위원회를 무산시키거나, 작업 중 노래 등으로 물량 떨어뜨리기 준법투쟁을 벌이며 회사측 탄압에 맞섰고, 노조는 중식집회, 현장토론, 전 간부 철야농성 등으로 맞섰다. 또한 마창지역 노동자들은 회사 앞에서 지역집회를 갖고 중천노조 및 마창노련 사수를 결의하였다.
[78] 회사측은 "장말분 수석부위원장의 위원장 권한대행체제를 인정할 수 없다"는 억지주장으로 교섭을 계속 지연시켰다.

집단적으로 달려들어 질근질근 밟거나, 카메라를 부수는 만행도 서슴지 않았다. 이 와중에서 박수정 대의원은 주먹으로 얼굴을 맞아 진단 2주의 상처를 입었다.

한편 스타 역시 1990년 들어 회사측의 노조탄압 책동이 노골화되었다.[79]

4월 23일 시작된 1990년 임금협상투쟁 중 회사측은 7월 14일 희망퇴사자 모집을 공고하였다.

노조는 즉각 집단감원에 항의하는 규탄집회와 규탄서명을 실시하였다. 그러자 다음날 7월 16일 이만도 외 40여 명의 남자관리자들은 백주 대낮에 술을 마시고 한꺼번에 1공장의 2, 3, 4층의 생산현장을 오르락 내리락하며, 스티카를 뜯고 현수막을 찢었다. 조합원들은 필사적으로 저지하였으나 남자 관리자들은 미친 듯이 의자를 던지거나 천정의 형광등과 제품들을 닥치는 대로 깨부수고 난동을 부렸다. 이 와중에 유리에 찔리거나(2명), 뺨을 맞거나, 목을 졸린 부상자가 수십 명 발생하였다. 이 중 임신 중인 이귀선과 김희숙 조합원은 폭행당해 실신하거나 끝내 유산하는 비극을 겪기도 하였다.

---

[79] 회사측은 1990년 1월 3일, 엄연히 단협에 12월 31일부터 1월 3일까지 신정휴가임을 분명히 밝혔음에도 불구하고 3일전에 갑자기 1월 3일 정상출근을 명령하였다. 노조는 회사를 상대로 "단협위반"을 근거로 노동부에 고소했으나 회사측은 1월 3일 결근한 조합원을 무단결근처리하고, '불법태업을 유도한 현 집행부와는 교섭을 할 수 없다'는 공문을 보내고 조합측이 요구한 1월 15일 교섭에 불응하였다. 그러나 4월 23일 임금인상 1차 교섭이 시작되자 회사측은 '비공개로 하자', '조합원 찬반투표하지 말고 위원장과 단독 체결하자'는 터무니없는 제안을 들고나와 불성실한 지연작전을 구사하더니, 급기야 '남자사원은 임금동결에 모두 서명했다'며 적자를 빌미로 임금동결과 불법 임금공제까지 들고나왔다. 그리고는 6월 19일 '330원 인상'을 제시한 이후 7월 10일 530원, 그 다음날 7월 11일에 연간 유급일 수를 회사요구대로 한다는 조건하에 '750원' 인상을 제시하였다.

그러나 폭행은 여기서 그치지 않았다.

7월 18일 출근길에서 홍보물을 배포하던 조합원들이 남자사원들에게 또다시 홍보물을 빼앗기고 폭행당하는가하면, 사내식당에서 열린 규탄집회에 남자사원 40여 명이 몰려와 유리창을 깨고 식탁과 의자를 뒤집는 등 난동을 부리면서 조합원들을 회사 밖으로 내쫓았다. 이 과정에서 항의하던 노조사무국장이 짓밟혀 실신, 파티마병원 응급실로 실려갔고 박영숙 조합원은 발차기에 뒤로 넘어져 실신하여 골반부상으로 입원하는 등 부상자가 다수 발생하였다.

다음날인 7월 19일에도 폭력관리자 40여 명은 4층 현장에서 작업 중이던 전윤희(전 위원장이며 노조측 비상대책위원) 교섭위원을 끌고가 감금한 채, 협박 폭행하였다.[80]

전 조합원은 현관 앞에서 몸싸움을 벌인 끝에 연좌농성에 들어갔고, 오후 8시경에는 조합원 100여 명이 경남대에서 열린 노동해방가요제에 참여하여 구사대폭력 사태를 알리고 연대투쟁을 호소하였다.

중천과 스타 노조 지원, 마창지역 연대투쟁

일본자본가와 매국관리자, 반민족적 현정권의 폭력만행 소식에 마창 노동자들은 분노와 경악을 금할 수가 없었다.

7월 20일 민자당 일당독재 분쇄 및 민중기본권쟁취 마창시민운동본부(이하 '마창시민운동본부')는 기자회견에서 스타와 중천 대표를 고소고발하는가하면 신문지상을 통해 폭행자들의 이름을 전 시민에게 알려 항의를 촉구하였다.

폭력배들의 이름은 스타 김동진, 이태석, 이만도, 이용이, 박승갑, 김재규, 그리고 중천의 오일환(사장), 박상준(공장장) 최용문(총무과

---

[80] 전윤희는 목이 졸려 피멍이 들었고, 이를 제지하던 박해순은 가슴을 맞아 통증을 호소하였다.

장), 유효경 (경리과장), 이정균(3부과장), 이수흔(1부주임), 김용식(3부주임), 박기조(3부차장), 조성현(노무과) 등이다.[81]

기자회견 후 지원방문단 30여 명은 스타와 중천을 항의방문하는 투쟁을 전개하였다.[82]

먼저 스타에 도착하자 관리직 사원 40여 명은 지원방문단을 둘러싸고 노조 방문을 가로막으며 위협을 가해 왔다. 이에 지원방문단은 구사대폭력만행을 규탄하며 투쟁을 시작하였고 현장에서 일하던 조합원 200여 명은 집회에 참여 지원방문단과 합세하여 투쟁을 벌였다.

이어서 지원방문단은 중천을 향하였다.

회사측 남자사원들은 정문을 걸어 잠그고 노조사무실 방문을 가로막았다. 출입을 저지당한 지원방문단은 회사 안에서 집회를 하고 있는 조합원들과 함께 구호와 노래를 부르며 폭력구사대의 노조탄압 중지를 촉구하였다. 거센 항의에 못이긴 노무과장은 마지못해 지원방문단과 만났으나 전혀 반성하는 태도를 보이지 않고 폭력사태의 책임을 노조에 전가하기에 급급하였다.

그 때 스타노조에서 긴급지원을 요청해 왔다.

지원방문단은 다시 스타로 가서 폭행 주모자들을 색출하여 응징하였다. 이 광경을 지켜보던 조합원들은 환호성을 지르며 열띤 호응을 보냈다.

지원방문단의 가열찬 투쟁에 당황한 회사측은 지원방문단 대표와의 면담을 요청하였고 이 자리에서 관리이사로부터 "앞으로 폭력사태가 없도록 하겠다"는 사과발언을 받아냄으로써 회사의 노조탄압 기세

---

81) 마창노련, 「마창노련속보」, 1990. 7. 21.
82) 지원 방문단은 마창시본 집행위원장, 마창노련 지원특위장, 인권위, 민중당 (가칭), 경남여성회 등 지역의 제민주단체의 대표자와 마창노련 조사통계국장, 조직국장 등 마창노련 간부 및 각 노동조합의 대표자 30여 명으로 구성되었다.

를 한풀 꺾어 놓았다.

　이렇듯 마창지역 지원방문단이 연대성을 과시하며 지역 차원의 신속한 지원투쟁을 벌이자 구사대폭력에 대항하여 힘겹게 투쟁하고 있는 스타와 중천 조합원들의 사기는 한층 높아졌고, 마창지역 노동자들도 모처럼 자신감과 용기를 되찾게 되었다.

　용기를 얻은 중천과 스타 조합원 200여 명은 퇴근 후 민주광장에 집결하여 "임산부 폭행하는 남자관리자는 자폭하라", "임금인상 하자는 데 구사대폭력 웬 말이냐" 등의 피켓을 들고 거리행진을 시작, 성안백화점 앞 거리에서 구사대폭력에 항의하는 연좌농성을 벌였다. 노동자들은 노래와 구호를 외치며 연행될 각오로 꿋꿋한 투쟁의지를 과시하였다. 경찰은 평화적으로 연좌시위를 하고 있는 여성노동자들을 덮쳐 피켓을 낚아채 뜯고 방패로 밀어부쳐 강제해산을 시도하였다. 이 과정에서 15명의 조합원들이 강제 연행되었으며 밤 9시경이 되어서야 풀려났다.

　한편 7월 26일 마창시민운동본부는 경남대 10·18 광장에서 '중천·스타 여성노동자 폭행 및 민주노조 말살음모 규탄대회'를 열고, 중천노조와 스타 노조, 그리고 임금체불과 해고에 맞서 투쟁 중인 타코마노조에 대한 탄압 진상을 폭로하면서 노태우 정권을 규탄하는 분노의 함성을 터뜨렸다.

중천노조와 스타노조 마창노련·전노협 탈퇴

　그러나 중천에서는 회사측의 협조와 비호를 받는 어용조직인 노조정상화추진위원회(이하 '정추위')가 결성되어 소집권자 지명요청 서명운동과 불법총회 개최 등 민주집행부와 조합원을 분열시키기 위한 갖가지 음모를 자행하였다.[83]

　결국 중천노조는 9월 25일 세 번째 불법총회에서 민주집행부를 탈취당하고 마창노련을 탈퇴하게 되었다.

스타 역시 회사측이 하기휴가 중인 7월 30일 불법적 직장폐쇄 및 조합원 노조사무실 출입 봉쇄를 단행함에 따라 조합원들이 매일같이 정문 앞에서 출근투쟁을 벌이고 남자사원들의 폭행에도 굴하지 않고,[84] 8월 20일 철조망을 뚫고 현장으로 들어가 노조를 탈환하고 농성에 돌입하였다. 그러나 또다시 8월 28일 경찰병력 투입으로 30여 조합원이 강제 연행된 뒤,[85] 노조는 9월 1일부터 가톨릭여성회관으로 옮겨 농성을 계속하였다.

마창노련, 인권위원회, 천주교 마산교구 정의평화위원회등 인권단체와 종교단체들까지 적극 나섰고, '일본진출 기업문제를 생각하는 모임'도 적극 지원연대하여 여론화 작업을 확산시켰다. 그러나 회사는 계속 비상대책위원회 대표권을 인정하지 않고 교섭을 거부하더니, 9월 16일 위원장의 임기가 만료되자 남자 대의원을 소집권자로 내세워 10월 17일 임시총회에서 새 집행부를 선출한 뒤 곧바로 마창노련을 탈퇴하였다.[86]

---

[83] 불법총회는 8월 17일과 28일 두 차례 열렸으나 조합원의 반대로 끝내 민주집행부 탈취에 실패하였다. 그러자 회사측은 9월 10일 신입사원 28명을 채용하여 어용 '정추위'의 머릿수를 늘려 주었다.
[84] 8월 6일과 7일 복면한 남자사원들이 출근 조합원에게 신나와 돌맹이, 그리고 신나를 탄 고추가루통을 던져 조합원의 머리가 찢어지는 부상을 당하였다.
[85] 손성란 위원장과 전윤희 전 위원장을 비롯한 부위원장, 사무국장 등 5명과 지원 나온 현대정공노동자 3명 등 8명이 구속되었다. 경찰이 내세운 구속사유는 마창노련 총파업투쟁과 노동절 총파업 등 무려 11건이나 되었고, 지원나온 현대정공 노동자들에게는 수출자유지역법 위반을 적용하여 구속, 최초의 수출자유지역법 위반으로 구속 사례를 기록하였다.
[86] 같은 날 10월 17일 저녁, '파업전야' 비디오테이프를 찾는다는 핑계로 20여 경찰이 가톨릭여성회관 농성장에 들이닥쳤다. '어용위원장의 선출에 들러리를 설 수는 없다'며 총회참석을 거부했던 농성조합원들은 11월 13일 조업이 재개되자 일단 회사에 들어가서 계속 싸우기로 하고, 11월 18일 가톨릭여성회

타코마 조합원 6개월 임금체불로 생활고 극심[87]

타코마에서는 회사측이 1989년 11월 21일부터 시작된 단협 교섭을 1990년 2월 19일 이후 중단하고, 1990년 4월 13일 노조측이 요청한 1990년 임금교섭조차 거부하였다. 그러나 무엇보다 1990년 2월부터 조합원들의 유일한 소득이자 생계수단인 임금이 6개월간이나 체불되어 조합원들(평균나이 37세, 평균가족 4명)은 극심한 생활고뿐만 아니라 가정불화까지 겪게 되었다.[88]

그동안 자본가의 노골적인 부정부패와 온갖 사리사욕에 따른 비행, 그리고 경영미숙과 부실경영 등에도 불구하고[89] 회사가 망하지 않았던 것은 그만큼 노동자들이 열악한 작업환경과 낮은 임금 속에서도 말 없이 매출액과 노동생산성을 향상하는 등 희생한 결과였다. 그러나 회사측은 이런 조합원들에게 임금체불을 미끼로 단협을 무시하고

관 농성장을 정리하였다.
[87] 1990년 9월 17일 타코마노조 기자회견 발표내용(「타코마 투쟁사례」, 『죽음으로 사수한다! 전노협 — 전노협백서 제3권』, 254~262쪽).
[88] 1990년 9월 현재 급여 및 퇴직금 등을 포함한 체불임금 총액은 53억3천8백만 원이다. 그 중 임금이 39억1천5백만 원으로 가장 많고, 그 다음이 퇴직금 7억 원, 연월차 휴가환불금 2억7천만 원, 국민연금 미불입금 2억3천만 원, 신협출자금 1억5천만 원, 자녀학비 보조금 7천3백만 원 등의 순으로 나타났다.
[89] 1980년 5월 17일 사주 김종락(김종필의 조카)은 권력형 부정축재자로 몰려 주식의 49%를 환수당하여 회사가 이 부담을 안게 되었고, 조선업 불황으로 수주가 불균형해짐에 따라 채산성이 악화되었고, 1987년 인도와 계약한 수출선이 원화절상으로 환차손이 발생하였다. 그러나 이러한 악화요인을 재투자 없이 차입자금에만 의존한 결과 과도한 이자(월 이자만 7억 원으로 인건비와 동일)를 부담하게 되었고, 사주의 방대한 회사조직 운용에 따르는 낭비지출과 군장성 출신의 경영능력 부재, 책임감 없는 편의지향적 경영방식 등으로 인하여 경영은 악화일로를 걷게 되었다. 이사와 전무 등 관리자들은 회사돈으로 호화맨션 12채를 구입해 사는가하면, 벤츠 2대를 굴리는 등 회사돈을 사유화하는 일이 비일비재하였고, 회사 돈 40억 원을 회장 등 몇몇이 빼내 유용하는 등 기업주와 고위관리자들의 비리가 판을 치고 있었다.

노조의 모든 일상활동을 무노동무임금 조치하면서 노조탈퇴를 강요하는 등 악랄하고 탈법적인 노조탄압을 일삼았다. 그것도 모자라 회사측은 1990년 9월 현재 간부 및 조합원 14명을 해고하고 21명을 정직에 처하는 등 총 57명에게 부당징계를 남발하고, 총 13명의 간부와 조합원을 무더기로 고소고발하였다.[90]

회사측이 1990년 8월 20일 정리절차 개시신청을 했다는 소식이 전해지는 가운데, 때마침 노동부와 마산시청이 노조의 쟁의행위 신고서(7월 7일 강중철 위원장 권한대행 해고에 항의하여 조합원 97%의 지지로 쟁의행위를 결의한 신고서)를 반려하자 분노한 조합원들은 8월 22일 회사정문 앞에서 '노조탄압분쇄 결의대회'를 갖고 기자회견을 열었다.

대회가 끝나고 조합원들이 거리로 행진하려하자 전경차 5대와 전경들이 봉암공단 입구를 차단하였다. 이에 조합원들은 봉암공단 입구까지 구호를 외치면서 행진하다가, 각자 버스를 타고 신마산에 집결, 노동부에 도착하였다. 500여 조합원들은 노래와 구호를 외치면서 노동부의 반노동자적 작태를 규탄했다.

다음날 회사측은 노동부 마산사무소장 앞에서 "땅을 팔아 8월 31일까지 임금체불을 해소하겠다"고 약속했으나 지키지 않았다. 또한 9월 1일에는 언론, 마산시장, 전 조합원 앞에서 9월 10일까지 체불임금을

---

90) 이흥석 위원장과 최대원 쟁의부장 해고(2/22), 분신자살을 기도한 신천기 조합원을 '분신자살 미수'라는 터무니없는 이유로 해고(5/14)(끝내 신천기 조합원은 비관자살함), 5월 25일 과도한 무노동무임금 적용에 항의한 목공직 조합원 36명 전원 징계(해고 4, 정직 11, 감봉 2, 견책 19), 목공직 징계에 대항하여 잔업거부를 주장한 조합원 2명 정직(6/15), 또한 강중철 위원장 권한대행과 나현균 교육부장 해고(7/7), 새 쟁의부장 해고, 사무국장 정직, 조직부장 해고, 샌드백 설치를 이유로 조합간부 4명 정직, 그리고 7월 9일 경찰 노조사무실 압수수색과 임재경 부위원장, 총무부장, 교육차장 등 3명 연행 등.

지급하겠다고 거듭 약속하였으나 이번에는 신탁은행이 담보해제에 동의해 주지 않았다며 또다시 약속을 어겼다.

추석이 다가오자 노조는 9월 24일부터 상경투쟁을 전개하고, 은행과 회사를 번갈아 찾아가 항의했다. 그러나 대통령 특별지시인 '추석 전 체불임금 해소'는 말뿐이었고 회사나 은행 어디에도 들어가지도 못한 채 문 앞에서 경찰에 연행되어 결국 타코마의 실상을 홍보하는 데 그친 채 내려오고 말았다.

이후 타코마의 임금체불은 협력업체의 연쇄도산으로 이어져 지역경제가 심각한 위기에 처하게 되었고, 이에 마산시청과 노동부 마산사무소까지 나서게 되었으나 정부는 사기업 문제임을 내세워 방관하였고, 은행은 회사로 회사는 은행으로 서로의 책임을 떠넘기는 가운데 계속 표류하였다.

8. 1990년 노동법개정투쟁 그리고 11·11 전국노동자대회

2단계 업무조사 거부 투쟁

1단계 업무조사 탄압의 결과 전노협 조직력에 일정한 타격을 주었다고 판단한 노태우 정권은 또다시 전노협 소속 전 사업장에 대한 업무조사를 실시하였다.[91]

특히 마창지역에서는 산본노조와 현대정공 노조 등에 11월 뒤늦게 업무조사 공문이 날아들었고, 한동안 지리멸렬하게 진행되면서 주춤하던 효성기계, 웨스트, 대원강업 등 노조도 소환장, 고발장에 이어서

---

91) 전노협 가입 노조 중 1단계 업무조사를 받은 사업장 19개, 고발사업장 59개, 전노협 탈퇴 사업장 29개에 이르렀다(전노협백서발간위원회,『전노협 깃발아래 총진군 — 전노협백서 제2권』, 1997, 96~97쪽).

벌금형(20~60만 원)이 떨어졌다. 이는 1990년 단협과 1991년 임투를 사전에 제압하겠다는 정치공작적 성격을 띤 것이었다.

대원강업노조는 내부 사정에 따라 9월 1일부로 벌금(60만 원)을 납부했으나 웨스트(20만 원)와 효성기계(40만 원) 등의 노조는 전노협 지침에 따라 벌금형에 불복 정식재판을 청구하였다.[92] 그런가하면 현대정공 노조에도 뒤늦게 업무조사 공문이 날아들었으나 한심한 공문공방으로 인해 생산력 소모와 낭비를 야기, 긁어 부스럼을 만든 꼴이 되어 결국 뒤에 가서는 스스로 탄압의 꼬리를 내리는 해프닝으로 끝나고 말았다. 결국 탄압에는 투쟁만이 승리의 길임을 다시 한번 노동자들에게 각인시켜 준 셈이었다.

노동시간단축에 대한 임금삭감기도분쇄를 위한 전국동시규탄집회투쟁

1990년 10월 1일부터 300인 이상 사업장과 300인 미만의 금융·보험업 노동시간이 44시간으로 줄어들고 1991년 1월 1일부터는 전 사업장에서 주 44시간 노동제가 실시될 예정이었다.

이에 경단협과 전경련은 '임금삭감안'과 '특별수당과 복지정책 개선 등의 보전책'을 들고나왔고 노동부는 '기존 임금수준 저하는 바람직하지 않다'면서도 '통상임금이 아닌 수당, 상여금, 기타 후생복지비 등의 방법을 활용하도록 촉구'하면서 자본가의 편을 들고나왔다. 요컨대 '무노동'에는 '무임금'이라는 식의 임금삭감 기도를 노골적으로 표면화한 이러한 정권과 자본의 기도는 '노동시간을 단축할 때는 기존 임금이나, 생활수준을 저하시키지 말라'고 되어 있는 국제노동기구(ILO)의 규정에도 어긋나는 것이었다.[93] 결국 임금삭감 기도 의도는 1991

---

[92] 웨스트노조는 결심공판에서 조목조목 업무조사의 부당성을 따지고 자주적인 운영원칙과 조합원 뜻에 따라 자료제출을 하지 않았음을 당당하게 밝혔다 (「웨스트전기 노동조합 최후진술서」, 1990. 11. 9 참고).

년 임투를 노린 '무노동무임금' 관철 시도이며 동시에 91 임투에서 '한 자리수 임금인상'을 강요하기 위한 장기적이고도 치밀한 공작의 하나였다.

주 44시간 노동제는 1987년 이후 숱한 구속자를 내면서도 노동조건을 개선하고 인간다운 삶을 위한 생활수준을 보장받기 위해 노동시간 단축투쟁을 줄기차게 벌여 온 민주노조운동의 고귀한 성과물이었다. 이렇게 쟁취한 주 44시간 노동제이거늘, 무노동무임금 논리로 임금을 깎이면서 가만히 앉아 당할 수만은 없었다.

전노협은 9월 7일 '전국동시 중식시간 규탄집회'를 실시하기로 하였다. 마창지역 대다수 노조는 이미 주 44시간제를 실시하고 있었으므로 아직 실시되지 않고 있는 노조 중 산본, 웨스트, 세신실업, 삼미금속 등의 노조에서는 중식시간에 규탄집회를 갖고 경단협, 경총, 노동부를 성토했다.94)

단체협약 투쟁

90년 하반기 단협 교섭에서 회사측은 조합활동과 인사경영에 관한 경단협과 노동부의 지침을 공통적으로 들고나왔다.95)

---

93) 예를 들어 코렉스는 토요일 오전 근무 때 5분 지각이나 조퇴를 할 경우에 해당시간분은 물론 오후 4시간분의 임금까지 공제하겠다는 등 전국적으로 자본측의 임금삭감 의도가 노골화되었다.
94) 1990년 10월 16일자 "마창노련 현황보고" 중 '마창지역의 주 44시간 실시현황표'(마창노련 10월 1일 현재)에 의하면 웨스트(월 2회 5일제 근무), 경남금속(45시간), 동양전장(46시간), 세신실업(46시간), 한국중공업(46시간), 동양캬브레타(46시간), 부산산기(46시간), 시티즌정밀(46시간, 91년 3월부터 변동예정), 두산유리(3교대, 주간자 토요일 3시30분 퇴근) 등에서 아직 44시간제를 실시하지 않은 것으로 나타났다.
95) '근로조건 저하 및 단협 개악', '단협 유효기간 만료를 이유로 한 조합활동 불인정', '임금협정 기간 연장', '노조측의 인사·경영권 참여 배제', '무노동무임

특히 '징계위원회 노사동수 구성'과 '전임자수와 임금'이 주요 쟁점 사항으로 떠올랐다. 그러나 교섭과정에서 노조간부나 핵심조합원의 해고, 징계, 부서이동, 고소고발 등 인사징계의 횡포가 어디에나 만연하였다. 뿐만 아니라 휴·폐업, 공장이전, 감원, 일용직 노동자 증가 등 고용안정에 관한 사안도 경영권이라는 이름하에 단협을 거부하거나 무효화하는 사례가 점차 늘어갔다.

1990년 2월부터 시작된 '창원공장 이전 반대투쟁'이 마감된 대한광학노조는 10월 30일 창원지부로 통합, 11월 7일부터 단협 교섭에 들어갔다. 그러나 회사측이 불성실한 교섭 태도를 보이면서 조합활동 보장, 경영 인사권 등 주요쟁점안을 아예 거론도 하지않자, 이태경 위원장과 전 간부가 단식농성과 철야농성으로 맞섰고, 연일 정문 앞에서 아침마다 각과별 깃발을 앞세우고 노래, 구호, 1인 1벽보 만들기, 몸벽보, 휴식 점심시간 집회 등 조합원과 집행부가 한덩어리가 되어 단결투쟁하였다.[96]

또한 삼미금속에서는 1989년 말부터 시작된 공장이전 문제가 1990년 하반기 들어 본격화되어 노조는 고용문제에 대한 대안 마련에 고심하였다.

한편 대림자동차는 8월 16일 단협 1차 교섭에 들어갔으나, 회사측은 임투로 지친 조합원들을 더욱 지치게 하기 위해 지연작전을 구사하면서 말도 안 되는 협상안과 권위적인 협박으로 노조를 압박해 왔다.[97] 여기에 노동조합 내부에서 운동노선을 둘러싼 갈등이 표출되기

금 명시를 포함한 불합리한 노동관계법 손질', '무노동무임금을 고수하지 않거나 변칙 임금인상을 하는 기업주에 대한 금융, 세제지원 중단', '쟁의행위에 따른 손실을 노조측에 손해배상 청구' 등.
[96] 대한광학 단협투쟁은 12월 24일 조합측 안이 받아들여져 타결되었다. 주요 타결내용은 '조합활동보장, 경영 인사원칙, 징계위원회 노사동수 구성, 부당노동행위 금지, 인원조정 및 배치전환' 등이다.

도 했다.[98]

대공장 노조 무차별 징계와 해고 등 탄압에 직면

한편 전노협이 대공장 연대를 적극적으로 추진하고, 업종과의 연대를 통해 11·11 전국노동자대회에서 민주노조 총단결의 힘을 과시하기로 하자 대공장의 연대 분위기가 무르익어갔다. 그러자 독점재벌과 독재정권은 연대투쟁이 본격화 될 것에 앞서 선제공격을 퍼붓게 되었다.

이는 대공장 민주노조가 전체 민주노조운동의 주력으로서 독점자본에 심각한 위협이 되고, 나아가 현대중공업의 예에서 보듯이 대공장 핵심노조의 투쟁이 엄청난 파급력으로 정권의 지배체제를 뿌리째 흔들 수 있다는 두려움 때문이었다. 그 중 현대정공, 삼미종합특수강, 금성사 등에서 나타나고 있는 탄압양상은 치밀성과 공격성에서 많은 공통점을 가지고 있었다.[99]

1990년 7월에 들어선 현대정공노조 집행부는 미처 조직을 정비할 틈도 없이 구속, 징계 등 집행부 와해책동에 직면하였다. 스타노조 지원방문투쟁으로 조직부장 등 4명이 구속된데다가, '근무기강확립'을 구실로 노무과 직원이 순찰조를 편성하여 현장을 수시로 돌아다니면서 감시를 강화하는 과정에서 열성조합원의 모임인 '마창노련 동지후

---

97) 대림자동차노조의 단협 갱신은 11월 26일 쟁발신고 결의 등 투쟁수위를 높이다가 파업 직전인 12월 10일 타결되었다.
98) 대림자동차노조에서는 유인물『새벽출정』을 세 차례(7/6, 7/23, 12/17) 배포한 발행인 김경만 홍보부장이 노조로부터 징계를 당하게 되었다. 당시 김경만 홍보부장은 사노맹 사건으로 수배 중이었고 이로 인해 노조가 압수수색당한 적이 있었다.
99) 이들은 공통적으로 '노무관리 강화를 통한 위협적인 현장 감시', '무차별 징계로 노조간부 및 열성조합원 활동 위축', 이에 대항하는 조직적인 투쟁전개에는 '즉각적인 고소·고발'과 '공권력 동원', '반노동자적인 이데올로기 공세', '중국·일본 연수 등 어용화, 개량화' 등의 양상을 보였다.

원회' 소속 조합원이 징계, 해고를 당하였다.100) 뿐만 아니라 노조간부에게 노조활동 시간에 대한 '무노동무임금'을 적용해 60시간에서 많게는 100시간분의 임금을 공제하였다. 또한 기관원들이 회사 내에 상주하면서 사찰행위를 강화하였다.

반면에 삼미종합특수강은 어용 집행부의 뿌리가 깊어, 민주노조추진준비위원회(이하 '삼민준')를 중심으로 노조민주화투쟁이 치열하게 전개되고 있었다. 1990년 초 노조위원장 선거에서 근소한 차로 2위 득표에 머물렀던 삼민준은 이후에도 꾸준히 조직을 강화하면서 임투 시기에는 현 노조 집행부의 반노동자적인 본질을 폭로하며 조합원들의 선두에 서서 싸웠다. 이에 어용 집행부와 회사측이 결탁하여 일방적으로 임금인상을 끝낸 후, 삼민준 소속 간부와 대의원 및 일반조합원 등을 해고, 징계에 처하였다.101)

이 밖에 악질적인 노무관리 체제로 유명한 금성사에서도 조합원 감시·미행, 부당한 부서이동, 징계가 빈발하였다.

'국민연합 마창본부와 '보안사 해체, 노태우 퇴진' 투쟁

한편 1990년 10월 4일, 한국기독교 인권위원회 사무실에서 보안사 윤석양 이병이 기자회견과 양심선언을 통해 국군보안사의 총 1,303명에 달하는 민간인 사찰대상자와 불법사찰을 폭로하는 사건이 발생하였다. 사찰대상자 및 학생, 각 정당, 사회단체 등 각계 각층은 즉각 성명서 등을 통해 강력 규탄하면서 10월 13일 서울 보라매공원에서 '보

---

100) 김도영은 명찰을 달지 않고 상사에게 폭언했다는 이유로 해고당했다가 재심에서 정직 2개월의 징계를 당했고, 김연주 전 체육부장은 부속품 한 개를 훼손했다는 이유로 '군수품 파괴죄'로 전격 해고되었다.
101) 배대웅 회계감사는 '근무기강 문란, 무단결근'을 이유로 해고, 남기송 대의원 감봉 3개월, 홍은표 대의원과 이석봉 조합원도 정직 2개월 징계.

안사 불법사찰규탄과 군정 청산'을 위한 대국민대회를 개최하였다.

그런데 바로 이 날 노태우 정권은 난데없이 '범죄와의 전쟁'을 선포하고 나섰다. 그리고 이어서 최영철 노동부장관은 10월 15일 '불법 노동운동세력에 대한 엄중처벌', '불법 노사분규와 3자 개입에 대한 엄중처벌' 등의 방침과 '전노협 관련 노조를 적극 탄압하여 탈퇴를 유도하고, 모든 집회는 원천봉쇄하고, 총기사용 확대와 압수수색의 전면 자유화, 노동자의 의식교육 단절' 등의 후속조처를 발표하였다. 이로써 '범죄와의 전쟁'이 바로 민중탄압의 신호탄이며, 다름 아닌 노동자 때려잡기라는 것이 명백하게 밝혀지게 되었다. 이후 노조간부와 활동가 등에 대한 마구잡이 연행과 압수수색이 자행되었고, 대학에 대규모 경찰 진압과 출판사와 서점에 대한 광범위한 압수수색 등 또다시 공안한파가 몰아쳤다.

마창지역에서도 윤석양 이병의 폭로로 이홍석 마창노련 의장 등을 포함한 해고자 27명과 재야단체 및 학생 29명 등 총 56명이 보안사의 사찰대상자로 밝혀졌다. 이에 국민연합 마창본부는 마창노련과 함께 '보안사 해체와 노태우 퇴진' 투쟁에 돌입하였다.[102]

90 전국노동자대회 준비

전노협 창립 이후 처음 갖는 '90 전국노동자대회'(전태일 열사 20주

---

[102] 국민연합 마창본부는 9월 4일 명칭을 바꾸고 정식 출범하여 활동을 재개하였다. 공동집회는 다음과 같다. '민자당 일당국회 해산과 노동운동 탄압분쇄 결의대회'(9/22, 경남대 500명), '부마민주항쟁 11주년 기념식 및 보안사불법사찰 규탄대회 및 시국강연회'(10/18, 경남대 500명, 강사 : 김승호 전민련 공동의장), '보안사불법사찰 규탄 및 보안사 해체 요구 기자회견'(민중당 마산갑 지구당) 및 가두선전 위해 10미터 진출하다 경찰에 저지(10/20), '노태우 정권 퇴진 90 마창 민중대회'(11/25, 경남대 150명), '문익환목사 방북보고 및 양심수석방 촉구대회'(11/26, 경남대 1천 명) 등.

년 추모식 및 노동기본권 쟁취 90 전국노동자대회)는 전교조 등 13개 업종별 노조협의회와 대공장 노조 등 지역·업종을 넘어 민주노조 총단결을 이루어내는 중대한 역사적 의의를 갖는 대회였다. 그러나 한편으로 '범죄와의 전쟁'을 선포한 정권에게 90 전국노동자대회는 정면 도전으로 받아들여질 수밖에 없었다. 따라서 대회를 성공적으로 개최하느냐 마느냐가 곧 노동자의 우세를 판정지을 수 있는 주요한 계기였다.

마창노련은 이홍석 의장과 진영규 부의장이 10월 31일과 23일에 각각 석방됨에 따라, '11·11대회 마창준비위원회'를 구성하는 등 어느 때보다 조직적으로 전국노동자대회를 준비해 나갔다. 11월 1일 경남대 한마관 대강당에서 열린 "이홍석 의장 석방환영 및 90 마창 가을 노동문화 대잔치"에서 경찰은 이전에 볼 수 없던 철통같은 태세로 원천봉쇄하였으나 900여 명의 노동자가 대거 참가하여 1990년 들어 최대 인원을 기록하였다.

그러나 마창지역에서 전국노동자대회에 참여한 인원은 불과 550여 명밖에 되지 않아 애초 계획한 1,500명 동원에는 훨씬 못 미쳤다.

마창 노동자들은 11월 11일 새벽 2시가 넘어서야 고려대학교에 도착하여 전야제 행사인 노동예술제를 관람하였다. 그리고 아침 9시경 전국노운협과 전대협 주최로 열린 '내각제 저지, 민자당 해체, 전국노동자대회 사수를 위한 노동자·학생 결의대회'에 참가한 후 10시 고려대 민주광장으로 향하였다.

고려대 민주광장, 전국노동자대회

11월 11일 오전 10시, 고려대학교 민주광장에서는 19개 지역, 7개 업종, 전국노운협, 대학생, 민중당 등 8천여 명이 운집한 가운데 전국노동자대회가 시작되었다. 처음에 잠실운동장으로 장소를 잡았다가,

그 후 대학로와 성균관대학교 등으로 장소가 여러 차례 바뀌는 과정에서 연락이 잘 이루어지지 않아 장소이동에 많은 혼란이 야기되었음에도 불구하고 끝내 대회를 성공적으로 사수하였다.

전경과 백골단들은 고려대 정문을 제외한 사방을 에워싸고 검문검색과 함께 틈틈이 대회장 침탈을 시도했으나 노동자, 학생 700여 명은 철통같은 방어로 이를 물리치기도 했다.

특히 90 전국노동자대회에서는 전태일 열사 20주기를 맞아 노동자 예술제 등 다양한 문화행사를 기획하여 공연하였으나,103) 전국의 노동자들이 월차휴가를 내고 연습에 참가했던 의의를 살릴 만큼 내용적인 결합이 잘 이루어진 것은 아니었다. 이 점은 대회 슬로건이었던 민주노조 총단결이라는 대의에 미치지 못하여 이후 문화패들이 해결할 과제로 대두되었다.

어쨌든 각 지역 노동자들이 대중적, 조직적으로 동참하는 등 처음으로 전국 차원에서 문화행사가 이루어짐으로써 앞으로는 대중들의 노동자문화에 대한 관심과 기대가 점차 커질 것이 기대되었다.

본대회의 시작은 서노협 사무처장의 개회선언과 함께 뿌려진 꽃가루로, 대회장을 열광의 도가니로 몰아 넣었다.

식순에 따라 진행된 본대회는 오후 3시경 모두 끝나 평화적으로 해산하였다.

그러나 전경과 백골단은 귀가하는 참가자들을 버스 안에서 혹은 지하철역 입구에서 무차별 연행하였다. 이 소식을 전해들은 노동자와 학생들은 즉각 항의투쟁에 돌입하였고, 이에 전경·백골단들은 다연발 최루탄 수백발을 쏘면서 정문 안까지 진입, 고려대 일대는 아수라장이 되었다.

---

103) 전국노동자 풍물패의 '민주노조 총단결 깃발 세우기', 마창노련 선동대의 노래 및 율동, 서노협 선봉대의 무술시범, 업종회의 노래패 노래 공연 등.

이 날 총 연행자 1,200여 명(마창지역 20여 명)은 전노협 지도부의 즉각적인 항의방문으로 밤 11시경 전원 석방되었다.

90 전국노동자대회 이후

특히 1990년 대회는 '민주노조 총단결'의 깃발 아래 전노협과 업종회의가 공동투쟁을 선언, 이후 당면한 노동운동 탄압분쇄, 단협개악저지, 91 임투 준비를 위한 공동실천의 계기를 마련한 점에서 민주노조 총단결이라는 큰 의의를 남겼다.

그러나 업종회의와의 결합으로 인해 대회 기조와 목적, 진행과 프로그램, 구호 등에서 전노협 차원의 목표와 기조가 흐려지고, 대회 사수에 급급하여 전투성을 상실하고 끝마무리가 되지 않은 점이 곳곳에서 지적되었다. 특히 폐회 이후 경찰의 무차별 연행에 대항하여 투쟁할 것인가 아니면 그대로 해산할 것인가를 놓고 지도부의 명확한 투쟁지침이 전달되지 못함으로써 갈 사람은 가고 싸울 사람은 싸우라는 식으로 인식되어 이후 지도부의 지도력에 대한 비판이 가해졌다.

"투쟁 속에서의 대회사수가 아니라 대회 자체사수에만 신경을 씀으로써 실망을 안겨 주었다", "해산을 결정한 지도부 결정에 무조건 복종하는 것은 문제가 있다, 노동계급적 관점에서 벗어난 결정은 과감히 거부했어야 한다"에 이르기까지 해산과정, 가두투쟁, 그리고 지도부의 판단력에까지 강력한 성토가 잇따랐다.

그러나 무엇보다 1990년 전국노동자대회에서는 '사노맹'의 현수막 부착이 가장 구설수에 올랐다. 비판의 내용은 "현수막을 본부석 중앙에 거는 것은 상식에 어긋난다", "대회 주최측과 상의되지 않은 현수막 부착은 잘못이다", "전노협 위원장 직무대행 연설 도중에 현수막을 부착하여 분위기를 흐린 것은 잘못이다", "조직을 알리는 것은 좋으나 방법이 잘못되었다" 등이 주를 이루었다. 그러나 한편으로는 "전노협

차원에서는 떼는 것이 원칙이나 절차상에서는 성급한 면이 있었다"는 조심스런 지적도 나왔다.104)

특히 90 전국노동자대회에서 전노협과 업종회의는 노동부의 소위 인사경영권에 대한 지침과 경단협의 임금 한 자리수 억제정책을 분쇄하는 '전국노동자 서명운동'을 공동으로 벌일 것을 결의하였다.105) 이는 정부가 '1991년 임금 한 자리수 동결방침'을 공공연하게 선전하면서 노동자·농민 등 민중을 희생시키고 독점재벌만 살찌우겠다는 재벌중심의 경제정책을 드러냄에 따라 91 임투에 대비한 사전 공동투쟁 방안의 하나로 마련된 것이다. 이 서명운동은 전노협은 물론이고 업종회의와 대공장을 비롯한 중간노조와 미가입 노조까지 범위를 확대시켜 전체 노조운동진영의 결집과 단결에 기여할 것을 목표로 하였다는 점에서 실천적인 연대의 의미를 갖고 있었다.

9. 우리 갈 길 멀고 험해도

'청송회'와 영남지역 노조·단체 연석회의

그동안 마창노련과 공식적, 비공식적 교류와 정보교환을 해온 많은 노조들은 일상활동까지 무차별 탄압받는 최악의 상황에 직면하자 마창노련·전노협에 가입하지 않는 대신 마창노련·전노협과의 유대와 결속을 지속하기 위한 방안의 하나로 1990년 11월 20일 '청송회'를 결성하게 되었다.

---

104) 마창노련 문체국, 교육국, 노사대책국 평가서 및 대한광학, 대림자동차, 두산유리, 루카스, 세신실업, 삼미금속, 웨스트 등 단위노조 평가서 참조.
105) 11월 20~12월 말까지 최종집계해 1991년 1월 20일 전노협 창립 2주년 기념대회에서 결과 발표예정.

이는 한편으로는 탄압의 예봉을 피하고 또 다른 한편으로는 민주노조와의 조직적 확대강화를 지속하려는 목적에서였다. 그 중에서도 청송회 설립의 중요한 목적은 마창노련·전노협에의 가입 추구였다. 하지만 청송회의 합의 수준이 높지 않은 관계로 빠른 시일안에 마창노련 가입으로 연결되는 데는 무리가 따를 것이라고 보고, 각종 간담회와 토론 속에서 합의수준을 높여 나가면서 지역 전체와 전국적 투쟁에 기여할 수 있는 시점을 갖춘 뒤 결정하기로 하였다.

청송회는 마창노련 참관노조들의 조직으로서 의무금 납부 등 부담을 떠맡지 않는 점이 다를 뿐 가입 노조와 똑같이 마창노련의 사업방침을 따르고 행사에 함께 참여하는 독특한 형태의 대중조직이었다. 따라서 청송회는 자체 조직과 사업을 별도로 진행하면서도, 마창노련 운영위의 사업계획과 방침을 주요 안건으로 공유하였다. 비록 의결권은 없었지만 청송회 대표자들은 운영위원회의에도 참가하여 마창노련의 주요사업방침과 사업내용에 대한 활발한 자유의사를 개진할 수 있었고 이를 통해 청송회와 마창노련은 함께 사업방침과 사업내용을 공유하고 활동하는 하나의 조직으로 나아갈 수 있었다.106)

한편 마창노련은 그동안 영남지역 노동자들과 함께 영남지역 노동자들의 투쟁이 있는 곳이면 어디든 달려가 뜨거운 연대투쟁의 기풍을 드높여왔다. 그러나 전노협 창립 이후 집중강화된 자본과 정권의 탄압에 보다 신속하고 강력하게 대응하려면 우선 지역적으로 가까운 영남지역 노동자들끼리 공동사업과 공동투쟁을 조직하고 투쟁할 필요가 절박하게 제기되었다.

따라서 지금까지 사안에 따라서 부정기적으로 소집해 온 영남지역

---

106) 창립 당시 청송회 가입 노조는 총 11개 노조로서 대한광학, 범한금속, 삼양전기, 시티즌정밀, 코렉스, 한국화낙, 한일단조, 화천기계, 태광, 루카스, 한국공작기계 등이다.

대표자회의를 한 달에 한 번 정례화하기로 하고, 1990년 12월 13일 제1차 영남지역 노조·단체 연석회의(이하 '영남연석회의')를 정식으로 구성하였다.

회기년도 조정으로 3대 집행부 유임

마창노련 지도부는 이흥석 의장과 진영규 부의장의 석방으로 오랜 공백기를 깨치고 다시 지도구심력을 되찾게 되었다. 마창노련은 대의원대회를 준비하는 한편으로 의장단과 각 국별 간담회를 통해 현안문제를 구체적으로 파악하고 다각적이고 현실적인 해결방안에 대한 폭넓은 의견을 나누었다.107)

그리고 1990년 12월 10일 열린 마창노련 제3차 임대는 4시간의 열띤 토론을 거쳐 마창노련 규약개정안을 심의 확정하였다.

특기할 사항은 회기년도 조정이었다.

그동안 매년 1월부터 12월까지로 잡혔던 회기년도를 바꾸어 매년 8월부터 다음해 7월까지를 회기년도로 조정한 것이다. 이로써 원래 1990년 12월까지 임기만료 예정이었던 3대 임원 및 집행부는 1991년 7월까지로 임기가 연장되었다.

또한 이전까지 현직 노조위원장만이 집행부서를 운영하던 체제를 바꾸어 간부 출신 해고자를 집행력으로 활용하기로 하였다. 이는 현직 노조위원장들이 각 노조업무에 매달리느라 형식적인 국장 역할밖에 할 수 없기 때문에 실제로 집행력을 가질 수 있는 역량으로 교체

---

107) 12월 4일 1차 교육분과 간담회에는 마창노련 의장단과 각노조 교육담당자들이 질의응답 형식으로 진행하였다. 간담회에는 무려 16개 사업장이 참가하였는데, 이는 그만큼 지도력에 목말랐던 간부들의 관심과 열의를 나타낸 증거였다. 또한 복지분과 간담회에는 10개 사업장에서 16명이 참석하였고, 12월 11일 조사통계국 간담회에는 16개 사업장이 참가하였다.

하자는 현실적인 의도였다. 아울러 의무금을 1인당 200원에서 400원으로 올려 마창노련 재정을 튼튼히 하였다.

3회 들불대동제 무산, 창립 3주년 실내 기념식

1989년 경찰의 원천봉쇄로 들불대동제를 치루지 못한 마창노련은 이번 만큼은 반드시 성사시키기로 하고 11월 19일 들불대동제 준비위원회를 구성하는 등 조직적으로 준비작업에 들어갔다.

그러나 행사장소의 섭외가 어렵게 되자 부득이 3일간으로 예정되었던 행사일정을 변경하고 12월 14일 하루에 치루기로 하였다.

이번 1990년 들불대동제에서 돋보인 것은 집체극 '우리 갈 길 멀고 험난해도' 공연이었다.

마창노련 문화체육국과 마창노래패 '땡감', 노동자풍물패연합 등에서 총 61명이 참가하여 마련한 이 집체극은 마창노련 3년의 역사를 깃발춤, 북춤, 풍물춤과 쇠파이프춤 등으로 구성한 공연물이었다.[108]

마침내, 1990년 12월 14일이 다가왔다.

창원대 잔디밭에는 행사준비를 위해 오후 1시경부터 관련자들이 모여들기 시작하였다. 일부는 무대를 설치하고, 일부는 연습에 열중하고 있었다. 그러자 학교측은 방송을 통해 철수를 종용하였다. 오후 3시 전경이 배치되고 차량통제가 실시되기 시작하였다.

그리고 행사 시작 1시간 전인 오후 6시경, 전경과 백골단이 행사장에 난입, 걸개그림을 빼앗고, 집체극 공연을 준비하던 노동자와 루카스노조 위원장 등 모두 73명을 연행해 갔다. 그것도 모자라 경찰은 연행 노동자의 작업복을 빼앗아 입고서 건물 1층부터 옥상까지 샅샅이 뒤져 연행해 가는 작태를 서슴지 않았다. 전노협·마창노련에 대한

---

[108] 조합원 41명(14개 노조), 지역문화패 17명, 그리고 문체국장과 부국장, 노풍연 부의장 등 참가.

탄압은 이렇듯 문화행사에까지 철저하게 자행되었다.

73명 연행자 중 집체극 참가자 전원 50여 명이 연행됨으로써 집체극은 끝내 공연되지 못하였고, 즉각 45명의 '항의방문단'이 조직되어 창원경찰서로 향했다.

이로써 1989년에 이어 1990년도 들불대동제는 정상대로 치러지지 못했다.

밤 9시 가톨릭여성회관 강당에서 열린 기념식에서는 모범 노동조합 시상식과 제1회 마창노련 문학상 시상식이 각각 거행되었다.

기념식이 끝난 뒤 70여 명이 남아 가톨릭여성회관 대강당에서 연행자 석방을 위한 철야농성을 가졌다. 경찰은 연행자 4명 모두를 어거지로 구속하려 하였으나, 손상용 루카스노조 위원장과 배종수 마창노련 조직간사는 12월 16일 밤에 검사 기각으로 석방하고, 진병윤 루카스노조 사무국장과 창원대 학생은 밤 10시 화염병투척으로 긴급 구속하였다.[109]

이렇듯 90 들불대등제가 경찰의 침탈과 다수 연행자로 인해 밤늦게 기념식만으로 서둘러 끝나게 되자, 장소 선정과 확보에 따른 문제점과 공권력 투입 및 원천봉쇄에 대비한 대책 부재 등 여러 가지 지적들이 쏟아졌다.

---

[109] 루카스노조는 12월 27일부터 단협 교섭 시작을 앞두고 사무국장이 구속됨에 따라 12월 18일 창원경찰서 앞에서 항의농성을 전개하였다.

제4장
사수 전노협, 강화 마창노련
1991

1. 마창노련·전노협의 위기
2. 열사의 시신을 부둥켜안고서, 투쟁!
3. 1991년 상반기 투쟁
4. 1991년 하반기 단협투쟁 및 민주노조사수투쟁
5. 1991년 노동법개정투쟁과 ILO 공대위
6. 마창노련 창립 4주년 기념, 3회 들불대동제

1. 마창노련·전노협의 위기

전노협, 업종과 대기업을 총망라한 민주노조 총단결로 투쟁대오 결집

1990년에 이어 1991년에도 정권과 자본의 탄압은 그칠 줄 모르고 계속되었다. 이로 인해 마창노련·전노협은 심대한 조직적 위기에 직면하게 되었다.

1990년이 저물어가던 12월 21일 김영대 전노협 위원장 직무대행(서노협 의장)을 포함한 전노협 중앙위원, 지도위원, 상임집행위원 등 31명이 불법 연행되었다.1)

이어서 며칠 뒤인 1990년 12월 27일 소위 '집권후반기의 통치권 누수현상'을 막는다는 명분하에 국무총리를 비롯해 10명의 장관을 교체하였는데, 특히 전 공보처장관 최병렬을 노동부장관으로 임명하여 전노협 등 민주노조운동을 깨려는 의도를 노골적으로 드러냈다.

이에 전노협은 업종회의와 연대를 위한 대기업 노동조합회의(이하, '대기업연대회의')를 총망라한 민주노조 총단결의 기치를 드높이면서 물가폭등저지와 노동기본권 수호를 위한 전국임금인상투쟁본부(이하

---

1) 마창노련 대표자 및 간부들은 마창노련 사무실에서 철야농성에 들어갔고, 각 단위노조는 22일 중식시간에 일제히 "중앙위 폭력경찰 난입사태에 대한 규탄집회"를 열었다.

'전국투본')를 구성하고 총노동과 총자본의 대치국면의 최일선에 서게 되었다.

투쟁의 서막은 거제에서부터 올라오고 있었다. 2월 8일 대우조선이 전면파업에 돌입하면서 1991년 총노동의 투쟁이 시작된 것이다. 대기업연대회의는 간부수련회(2/9~10)를 열고 대우조선 파업에 대한 공동투쟁을 모색하였다. 이 때 경찰이 갑자기 들이닥쳐 참석자 전원을 강제연행하고 그 가운데 7명을 구속하였다.[2] 이는 대기업연대회의가 전노협에 가입하는 것을 막고 전노협과 연대회의 사이의 연대고리를 차단하여 전노협을 고립, 약화시키려는 목적이었다.

전노협 중앙위원회 회의는 즉각 2월 10일부터 철야농성에 돌입했고, 대기업연대회의 소속 10개 노조는 규탄대회, 부분파업과 전면파업 등 다양한 형태의 투쟁을 전개하였으며 각 지역에서는 2월 23일 전후로 단위노조 또는 지역별 집회가 개최되었다.

이즈음 한보그룹과 노태우 정권이 결탁한 수서비리 사건이 폭로되었다. 다급해진 노태우 정권은 수서비리 사건으로 터져 나온 국민들의 불만여론을 무마하고자 그동안 연기발표했던 지방자치단체선거를 앞당겨 기초의회 선거는 1991년 3월 26일, 광역의회 선거는 6월 20일에 실시한다고 발표하였다.

전노협 및 각 노동운동 단체, 그리고 학생과 재야세력 등 약 270여 명은 명동성당에서 '수서비리 규탄'과 '노동운동탄압분쇄'를 위한 철야농성투쟁(3/9~10)을 전개하였다.

---

[2] 대기업연대회의는 전노협과 대기업 노조를 이어주는 중요한 위치와 역할을 부여받은 전노협 산하의 특별위원회였다. 그동안 대기업 민주노조대표자들은 1990년 10월 15일 첫 모임을 가진 후 12월 9일 대기업연대회의를 공식 발족하였다.

마창공투본 무산

한편 마창노련은 1990년 11월 이흥석 의장 등 지도부의 석방으로 기대와 의욕에 부풀었으나, 타코마에서 임금체불과 기업인수 등을 빌미로 마창노련·전노협 탈퇴 압력이 가중되고,[3] (주)통일과 대림자동차 등 핵심노조에 대표권 시비가 지리멸렬하게 장기화되면서 마창노련은 또다시 지도부 구성에 난항을 겪었다.

이에 1991년 2월 27일로 예정된 제3차 정대는 임투 이후로 연기되고, 3대 임원진은 1991년 7월까지 자동으로 임기가 연장되어 유임되었다. 이로 말미암아 무엇보다 마창공투본이 정식으로 구성되지 못하는 등 91 임투가 준비기에서부터 차질을 빚게 되었다.

그러나 마창노련이 이렇듯 알차게 준비에 들어가지 못한 데 반해 단위노조 차원의 1991년 임투는 비교적 순조롭게 준비되었다.

이는 1991년 들어 집세와 물가가 폭등하여 실제로 마창노련 조합원들은 생계비에도 못 미치는 임금으론 열악하기 그지없는 생활고에 처해 있었기 때문에 '더 이상 밀릴 수는 없다'는 남다른 각오, 그리고 임투에 대한 높은 기대와 투쟁의지를 갖게 되었다.[4]

따라서 각 노조는 조합원들이 투쟁의 주체로 나서게 하기 위해 다양한 방안을 강구하였고, 그 일환으로 민중가요 보급이나 각종 문화행사를 통해 대중 모으기를 시도하기도 하였다.[5] 물론 여기에는 마창

---

[3] 한진그룹측은 타코마를 인수하는 과정에서 노조의 마창노련·전노협 탈퇴를 인수조건으로 내세웠다.
[4] 마창노련 조합원들은 생활비나 집세인상 등 생계비의 부족분을 배우자의 맞벌이나 빚, 심지어는 재산을 처분하여 겨우 메꾸는 등 생활고의 악순환에서 벗어나지 못하고 있었고 이로 인해 저축은커녕 빚에 쪼들리노라 월 평균 창원공단 49시간, 수출지역 39.2시간의 잔업과 특근에 매달릴 수밖에 없었다.
[5] 대한광학노조는 '제2회 노동자문화제'로 전 조합원의 참여를 이끌어 임투열기를 고조시켰고, (주)통일노조 역시 2월 7일 노동조합 창립 17주년을 기념하여 사내운동장에서 축구, 족구 대회를 거행하였다.

노련 문체국의 노래교실이나 문화교실 등의 프로그램이 한 몫을 담당하기도 하였다.

그럼에도 마창지역 차원의 공동투쟁은 아직 활성화되지 못하였다.

2월 23일 정책수련회 60여 명 참석, 4월 5일 임투 승리 무학산 등반대회에 200여 명 참석, 4월 21일 '노동운동 탄압분쇄 및 91 임투승리를 위한 영남지역 노동자대회'에 150명 참석 등 각종 집회나 행사에 조합원들이 모이지 않았다.

이는 일차적으로 경찰이 마창노련의 모든 행사나 집회는 물론 교육이나 문화공연마저 철통같이 원천봉쇄하고, 심지어는 일상회의가 이루어지지 않을 정도로 마창노련 사무실 출입마저 감시하고 검문검색을 자행하였기 때문이었다.

전노협 와해를 목적으로 한 마창노련에 대한 탄압은 1991년에도 지

1991년 2월 1일 가톨릭 여성회관에서 열린 '노동운동 탄압분쇄 및 91 임투 완전승리를 위한 간부 결의대회'. 이 날 결의대회는 경찰의 원천봉쇄로 40여 명밖에 참석하지 못했지만 투쟁의 결의는 드높았다.

속적으로, 더욱 광범위하게 자행되었다. 그리하여 마창노련 핵심노조 뿐 아니라 마창노련 가입 노조, 참관노조를 가리지않고 노조간부들에 대한 구속과 해고가 남발되어 노조간부의 씨가 마를 지경이었다.6)

각 노조는 간부활동에 대한 피해의식과 기피현상으로 상집간부의 공백이 장기화되었고, 마창노련 역시 책임있는 지도력이 부재하여 공동투쟁 사업을 추진하고 실천할 수 없었다. 마창노련 의장 사업장인 타코마노조에 오랫동안 임금체불과 노조탄압이 계속되었음에도 불구하고 마창지역 연대투쟁 하나 조직되지 못한 것이 바로 그 증거였다.

타코마호의 침몰

창원공단에 고용불안으로 인한 노동자의 생존권 문제가 점차 심각해지면서,7) 타코마 노동자들의 오랜 임금체불과 노조탄압으로 인한 고통이 해를 넘기고도 해결되지 않았다.

타코마노조는 이홍석 위원장의 출소와 1990년 11월 12일 법정관리 이후 전열을 다시 가다듬고, 노조사수가 곧 마창노련·전노협 사수라는 각오 아래 '체불임금해소와 회사정상화 촉구를 위한 10만인 서명운동'을 전개하는가하면, 조합원을 설득하여 작업을 지속하고 회사 정상화에 혼신의 힘을 기울였다.

그런 가운데 1991년 1월 한진그룹의 타코마 인수설이 제기되었다. 이에 지역에서는 1991년 1월 12일 타코마 문제해결을 위해 범시민대

---

6) 자본측은 노동조합의 일상활동과 업무에까지 무노동무임금, 손해배상청구, 고소고발 등의 탄압을 자행하여 조합간부들의 발목을 묶고 목을 졸랐다. 즉 (주)통일에서는 노조가 2월 25일 '단체협약안 설명회'를 가진 것을 이유로 회사측이 노조 전임자를 '업무방해' 등 혐의로 전원고발하였다.
7) 삼미금속에서는 1991년 남은 3개 부서 중 2개 부서(선재와 용접봉)가 이전(함안 파수)이 추진되고, 또 한 부서(강관공장)는 삼미종합특수강과의 합병설이 나돌면서 정리해고가 단행되었다.

회를 개최하고, 1월 18일 타코마 체불임금 해소와 회사정상화를 위한 지역공동대책위원회(이하 '타코마 공대위')를 구성하는 등 공동대응책 마련에 나섰다.

그러나 2월 6일 한진그룹은 신문지상에 법정관리인의 입을 빌어 "강성 노동조합, 인수에 걸림돌" 운운하며 노조 집행부 퇴진을 요구하였으나 진짜 의도는 '마창노련·전노협 탈퇴'로 드러났다.[8]

2월 18일 회사정리 계획안이 정식으로 법원에 제출되자, 관리자들은 구사대를 구성하고 조합원을 상대로 '마창노련·전노협 탈퇴' 서명작업을 벌이며 노조의 분열, 해체 작업에 들어갔다.

1991년 1월 12일 열린 타코마 체불임금 해소와 회사 정상화를 위한 지역공동대책위원회 기자회견.

---

8) 2월 11일 노조 집행부는 한진그룹측의 요구에 따라 퇴진을 발표하고, 퇴진조건으로 "체불임금 해소와 인수 확약"을 내용으로 법정관리인과 합의서를 작성하였다. 그러나 다음날 법정관리인은 외부압력(?)을 빌미로 합의서를 무효화해 버렸다. 한진그룹측과 정부측이 집행부 퇴진보다 더 강도높은 "전노협, 마창노련 탈퇴"로 요구수준을 강화했기 때문이었다.

한진그룹측의 의도가 마창노련·전노협 탈퇴로 분명히 드러난 이상 민주노조진영의 선봉노조인 타코마노조가 이대로 침몰하게 내버려둘 수 없었다.

마침내 1991년 3월 4일, 조합원 500여 명은 상경하여 서울 여의도 평민당 중앙당사를 점거하고 농성에 돌입하였다.9) 그러자 노동부는 "한진 인수가 확실하니 걱정말고 상경투쟁 중지하라"고 종용하였고 한진측도 3월 9일 '인수 가계약을 체결하고 실사팀을 파견한다'는 인수계획을 발표하였다. 그러나 이는 3월 8일 추가로 상경투쟁에 합세하려던 마산공장에 남아 있던 조합원 100여 명의 발목을 잡기 위한 정권과 자본측의 교란 술책임이 3월 11일 한진그룹측의 가계약 백지화 발표로 증명되었다.10)

이에 분노한 조합원 70여 명은 3월 11일 당일 추가 상경하였고 농성조합원은 570여 명으로 불어났다. 상경조합원들은 한진그룹 건물 앞에서 면담을 요구하며 시위농성을 벌였으나 면담은 한 번도 성사되지 않은 채 번번이 경찰에 의해 전원 연행되어 난지도, 파주, 양재 등에 버려졌다. 이렇듯 한진그룹측과 정부는 서로서로에게 책임을 떠밀면서 노동자를 철저하게 우롱하고 기만하였고, 그동안 상경조합원들은 라면 두 끼로 때우며 투쟁을 전개하다가 3월 26일 마산으로 귀향하였다.

상경투쟁에서 약속한 대로 노동부장관의 주선으로 4월 3일 한진그룹, 노조대표, 회사관계자 등과의 면담이 이루어졌다. 이 자리에서 한진그룹측은 인수 조건으로 노조측에 4개항 수락을 요구하였다. 4개항

---

9) 마창노련에서는 모금활동과 아울러 마창노련 차원의 '타코마 대책위'를 구성하고 대대적인 선전작업과 각 단위노조별 대자보부착, 전 조합원 깃달기, 그리고 8개 노조 '타코마 지원방문 대표단'의 서울농성 지원방문 등으로 지원하였다.
10) 한진그룹측은 3월 11일 '상경투쟁 중인 노조 때문에 계약을 못하겠다'면서 '가계약을 백지화한다'고 번복 발표하였다.

은 마창노련·전노협 탈퇴, 노조 집행부 해고자가 아닌 조합원으로 적법하게 구성, 해고자복직 불가론, 해고자 회사출입 통제 등이었다. '체불임금'을 미끼로, 배고픈 조합원을 볼모로 노조에게 완전 백기를 들고 항복하기를 요구하고 나선 것이다.

그런데 문제는 바로 노동조합 내부에서 터지기 시작했다. 회사 갱생방안을 놓고 조합원들간에 강온 대립이 심화되면서 마찰이 빚어진 것이다.11) 결국 노조 집행부는 조합원 전체집회에서 조건부 사퇴의사를 밝히게 되었는데 사퇴 조건은 "회사측이 상경투쟁조합원들에 대한 무단결근을 유급처리하고, 인사위원회에 회부된 노조간부 17명의 징계를 철회한다"는 것이었다.

그러나 다음날 4월 9일 이흥석 위원장 등 해고된 집행간부 5명이 회사로 출근하려다가 회사측과 '갱생추진위' 소속 조합원 300여 명으로부터 출근을 저지당하는 사건이 발생하였다. 그리고 다음날인 4월 10일 임대는 한진그룹측의 4개항의 요구조건 수락을 최종 결의하고 말았다. 이로써 타코마노조는 마창노련·전노협을 탈퇴하게 되었다. 밀린 임금을 받아내고 조합원들의 고용을 승계받는 대신 타코마노조는 민주노조라는 큰 대의를 잃게 된 것이었다. 생계의 대가 치고는 너무 아프고 큰 상실이 아닐 수 없었다.12)

이렇듯 마창노련 이흥석 의장이 소속된 타코마 민주노조의 상실은 타코마 조합원들은 물론이거니와 마창노련·전노협 조합원들에게도 깊은 좌절과 상처를 남기게 되었고, 더구나 임투를 앞둔 마창지역 조합원들에게는 연대에 대한 깊은 실망과 패배의식을 안겨 주어 공동임

---

11) 4월 8일 직반장을 중심으로 한 '회사갱생추진위' 소속 조합원들이 노조사무실로 찾아와 '강성 노조 집행부 사퇴 및 해고자들의 회사출입 통제'를 요구하며 집행부에게 항의하였고, 이 과정에서 몸싸움이 일어나면서 노조사무실 유리창문과 전화기 등이 부서지고 불발 최루탄 분말이 뿌려지기도 하였다.
12) 『노동운동』 1991년 11·12월호 통권 15호, 102쪽.

투의 전망을 어둡게 하였다.13)

대표권 시비

한편 마창지역 1991년 임단투 교섭은 타지역에 비해 늦은, 4월 중순부터 시작되었다.14)

교섭이 시작되자 자본측은 사장이 느닷없이 해외출장을 간다거나, 노조 전임자 축소, 조합원총회나 교육 등 노조 일상활동 시간의 제약 등을 요구하면서 생떼를 쓰거나, 심지어는 노조의 대표권, 교섭 안건 등을 문제 삼아 교섭을 결렬, 지연시켰다. 그런가하면 어쩌다 교섭에 들어가서도 임금인상 합의서 작성을 거부하거나 알선조정안에 대한 노사합의를 행정관청과 야합해 번복하는 등 불성실한 태도로 일관하면서 철저하게 공동임투 일정을 교란하는 작전으로 일관하였다.

자본측은 과거 민주노조를 인정하지 않던 방법에서 벗어나 공격의 양상을 바꿔, 자본측에 유리한 법을 최대한 활용하여 합법적으로 노조를 무력화시키는 탄압을 사용한 것이다.

그 중 위와 같은 자본측 의도가 가장 선명하게 드러나고, 1991년 들어 가장 광범위하고 특징적인 탄압 중 하나가 바로 대표권 시비였다.

1990년 이종엽 중천노조 위원장을 구속시키고 대표권 시비로 발전시켜 어용노조화시킨 사례처럼 세일중공업(전 '(주)통일')과 대림자동차에서도 대표권시비는 노조활동을 마비시키기에 충분하였다.15)

세일중공업에서는 진영규 노조위원장이 해고자이므로 대표권을 인

---

13) 이후 타코마노조 조합원들은 1991년 7월 20일 위원장 선거에서 '어용노조 근절, 민주노조 건설'을 내세운 후보를 선출하였다.
14) 조사대상 45개 노조의 1차 교섭은 시기별로 3월 1개, 4월 30개, 5월 8개, 6월 2개, 8월 2개 등으로 나타났다.
15) (주)통일은 1991년 4월 회사명칭이 '세일중공업'으로 변경됨에 따라 조합 명칭도 세일중공업노조로 변경되었다.

정할 수 없다는 회사측의 공세로 시비에 휘말렸고, 대림자동차에서도 역시 옥중에서 90%의 압도적 지지로 당선한 이승필 위원장이 해고자라는 이유로 대표권을 인정하지 않았기 때문에 노조를 '비상대책위원회' 체제로 전환하여 타회사보다 훨씬 늦게 임투를 치뤄야 했다.16) 이는 자본가의 구미에 맞는 대표자로 바꾸어 교섭하면서 노동자에 대한 통제권을 확보하여 자주적 민주노조를 개량주의나 노사협조주의 노조로 전락시키겠다는 의도였다.

2. 열사의 시신을 부둥켜안고서, 투쟁!

장렬하게 산화해간 열사들의 시신을 부둥켜안고 가열차게 전개되었던 1991년 5·6월 투쟁은 세계 어느 나라, 우리나라 어느 역사에서도 보기 드문 범국민적 대중정치 투쟁이었다.

강경대 열사 장례 전후로 전개된 5, 6월 투쟁은 각 부문의 투쟁을 하나의 흐름으로 모아내면서 지역적, 전국적 공동투쟁을 통해 민족민주운동진영에게는 모처럼 맞은 귀중한 정치적 공세기이기도 했다. 그 중에서도 옥중에서 억울하게 살해당한 박창수 한진중공업 위원장의 의문사로 인해 전국 노동자들은 조직적으로 정치적 파업투쟁을 전개하여 새로운 역사의 장을 열어젖혔다.

5월 한 달 집회와 가투는 평균 5일마다 한 번씩 전개되었으며, 마창지역에서는 5월 9일 1989년 이후 최대 규모인 1만5천여 명이 모여 반민자당 투쟁을 광범위하게 벌였다.

이렇게 반민자당 분위기가 한층 고양되면서 연일 대규모 대중들의

---

16) 대림자동차노조는 1991년 12월 이승필 위원장 석방 때까지 '노사대책위원회' 라는 비정상적인 체계로 운영되었다.

정치투쟁이 계속되자, 현장에서는 이 투쟁에 어떻게 참여하고 또한 이 계기를 어떻게 임투의 힘찬 전진으로 활용해 나갈 것인지 고민하게 되었다.

따라서 5·6월 정치적 대중투쟁은 곧 노동자들의 임투와 맞물려 진행되게 되었다.

강경대 열사의 죽음으로 폭발한 반민자당 투쟁

4월 26일 명지대생 강경대 군이 시위 도중 백골단의 쇠파이프에 무참하게 살해되었다.

이 정치적 살인사건은 이후 정치적 자유를 억압하는 현 정권의 비민주성과 반도덕성을 규탄하는 동시에 퇴진을 요구하는 반민자당 대중투쟁으로 급속하게 폭발하였다. 그리하여 4월 29일 연세대에서 열린 '국민결의대회'에는 7만여 군중이 운집한 가운데 1991년 5, 6월의 폭발적인 대중정치투쟁을 예고하였다.

물론 이러한 투쟁의 배경에는 독점재벌 위주의 경제정책 때문에 날로 악화되는 생활고에 대한 민중의 불만이 깔려 있었고, 한편에는 전국 조직으로 진출한 노동자, 민중세력이 밑에서 떠받치고 있었다.

5·1절 투쟁

1991년 5월 1일 '세계노동절 102주년 기념 및 이영일열사 분신 1주기 추모 마창 노동자대회'는 잘 조직된 대회였다.

전노협은 그동안 중앙 및 지역에서 전 노조간부 철야농성(4/17~19), 노동자대회 개최(4/21, 수도권과 영남권에서), 그리고 노동절 기념주간(4/24~5/1) 동안 5월 1일 휴무를 쟁취하기 위한 다양한 대중사업을 통해 계속 쟁점을 만들어가며 5월 총력투쟁을 조직해 나갔다.[17]

마창노련 역시 4월 중순경부터 지역 차원의 준비위원회가 꾸려져 교육선전과 조직동원에 진력한 결과 5월 1일에는 원천봉쇄에도 불구하고 3천 명이나 참가하였다. 이렇듯 1991년 5·1절 투쟁은 노동자들에게 오랜 만에 투쟁에 대한 자신감을 회복하게 해 주었다.

5월 1일 전국공투본 산하 188개 노조 10만여 명이 전면 휴무에 돌입했고, 노동절 기념대회에는 수도권 3만(노동자 5천) 등 전국 6만 명(노동자 17,500)이 참가하였다.

마창지역 역시 5·1절 휴무방침에 따라 5월 1일 마창노련 대다수 노조는 휴무에 들어갔다.[18] 단협상 휴무인 16개(가입 노조 8개, 청송회 8개)노조는 물론이고 대림자동차는 오후에 전 조합원이 집단조퇴하였고, 효성중공업과 경남금속 역시 조합원들의 집단월차와 일부조퇴 등으로 휴무에 들어갔다. 그런가하면 단협상 근무일로 되어 있는 관계로 파업성 휴무에 들어간 곳은 세일중공업, 삼우산기, 기아기공, 삼우산기, 아신전기 등 5개 노조였다.[19]

노동자들은 원천봉쇄에 대비하여 아침부터 경남대학교로 속속 모여들었다. '세계노동절 102주년 기념 및 이영일열사 분신 1주기 추모 마창 노동자대회'에 참석하기 위해서였다.

학교 입구에 배치된 전경과 백골단은 학생증을 제시한 사람에 한해 교문 출입을 허용하였다. 이에 주최측은 오후 2시 만일의 사태에 대비하여 안내조와 사수대 100여 명을 편성 운영하고 대회 참가자들

---

17) 노동절 기념주간 동안의 활동으로는 노동부장관 고발(구속 요구), 노동부지침의 부당성 선전, 4월 26일 '국가보안법 철폐와 양심수 석방촉구 기자회견' 등이 있다.
18) 노사합의에 의한 적법절차를 걸쳐 휴무한 사업장은 창원공단 35개사, 수출지역 25개사로 총 60개 노조에 달하였다.
19) 5개 노조는 5·1절 투쟁 후 회사측이 노조간부들을 업무방해로 고소고발하거나 손해배상청구 소송 등을 통해 탄압하였다.

을 안전하게 안내했다.

경찰의 원천봉쇄로 진입이 막힌 노동자들은 2, 3명씩 조를 짜서, 산복도로나 주택가를 통해 담을 넘거나 철조망을 뚫고 경남대로 진입하다. 심지어 문성현 전노협 중앙위원과 몇몇 노동자들은 경남대 주변에서 공사 중이던 포크레인의 삽날에 실려 담을 넘는 기지를 발휘하기도 하였다.

예정시간보다 늦은, 4시 30분부터 '천만 노동자여 단결하라!' 비디오 상영과 5시 30분 식전행사인 길놀이로 본 대회의 열기를 달구어 나갔다.

날씨는 5월답지 않게 춥고, 황사현상으로 세찬 바람까지 불어닥쳤으나 악조건 속에서도 참석자들은 자리를 뜨지 않았다. 뜨거운 열기로 대회가 진행되는 사이에 참석자는 불어나 어느새 대회장을 꽉차게 들어찼다. 철통같은 원천봉쇄에도 불구하고 참석자는 자그만치 3천 명에 달했다. 경찰의 원천봉쇄 때문에 집회가 성사되지 않는다는 말이 무색해진 순간이었다.

오후 6시 '원진레이온 직업병살인 및 고 강경대열사 폭력살인 규탄대회'에 이어서 '이영일 열사 추모대회'가 거행되었다.[20]

집회가 끝난 9시경 참석자들은 교문 밖으로 진출하여 전경과 백골단 페퍼포그차 4대에 맞서 10시 넘어까지 투쟁을 벌였다. 그 중 학교를 빠져나온 노동자와 학생들은 시내로 진출하여 선전물을 시민들에게 나눠주며 밤 11시 30분까지 시위를 계속했다.[21]

---

20) 이와 별도로 세일중공업노조는 5월 3일 '이영일 노동열사 1주기 추모제'를 노조 앞마당에서 열었는데, 경찰은 하루 전날부터 회사 출입을 통제했으며 심지어 해고자들의 출입마저 차단하였다.
21) 이 날 총 연행자 17명 중 13명은 5월 1일 훈방, 노동자 3명과 학생 1명은 5월 2일 전원 훈방되었다.

5·4 국민대회, '해체 백골단!', '타도 노태우!'

5월 4일 '백골단 전경 해체 및 공안통치 종식을 위한 범국민대회'에는 전국에서 20만 명이 참가하여 반민자당 투쟁은 절정을 향해 치달았다.

마창지역에서는 5월 4일 국민연합 마창본부 주최로 '백골단 해체의 날'이 선포되고, 육호광장에서 '백골단해체와 살인정권 퇴진을 위한 국민대회'가 열렸다.

그러나 육호광장 일대의 삼엄한 경계와 원천봉쇄로 집회는 육호광장에서 열리지 못하고 대신 창동 일대에서 산발적인 시위가 벌어지게 되었다. 오후 4시경부터 밤 10시경까지 창동 일대에서 벌어진 이 날 거리시위는 주로 300~500여 명의 대열이 시내 곳곳에서 기습적으로

'백골단 해체와 살인정권 퇴진을 위한 5·4 국민대회'
1991년 5월 4일 노동자와 시민, 학생 500여 명이 이 날 마산 창동 시민극장 앞에서 '백골단 해체'와 '타도 노태우'를 외치며 시위를 벌였다.

치고 빠지는 식의 산발적인 시위로 전개되었다. 간혹 시위대는 거리에 주저앉거나 드러누워 시위를 벌여 경찰과 심한 몸싸움을 벌이기도 했는데 특히 시민의 자발적인 참여가 두드러졌다. 그러나 전투경찰과 백골단의 숫자는 점차 불어나는 데 반해 시위대열의 숫자는 줄어들어 연행자가 속출하였다. 10시경 코아양과 앞에서 집회를 마무리한 후 50여 명은 연행자 석방을 위해 마산경찰서를 항의방문하였다.

박창수 열사 옥중살인 사건

박창수 한진중공업노조 위원장[22]은 2월 10일 대기업연대회의 수련회장에서 강제연행된 뒤 3자 개입으로 안양교도소에 구속·수감되었다.[23] 수감 중 열사는 5월 2일부터 '노태우정권 타도와 노동운동탄압 분쇄'를 요구하는 단식투쟁을 전개하는 과정에서 5월 4일 교도관들과 심한 몸싸움을 벌이다가 머리가 찢어지는 중상을 입고 안양병원으로 옮겨져 수술을 받고 입원하였다.[24] 5월 5일 입원 소식을 들은 가족과 한진중공업노조 간부들은 한달음에 달려왔다. 그들은 박 위원장으로부터 부상 경위를 들은 뒤 그동안 지낸 이야기를 나누다가 새벽에서야 모두 잠이 들었다.

5월 6일 새벽 4시 15분경 '환자 어디 갔냐?'는 간호사의 물음에 잠

---

[22] 한진중공업 조합원들은 1990년 7월 박창수를 91%라는 압도적 지지로 위원장으로 선출하여 28년 만에 어용노조를 갈아엎고 민주노조를 쟁취하였다.
[23] 경찰은 2월 9~10일 대우조선 전면파업 돌입을 계기로 공동투쟁과 공동대응을 모색하기 위해 열린 대기업연대회의 간부수련회장을 침탈하고 7명을 구속하였다.
[24] 경찰과 교도소측은 박창수 위원장이 안양병원에 입원한 경위에 대해 "교도소에서 공놀이하다 다쳤다"는 등으로 답변하였다. 이에 가족과 노조측은 가벼운 상처를 입었는데 안양병원까지 옮겨 치료한 이유 등 많은 의혹을 제기하였다.

을 깬 가족과 노조간부들은 병원 안을 샅샅이 뒤졌다. 그리고 중환자실 복도 현관 앞 병원 안마당(시멘트 바닥)에 깨진 링겔병과 함께 반듯이 누워 있는 박 위원장을 발견하였다. 달려온 의사의 검진결과 새벽 4시 45분경 박창수 위원장의 사망이 확인되었다.

아침이 되자 박창수 열사의 비보를 전해들은 안양과 인근 경기남부 지역과 수도권으로부터 학생과 노동자들이 안양병원으로 속속 달려오기 시작했다.

검찰은 시신에 대한 현장보존도 하지 않은 채 무조건 강제부검의 명분으로 시신탈취를 기도하며 경찰병력을 투입하려 하였다. 이에 유가족은 낮 12시경 검찰 관계자, 병원장 등과 한자리에 모여 '영안실에 시신을 안치하고 분향소를 설치한다, 전경을 철수하고 병원출입을 막지않는다, 유가족 허락 없이 부검을 하지 않는다'라고 약속하였다.

약속에 따라 비상대책위원회는 시신을 영안실에 안치하고 600여명의 노동자, 학생 등과 함께 저녁 6시경 '사수 결의대회'를 갖고 철야농성에 들어갔다.

강경대 열사의 타살에 이어 발생한 박창수 위원장의 의문사로 인하여 전국은 발칵 뒤집혔고, 진상규명을 요구하는 노동자들의 분노가 화산처럼 폭발하여 노동자들이 투쟁의 전면에 나서는 결정적인 계기가 되었다.

전노협, 대기업 연대회의, 업종회의, 전국노운협, 전국노련준비위, 한진중공업노조 등의 대표자들은 농성장에서 긴급회의을 갖고 6인의 위원장과 집행위원장으로 고 박창수위원장 옥중살인 규탄 및 노동운동탄압분쇄를 위한 전국노동자대책위원회(이하 '노대위')를 결성하고 진상규명 및 이후 투쟁에 대해 논의해 나갔다.

그동안 안기부가 박창수 위원장에게 전노협과 대기업연대회의 탈퇴를 끊임없이 협박 종용하면서, 병보석 석방을 회유해 온 사실이 여러 경로를 통해 밝혀지게 되었다. 이는 박창수 열사의 죽음이 바로 전노협과 대기업연대회의 탈퇴를 협박한 안기부 및 지배권력에 의한 타살임을 나타내는 것이었다.25)

제도언론과 검찰 등은 서둘러 박창수 위원장이 '옥상에서 투신자살했다'고 발표했으나 백주에 쇠파이프로 학생을 때려 죽이는 정권과 경찰이 발표한 사실을 그대로 믿는 국민은 아무도 없었다. 박창수 위원장은 연이은 분신사태를 보면서 "죽어서보다 살아서 더욱 열심히 싸워야 한다"며 누구보다 안타까워 한 사람이었다. 또한 처자식이 있는 사람이, 유서도 한 장 없이, 그것도 링겔병을 꽂은 채 옥상에서 뛰어내려 자살했다는 말을 믿을 사람은 이 세상 어디에도 없을 것이었다. 박창수 위원장의 모친은 "노태우가 우리 아들을 죽였다. 우리 아들을 살려내라! 창수야 일어나서 싸워라"고 울부짖었다.

박창수 위원장 사인규명을 위한 진상조사단(이하 '진상조사단')은 관련자들의 탐문조사와 다각적인 현장조사 결과, 기자회견을 통해 박창수 열사의 사인을 발표하였다.

"박창수 위원장은 5월 6일 새벽 4시경 '누군가'를 만나러 나갔다가 우발적으로 죽임을 당한 후 투신자살로 조작되었다."

그 '누군가'가 그동안 박창수 열사에게 접근하여 끊임없이 전노협과 대기업연대회의 탈퇴를 협박 회유하던 안기부 직원임을 추정하기는 어렵지 않았으나, 끝내 그 이름과 타살의 동기, 정황 등의 진실은 시원하게 밝혀지지 못하고 말았다.

박창수 열사 시신탈취 만행

5월 7일 새벽 5시경이었다.

---

25) 포항제철노조는 안기부 협박으로 1991년 상반기에 대기업연대회의를 탈퇴한 바 있다.

전경차 27대에서 쏟아져 나온 1천여 명의 전경과 백골단은 물대포와 최루탄과 쇠파이프를 앞세우고 안양병원으로 쳐들어왔다. 시신을 탈취하지 않겠다는 약속을 한 지(5/6, 정오경) 24시간도 채 안 된 시간이었다.

사수대는 쏟아지는 최루탄가루를 뒤집어쓴 채 돌맹이와 쇠파이프에 짓이겨져 팔이 부러지고 머리가 깨져 온 몸이 피로 붉게 물들면서도 자신의 동맥을 끊고 "내 목숨을 가져가도 열사의 시신은 가져갈 수 없다"면서 장장 9시간 동안이나 싸웠다.[26]

인간백정 백골단은 지하 영안실로 최루탄과 돌을 퍼붓고 쇠파이프를 휘두르며 쳐들어왔고, 이에 맞서 유가족과 학생, 노동자들은 피를 흘리고 짓밟혀 실신하면서도 인간사슬을 엮고 인간장벽을 쌓아 완강하게 저지하였다.

오후 12시 40분, '쿵쿵' 소리와 함께 영안실 전체가 뒤흔들리고, 백골단들은 해머로 벽을 뚫기 시작했다. 그리고 마침내 오후 1시 45분, 뚫린 구멍으로 백골단들이 방패와 쇠파이프를 휘두르며 난입하였고, 영안실을 사수하던 유가족과 학생, 노동자들은 피울음을 토해야만 했다.

사수대의 목숨을 건 결사항전에도 불구하고, 결국 박창수 위원장의 시신은 이렇게 탈취되었다. 가족들은 사지가 끌려 길거리에 내팽개쳐지고, 사수대 142명은 유치장에 갇혔다.

이후 부검을 한답시고 시신의 온 몸을 난도질한 검찰은 5월 8일 "옥상에서 추락 사망하였다"면서 "투신자살"을 기정사실로 발표하기에 이르렀다.

시신탈취 소식과 옥중살인 은폐조작 소식을 접한 전국 노동자들은 분노와 울분을 삼키며 투쟁 일선에 나서기 시작했다.

---

[26] 사수대는 소수의 부산 한진중공업 노동자들과 수도권과 안양 일대의 노동자, 학생 등 다수로 이루어져 있었다.

안양지역은 아침부터 최루탄 연기 속에서 병원으로 진격하려는 시위대와 이를 저지하는 경찰의 공방전으로 전쟁을 방불케하는 가두투쟁이 이어졌다.

'해체 민자당! 타도 노태우!'의 구호는 이제 학생, 노동자만의 구호가 아니라 일반시민들의 입에서도 자연스럽게 터져 나왔다. 1천 명, 2천 명의 대오가 안양 시내와 병원 진입로 여기저기를 뒤덮었고, 시위는 연일 계속 이어졌다.

한편 한진중공업노조도 연일 전 조합원 4천여 명이 집회와 가두투쟁을 벌여 부산 전역을 분노의 함성으로 뒤덮었으며 부산 시민들까지 박수를 치며 열렬한 지지를 보내주었다.

5·9 파업투쟁 및 1차 국민대회

강경대, 박승희, 김영균, 천세용, 김기설 등 꽃다운 젊은이들이 끝없이 죽음으로 내몰리는 상황에서 박창수 열사의 의문사는 전국의 노동자들을 파업의 현장에서 거리로 거리로 내몰았다.

이 날 국민대회에는 전국 60여 개 시, 군에서 30만 명이 참여하여 전 국민적인 '노태우퇴진 투쟁'을 전개함으로써 투쟁전선은 전국으로 확대되고 노태우 정권은 정치적 위기를 맞게 되었다.

그런데 그동안 학생이 중심이 되고 시민이 가세한 투쟁 양상이 5월 9일 투쟁을 기점으로 노동자들이 투쟁의 전면에 나서게 되었고, '백골단 해체, 노재봉 내각 사퇴'에 머물렀던 노동자들의 투쟁요구도 '노태우 퇴진!'으로 전면화되었으며 사안별 대책기구로서의 범국민대책회의가 투쟁의 전국적·조직적 구심으로 강화되기 시작했다.

5월 9일에는 전국 100여 개 노조의 약 4만5천여 명이 오후 3시 30분부터 2시간 동안 시한부 파업을 결행한 후 1차 국민대회에 참석하여 가두에서 가열차게 투쟁하였다.

민자당해체 공안통치 종식을 위한 범국민 결의대회
5월 9일 1만5천여 명의 노동자와 시민, 학생들은 부림시장을 거쳐 3·15탑까지 가두행진을 벌였다. 5천여 명이 밤 10시 30분경 3·15탑 앞에서 정리집회를 갖고 있다.

    마창지역에서는 14개 노조에서[27] 2시간 시한부 총파업에 참가, 오후 3시 30분부터 추도식, 집단토론, 총회, 교육 등 다양한 방식으로 총파업을 수행한 뒤 노조별로 집회에 조직적으로 참여하였다.
    특히 마창노련 조합원들은 마창노련 운영위에서 결의한 내용들을 철저하게 실천해내는 높은 결의를 보여주었다. 각 단위노조는 대시민 선전물을 거리에서 배포하고 선전전을 감행하였다.[28] 하지만 집회가 열리기 전, 마창 시내에는 '특전용사단' '따이한용사회' 등이 제작한 유인물이 살포되고, 시내일원의 상가주민들 모임인 상우회 명의의 유인물, 각 동사무소 직원들의 '거리질서 확립' 유인물 등이 살포되면서

---

[27] 기아기공, 대림자동차, 세일중공업, 화천기계, 삼우산기, 삼화기계, 범한금속, 제일정밀, 세신실업, 태광, 웨스트, 루카스, 대우중공업, 대한광학 등 14개 노조.
[28] '고 박창수 위원장 옥중살인규탄' 선전물 5천 장과 '5·1절 휴무 노조에 대한 탄압규탄 성명서' 5천 장.

거리 요소마다 사복 경찰이 배치되어 살벌한 위기감과 긴장감이 팽팽하게 감돌기 시작했다.

오후 6시, 창동 시민극장 앞에 '민자당해체 공안통치 종식을 위한 범시민대회' 현수막이 펼쳐졌다. 그 순간 3천여 명의 대열이 순식간에 행렬을 이루고 육호광장 쪽으로 행진하기 시작하였다. 대열은 대형 태극기와 5인의 열사 영정을 앞세우고 주최측인 마창노련, 국민연합 마창본부, 민교협, 전교조, 종교계, 야 3당 등 민주인사들이 대열 앞에 서서 "해체 민자당! 타도 노태우!"를 외쳤다.

경찰은 미처 출동도 해보지 못한 채 속수무책으로 밀려났다.

6시 25분경 헬기 1대가 시내 상공을 날면서 마산시장과 경찰서장 명의로 된 시위를 자제하라는 내용의 유인물을 살포하였다. 그러나 합류 시민은 점차 불어나 약 7천 명으로 늘었다.

6시 40분경 대열이 코아양과 쪽으로 행진하자 시민들이 박수를 치며 호응을 했고, 합류하면서 대열을 따라 이동하였다. 어느새 시위대열은 1만여 명으로 늘었고 끝이 보이지 않은 시위군중의 행렬로 코아양과 앞 사거리는 인파로 가득 차 버렸다.

7시 25분경 마이크차량이 진입하자 본격적인 가두집회 대열이 형성되었고, 연좌시위가 시작되었다. 대회장소로 모여든 군중의 숫자는 1만5천여 명 이상으로 헤아릴 수 없을 정도였고, 끝이 보이지 않는 인파가 거리를 가득 뒤덮었다. 군중의 머리 위에서는 "마창시민 단결하여 노태우정권 타도하자!"는 함성이 메아리처럼 온 거리를 가득 채웠다. 각 단체 대표자들의 연설은 밤 9시 20분경이 되어서야 끝이 났다.

무서운 기세로 늘어난 시위군중의 확산으로 말미암아 대회가 끝날 때까지도 경찰의 대응이나 충돌은 어디에서도 찾아볼 수 없었다. 시위대열은 3·15 기념탑으로 행진을 시작하였다. 페퍼포그차에서 최루탄 가스가 난사되었으나, 약간의 충돌 이후 다시 대열을 정비한 뒤 시위대는 행진을 계속하였고, 경찰은 시위대열의 뒤를 쫓기만 하였다.

경찰은 완전 무장해제된 거나 다름이 없었다.

10시 30분경 3·15탑 앞에서 5천여 명이 참석한 가운데 정리집회를 갖고 일부는 검찰청을 향해 출정하였다.

이 날은 전대협이 5월 9일부터 4일간 동맹휴업을 실시함에 따라 마창총협 소속 대학생의 대오가 많이 눈에 띄었다. 노조별로 참여한 작업복 차림의 노동자들은 질서정연하게 대오를 형성하면서 1만5천여 명의 대규모 시위군중 속에서 단연 두각을 나타냈다. 집회과정에서 대다수를 차지한 노동자들에 대한 선전선동, 노동운동탄압에 대한 선전선동이 부족했다는 지적도 있었으나, '자본가에게 무노동무임금을, 노동자에게 파업의 자유를!', '전국 총파업으로 노태우정권 타도하자!' 등의 구호는 노동자들에게서 많은 호응을 얻었다.

5·9 파업투쟁은 91 임투의 활성화의 분기점이 되었을 뿐 아니라 학생 중심의 노태우 정권 퇴진투쟁의 내용을 심화시키고, 조직적으로 뒷받침해 나감으로써 반독재전선의 확대강화에 크게 기여하였다.

5·11 결의대회

5월 11일 토요일 오후 2시 시내 중심가 시민극장과 코아양과 주변에는 시내버스와 회사버스를 이용하여 전투경찰 병력이 속속 밀집하였다. 이들은 인간 벽을 쌓듯 거리를 에워싸기 시작했다. 면 단위에서 근무하는 방위병까지 전투경찰복을 입고 출동하였다는 소문이 파다할 정도로 그 숫자는 엄청났다.

5월 9일 무장해제 되다시피했던 경찰의 모습과는 판이하고 대조적인 모습이었다.

이 날 집회는 노동자가 중심이 되었으나 병력의 삼엄한 밀집과 시위장소 사전봉쇄로 난항에 부딪혔고, 투쟁은 대중적으로 전개되지 못하였다.

그리하여 2시 30분경부터 6시까지 시내 일원에서 150~200명, 300~400명에 이르는 시위대열이 기습 산발적인 시위를 벌였고, 전투경찰과 백골단은 도로 곳곳에서 시위대열의 앞과 뒤를 차단하며 저지하였다.

그러다가 6시경 북마산 쪽으로 진출했던 500~600명의 시위대열은 회산다리를 거쳐 육호광장 쪽으로 진입하였다. 육호광장에서 대기하던 시위대와 합세한 대열은 4차선 도로를 완전 점거하고 거리에 있던 태극기를 이용하여 시위대열 양편에서 휘날렸다. 시위자들은 행진 중에 비디오를 찍고 있던 사복형사와 사진촬영하던 사복형사의 카메라를 빼앗아 부수기도 하였다.

6시 30분 육호광장 진입로 주변에서 경찰이 페퍼포그차 2대를 동원하여 최루탄을 발사하자 시위대는 돌을 던지며 맹렬한 투석전을 벌였다. 7시 30분 수출지역 후문 앞 민주광장에 집결했던 100여 명은 전투경찰의 출동에 다시 이동하여 8시 30분 3·15 기념탑 앞에서 정리집회를 갖고 14일 강경대 열사 장례식에서 다시 한번 가열찬 투쟁을 벌일 것을 결의하였다.

5월 4일과 9일의 가두투쟁에 자신감을 갖게 된 노동자들은 기대를 갖고 많이 참여했으나 치고 빠지고, 치고 빠지는 식의 산발적인 투쟁으로 인해 힘이 많이 소진되었고 투쟁은 결집되지 못하였다.

5·14 강경대 열사 민주시민장 및 추모대회

5월 14일 잔업을 거부하고 퇴근한 마창노련 조합원들은 각 단위노조 깃발을 들고서 자신감을 가지고 대거 참가하였고, 약 7천 명의 참석자들과 함께 다시 한번 격렬한 가두투쟁을 전개하였다.

오후 6시 시위대는 꽃으로 둘러싸인 강경대 열사의 가관을 메고

강경대 열사 민주시민장 및 추모대회
1991년 5월 14일 오후 6시 3·15 기념탑에서 출발한 시위대는 꽃으로 둘러 싼 강경대 열사의 가관을 메고 코아양과 앞에서 노제를 지낸 후 다시 3·15 기념탑까지 행진을 벌였다.

3·15 기념탑 앞을 출발하여 창동 코아양과 앞에서 노제를 지낸 후 (경찰은 처음에 노제를 불허하였다가 마지못해 허용하였다) 다시 3·15 기념탑 앞으로 돌아왔다.

이 때 50만이 넘는 시민이 운집한 서울상황이 보고되었다.

"수많은 만장이 휘날리는 가운데 엄청난 인파가 끝도 없이 이어지면서 신촌 로터리 부근에서부터 서대문 로터리까지의 전 도로는 사람의 물결로 뒤덮였고, 50만이 넘는 인원이 동원된 서울시내 중심가는 완전 교통이 통제된 채 최루탄 연기로 하늘이 보이지 않을 정도였다"는 보고와 함께, 끝내 경찰이 시청 앞 노제를 봉쇄함으로써 장례는 무기한 연기되고 시신은 연세대로 옮겨졌다는 상황이 접수되었다.

마창지역 노동자와 학생, 시민들은 메고 가던 '가관'을 보관하기로 하고 광주민중항쟁 기념일인 5월 18일 투쟁에 총력을 기울일 것을 결의하였다.

5월 15일 전국비상노조대표자회의(전국 450여 개 노조, 700여 명 대표자 참석)는 5월 18일 강도높은 하루 총파업을 단행하기로 하였다.

5·18 총파업투쟁 및 2차 국민대회

5·18 2차 국민대회(고 박창수열사 옥중살인규탄 및 노태우살인정권퇴진 2차 국민대회)는 전국 81개 도시에서 40여만 명이 참여한 6공 이후 최대 규모의 가두시위로서, 1991년 5·6월 투쟁의 정점을 이루었다.

전국에서 5월 18일 하루 시한부 파업을 벌인 노조는 156개(조합원 10만여 명)이고, 중식시간 규탄집회 이후 2차 국민대회에 조직적으로 참여한 숫자는 1,250개 노조, 39만 명(전국공투본 산하 450개 노조 21만 명, 업종회의 800개 노조 18만 명)이었다.

그 중 마창지역에서는 10여 개 노조, 총 1만 명이 파업투쟁에 참여하였고, 총회투쟁은 9개 노조에서 실시된 것으로 나타났다.29)

원래는 '총파업투쟁 지침'이었으나 실제는 '총회투쟁'으로 실시되었다. 이는 파업조직 기간이 너무 짧은데다가 자본측이 5·1절 휴무를 이유로 각 노조에 고소고발, 손해배상청구, 징계 등 탄압을 가하였음에도 지역 차원의 공동대응책이 마련되지 못한 점 때문이었다. 또한 일부 사업장에서 적당한 양보와 타협 속에서 조기타결을 서두른 것도 한 요인이 되었다.

이로 인해 5·18 총파업투쟁이 선언적인 의미가 더 강했다는 비판을 면치 못하긴 하였으나, 5월 9일과 5월 18일 총파업이라는 정치투쟁을 수행한 것은, 정치적 공세기를 맞아 모처럼 달아오른 조합원들의

---

29) 총회투쟁 9개 노조는 기아기공, 세일중공업, 삼미금속, 대원강업, 대한광학, 삼우산기, 제일정밀, 세신실업, 시티즌정밀 등이다.

투쟁열기를 정치투쟁으로 담아낸 시의적절하고 올바른 투쟁이었다는 점에서, 그리고 지금까지의 파업과는 다른 질적 전환의 계기를 마련했다는 점에서 특기할 만하다.

이 시기에 경인지역과 대구 등지에서는 자본측이 조합원들의 요구를 대부분 수용하고 서둘러 임투를 타결지었는데, 이 사실은 바로 정치적 공세기를 정확하게 이용한 노동자들이 투쟁만이 자본을 압박하여 승리할 수 있는 길임을 다시 한번 확인해 주는 것이라고 판단된다.

마창지역 노동자들은 각 노조별로 총회투쟁 및 규탄집회를 가진 후 조직적으로 노조별 가두행진을 벌이면서 곧장 2차 국민대회에 참가하였다.

그러나 전국에서 최대시위가 전개된 이 날, 마창지역은 투쟁이 연속으로 이어진 탓인지 일정 따라잡기 식으로 움직이게 되었다.

대회는 원천봉쇄로 인하여 개최하지 못했고, 시내 전역에서 산발적 시위가 벌어졌다. 부림시장과 대신증권 쪽에서 산발적 시위가 있었고, 상공회의소 타격, 그리고 마산역과 시외주차장에 몰려 있던 시위대는 강삼재 사무실에 투석전을 전개하였으나 전경과의 대치 끝에 밀려 해산하였다. 그러나 다시 강남극장 앞에 재집결, 어시장에서 시민들과 합류하여 2천 명으로 불어난 시위대는 코아양과 방면으로 진출하여 회산다리에서 북마산 파출소까지 1시간 정도 4차선 거리전체를 해방구로 확보하였다.

그러나 전반적으로 일반시민들은 전날에 비해 소극적이거나 방관적이었고, 부분적으로는 반감을 나타내기도 하였다. 10시경 경찰의 총공격에 밀린 시위대는 육호광장에 모여 10시 40분경 마무리 집회를 갖고 해산하였다.[30]

---

30) 이 날 연행자는 총 16명이었는데, 이 중 3명은 훈방되고, 13명은 10~20일의 구류형에 처해졌다.

민족민주세력 분열 음모

애국학생과 애국시민들의 분신 및 죽음의 항거가 줄을 이으면서 '해체 민자당 타도 노태우' 투쟁이 계속되자 노태우 정권은 제도언론을 부추겨 김기설 열사의 분신 배후, 유서대필설 등으로 민주열사들의 항거를 중상모략하기 시작했다. 또한 제도언론은 열사들의 죽음 뒤에는 운동권의 사주가 있다는 박홍 서강대 총장의 발언을 부각시키면서 민족민주세력을 도덕적으로 흠집내기 위한 여론호도에 열을 올리기 시작하였다.

그동안 보수야당들은 5월 거리투쟁의 과정에서 민중운동이 범국민적인 대중정치투쟁을 수행할 정도로 유력한 정치세력으로 성장했음을 직접 확인하였다. 이것은 반대로 보수야당을 동요하게 만든 요인이 되었다. 특히 5월 14일 강경대 장례식에 나란히 참석한 보수야당의 두 총재가 영결식장에서 대중들로부터 지지를 받지 못하고 있다는 것이 확인되면서, 이들은 민중들과 함께 벌이는 장외투쟁의 대열에서 이탈하여 제도권 의회정치의 틀 안으로 돌아가고 말았다.

물론 동요하는 보수야당과 일부 국민들을 민족민주세력과 차별화시켜 분열해낸 결정적인 미끼는 바로 노태우 정권이 던져준 기만적인 내각제 개편과 광역선거실시였다.31) 평민당 총재 김대중은 대중연설에서 "격렬한 투쟁은 자유민주주의 체제에 위배된다"고 공공연하게 주장하면서 열사의 장례투쟁을 지자제 선거에서 당세 확장의 한 방편으로 이용하려 하였고, 이러한 의도는 곧바로 노동자들에게 전달되어 보수야당의 이익과 민중의 이익과는 전혀 무관하다는 것을 다시 한번 확인해 주는 계기가 되었다.32)

---

31) 5월 22일 정부는 '노재봉 총리 경질, 4개 부처 장관 경질, 만기출소를 얼마 안 남긴 극소수 양심수 석방, 내각제 개헌 포기발언' 등의 조치를 발표하였다.
32) 민중을 이반한 보수야당에 대한 준엄한 심판은 곧바로 이어진 광역선거에서

5·18 투쟁 이후 보수야당의 이탈은 결국 노동자들을 투쟁의 전면에 나서게 하였다.

특히 마창지역 대다수 민주노조는 연이은 5월 투쟁을 빌미로 한 정권과 자본의 총체적 탄압에 직면해 어려움을 겪고 있었다. 손해배상청구 (세일중공업, 현대정공, 금성사, 삼미단조, 기아기공, 아신전기, 타코마 등), 대표권 시비(대림자동차, 세일중공업, 현대정공 등), 고소고발 (삼미금속 2명, 삼미단조 4명, 아신전기 3명, 세일중공업 6명, 기아기공 등), 합의 지연(대한광학), 징계(아신전기, 한국종합기계), 반노조 조직(오성사), 고용승계투쟁(동양전장), 불신임투쟁(현대정공) 등 탄압은 광범위하게 자행되었다.

이렇듯 전면적인 탄압에 처한 사업장의 현실을 공유하고 공동투쟁 결의를 다지기 위해 마창노련은 5월 25일 오후 2시 경남대에서 '고 박창수 위원장 옥중살인 은폐조작 규탄 및 91 임투 완전쟁취 결의대회'를 개최하였다. 그러나 대회는 경찰의 철통같은 원천봉쇄로 250여 명만이 겨우 참석하였다.

대회가 끝난 후 노동자와 학생 등은 오후 6시 코아양과 앞에서 열릴 예정인 '폭력살인 민생파탄 노태우정권 퇴진 제3차 국민대회'를 위해 경남대를 출발하여 마산 시내로 진출하였다. 그러나 이 집회 역시 원천봉쇄로 이루어지지 못한 채 거리에서 산발적으로 가두투쟁이 전개되었으나 구경하는 시민들조차 적었다. 이 날은 특히 전투조를 편성하여 화염병, 투쟁물량 조달 등 조직적으로 투쟁을 준비했으나 비가 내리는 관계로 실제 사용되지는 못하였다.

같은 날 서울에서 열린 제3차 국민대회에서는 성균관대생 김귀정이 백골단의 폭력진압으로 질식사 하는 사건이 발생하였다.

투쟁은 새로운 전선으로 바뀌어갔다.

보수야당의 참패라는 결과로 드러났다.

그동안 학생들은 6월 1일 전대협 출범식 준비관계로 다소 가투에서 소강상태를 보였으나, 김귀정 열사 죽음 이후 투쟁전선 전면에 다시 등장하게 된 것이다. 대신 노동자들은 현장으로 돌아가기 시작했다.

마창지역 임투 분위기 뜨다

5·6월 폭발적인 대중투쟁으로 모처럼 맞은 정치적 공세기를 이용하여 노동자들은 1991년 임투는 뭔가 될 것 같다는 희망과 기대에 부풀게 되었다. 거기에다 1990년의 저조한 임투 결과에 대한 불만과 물가폭등, 주택문제 등 생활고의 압박이 함께 터져 나와 투쟁 속에서 기선을 잡아보려는 심리가 작용하기도 하였다.

마창지역의 경우 일반시민이나 학생보다도 노동자의 시위 참여율이 두드러진 점, 무엇보다 개별적 참여가 아닌 단위노조별로 조직적인 참여가 이루어진 점은 바로 임투를 정치적 투쟁과 결합하여 연결하려는 노동자들의 발전된 의식에서 연유하는 것이라 할 수 있다.

따라서 어느 때보다 조합원들의 투쟁열기가 높아져 4월 30일 세일중공업노조의 쟁의발생결의를 시발로 대부분의 노조에서 쟁의발생이 결의되면서 그야말로 마창지역의 임투 분위기는 뜨기 시작했다. 쟁의발생신고 사업장은 총 26개로서, 1990년 15개에 비해 두 배 가까이 높았으며, 지지율 또한 대부분 90% 이상으로 나타나 조합원의 뜨거운 투쟁열기를 유감없이 드러냈다.[33]

그리고 파업투쟁은 5월 30일 세신실업이 회사측의 직장폐쇄(5/29)로 전면파업에 돌입하고 대한광학이 6월 3일 파업에 돌입한 것을 계기로 본격화되었다.

마창노련은 파업투쟁에 대한 예상되는 탄압에 서둘러 대처방안을

---

33) 쟁의발생신고 결의사업장 26개 중 2월에 1개, 5월에 18개, 6월에 5개, 7월에 2개 등으로 5월에 집중되었다.

마련해야만 했다. 이는 5월 투쟁기간 동안 수세에 몰려 직접 탄압의 손을 뻗치지 못한 자본측이 언제 공세로 돌아서 탄압을 가할지 모를 일이기 때문이었다. 5월 28일부터 30일까지 마창지역 대다수 노조는 현장 토론, 확대 간부회의, 전 조합원 투쟁결의 서명운동 등 밑으로부터의 결의를 통해 자본측 탄압에 따라 가장 낮은 수위에서부터 점차 투쟁수위를 높이기로 하였다.

그리하여 이를 바탕으로 마창노련은 5월 31일 가톨릭여성회관에서 마창지역 전 노조간부 결의대회를 열고 지역차원의 공동성명서를 채택하였다. 간부결의대회에는 집행간부와 대의원뿐 아니라 조합원까지 적극 참여하여, 25개 노조, 173명이 참가하였다.

한편 5월 25일 김귀정 열사의 죽음 이후 전대협 출범 등으로 학생들이 투쟁의 전면에 나서게 되고 또한 6월 20일로 광역선거가 예정되자 자본측은 정세에 불안을 느끼고 서둘러 타결을 유도, 결국 5월 28일부터 5월 31일 사이에 세일중공업 등 8개의 사업장이 한꺼번에 타결을 짓게 되었다.

정원식 총리의 밀가루 봉변사건과 급속한 투쟁열기 냉각

6월 2일 수도권과 영남권에서 따로 노동자대회가 개최되었는데 이 날은 전대협 발족식과 겹쳐 학생과 노동자가 함께 대회를 치루었다.

비가 내리는 가운데 6월 2일 부산대 대운동장은 영남노동자와 학생 3만여 명으로 가득 메워졌다.

교문투쟁을 전개한 노동자와 학생 5천여 명은 오후 7시경 부산교대 앞에 집결하여 서면으로 진출하면서 투쟁하였다. 그러나 이 대회는 향후 과제를 제시하지 못하고 전대협 발족식에 묻혀버림으로써 투쟁전선을 유지하는 정도에 그치고 말았다.

한편 다음날 6월 3일 문교부장관 시절 1천5백 명의 교사를 해고시키고 전교조를 탄압한 장본인이었던 정원식 총리가 외국어대학교를 방문하자 대학생들이 총리에게 밀가루 세례를 퍼붓는 사건이 발생하였다. 그러나 이 사건은 제도언론에 의해 엉뚱하게 비화되었다. 허연 밀가루를 얼굴과 전신에 뒤집어쓴 정원식 총리가 황급하게 자리를 피하는 모습이 대문짝만하게 보도되면서 제도언론은 앞다투어 전대협을 '패륜아'로 매도하기 시작하였다.

정권은 기다렸다는 듯 즉각 범국민대책회의와 전대협, 전노협 등 지도부 80여 명에 대한 사전영장을 발부하고, 6월 3일 대우정밀 파업현장을 공권력으로 진압하였다. 이를 신호탄으로 대공장 파업현장에 헬기까지 동원하는 등 노동운동에 대한 노골적인 탄압공세가 시작되었다.

전국의 투쟁열기는 정원식 총리 밀가루 사건 이후 급속히 냉각되었다. 6월 8일 '공안통치분쇄와 노태우정권퇴진을 위한 제5차 국민대회'는 국민이 없는 선진노동자와 간부, 학생 등 소수만이 참가해 점차 소강국면으로 접어드는 정세를 실감케 하였다.

오후 6시 30분 연흥극장 앞 1차 집결지에는 40명 정도가 모였고, 7시 20분 오동동다리 2차 집결지에는 60명이 참가하였다. 8시 20분 육호광장에서 3차 집결하였으나 대오가 형성되기도 전에 사복 체포조가 시위대를 덮쳐 무차별로 연행하였다(8명 전원 석방). 거리에는 '안기부는 박창수 위원장 죽음의 진상을 밝혀라'는 선전물 1천여 장이 뿌려졌을 뿐이었다.

6월 12일 김귀정양 장례식에서도 투쟁력은 회복되지 않았고, 6월 13일 창원대에서 국민연합 주최로 열린 '강경대열사 49제 및 공안통치분쇄 결의대회' 때에는 '파업에서 해방으로'라는 문화공연도 열렸으나 투쟁의 열기는 어디에서도 찾을 수 없었다.

깊은 패배감과 좌절감이 뒤따랐다.

그리고 한편에서는 광역의회 선거가 시작되었다.

3. 1991년 상반기 투쟁

마창노련 이봉균 후보 광역의회 의원 선거

　3월 26일 기초의회 선거에서 전노협은 국민연합의 선거거부 방침에 따라 후보를 내지 않기로 하였다.34) 그러나 폭발적으로 터져 나온 5월 대중투쟁이 소강상태로 접어들면서 전노협은 광역의회선거 공간을 활용하여 민자당을 심판하기 위해 후보전술을 세우기로 하였다.

　한편 국민연합 마창본부는 1991년 2월 22일 마창지역 재야단체, 시민운동단체, 노동운동단체와 함께 마창지역 범민주단일후보추대본부(이하 '단추본')를 구성하였으나 5월 30일 결렬을 공식 확인하였다.

　이에 따라 그동안 후보를 낼 것인가 말것인가로 논란을 거듭한 마창노련은 6월 3일 운영위에서 이봉균 후보를 광역의회 의원선거에 추대하기로 결의하였다.35) 후보등록 마감일을 사흘 남겨 두고 급박하게 내려진 결정에 따라 마창노련은 곧바로 국민연합 마창본부와 연대하여 '노동자후보 이봉균 선거대책본부'를 구성하고 선거활동에 들어갔다.

　창원 제4선거구(웅남, 가음정, 신촌, 삼귀, 남산, 성주동)는 광활한 지역인데다가, 민자당후보 조성래(운수업자)와 한국노총 후보 서석교(대우중공업노조 창원지부장) 등 3명이 맞붙는 대접전의 장이었다.

---

34) 3월 26일 기초의회 선거는 국민들의 관심과 참여가 극히 저조(투표율 55%)한 가운데 민자당과 그 주변 세력들이 75%를 장악하는 결과를 낳았다. 민족민주진영 후보 96명 중 44명이 당선되었다. 민주 노동자후보는 20명 출마자 중 12명이 당선(전교조 7, 울산 2, 거제 1, 부천 1, 포항 1)되었고, 전국농민회총연맹은 75명 출마자 중 24명(15개 군)이 당선되었다.

35) 이봉균 후보는 1982년 7월 (주)통일에 입사한 후 노동조합 조직부장, 대의원, 운영위원, 부위원장을 역임하고, 1986년 4월 해고된 뒤 경남해고자복직투쟁위원회 위원장, 마산 가톨릭여성회관 노동문제상담소 실장, 그리고 마창노련 정책기획실장과 1990년 마창공투본 상황실장 등으로 활동하였다.

'이봉균 선대본'은 돈과 조직 면에서 턱없이 부족했고 어려움이 많았다. 이에 이봉균 후보는 일반시민들에게 노동운동 탄압 등을 폭로하면서 노동자후보를 부각시켜 타후보와의 뚜렷한 차별성을 보였다.

시간이 지날수록 '민자당은 물론 어용 노동자후보도 안 된다'는 인식이 마창노련 가입 노조는 물론이고, 삼미종합특수강, 삼성항공·삼성중공업, 대우중공업, 금성사 노동자들 사이에서 퍼져 나갔다.36) 그리고 이봉균 후보의 이름이 알려지면서 시장 등 주택 밀집지역의 서민들 사이에서 '수고한다'는 인사와 '기권하려 했는데 진짜 노동자후보가 나왔다니 꼭 찍어야겠다'며 승리를 기원하는 모습도 눈에 띄었다.

합동연설회는 1차 6월 15일(토), 2차 6월 16일(일) 두 차례 실시되었다. 1차 유세는 그동안 이름도 모르고 있었던 일반시민들에게 이봉균 후보를 많이 알릴 수 있는 계기가 되었다. 1차 유세경험을 바탕으로 보다 조직적이고 구체적인 계획을 세운 결과 2차 유세에서는 청중들이 진지하게 경청하였고 유세 내용과 결과도 좋았다.

1, 2차 유세로 이봉균 후보의 지지도는 높아갔고, 점차 상승세를 타는 것이 역력했다. 며칠만 더 활동할 여유가 있었더라면 하는 아쉬움이 일었다.

6월 20일 투표일이 다가왔다.

58%의 낮은 투표율 속에서 선거 결과 민자당후보가 압도적인 비율로 당선되었다.37)

---

36) 한국노총에서 추대된 서석교(대우중공업노조 지부장) 후보는 1987년 대투쟁 당시 대우중공업노조 민주화투쟁 과정에서 조합원들에 의해 어용 집행부로 낙인찍혀 퇴진 대상이 되었던 위원장이다. 대우중공업 정경식 열사의 어머님은 유세장에서 서석교 후보의 과거를 낱낱이 폭로하는 유인물을 배포하였다.
37) 전국적으로는 민자당후보 75%, 평민당계열 18.2%(호남지역 기초의원만 장악), 민주당은 참패(0.8%)로 나타났다. 민민권 후보들 중에서는 광주에서 전

이봉균 후보는 6,895표를 얻어 민자당 후보 조성래(10,824표)에 이어 2위를 차지, 어용노총 서석교(5,249표)를 누르고 민주노조운동의 정당성을 확인하는 등 일정한 성과를 거두었다. 불과 2주일 남짓한 15일 동안의 짧은 선거활동 기간, 투표자의 70% 이상이 40~50대인 점, 젊은층의 투표율이 낮은 점, 또한 다른 두 후보의 엄청난 금품공세와 조직력, 유언비어, 흑색선전 등에 맞서, 7천 표를 얻은 것은 상당한 성과였다.

이로써 비록 전체 조합원이 대중적으로 참여하지는 못했지만 선거를 통해 '노동자의 정치적 진출의 필요성과 가능성'을 확인하는 중요한 계기를 마련한 셈이었다.

고 박창수 열사 전국노동자장

한편 박창수 열사가 옥중 살해된 지 두 달이 가까웠음에도 한진중공업은 유가족 보상문제나 임금교섭, 장례식 등 어느 것 하나 성의있는 해결 의지를 보이지 않은 채 선 정상조업만을 되풀이 주장하였다.

그러나 6월 말이 되자 대학생들은 방학에 들어가게 되었고, 안양의 지원 동력도 점차 떨어지게 되었다. 조합원들은 소강상태로 접어든 투쟁전선을 다시 한번 일으켜 세우기 위해 마지막으로 상경투쟁을 벌였고 일정한 성과를 거둔 후 부산으로 다시 내려오게 되었다.[38]

교조후보 4명 중 3명이 당선, 울산 노동자후보 3명, 거제 전교조 7명이 배출되었다. 그에 비해 한국노총 출신은 20명 당선되어 민주노조의 조직적 열세를 드러냈다.

[38] 6월 12일 성균관대학교 김귀정 열사 장례식 결합, 공권력 침탈 사업장과의 결합, 6월 15일 민족민주열사 추모제, 6월 16일 수도권 노동자 규탄대회 결합 등 활발한 투쟁을 통해 서울시민을 상대로 박창수 열사 옥중살인 진상과 한진중공업의 탄압 실상, 그리고 노태우 정권의 악랄한 노동운동탄압 실태를 알리는 성과를 거두었다.

"창수야 일어나라. 일어나서 싸워라!"
1991년 5월 6일 새벽 안양병원에서 박창수 한진중공업노조 위원장이 의문의 변사체로 발견되었다. 경찰은 함마로 영안실을 뚫고 들어와 시신을 탈취한 후 강제 부검까지 실시하여 진실을 은폐하려 하였다. 그러나 그것이 노태우 정권이 저지른 만행이라는 것을 모르는 사람은 없다. 사진은 1991년 6월 30일 부산 한진중공업 앞에서 열린 '고 박창수열사 전국노동자장'.

    노대위측은 성대한 장례식을 치루고 장례식의 분위기와 힘을 토대로 현장 내부 문제를 풀기로 하였다. 사실 유가족을 담보로 임금교섭 등 현장문제를 해결 할 수는 없었다. 따라서 지금까지의 투쟁을 다시 한번 장례식으로 결집하여 전국 노동자의 투쟁력을 일으켜 세우고 그 힘으로 한진중공업의 모든 문제를 해결하기로 하였다. 이에 노대위는 6월 25일 기자회견을 통해 장례식 일정을 밝히게 되었다.

    장례식은 6월 29일 안양의 추모제로부터 시작되었다. 발인식과 추모집회는 안양 벽산쇼핑 4거리에서 그동안 투쟁에 치열하게 동참해 왔던 학생, 시민 등 1만5천 명이 운집한 가운데 치뤄졌다. 장례 행렬은 박창수 위원장이 구속 수감되었던 서울구치소 앞을 돌고난 뒤 부산으로 향하였다.

한편 부산에서는 6월 29일 밤 노동자와 학생 그리고 영도구민들이 참여한 가운데 한진중공업 사내에서 추모전야제를 열었다. 마창노련은 경호대 150명(오토바이 경호대 50명 포함)을 부산대로 파견하였고, 6월 30일 아침 8시 간부 및 조합원들은 한진중공업으로 출발하였다.

아침이 되자 안양을 떠난 박창수 열사의 운구도 부산을 향해 다가오고 있었다. 만약의 경우를 대비하여 통도사까지 마중 나간 노동자 경호대에 의해 시신은 안전하게 부산 시내로 진입하였다.

부산 시민들은 영정을 앞세운 장례행렬을 맞이하면서, 그동안 실감하지 못했던 박창수 위원장의 죽음을 직접 눈으로 확인하게 되었고, 삽시간에 퍼진 소문으로 시민들의 숫자는 엄청나게 불어나 영도 일대는 인파로 발 디딜틈이 없을 정도였다. 한 할머니는 박창수 열사의 시신을 한번 쓰다듬겠다고 달려나오기까지 했고, 어린아이와 노인들까지 눈물을 글썽이며 박창수 열사의 죽음에 분노하였다.

그러나 예정된 영결식은 계속 늦추어졌다. 장례위원회는 "얻은 건 아무 것도 없는데 장례식만 치룰 수 없다"면서 "노조의 요구사항인 고소고발 취하, 추모기간 동안의 임금지급, 유가족 보상" 등이 받아들여지지 않으면 장례를 치룰수 없다고 밝혔다. 그러나 회사측이 교섭 요구를 받아들일 리가 없었다.

그 사이에 영결식장은 한진재벌과 정권에 대한 규탄대회로 바뀌었다. 김진숙 부산노련의장(한진중공업 해고자)의 규탄연설에 이어 박창수 위원장의 아들(박용찬)은 나와 아버지가 즐겨부르던 '다시 노동자로 태어나'와 '솔아, 푸르른 솔아'를 불러 모든 사람들의 눈을 적셨다.

교섭은 끝내 진척되지 않았고 한진중공업노조는 오후 6시경 대의원대회를 통해 장례를 결정하였다.

결국 영결식은 저녁 8시가 되어서야 시작되었다.

그러나 횃불을 밝히고 행진을 시작한 운구행렬이 영도다리를 지나 부산시청 앞에 도착할 때까지 시민들의 모습은 거의 찾아볼 수 없었다. 일요일 밤 상가는 셔터를 굳게 내린 채 칠흑같은 어둠 속에 잠들었고, 행인조차 드문 시내 거리는 쓸쓸하기 짝이 없었다.

만장과 영정을 앞세우고 걸어가는 운구행렬은 보는 이의 가슴을 아프게 했고, 억장이 무너지는 심정을 가눌 길 없게 했다.

부산시청 앞에서 추모집회를 갖고, 다시 출발하여 부산역 앞 노제를 마쳤을 때는 새벽 1시가 다 되었다.

안양에서 떠날 때만해도 전국 노동자들의 장례투쟁에 대한 의지는 뜨거웠고, 부산 시민들 또한 전국노동자장에 대한 각별한 관심과 애정을 보여 영도다리에서부터 영도 전체가 인파로 뒤덮일 만큼 장례물결은 넘쳐흘렀다. 그런데 영결식이 계속 지연되면서, 밤이 늦어지자 지친 시민들은 발길을 돌렸고, 열기는 식어버려 장례행렬에 남아 있던 사람들의 마음을 안타깝게 하였다.

"왜 여태까지 그렇게 싸웠는데 이렇게 위원장을 왜소한 모습으로 떠나보내야만 하는가?"

안타까운 마음을 떨치지 못한 채, 새벽 5시경 장지인 솥발산에 도착할 때는 부슬비가 내리는 가운데 유가족과 동료들의 애도 속에 하관식을 거행하였다.

안양과 부산에서 치루어진 전국노동자장은 이렇게 끝이 났다.

1991년 파업투쟁

파업투쟁은 6월에 가서 터지기 시작했다. 그러나 각 노조마다 날짜가 엇갈려 지역에서조차 공동투쟁 전선이 이루어지지 못해 단위노조 투쟁으로 고립되고 말았다.

26개 쟁의발생결의 노조 중 파업투쟁으로 이어진 노조는 10개 노조였다.39) 이는 1990년 3개 노조에 비해 세 배 이상 늘어난 것이다.

기아기공 회사측은 그동안 기아자동차 임금타결을 기준으로 계열사 임금타결을 관례화시켜왔다. 이에 노조는 회사측의 술책에 쐐기를 박고 91 임투 완전쟁취와 노조의 자주성을 높여나가기 위해 6월 1일 93%의 높은 지지로 파업을 결의한 뒤, 6월 12일부터 전면파업에 들어가 전 조합원이 투쟁에 나선 결과 6월 22일 지역에서 가장 높은 임금타결 수준을 쟁취해낼 수 있었다.

또한 한국중공업은 6월 13일 타결 후 회사측이 비조합원과 조합원에 대해 임금을 차별지급하자 분노한 조합원들이 재임투에 들어가 6월 29일부터 파업을 전개 7월 3일 타결되었다.

그런가하면 아신전기(113일)와 동양전장(122일)은 회사측의 무기한 휴업으로 100일 이상 파업이 장기화되었다. 아신전기는 6월 5일 노조의 파업에 회사측이 6월 6일 무기한 휴업을 공고하였고, 동양전장 역시 6월 10일 노조가 파업을 시작하자 회사측이 6월 12일 무기한 휴업에 들어갔다.40)

마창노련은 공동투쟁을 힘차게 벌이지 못한 대신, 집행위 단위(총무국, 쟁의국, 선전국, 문체국 등)에서 파업사업장 지원대책위원회(이하 '지원대책위')를 구성하고 다양한 지원활동을 벌였다.41)

---

39) 이는 전면파업만을 대상으로 조사한 결과이기 때문에 1일 파업, 부분파업 혹은 비공식 파업일수까지 포함하면 파업노조는 이보다 훨씬 더 많았다. 전면파업 10개 노조는 웨스트(6/11~15, 5일), 성전(5/10~14, 5일), 한국중공업(6/29~7/3, 5일), 시티즌정밀(6/27~7/4, 8일), 기아기공(6/12~22, 11일), 세신실업(5/30~6/17, 19일), 대한광학(19일), 중앙기업(97일), 아신전기(113일), 동양전장(122일) 등이다.
40) 동양전장은 10월 15일 폐업정리되었다.
41) 조직부는 요일별로 지지방문이나 철야농성을 조직화했고, 쟁의부는 파업사업장 근처에서 중식시간이나 퇴근 이후 간단한 체육대회나 공동체놀이를 조직, 선전국은 파업사업장 상황 홍보 및 지지 대자보 조직, 총무부는 양말판매 등

낮아진 임금인상률

1991년 임단투 마무리 시기는 5월과 6월로 양분되었다. 5월 정치적 공세기 동안 일부에서 빨리 타결된 데 비해 일부에서는 늦게 타결된 것이다.42)

사실 1991년 임투에 거는 조합원들의 기대와 요구수준은 컸다. 아울러 투쟁열기는 높았고 정세의 호전에 힘입어 투쟁은 한층 확대강화되었다. 그러나 이렇듯 주객관적 정세와 조건들에 힘입어 높은 임금인상을 쟁취할 수 있는 더 없이 좋은 기회였음에도 불구하고 91 임투의 성과는 만족스럽지 못했다. 이는 자본측이 고소고발과 대표권 시비, 그리고 무노동무임금과 손해배상청구 소송 등의 탄압을 광범위하게 자행함으로써 개별 노조 교섭으로는 감당할 수 없는 한계에 부딪쳤기 때문이다.

그 중 무노동무임금은 그동안 정권과 자본측이 가장 광범위하게 사용한 탄압정책이었으나 그것이 단지 협박수단이 될지 아니면 실질적인 탄압수단이 될지는 자본과 노동의 힘 관계에 의해 좌우되었기 때문에, 그 관철 정도는 각 사업장마다 달랐다.

기아기공이 파업기간의 임금을 통상적 수준에서 받아낼 수 있었던 것은 임투시 고양되었던 조합원들의 투쟁열기를 기반으로 한 것이었다. 그러나 집행부가 조기타결이라는 후유증에 휘말리면서 집행부와 조합원간의 결집력이 약화되자 회사측은 바로 이 틈을 재빨리 비집고 들어와 각종 탄압을 자행하였다. 특히 '지도부 고소고발 규탄대회'에

물품판매를 통한 투쟁기금을 지원하였다. 그 밖에 문체부는 노조별 선동대, 노래팀으로 하여금 파업장을 방문하여 지지공연을 벌이고, 마창지역 전문단체인 놀이패 '베꾸마당', 노래패 '소리새벽'에서 임투지원 선동극 '파업에서 해방으로'를 마련하고 6월 11일 이후 파업사업장에 유치, 공연하였다. 마창노련은 특히 하기휴가 중 각 노조별로 동양전장 파업지원 방문 일정을 조작했다.
42) 5월에 18개, 6월에 18개, 7월에 7개, 8~10월에 1, 2개로 나타났다.

참석한 시간에 대해 철저하게 무노동무임금을 적용한 것이다.

또한 삼미금속, 삼미단조의 경우처럼 때로는 무노동무임금이 간부활동을 위축시키려는 목적에 적용되기도 했는데, 즉 조합원들에게는 현장토론시간의 임금을 지급하면서 반대로 교섭위원에게는 철저하게 무노동무임금을 적용한 것이 그것이다.

그러나 전반적으로 무노동무임금의 관철 정도는 무작업시간 전체에 걸쳐 적용되기보다는 파업기간 일부에 적용하는 선에서 그쳤다. 이것은 결과적으로 그만큼 자본이 무노동무임금을 만만하게 관철할 정도로 마창지역 노조의 힘이 약하지 않았다는 것을 말해 준다.

그런데 무노동무임금을 보다 파상적으로 전개한 것이 '손해배상청구소송'이었다. 정부는 지침으로 불법파업이나 집회에 대해 민형사상 책임을 물을 것을 공식화하였다. 이것은 단지 파업으로 인해 생산이 중단된 대가로 임금을 안 주겠다는 것에서 더 나아가, 생산중단으로 인한 자본가의 손실을 노조가 보상하라는 식의 공격적인 성격이었다.[43]

부산의 한진중공업에서 처음 사용된 이 탄압은 마창지역의 핵심적, 투쟁적 노조에도 광범위하게 적용되었다. 세일중공업노조, 효성중공업노조에 손해배상이 떨어지고, 특히 기아기공은 5·1절 휴무를 이유로 11억 원, 삼미금속은 임시총회가 길어져 작업시간 10분을 침해했다는 이유로 1억5천만 원의 손해배상을 각각 노조측에 청구하였다. 그리고 현대정공 역시 집회시간 10분 초과를 이유로 조합간부의 연대보증인에게까지 손해배상을 청구하였다.

이렇듯 정부와 자본측은 노동자들의 자주적인 집회나 연대투쟁 참

---

[43] 대구의 한 노조는 법원에서 배상판결을 받아 위원장과 사무장이 사퇴하고 노조자체가 와해되는 일이 발생할 정도로 손해배상청구소송은 파괴력이 강한 신종탄압수법이었다.

여마저 불법 집단행동으로 간주하여 법원의 심판대에서 몇 억 원이라는 협박을 가하였다. 말하자면 손해배상 청구소송은 자본측이 무노동 무임금의 연장선상에서보다 체계적으로 탄압수법을 더욱 공세적으로 강화한 것이다.

결국 이러한 자본측 탄압으로 인해 1991년 마창지역 임금인상률은 전노협이 집계한 전국 평균 임금인상률 17.6%에 훨씬 못미치는 13%, 4만5천 원대에 그쳤다.44) 물론 마창지역 임금수준이 타지역보다 높은 이유도 있지만, 자본측의 완강한 공세와 버티기 작전을 조합원의 단결력을 동원한 지역 전체의 공동투쟁으로 막아내지 못한 탓이 더 컸다. 조합원에 대한 임투평가 설문조사 결과에서도 타결액에 대한 불만이 64.6%에 달했고, 앞으로의 생활수준이 여전하거나 악화될 것 같다고 응답한 조합원이 96%에 달해, 조합원들의 생활고가 앞으로도 계속될 것으로 나타났다.

타지역의 경우 임금교섭 초기부터 회사측이 10%가 넘는 인상안을 내놓으면서 정부측의 임금 한 자리수 억제방침이 실질적으로 무력화되었으나 마창지역은 사정이 달랐다. 이곳에서는 사측 인상안이 교섭 초기에는 7~8%로 제시되다가 최종안에서도 최고 9.7~9.8%에 그치는 등 정부방침이 기업주를 통해 철저히 관철되는 모습을 보였다. 특히 웨스트전기, 세신실업, 대원강업, 대한광학 등에서는 노동위원회의 알선조정이 들어와 자본측의 임금억제 정책을 공식적으로 뒷받침해 주기까지 하였다.

결과적으로 마창지역 1991년 임금인상률은 예년보다 그리고 타지

---

44) 『경남신문』은 6월 18일자 기사에서 타결된 71% 사업장(수출지역 88%, 창원공단 60%)의 임금인상률이 수출 14%, 창원 11%이며, 수당의 추가지급을 합치면 실제는 15~18% 선에 달한다고 하였다. 특히 1991년 임금협상에서 노조측에서 위험, 유해, 환경, 주택 등 수당의 신설이나 보강을 요구한 것은 일면 새로운 현상이라고 덧붙였다.

역에 비해 낮게 나타날 수밖에 없었다.

공동투쟁 전선의 약화와 이탈

임투는 단지 노동자의 임금인상 등 생활조건을 개선하는 데 국한되는 투쟁이 아니라 정권과 자본의 각종 집요한 탄압에 맞서 노조를 지켜 내고, 노조의 조직력을 더욱 강화하는 중요한 의미를 지니는 투쟁이었다.

그러나 마창지역 1991년 임단투는 전반적으로 낮은 임금인상률을 보였을 뿐 아니라 마창지역 노조들의 단결과 투쟁력에서도 두드러진 약세를 보였다.

물론 이는 마창지역이 총자본과 국가의 특별관리지역으로 선정되어 타지역에서 볼 수 없는 철저하고도 집중된 탄압공세를 받았다는 것이 가장 직접적인 이유였다. 실례로 타지역에서는 5월 1일 노동절 행사를 허가한 데 반해 마창지역 노동절대회는 철통같이 원천봉쇄하였고, 5월 3일 세일중공업의 이영일열사 1주기 추모제 때는 하루 전부터 수많은 경찰병력이 공장을 에워싸고 페퍼포그차를 5대나 배치하였다. 뿐만 아니라 노동부가 5·18 총파업을 불법으로 규정하고 의법조치하겠다고 발표한 11개 사업장 중 7개가 마창노련 가입 노조였을 정도였다.

이로 인해 마창지역 일부 노조에서는 투쟁으로 노조를 지키고 투쟁으로 요구를 쟁취하는 것이 아니라, 양보와 타협으로 노조를 보전 유지하고자 요구를 낮추는 측면이 강조되었다.

삼미특수강은 비상대책위원회의 주도로 조합원들이 8월 29일부터 3일간 자발적 파업투쟁을 전개하였으나,[45] 9월 2일 노조 위원장이 회

---

[45] 삼미특수강은 8월 21일 임금 1차, 단협 20차를 병행하여 진행하였으나 결렬되어, 8월 23일 87% 찬성으로 파업을 결의하였다. 조합원들은 100% 참여 속

사측과 전격 합의함으로써, 이후 불신임 서명과 집행부 교체라는 진통을 겪게 되었다.

또한 삼미특수강(87%)을 비롯하여 범한금속(84%), 대원강업(91.%), 삼우산기(92%), 세일중공업(91%), 기아기공(94%), 대림자동차(91%) 등에서는 조합원들의 쟁의결의율이 높았음에도 불구하고 노조지도부가 파업투쟁을 조직하지 못하거나 일정 수준에서 급히 타결을 지은 결과, 타결 이후 집행부가 바뀌거나 불신임을 받게 되었다.

집행부는 '조직보전', '정세가 불리해 불가피했다' 등으로 해명했지만 조합원들은 '간부들의 보신주의'와 '조합원 불신' 등으로 집행부를 성토하였다. 이러한 책임공방은 임투가 조직적 문제점을 해결하는 과정이 아니라 오히려 임투 이후 집행부 불신임이 전개되는 심각한 조직적 문제점을 드러내게 되었다. 실제 '임투 평가 설문조사'에서 가장 많은 조합원들은 '1991년 임투에서 가장 어려웠던 점'을 '집행부의 지도력 부족'(38.4%)이라고 대답했다. 이는 '조합원의 소극적 참여', '조합원 사이의 의견대립', '회사와 정부의 탄압'보다도 더 높게 나타나 간부들에 대한 조합원의 불만이 컸음을 나타냈다.46)

문제는 자본과의 일정한 타협 속에서 조기타결이나, 수준미달의 타결 등 임금노예로의 굴복을 정당화시키려는 노사협조주의나 개량주

에서 8월 26일부터 28일까지 '한 줄 서서 밥 먹기, 3교대 동시출근과 상주출근 등' 준법투쟁을 전개하였으나, 위원장은 "자신 없다"면서 투쟁을 회피하였다. 이에 8월 28일 계속 싸울 것을 주장하는 대의원과 교섭위원들이 '비상대책위원회'를 구성하고 8월 29일부터 파업에 돌입하였다. 그러자 회사측은 8월 29일부터 9월 1일까지 4일간 유급휴가를 실시하고, 경찰은 '10여 명 수배설' 등 유언비어를 퍼뜨리면서 조합원들을 협박하였다. 그러나 휴가 첫날 통근버스운행이 중단되었음에도 전체 조합원의 70%인 2천여 명이 정상출근하는 등 조합원들은 높은 파업열의를 보이며 3일간 파업을 전개하였다.

46) 임투가 끝난 뒤 한국중공업, 세일중공업, 세신실업 등에서는 투쟁성을 강조한 노조 집행부로 교체되었다.

의 노조들이 하나 둘 등장하게 되고, 조합원의 의식까지도 이러한 경향을 띄지 않을까하는 우려가 점차 증대되었다는 점이었다. 이러한 현상은 결과적으로 마창지역 전체의 공동투쟁을 약화시키게 되었다.

그러나 더 중요하게는 마창노련이 지역 전체의 공동투쟁을 조직화하지 못한 한계 때문이었다고도 볼 수 있다. 연대투쟁에서 중요한 것은 시기집중만이 아니라 공동투쟁의 내용과 요구, 실천방침을 조직해 들어가는 것임에도 불구하고 마창노련은 개별 노조에 닥친 탄압의 내용을 지역 차원의 공동요구로 부각, 쟁점화시켜 공동투쟁으로 실천해 내지 못하였다. 그 결과 단위 노조의 조직력과 지도력에 전적으로 의존하게 되다보니 단위노조의 부담은 더욱 커졌고, 결국 단위노조 따로, 마창노련 따로 들어가게 되었다.

또한 공동투쟁 전선에서는 무엇보다 선도적 핵심사업장의 역할과 영향이 매우 크고 중요함에도 불구하고 1991년에는 오히려 중소사업장의 투쟁이 지역의 투쟁 분위기를 선도해 나갔다. 핵심노조인 타코마노조가 마창노련·전노협을 탈퇴하고(4/10), 대림자동차가 대표권 시비에 휘말려 1991년 내내 비상대책위원회 체제로 유지되는 등 약화되었고, 심지어 선도 사업장인 세일중공업은 고용위기와 맞물리면서 서둘러 타결되는가하면, 대원강업은 요구액을 하향조정하여 타결 짓기도 하였다.

결국 이로 인해 모처럼 대중투쟁의 열기로 불이 붙기 시작한 중소사업장들의 연대파업 투쟁열기가 지역 전체로 확산되거나 강화되지 못하고 힘겨운 단위노조 투쟁으로 축소약화되었다.

물론 선도적 사업장이 갖는 연대활동에 대한 부담감── 연대투쟁 경험에서 생긴 피해의식 ──이 크다는 것은 인정하지만 문제는 이러한 지도부의 안일한 자세가 그대로 조합원들에게 퍼져 나가 은연 중에 조합원들 사이에 연대활동의 필요성은 인정하지만 '우리만 한다고

되나, 1등 하지 말고 2등만 하자'는 의식이 널리 퍼짐으로써 연대정신의 근본을 해치게 되었다.

9월 6일 3차 정기대의원대회 무산

1991년 들어 마창노련 대다수 단위노조들은 대의원을 포함한 간부직의 평균 공석률이 절반에 이를 정도였다. 특히 수출지역 대의원은 1/5 정도가 선임되지 못하는 실정이었다.47)

또한 이흥석 마창노련 의장이 1991년 7월 3일 구속됨으로써 마창노련은 또다시 지도임원의 공백상태(이종엽 부의장과 이승필 부의장 구속)를 맞게 되었다.

6공, 노동자 1,700명 구속. 1991년 한 해 동안만 해도 구속노동자는 471명으로 하루 평균 1.3명꼴에 이르렀다. 지역별로는 12월 31일 현재 경기 38명, 마창 35명, 인천 27명, 서울 22명 순.

---

47) 1991년 초 마창노련의 '단위노조 실태조사', 6월 말 전노협의 '각 지노협 조직 운영 실태조사'.

'간부들만 다친다'는 패배의식은 '간부가 없다'는 간부 기피현상을 낳았고, 해고된 핵심간부나 선진 역량이 메꾸어지지 못한 상태에서 또다시 간부들이 줄줄이 해고·구속되다보니 간부 기근현상까지 발생하여, 노조의 일상활동은 마비되고, 마창노련의 모든 집회나 행사에는 대중이 모이지 않았다.

이렇듯 기업별 노조체계에서 단위노조의 지도력 조직력의 약화는 마창노련의 지도력 집행력 약화로 귀결되고, 거꾸로 마창노련의 지도력 집행력의 마비는 단위노조의 조직력 지도력의 마비라는 악순환으로 이어지게 되었다.

그리고 이러한 조직 훼손의 틈을 비집고 '투쟁해서 얻는 것보다 타협해서 얻는 것이 더 많다' 혹은 '연대하면 우리 노조만 피해 본다'는 투쟁과 연대를 부정하는 노사협조주의, 개량주의, 기회주의 등이 등장하여 심각한 위험신호로 받아들여지게 되었다.

마창노련은 정대에 앞서 마창노련의 심각한 조직위기의 문제점을 짚어보고 대안을 찾아보는 토론회를 갖기도 하는 등 조직 확대강화 노력을 기울여 나갔다.[48] 이러한 자구노력을 토대로 마창노련은 1991년 9월 6일 제3차 정대를 열기로 하였다. 원래 제3차 정대는 3대 임원의 임기가 끝나는 7, 8월에 열려야 했으나 이흥석 의장의 구속으로 인해 늦어져 9월 6일로 내정되었다.

---

48) 1991년 7월 23일 마창노련 교육국이 주관한 토론회는 경찰의 철통같은 원천봉쇄로 겨우 100여 명이 참가하였다. 조별 토론회에서 지적된 마창노련의 문제점으로는 '집행부의 정책적인 대응 부족, 회의구조 조정문제, 정치적 의식 미비, 탄압의 극대화 다양화에 비해 간부활동의 안일한 자세, 비계획적이고 갑작스럽게 추진되는 사업' 등이었고, 이에 대한 극복방안으로는 '국장들이 실질적인 역할을 가질 것, 장기적인 계획 수립, 노동자적 의식 자각, 전 간부의 의식 강화, 각 노조의 조직 강화, 지도부로 국한시킬 것이 아니라 전체 대중이 따를 수 있는 선전선동 강화, 노동자의 정치의식 필요' 등이 제기되었다.

그러나 1991년 9월 6일 오전 11시 경남대에서 열릴 예정이었던 정대는 경찰의 원천봉쇄로 장소가 취소되어 동양전장으로, 다시 가톨릭여성회관으로 두 번이나 옮겼음에도 경찰의 사전 봉쇄로 할 수 없이 또다시 장소를 옮겨야만 했다.

대의원들은 기습적으로 경찰을 따돌리고 창원대로 무사히 진입하였다. 그러나 창원대 어용 총학생회 간부들은 단상을 점거하고 무대장치를 때려부수고 난동을 부렸다.

결국 마창노련은 '대회 진행 불가'를 결정하고 물러날 수밖에 없었다. 민주광장에서 3만 명의 조합원이 참석한 가운데 조합원총회를 개최했던 마창노련의 역사는 어느새 신화로 변하여, 이제는 마창노련의 공식행사인 정대조차 사수하지 못하는 상황으로 변한 것이다.

이렇듯 정대가 무기한 연기되면서, 임원진 구성과 재정적자 등 마창노련이 처한 어려움을 조합원과 함께 고민하는 자리를 만들지 못하게 되었다. 마창노련은 시급한 문제해결을 위해 운영위원회를 통해 하반기 사업 및 부채청산과 마창노련 사무실 마련을 결의하고, 9월 16일 단위노조 대표자들로 의장단 선출을 위한 '전형위원회'를 구성하였다.[49]

이로써 하반기 사업계획은 전노협 지침 이행 정도를 벗어나지 못하였고, 사업내용 또한 각 국 단위의 활동수준을 넘어서지 못하게 되었다.

1991년 9월 6일 현재 마창노련 가입 노조는 창원공단 19개와 수출지역 3개 노조를 합해 총 22개 노조, 17,439명 조합원으로 집계되었다. 특히 1991년 상반기 중에 청송회 사업장인 삼우산기노조(2/23)와 대

---

[49] 전형위원은 마창노련 조직국, 교육국, 선전국, 조통국 등 국장 4명과, 기아기공, 대림자동차, 대원강업, 세신실업, 산본, 한국중공업, 현대정공 등 7개 노조 대표자로 구성되었다.

한광학노조(5/16)가 마창노련에 가입함으로써 오랜 만에 마창노련 조합원들에게 큰 희망과 기대를 안겨 주었다.50)

4. 1991년 하반기 단협투쟁 및 민주노조사수투쟁

장기파업 끝에 동양전장, 중앙기업 마무리

9월까지도 창원공단에서는 동양전장과 중앙기업 2개 노조에서 파업이 장기화되고 있었다.

그런데도 노동부는 9월 3일 노사분규가 없는 하루였다고 발표하여 노동현장을 무시한 전시행정이라는 비웃음을 샀다.

동양전장 자동차배선 생산업체는 6월 11일 노조의 파업과 6월 12일 회사측 직장폐쇄가 맞서면서 투쟁이 시작되었다. 회사의 폐업신고로 인해 조합원들은 전화도 전기도 끊긴 농성장에서 지역 노동자들의 지원에 힘입어 꾸준히 투쟁하였으나, 9월 14일 위원장 직무대행 구속, 16일 홍보부장 등 3명 연행 등으로 지도전열이 흩어지자 노조는 '현상태로는 더 이상 싸우기 어렵다'는 판단하에 투쟁을 정리하기로 하였다. 이에 10월 24일 '임금과 퇴직금, 해고수당' 등 폐업에 따른 정산급여가 실시되었다.

이로써 동양전장 노조의 넉 달(122일)간에 걸친 파업투쟁은 폐업으로 막을 내리고 말았다.51)

한편 1991년 5월 28일 설립된 중앙기업 노조는 노조결성에서부터

---

50) 삼우산기노조는 1989년 매각된 (주)통일 4공장이 100여 일간 강고한 파업전개 후 매각되면서 삼우산기로 상호를 변경한 직후 1989년 12월 결성되었다.
51) 노조는 10월 26일 '고용문제의 심각성과 동양전장 투쟁의 의의'라는 주제로 공청회를 갖고, 10월 27일 비농성조합원과 함께 총회를 통해 '구속자 대책과 경과보고'를 끝으로 사실상 투쟁을 마무리하였다.

탄압을 일삼는 회사측에 맞서 '민주노조와 생존권 사수'를 위한 투쟁결의를 다지면서, 7월 2일 '노조인정, 해고철회(6월 김정호 노조위원장 해고)와 복직, 임금인상' 등을 요구하며 파업에 돌입하였다. 그러나 위원장 등 5명의 노조간부가 고소고발된 가운데 타결의 실마리를 풀기 위한 노조측의 대폭 양보안에도 불구하고 마침내 경찰은 9월 27일 새벽 1시경 농성 중인 노조사무실에서 김정호 위원장, 박준학 부위원장, 신정빈 사무국장 등 3명을 연행 구속하였다.52)

1991년 하반기 단협투쟁

단협갱신 교섭은 주로 10월경에 시작되어 12월 말 마무리되었으나, 거의 기존의 단협안을 지켜 내는 수세적 입장에서 힘겹게 진행되었다.

교섭의 주요쟁점으로는 '조합활동 보장', '인사와 징계위 구성', '근로시간과 각종수당신설 및 인상', 그리고 '퇴직금 누진제' 등이었다.

자본측은 초기에는 개악안을 체계적으로 들고나오지 못하고 성실하게 교섭에 응하지 않다가 11월 경부터 노동부의 지침에 따른 개악안을 충실히 지킬 것을 주장하는 사례가 나타나기 시작했다. 노조측이 조합활동 보장과 고용안정을 요구한 데 비해 자본측은 오히려 개악안을 강요함으로써, 특히 노조전임자 문제나 징계위 노사동수 구성, 외주하청이나 공장이주시 조합과 합의하는 문제 등에서 이견이 좁혀지지 않았다.

---

52) 노조측이 부산지방노동청 국정감사장 및 부산본사 항의농성을 계획하자 이를 눈치챈 회사는 선제공격을 감행, 농성장을 침탈하였다. 위원장 구속 이후 노조는 비상대책위원회(위원장 : 박준 조직부장)을 구성하고 출근투쟁과 동시에 교섭을 병행했으나 근로감독관까지 배석한 자리에서 잠정합의한 안을 사장이 또다시 거부함으로써 원점으로 돌아가고 말았다.

이로 인해 교섭이 지연되거나 중단되는 일이 많아 웨스트, 삼양전기, 시티즌정밀 등의 경우처럼 1991년 9~11월에 시작된 단협이 1992년으로 넘어가 1992년 임투와 병행되기도 하였다.

또한 회사측은 단협에 보장된 조합활동마저도 무노동무임금, 손배청구, 고소고발 등으로 탄압하려 하였고, 간부들로서는 이 조항만은 사활을 걸고 양보할 수 없었다. 이에 반해 조합원들의 입장은 간부들과는 달리 저조한 임금인상률을 보상받기 위한 수당과 근로조건 향상에 더욱 관심을 보일 수밖에 없었다. 더구나 자본측은 임금이냐 단협이냐를 놓고 선택하게 만드는 계략까지 강구하여 단협 투쟁은 어려움이 더했다. 이렇듯 조합원과 간부들이 바라보는 단협 투쟁의 주안점이 다름으로해서 단협에서 타결된 내용 역시 '조합활동의 보장' 등의 조항에서 진척된 성과가 거의 없는 것이 특징이며, 주로 수당 등 근로조건의 향상 선에서 절충되었음을 알 수 있다.

결국 저조한 임금인상률과 집중된 탄압, 그리고 일상적 조합활동마저 보장받기 어려운 수세적 입장에 처한 간부들과 조합원들의 마찰과 갈등은 앞으로 노동조합의 조직강화와 확대에 심대한 영향을 미칠 것으로 우려되었다.[53]

그러나 1991년에도 1990년에 이어 행정관청에 의한 부당한 업무조사권이 또다시 발동되었다.[54] 그러나 대다수 마창노련 가입 노조들에

---

[53] 동명중공업은 9월 26일 1차 교섭에 들어가 10월 18일 조합원총회에서 61.2% 찬성으로 타결되었다. 타결 내용은 징계위 노사동수 구성, 작업 중 정당한 조합활동 인정, 임시상근 2명, 부서이동시 본인의 기능과 조합 의견을 존중, 하청 및 외주시 조합과 사전합의, 폐업이나 축소 이전 때 3개월 이전에 노조에 통보할 것 등이다.
[54] 9월 이후 마산시와 창원시에 의해 '노동조합 운영실태 업무조사 실시'라는 공문을 받은 노조는 산본, 우성정밀, 무학소주, 신흥화학, 삼화기계, 부산산기, 세신실업 등 7개 노조에 이르렀다.

게 업무조사권 발동은 '종이호랑이'에 불과하다는 것이 밝혀지게 되자, 창원시는 이번에는 '노동조합 규약 변경 및 보완지시'라는 부당한 간섭과 개입으로 민주적인 노조활동의 자유를 침해하고 위축시키려 하였다.55)

이것은 모두 현행 노동악법에 근거하는 것으로 '방위산업체 파업금지', '공무원·교사 단결금지' 등과 함께 악법조항 철폐를 위한 신속한 공동대응과 노동법개정투쟁을 통해서만이 가능한 것이었다.

이러한 탄압책동은 조합원들이 하반기 노동법개정투쟁의 필요성을 더욱 절실하게 깨닫는 계기가 되었다.

기아기공노조의 민주노조사수투쟁

기아기공노조는 1991년 임투에서 모처럼 조합원의 일치단결된 투쟁력을 바탕으로 10일간 파업투쟁을 전개한 결과 지역에서 가장 높은 수준의 타결액을 따낸 바 있다.

그러나 6월 22일 임투가 끝난 직후 회사측은 타결 때의 약속을 헌신짝처럼 저버린 채 고소고발된 조합원 7명을 징계하고, 이어서 징계위원인 위원장 및 노조간부 6명을 무더기로 고소고발하여 수배에 처하게 하였다.56) 임금 타결시 노조측이 고소고발건을 취하해 달라고

---

55) 11월 14일 행정관청은 마창노련 가입 노조인 오성사·삼우산기, 마창노련 참관노조인 동명중공업, 미가입 동양기전 등 4개 노조를 대상으로 '단체협약 체결권을 위원장에게 두지 않은 것(동양기전, 동명중공업 노조)', '해고자의 조합원 자격을 인정한 것(4개 노조 모두)', '금속연맹 이외의 상급단체를 명시한 것(오성사, 동양기전 노조)'에 대해 변경 및 보완을 명령하였다.
56) 징계통보자는 7월 13일 이순학 대의원, 윤창완 운영위원, 조합원 3명 등 5명, 7월 17일 서도수 정방대장과 성도영 대의원 등 2명 등이고, 고소고발자는 7월 17일 장초 위원장과 부위원장, 사무국장, 회계감사, 조직부장, 교육부장 등 7명이다.

요구하자 회사측은 "신의를 믿으라, 언제 고소고발했던 예가 있었느냐?"고 말하였으나, 회사측은 침도 마르기 전에 신의를 배신하고 노동자를 우롱 기만한 것이다.

이에 분노한 노조는 부당징계 철회투쟁을 시작으로 민주노조사수 투쟁을 전개하였다.57) 그러나 회사측은 계속 징계를 강행하였고 그 결과 19명이 징계위에 회부되고 그 중 5명이 재징계 조치를 받았다.58)

회사측은 7월 27일부터 조합원들이 여름휴가에 들어간 틈을 이용하여 7월 29일 무기한 조업중단을 단행하고 자동차부품 생산기계를 모조리 빼내고 공장 출입문을 용접하여 봉쇄하였다. 그것도 부족해 관리자를 동원하여 집집마다 찾아다니며 '조업정상화를 위해 회사에 협조하겠다'는 요지의 각서를 강제로 받아내는 한편, 무노동무임금을 완전히 적용한 '7월분 월급내역'을 집으로 우송하기까지 하였다.

조업중단에도 불구하고 8월 5일과 6일 200여 명의 조합원과 간부들은 정문 앞 출근투쟁을 벌이면서 경비들의 저지선을 뚫고 노동조합으로 진입하였다. 회사측은 관리자들을 총동원하여 조합원들의 귀가를 종용하였으나 조합원들은 흔들리지 않았다.

그러자 경찰은 8월 6일 새벽 4시 가택수색과 동시에 위원장과 부위원장 등 4명에게 사전구속영장을 발부하였다. 이들이 노조측 징계위원임을 감안할 때 이는 노사동수로 운영되는 징계위원회를 회사측 마

---

57) 조합원들은 7월 20일 아침 자발적으로 작업을 전면 중단한 채 투쟁에 나서 부서별 집회와 토론을 통해 맞섰고, 이후 자발적으로 잔업을 거부하였다. 노조는 7월 23일 '민주노조사수 대책위원회'를 구성해 부당징계철회투쟁을 가열차게 벌여나갔다.
58) 7월 24일 장계성 편집위원, 김수환 교훈부장, 류수철 문화부장, 조병도 회계감사, 하진병 조직부장, 오동하 대의원, 정재용 대의원 등 7명과 7월 25일 김종대 조합원 등 징계 통보.

음대로 끌고 가겠다는 음모가 분명하였다.

그럼에도 조합원들과 간부들이 계속 굽히지 않자 회사측은 이번에는 또 다른 분열작전을 구사하였다. 회사측은 8월 7일부터 4일간 공단회관에서 조합원을 대상으로 '새마음 정신교육'을 실시하고 8월 12일 조업을 재개하면서 교육 이수자에 한해 임시출입증을 패용케하고 정상출근을 허용하였다.[59]

그리고 8월 14일 징계위원회에 대비하여 징계대상자들에게는 '자가대기'를 명령하여 정문출입을 제지하는 한편, 현장조합원들에게는 간부들과 접촉하지 말 것을 종용하면서 현장 분위기를 위축시키고 노조 활동을 방해하였다.

결국 8월 14일 열린 징계위원회는 노조측 징계위원(수배 중)이 불참한 가운데 징계대상자 19명 중 고소고발자 7명을 제외한 12명 전원에게 정직 등의 징계를 내렸다.

8월 20일 징계자들은 '부당징계 대책위원회'를 구성하고, '부당노동행위 구제신청'과 '징계자 노조출입에 대한 질의서 제출' 등 법적 제도적 방법으로 대응하였다. 그리고 또 다른 한편으로는 8월 22일부터 2개조로 나누어 하루도 빠짐없이 매일 정문 앞에서, 때로는 격렬한 몸싸움으로, 때로는 침묵연좌시위를 벌이며 출근투쟁을 전개하였고, 그 결과 9월 2일부터 노동조합에 출근할 수 있게 되었다.[60]

그러나 9월 12일 수배 중이던 장초 위원장과 최종경 사무장이 연행 구속되었다. 이에 노조는 류창호 부위원장을 위원장 직무대행으로 선출하는 등 집행부 일부를 개편하고 10월 25일 임대에서 구속자와 수

---

59) 노조측은 조합원들에게 교육불참을 호소하였고, 8월 7일 회사측과의 격렬한 몸싸움 과정에서 3명의 간부가 연행되어 그 중 김윤규 부위원장이 구속되고, 유창호 부위원장과 최종경 사무국장은 풀려났다.
60) 출근투쟁과정에서 김한수, 정재용, 장광식, 성도영, 조춘래 등이 회사측으로부터 심한 폭행을 당해 치료를 받았다.

배자의 생계비를 지원하는 전 조합원 서명작업을 실시하였다.61)

이렇듯 기아기공노조는 민주노조사수투쟁의 과정에서 7명의 구속자와 2명에 대한 손해배상청구 소송의 탄압으로 일단락되면서 소강상태로 접어들었다.62)

그동안 마창노련은 지역차원에서 독점재벌 기아그룹의 노조말살책동에 공동대응하기 위해 국민연합 마창본부를 중심으로 노동운동탄압분쇄를 위한 기창공동대책위원회를 구성해 적극 대응해 나갔다.

한국중공업, 현대정공 하반기 투쟁 재연

한편 한국중공업과 현대정공에서도 임투가 끝난 후 투쟁이 재연되었다.

한국중공업노조는 7월 3일 합의한 연말지급 약속을 회사측이 기만한 데 분노하여 투쟁에 들어가게 되었으나 회사측이 집행부와의 합의를 또다시 번복 기만함으로써 성과는 이루지 못하였다.

1991년 임투에서 한국중공업노조는 타결 후 재파업에 돌입하여 7월 3일 타결되었으나 집행부가 사퇴하는 진통을 겪은 바 있다.63)

7월 30일 새로 출범한 김창근 위원장 및 집행부는 현장조직의 강화를 위해 소위원제도를 도입하는 등 강한 의욕을 보였다.64) 그러자 회

---

61) 1인당 기본급의 0.1%씩 내는 생계비 지원 서명에는 1,779명 중 1,637명이 참여하였다.
62) 구속자는 장초, 김윤규, 김수환, 최종경, 정재용, 전병환, 조병도 등 7명이고, 손해배상청구 대상자는 윤창한, 이순학 등이다.
63) 한국중공업노조는 6월 13일 1991년 임투가 타결된 뒤 회사측이 비조합원인 과장급 이상에 대해 조합원의 임금인상액과 버금가는 직책수당을 신설하여 지급함으로써 6월 29일부터 재파업에 돌입하였다. 결국 회사측이 연말에 부족분 100만 원을 지급하겠다고 약속함으로써 7월 3일 파업은 끝났으나 차경준 집행부는 7월 24일 조합원총회에서 사퇴하였다.
64) 김창근 위원장은 1985년 노동조합을 결성했다는 이유로 해고되었다가 1990

사측은 이전에 합의했던 '해고자 주재석의 복직'을 거부하고 관례로 인정해 왔던 비상근 조합간부의 일상활동마저 통제하는 등 민주집행부에 대해 전면적 압박을 가해 왔다. 아울러 회사측은 7월 3일 합의한 타사 동종업체 대비 97% 부족분 100만 원에 대한 연말지급 약속을 또다시 기만하였다.

분노한 조합원들은 쟁의행위 결의(84.4%) 등 투쟁결의를 높였으나 집행부와의 합의를 회사측이 또다시 번복함으로써 투쟁의 성과는 끝내 이루지 못하였다.65) 한국중공업의 문제는 자본측의 체계적인 탄압이 집중된 가운데 운신의 폭이 좁아진 집행부가 대다수 조합원들의 기대에 부응하지 못한 결과였다.

성과를 꼽는다면 집행부가 "임단협은 조합원의 총회에 부친다"는 규약을 개정함으로써 그동안 임단협이 끝나면 항상 그 직권조인으로 인해 집행부가 불신의 대상이 되었던 소지를 최소한으로 줄이게 되었다.66)

그런가하면 현대정공에서도 회사측이 생산직과 사무직에 대해 차등 임금인상을 단행하자 생산직 조합원들이 분노하여 10월 19일 투쟁을 결의, 11월 12일 합의하였다. 그러나 이 과정에서 11월 6일 집행부가 불신임되어 진통을 겪기도 하였다.

년 4월에 복직되었으며, 이후 대의원, 운영위원을 역임하고 1991년 임투 때 쟁의대책위원회 지도부로 활약하였다. 부위원장에는 임병섭(수석), 차용섭(차석) 후보가 당선되었다.

65) 협상결과 '연말 부족분 47만8천 원, 92년 1월부터 기본급 5.32% 인상, 일간신문에 국민에게 드리는 사과문 게재, 특별상여금 1월 6일 시무식에서 언급' 등을 합의하였으나, 사장은 조회석상에서 당초 약속과는 달리 상여금에 대해서는 한마디 언급도 없었고 조회는 오히려 노조를 비판하는 자리로 돌변하였다.

66) 1992년 1월 10일 개별 신임투표에서 김창근 위원장은 54.5%로 불신임되고, 임병섭 수석부위원장은 51.6%로 신임, 이용섭 차석 부위원장은 사퇴하였다.

5. 1991년 노동법개정투쟁과 ILO 공대위, 그리고 11·10 전국노동자대회

1991년 노동법개정투쟁과 변화된 정세

피로 쓴 '노동해방'을 앞세우고 전국 5만여 노동자들이 여의도 국회의사당을 향해 행진했던 1988년 11월 전국노동자대회 이후 노동자들은 '상반기 임금인상투쟁, 하반기 노동법개정투쟁'이라는 두 축을 중심으로 가열찬 투쟁을 전개해 왔다. 특히 전노협 결성 이후 폭력적으로 강화된 노태우 정권의 노동운동 탄압에 맞서면서 노동자들은 민주노조 총단결의 진정한 구심인 산업별 노조를 건설하기 위해서는 현재 기업별 노조형태를 강제하고 있는 노동악법을 철폐해야 한다는 것을 절실히 깨닫게 되었고, 그러한 생각은 대중적으로 널리 확산되었다.

그동안 민자당은 UN 가입에 따른 국제노동기구(ILO) 가입 이전에 새로운 노동통제 전략을 마련키 위해 노동법 개악안 10개 조항을 발표하였다가 노동자들의 거센 반발에 슬그머니 '유보'하는 척하더니 어느샌가 또다시 개악의도를 드러냈다.

정부는 "노조의 단체교섭권을 자체규약으로 제약할 수 없도록 하고, 임금 및 단체협약의 유효기간을 현행 1~2년에서 3년 범위 내에서 노사자율로 정하도록 하며, 해고의 효력을 다투는 자를 조합원으로 인정하는 규정을 삭제하겠다"는 등 노동법 개악 의사를 명백히 밝혔다.

정부의 개악 의도는 산업구조조정 정책에 따라 업종전환, 공장자동화, 한계업종 정리 등 구조조정 과정에서 필연적으로 요구되는 노동력 착취를 제도적으로 확실히 보장받기 위한 것으로, 그 핵심은 바로 총액임금제와 시간제노동, 파트타임제의 관철에 있었다.

이렇듯 정부의 노동법개악 의도가 노골화되었던 시점에서, 더구나 UN 가입에 따른 ILO 가입이 현실화되고 있는 시점에서 전개된 1991

년 노동법개정투쟁의 의의는 참으로 컸다. 그것은 ILO 가입이 실질적인 노동법개선을 가져오기는 어렵지만 다른 한편으로는 노동법개정운동과 노동운동탄압분쇄투쟁이 활성화될 수 있는 여건이 마련될 수 있었기 때문이었다. 특히 1992년 3월 국회의원 총선과 12월 대통령선거를 앞두고 변화되는 정세를 잘 활용하여 노동법개정과 반민주악법 철폐투쟁을 결집시킬 수 있다는 자신감과 기대가 널리 확산되었다.

민가협과 전국교도소 구속자들의 투쟁

이에 따라 10월 1일부터 일 주일간 전국 31개 교도소와 구치소에 수감된 양심수 전원은 한 목소리로 민중탄압의 실상을 폭로하고 정치쟁점화하는 투쟁을 전개하였다. 이것이 민주화실천가족협의회의 민주당사 농성투쟁과 동시에 시작된 '양심수 석방, 노동악법·국가보안법 철폐와 수배조치 해제'를 위한 단식투쟁이었다. 이는 8월 말부터 민가협과 전국 30여 개 교도소에 구성되어 있는 전국옥중투쟁위원회와의 긴밀한 교감과 치밀한 준비를 바탕으로 추진되었다.

마산교도소에서는 구속자 40여 명이 10월 3일부터 10월 7일까지 단식농성투쟁을 벌였고 이 과정에서 15명의 노동자들이 구타당한 후 포승과 수갑으로 온 몸이 묶인 채 징벌방에 갇혔다가, 구속자들의 격렬한 투쟁으로 이틀 만에 풀려나 보안과장의 공개사과까지 받아내는 일정한 성과를 얻기도 했다.

그러나 아쉽게도 투쟁의 소중한 불씨는 감옥 밖의 지역에서 힘을 받쳐주지 못한 결과 교도소 내 투쟁으로만 머물고 말았다.

민가협 어머니들 역시 어려운 여건 속에서도 일 주일간 민주당사 농성을 전개하여 양심수 문제를 사회여론화, 정치쟁점화해냈다. 그러나 이 역시 노동운동진영과 민족민주운동진영이 힘을 받쳐주지 못한 결과 전국적으로 확산되지 못하고 서울에서만 이루어졌으며 국회의

사당 앞 항의투쟁, 공청회 등 다양한 방법이 활용되지 못하였다.67)

그러나 이러한 투쟁의 결과, 1991년 노동법개정투쟁은 노조의 자주적 활동을 억압하는 제도적 장애의 제거와 개선을 목표로 전국의 노동조합이 하나가 되는 결집점이 되었다는 점에서 대단히 중요했다. 그것이 바로 ILO 공대위였다.

민주노조 총단결, ILO 공대위

전노협은 10월 9일 업종회의와 전국노동운동단체협의회, 전국노동단체연합과 함께 ILO 기본조약비준 및 노동법개정을 위한 전국노동자공동대책위원회(이하 'ILO 전국공대위')를 구성하였다.

비록 ILO 전국공대위는 사안별 공동투쟁체로 출발한 한시적인 조직이긴 했으나 전노협과 업종회의가 이를 통해 단일한 전선을 구축함으로써 민주노조진영의 정치적, 조직적 구심력을 강화하고 전국적으로 비노총진영을 단일한 전선으로 결집시켜 낼 수 있는 영향력을 확보하여 명실상부한 민주노조 총단결 투쟁을 주도할 수 있게 되었다는 점에서 큰 의의를 지니는 것이었다. ILO 전국공대위에는 대공장들의 조직적 참여가 미흡하여 박창수 열사 사건 이후 전노협의 대공장특위 조직사업이 강화될 필요성이 제기되었다.

마창지역에서도 지역공대위 구성논의가 활발하게 추진되어, 10월 24일 ILO 기본조약비준과 노동법개정을 위한 마창지역노동자 공동대책위원회(이하 'ILO 마창공대위')를 구성하였다.68)

---

67) 「전국교도소에서 울려퍼진 '국가보안법 철폐, 양심수 석방'의 함성」, 『노동운동』 제15호 합본호, 1991. 11. 12, 140~146쪽.
68) 가입단체는 마창노련, 마창업종회의준비위원회(위원장 : 전정효 마산문화방송 노조 위원장, 마창노련 자문위원), 전교조 마산지회, 경남노동자협의회, 일군 노동상담소, 마창노동교육연구소, 가톨릭노동문제 상담소, 창원노동문제상담소, 일용공모임터, 일터되찾기해고자모임 등이다.

청송회는 'ILO 마창공대위'에 가입한 후인 1991년 10월 28일 규약을 개정하고, 사업목적을 "…… 상급단체 가입을 목적으로 한다"에서 "민주노조운동의 강화발전을 목적으로 한다"로 바꾸었다. 이는 '마창노련·전노협 가입'이라는 설립 당시의 목적이 'ILO 공대위' 가입으로 달성되었다는 상황변화 인식에 따른 것이었다. 그만큼 'ILO 공대위'는 민주노조 총단결의 초석을 놓은 것이나 다름이 없었다.

마창지역 노동자 1,200여 명 '11·10 전국노동자대회' 참가

ILO 전국공대위는 1천만 노동자들의 민주노조 총단결이라는 조직적 목표를 내걸고 사무직·생산직 노동자가 한 덩어리가 되어 11월 10일 '전태일 열사 정신계승과 노동법개정을 위한 전국노동자대회'를 한강고수부지에서 열기로 했다.

그런데 놀랍게도 정부당국은 예년과 달리 전국노동자대회 개최를 허가하였다. 이것은 ILO 가입을 계기로 국내외적인 관심과 압력이 증대하고, 개량주의화를 획책하려는 의도와 동시에 그들 나름의 자신감에 따른 것으로 풀이되었다.

어쨌든 정부가 전국노동자대회를 합법집회로 허용하자 노동자들은 이 기회에 한강 고수부지 전체를 노동자의 물결로 뒤덮어 '민주노조 총단결'의 기세를 한껏 과시하기로 하였다. 모처럼 활기찬 사업, 투쟁 열기를 되찾은 듯 하였다.

마창노련은 1천 명 이상의 참여를 조직하고 전국노동자대회의 의의를 널리 알리는 방안의 하나로 '민중연대와 노동해방을 위한 노래한마당'을 10월 24일 창원대에서 열었다. 노동자와 학생 등 1천여 명은 경찰의 원천봉쇄를 뚫고 오랜 만에 성황을 이루었다.

행사를 앞두고 경찰은 12시경부터 창원대 주위를 에워싸고, 노동자 차림으로 보이는 사람은 검문검색하여 출입을 금지하였다. 그러나 노동자들은 경찰의 포위망을 뚫고 이 날 행사에 참여하기 위해 늦게까지 산을 타 넘고 들어왔고, 뒤늦게 학생들의 투쟁으로 뚫린 정문을 통해 주위에서 서성이던 많은 노동자가 참석하여 열띤 분위기 속에서 행사를 마쳤다.

총 19개 팀이 출전한 본격적인 노래경연대회가 펼쳐지자 투쟁의지를 모은 노동가요를 부르며 분위기는 한껏 고조되었다. 특히 한국중공업노조는 위원장이 직접 참여하여 상집간부들과 함께 '한중노조가'를 부르기도 했고, 노동자 풍물패연합의 '판굿' 공연과 창원대 '땅사랑'의 노래공연도 이어졌다.69)

시상식 후 점화식에서는 불꽃이 되어 타오르는 '노·동·악·법·철·폐·노·동·해·방·쟁·취'라는 불글자 주위를 돌면서 모두가 하나가 되어 노래와 해방춤을 추면서 마지막을 장식했다.

또한 10월 29일 저녁에는 단병호 의장 초청 강연회가 가톨릭여성회관에서 열렸다. 의자 230개가 꽉 차고도 모자라 신문지를 깔고 앉은 노동자들과, 앞마당에까지 500여 명의 인파가 넘쳐흘러 전노협을 사랑하는 마창 노동자들의 의장에 대한 존경과 관심의 열기를 짐작케 하였다.

노동자대회를 앞둔 11월 8일 최종 조직동원 점검 결과 마창지역 참가자는 1,122명으로 나타났다.

11월 9일 세종대 전야제

고속버스와 기차로 출발한 노동자들과, 마창노련에서 준비한 차량 5대에 각각 분승하고 서울에 도착한 마창 노동자들은 11월 9일 밤, 세

---

69) 노동해방상은 대한광학노조 노래패 '사랑의 함성', 그 밖에 현대정공노조, 웨스트노조, 동양전장노조 그리고 TC 후속모임 등이 수상했고, 연대투쟁상은 마창 노동자문학회 참글에게 돌아갔다.

종대 대양홀에서 가진 전야제에 참석하였다.

경찰의 원천봉쇄로 긴장감이 감돌았으나 10시경 도착한 마창 노동자 300여 명은 돌을 던지며 치열한 몸싸움 끝에(몇 명의 여성노동자가 다친 끝에) 정문을 돌파하였다.

비가 오는 가운데서도 전야제에는 1만여 명이 모여 각종 문화공연을 관람했는데, 특히 노동자문화의 괄목할 만한 성장과 발전에 높은 관심과 성원을 아끼지 않았다.

'노동자해방 가요제'에서는 마창지역 노래패연합 20여 명이 출전하여 '선포 2'를 열창, 전국 노동자들로부터 뜨거운 박수를 받았다.

11월 10일 이른 아침, 마창지역 노동자들은 마창노련 깃발을 중심으로 결의대회를 연 뒤 오전 9시경 세종대를 출발하여, 지하철을 타고 1시간 가량 떨어진 본대회 장소인 한강고수부지로 이동하였다.[70]

7만여 전국노동자 총단결한 본대회

'전태일 열사 정신계승과 노동법개정을 위한 전국노동자대회'는 여의도 고수부지 금성무대에서 평화 기조로 열렸다.

대회에는 마창지역 노동자 1200여 명을 비롯하여 각 지역과 업종을 통틀어 7만여 노동자가 모였다.

단병호·권영길 ILO 전국공대위 상임대표와 민족민주운동진영의 지도부, 민주당과 민중당 등 정당대표들까지 참석하여 1992년 총선과 대선을 앞둔 정세를 느끼게 하였다.

권영길 의장의 힘찬 개회 선언을 시작으로 대회는 막이 올랐다.

---

[70] 전야제 장소로 본대회장소와 멀리 떨어진 세종대를 택한 데 대한 문제제기가 많았다. 수천 명의 인원이 전철로 이동할 때 발생하는 혼란도 문제점이었지만, 그보다는 전철 이동으로 말미암아 노동자의 대중적 세를 과시하며 선전선동의 효과를 발휘할 수 없었다는 점에서 의문이 제기되었다.

각 노동단체의 깃발이 펄럭이며 입장할 때마다 장내에는 우뢰와 같은 박수소리가 퍼졌다.

"천리 밤 길을 가로질러 달려온 무쇠의 사나이들이여
지상의 모든 수단을 생산하는 회사의 주인이여
그대 얼마나 많은 낮과 밤들을
노예와 같은 노동과 억압에 숨 죽이며 살아왔던가
동지 전태일이 하나의 불꽃으로 타오른지 어언 21년
오늘 우리는 수만의 불꽃으로 찬란하게 밝아올
장엄한 역사의 새 장을 연다."

사회자의 감격어린 목소리가 울려퍼졌다.

단병호 전노협 위원장은 인사말을 통해 "이제는 노동자의 이익뿐만 아니라 전 민중의 고통을 다 함께 해결하자"고 호소하였다.

그리고 전태일 열사의 어머니 이소선 여사는 "혼자 잘 살기 위해서가 아니라 천만 노동자가 단결하여 민중들이 고루 잘 사는 그 날까지 끝까지 투쟁하자"는 격려사로 뜨거운 박수를 받았다.

한편 5시경 대회가 끝난 후 수도권 노동자를 중심으로 수많은 노동자가 영등포역까지 행진하며 구호를 외쳐 역 주변에서는 시민들의 호응을 받기도 했다.

이 날 대회장에는 주최측인 ILO 전국공대위의 선전물뿐 아니라 각 노조의 노동운동탄압 폭로선전물 그리고 학생, 각 정당, 각 정치조직들이 내놓은 정치적 주장들이 홍수처럼 쏟아져 나와 그야말로 정치선전의 박람회장을 방불케 하였다.

그러나 합법집회에 맞는 다양한 대중전술이 개발되고 시행되지 못함으로써 집회는 연사들의 연설 일변도로 진행되고 연설내용도 지루하여 분위기가 더욱 산만하였다.

전국노동자대회 이후 노동법개정투쟁

공대위 대표자들은 전국노동자대회에서 결의한 대로 11월 10일부터 13일 오전까지 3박 4일간 '노동법개악기도 저지와 노동악법개정촉구'를 위한 철야농성투쟁을 벌였다.

또한 11월 27일에는 ILO 마창공대위가 주최한 '마창 노동자대회'가 경남대 한마관에서 열렸다.

노동부가 지침으로 강행하겠다는 총액임금제와 시간근로제에 대한 대중적 폭로와 규탄을 통해 노동악법개정투쟁의 고삐를 더한층 잡아당기기 위한 대회였다.

이 날 대회는 가투가 쉽지않은 상황에서 광범위한 지역 생산직과 사무직 노동자들을 포괄하여 전체가 참여할 수 있게 하기 위해 옥내 집회 형식으로 열렸으나 5백여 명밖에 참가하지 않았다.

이렇듯 1991년 하반기 노동법개정투쟁은 'ILO 공대위 구성'과 '전국노동자대회'의 성공적 개최를 통해 민주노조 총단결의 힘을 과시하기는 하였으나, 이후 투쟁계획과 방침이 대중적으로 제시되지 못함으로써 전국노동자대회의 성과를 대중적으로 확산, 투쟁으로 발전시키지 못했다.

전국연합 창설 및 민주노조 총단결

그동안 국민연합은 1991년 들어 폭발적으로 터져 나온 5·6월 투쟁에서 한계를 드러내게 되었다. 이에 다가오는 1992년과 1993년 권력재편기를 맞아 민민진영의 통일적인 단일대오를 건설하기 위해 8월부터 '전국 상설연합체 건설 추진위원회'를 구성하고 논의에 들어갔다.

'상설연합체 건설'의 목적은 조직대중을 중심으로 보수야당과 구별되는 민족민주운동의 정치적 대표체를 확고히 구축함으로써 민족민주운동의 강화발전과 민주연합정부 수립의 강력한 추동력을 형성하기 위한 것이었다.

11월 30일 '경남연합' 및 '마창연합'이 발족되는 등,71) 각 지역별 연합이 속속 구성되면서 이를 토대로 1991년 12월 1일 전국적인 민족민주운동진영의 단일대오로서의 민주주의 민족통일 전국연합(이하 '전국연합')이 결성되었다.72)

한편 정권과 자본의 탄압에 창원지역 전체 노조가 총단결하여 공동 대응하고 아울러 창원지역 전체 노조활동의 현실을 진단하고 발전 방향을 모색하기 위해 '창원지역 노동조합 대표자 간담회'가 1991년 12월 5일 열렸다. 이 간담회는 청송회73)가 마창노련과 한국노총이라는 두 거대조직의 중간다리로서의 매개역할을 자청하고 나서서 마련한 것이었다. 여기에는 창원지역 53개 노조대표자 총 63명이 참가하여 성황을 이루었다. 마창노련 결성후 처음 열린 창원지역 노조대표자 간담회는 마창노련이 겪는 어려움과 금속노련 내부의 민주화 요구 등을 모처럼 한자리에서 털어놓음으로써 '창원지역 노조 총단결'이라는 목표를 향한 한 발을 내딛었다는 데 그 의미가 있었다.74)

---

71) '마창연합' 참가단체는 마창노련, 마창총협, 전교조 마산지회, 전교조 창원지회, 청년회, 경노협, 일꾼, 경남대 민교협, 창원대 민교협, 경남여성회, 민가협 등이고 참관단체는 마창노문협, 마창업종회의, 진정추 창원을지부 등이다.
72) 전국연합에는 13개 부문, 11개 지역단체가 가입하였다.
73) 청송회는 10월 28일 규약을 개정하고 '상급단체 가입을 목적으로 한다'는 조항을 '민주노조운동의 강화발전을 목적으로 한다'로 바꾸었다. 이는 'ILO 공대위'가 구성됨으로써 민주노조 총단결이 이루어졌다고 본 것으로 풀이된다. 1991년 말 청송회 참가노조는 12개로서 대한광학, 범한금속, 삼양전기, 시티즌정밀, 코렉스, 한국화낙, 한일단조, 화천기계, 루카스, 미진금속, 경남금속, 일신 등이다.
74) 기조연설은 마창노련(한국중공업 김창근 노조위원장)과 금속노련 지역본부(한국철강 창원지부 지부장 배동한)가 각각 맡았다.

6. 마창노련 창립 4주년 기념, 3회 들불대동제

권미경 열사와 '30분 일 더하기 운동'

한편 12월 6일 부산 (주)대봉('Adidas' 신발제조업체)에서 권미경 열사가 오후 4시 휴식시간에 공장건물 옥상 베란다에서 떨어져 고신의료원 응급실에 도착한 뒤 4시 24분 숨을 거둔 사건이 발생하였다.

그동안 노태우 정권은 13대 정기국회에서 '바르게 살기 운동 법안' 등을 날치기 통과하여 노동통제를 강화하기 위한 이데올로기 공세의 본질을 적나라하게 드러냈다. 또한 조선일보 등 관제 언론들은 앞다투어 경제위기의 주범이 국민들이라면서, '과소비'라는 부패한 부유층 중심의 사치현상을 호도하여 노동자의 허리띠를 졸라매는 데 역이용하고, '다시 뛰자' 혹은 '세계는 뛰고 있다'는 등의 기획물을 내보냈다.

고 권미경 양 장례식
인간답게 살고 싶다. 더 이상 우리를 억압하지 마라. 내 이름은 공순이가 아니라 미경이다(고 권미경 양 유서 중에서). 1991년 12월 22일 부산 고무 노동자 고 권미경양 장례식에 참석한 마창노동자들.

그리고 이와 때를 맞추어 새마을운동 중앙본부는 가중되는 경제난에 대한 국민 불안심리를 이용한 노동통제 강화와 고도의 노동통제 전략의 하나로 '30분 일 더하기 운동'을 주도하였다.

여기에 부산의 중소 신발업계가 무더기 도산하는 사태가 발생하면서 (주)대봉은 고용불안 심리를 자극하면서 노동강도를 한층 강화하고, 11월 1일부터 노동조합 협조 아래 전체 사원(총 3,500여 명)이 '구사운동'에 돌입하였다. 관리자들은 초시계를 들고다니며 목표량 달성을 닥달하였고, 12월부터는 연일 강제 연장근로에 들어갔다. 회사측은 목표량을 채우지 못한 노동자들에게 정신교육을 시킨다면서 식사시간이나 통근버스 시간도 지키지 않아 식사도 퇴근도 제때 하지 못한 노동자들은 목표량 달성에 대한 압박과 연일 계속된 연장근로로 혹사당하여 피로가 가중되었다.

부산지역 11개 단체는 "고무노동자 고 권미경 양 사인규명 대책위원회"를 구성하고 12월 7일 기자회견을 통해 경찰이 발표한 투신자살에 강력하게 의혹을 제기하고 진상규명을 촉구하였다.75)

장례는 12월 22일 일요일 '부산노동자장'으로 거행되었다.

마창노련 창립 4주년 기념, 제3회 들불대동제

마창노련이 결성된 지 4주년이 되었다.

2년 동안 들불대동제를 제대로 치루지 못했던 마창노련은 이번에야말로 안정된 장소를 확보하여 대회를 끝까지 치뤄내려는 확고한 결의 아래 '들불대동제 준비소위원회'를 구성하고 조합원들의 광범위한 참여를 끌어낼 수 있는 풍성하고 유익한 행사준비에 여념이 없었다.

---

75) 의문점의 근거로는 사건 목격자가 안전관리요원 1명뿐이고, 베란다 높이가 120센티미터인 데 비해 열사의 신장은 140센티미터 정도여서 혼자 올라가기 힘든 점, 절대 자살할 사람이 아니라는 점 등이다.

특히 1991년 11월 2일 지역의 문화단체들이 총망라하여 마산·창원노동자문화예술단체협의회(이하 '마창노문협', 의장 : 박영주)를 창립함에 따라,76) 마창노련 문체국은 '마창노문협'과 공동주관하여 들불대동제를 모처럼 지역 노동자 문화예술의 진수를 맛볼 수 있는 축제의 장으로 꾸미기로 하였다.

특히 1990년에 준비했던 것처럼 집체극 '우리 갈 길 멀고 험난해도' 공연을 위해 각 노조에서 1~5명의 조합원들이 참여하여 '마창노문협'과 함께 총 60여 명이 마지막 날까지 총연습에 임하였다.

행사 첫째 날(12/13)에는 경남대 한마관 대강당에서 강연회(강사 : 신덕우 대원강업노조 위원장)가 열렸다. 그리고 둘째 날인 12월 14일에는 기념식과 문화행사가 예정된 날이었다.

그러나 경찰은 사전집회 허가를 받았음에도 불구하고 길목마다 전경을 배치하고 경남대 한마관 출입을 저지하였다. 게다가 오후 2시에는 학교 직원 30여 명이 몰려와 철수하라고 협박하였다.

이에 마창노련은 어쩔 수 없이 행사장 설치물을 철거하고 다행히 원천봉쇄를 뚫고 들어온 250여 명의 조합원들과 함께 오후 8시경부터 대동제 행사 대신 약식으로 권미경 열사 추모집회를 개최하였다.

권미경 열사가 볼펜으로 왼쪽 팔에 남긴 "사랑하는 나의 형제들이여! 나를 이 차가운 땅에 묻지 말고 그대들 가슴 속에 묻어주오. 그 때만이 우리는 완전한 하나가 될 수 있으리. 인간답게 살고 싶었다. 더 이상 우리를 억압하지 마라. 내 이름은 공순이가 아니라 미경이다"라는 글귀와 일기장 등이 낭독되자 참가자들의 눈시울은 젖어 들었다.

4주년 기념식은 마산 가톨릭여성회관으로 장소를 옮겨 거행되었다. 모범 노동조합 시상과 마창노련 2회 문학상 시상식도 거행되었다.

---

76) 마창노문협 가입단체는 '놀이패 베꾸마당', '노래패 소리새벽', '밑불문학회', '미술패 일과 손', '노동자사진연구회 빛힘', '영화준비모임' 등이다.

이로써 1991년 들불대동제는 3년 동안 열리지 못하고 기형적인 집회와 실내 기념식으로 대신하게 되었다. 이에 따라 행사를 준비하고 심혈을 기울여 노력한 문화패 및 많은 노동자들에게 말할 수 없이 큰 피해의식과 실망을 안겨 주게 되었다.

약칭 · 약어 일람

노동조합 약칭 일람

단체 약칭 일람

약어 일람

단 체 약 칭

◁원칭 / 약칭▷

경기지역노동조합연합 / 경기노련
경남지역노동자협의회 / 경노협
국가안전기획부 / 안기부
기아그룹노동조합총연합 / 기총련
노동법개정투쟁 및 임금인상 전국투쟁본부 / 전국투본
노동조합정상화추진위원 / 노정추
노동조합탄압저지전국노동자공동대책협의회 / 전국공대협
노조민주화추진위원회 / 노민추
다국적기업대책특별위원회 / 다국적특위
연대를 위한대기업노동조합회의 / 대기업연대회의
마산·창원구속자석방및수배조치해제를위한가족대책위원회 / 마창구가위
마산·창원지역노동법개정 및 임금인상 공동투쟁본부 / 마창공투본
마산노동연맹 / 마산노련
마산창원노동조합총연합 / 창노련
민주노조실천위원회 / 실위
민주노조쟁취추진위원회 / 민노추
민주대개혁과 민주정부수립을 위한 국민회의 / 국민회의
민주자유당 / 민자당
민주화를위한전국교수협의회 / 민교협
민주화실천가족운동협의회 / 민가협
방위산업체특별위원회 / 방산특위
부천지역노동조합협의회 / 부노협
사회주의노동자동맹 / 사노맹
상임집행위원회 / 상집
서울지역노동조합협의외 / 서노협
선거관리위원회 / 선관위
수출자유지역노동조합협의회 / 수노협

외국기업 부당철수 저지 및 노조탄압분쇄 공동투쟁위원회 / 외자기업 공투위
쟁의대책위원회 / 쟁대위
전국경제인단체협의회 / 경단협
전국경제인연합회 / 전경련
전국교직원노동조합 / 전교조
전국구속·수배·해고노동자원상회복투쟁위원회 / 전해투
전국금속노동조합연맹추진위원회 / 금속연맹(추)
전국노동운동단체협의회 / 전국노운협
전국노동조합대표자회의 / 전노대
전국노동조합협의회 / 전노협
전국농민운동연합 / 전농련
전국민족민주운동연합 / 전민련
전국빈민연합 / 전빈련
전국업종노동조합회의 / 업종회의
전노협건설준비소위원회 / 전노협준비소위
지역·업종별노동조합전국회의 / 전국회의
지역노동조합협의회 / 지노협
진주지역민주노동조합연합 / 진민노련
통일국민당 / 국민당
통일민주당 / 민주당
한국경영자총협회 / 경총
한국노동당건설추진위원회 / 한노당
한국노동조합총연맹 / 한국노총
한국노동조합총연맹한국경자총협회 / 노경총
한국민족예술인연합 / 민예총
현대그룹노동조합총연합 / 현총련
International Labour Organization / ILO
Organization fo Economic Cooperation and Development / OECD
World Trade Organizatopm / WTO

노동조합 약칭

◁원칭 / 약칭▷

(주)센트랄 노동조합 / (주)센트랄
(주)통일 노동조합 / (주)통일
경남금속 노동조합 / 경남금속 노조
금성사노동조합 창원1지부 / 금성사 창원1지부 노조
금성사노동조합 창원2지부 / 금성사 창원2지부 노조
금성산전 노동조합 / 금성산전 노조
금성자판기 노동조합 / 금성자판기 노조
기아기공 노동조합 / 기아기공 노조
기아정기 노동조합 / 기아정기 노조
대림자동차 노동조합 / 대림자동차 노조
대명공업 노동조합 / 대명공업 노조
대성공업 노동조합 / 대성공업 노조
대원강업 노동조합 창원지부 / 대원강업 노조
대한광학 노동조합 / 대한광학 노조
대한화학기계 노동조합 / 대한화기 노조
동명중공업 노동조합 / 동명중공업 노조
동양물산 노동조합 / 동양물산 노조
동양전장 노동조합 / 동양전장 노조
두산기계 노동조합 / 두산기계 노조
두산유리 노동조합 마산지부 / 두산유리 노조
미진금속 노동조합 / 미진금속 노조
부산산업기계 노동조합 / 부산산기 노조
부영공업 노동조합 / 부영공업 노조
삼미금속 노동조합 / 삼미금속 노조
삼미종합특수강 노동조합 / 삼미특수강 노조
삼양전기 노동조합 / 삼양전기 노조
삼우산기 노동조합 / 삼우산기 노조
삼화기계 노동조합 / 삼화기계 노조
세신실업 창원공장 노동조합 / 세신실업 노조
세일중공업 노동조합 / 세일중공업 노조(91/4~94)
소요 엔터프라이즈 노동조합 / 소요 노조
신동광학 노동조합 / 신동광학 노조

신흥화학 노동조합 / 신흥화학 노조
오성사 노동조합 / 오성 노조
제일정밀 노동조합 / 제일정밀 노조
코렉스스포츠 노동조합 / 코렉스 노조
코리아타코마 노동조합 / 타코마 노조
태광특수기계 노동조합 / 태광 노조
태양유전 노동조합 / 태양유전 노조
통일중공업 노동조합 / 통일중공업 노조 95~
한국 TC전자 노동조합 / TC 노조
한국 남산업 노동조합 / 남산업 노조
한국 동경전자 노동조합 / 동경전자 노조
한국 동경전파 노동조합 / 동경전파 노조
한국 동광 노동조합 / 동광 노조
한국 루카스디젤 노동조합 / 루카스 노조
한국 산본 노동조합 / 산본 노조
한국 성전 노동조합 / 성전 노조
한국 소와 노동조합 / 소와 노조
한국 수미다전기 노동조합 / 수미다 노조
한국 스타 노동조합 / 스타 노조
한국 시티즌 노동조합 / 시티즌 노조
한국 시티즌정밀 노동조합 / 시티즌정밀 노조
한국 웨스트전기 노동조합 / 웨스트 노조
한국 일신 노동조합 / 일신 노조
한국 중천 노동조합 / 중천 노조
한국 화약 노동조합 / 한국화약 노조
한국중공업 노동조합 / 한국중공업 노조
한일단조 노동조합 / 한일단조 노조
현대정공 창원공장 노동조합 / 현대정공 노조
현대중공업 노동조합 / 현대중공업 노조
화천기계 노동조합 / 화천기계 노조
효성기계 노동조합 / 효성기계 노조
효성중공업 노동조합 / 효성중공업 노조

약   어

◁원어 / 약어▷

교육선전 / 교선
노동법개정투쟁 / 노개투
노동자 / 사용자 / 노사
노동조합 / 노조
노래가사바꿔부르기 / 노가바
단체협약 / 단협
단체협약갱신투쟁 / 단협투쟁
대통령선거 / 대선
문화선동대 / 문선대
문화체육국 / 문체국
사용자측 / 사측
산업별 / 산별
산업재해 / 산재
손해배상 / 손배
신용협동조합 / 신협

옥중투쟁위원회 / 옥투위
외국자본 / 외자
방위산업체 / 방산업체
임금인상단체협약갱신투쟁 / 임단투
임금인상투쟁 / 임투
임시대의원대회 / 임대
쟁의발생 / 쟁발
정기대의원대회 / 정대
정당방위대 / 정방대
지방자치단체 / 지자체
지방자치제 / 지자제
집회및시위에관한법률 / 집시법
투쟁본부 / 투본
마산수출자유지역 / 수출지역

갈무리에서 나온 책들

1. 오늘의 세계경제 : 위기와 전망

크리스 하먼 지음 / 이원영 편역

1990년대에 자본주의 세계경제가 직면한 위기의 성격과 그 내적 동력을 이론적·실증적으로 해부한 경제 분석서.

2. 동유럽에서의 계급투쟁 : 1945~1983

크리스 하먼 지음 / 김형주 옮김

1945~1983년에 걸쳐 스딸린주의 관료정권에 대항하는 동유럽 노동자계급의 투쟁이 어떻게 전개되어 왔는가를 실증적으로 분석한 역사서.

3. 오늘날의 노동자계급

알렉스 캘리니코스·크리스 하먼 지음 / 이원영 옮김

현대 자본주의 사회에서 노동자계급의 구성과 역할, 그리고 성격이 어떻게 변화하고 있는가를 실증적으로 분석한 책.

5. 서유럽 사회주의의 역사 : 1944~1985

이안 버첼 지음 / 배일룡·서창현 옮김

유럽 사회민주주의 정당들과 공산당들의 역사를 실제 행동을 중심으로 분석한 책.

6. 현대자본주의와 민족문제

알렉스 캘리니코스 외 지음 / 배일룡 편역

자본 국제화의 과정에서 국민국가의 위상은 어떻게 바뀔 것인가를 둘러싸고 전개된 논쟁집.

7. 소련의 해체와 그 이후의 동유럽

크리스 하먼·마이크 헤인즈 지음 / 이원영 편역

소련 해체 과정의 저변에서 작용하고 있는 사회적 동력을 분석하고 그 이후 동유럽 사회가 처해 있는 심각한 위기와 그 성격을 해부한 역사 분석서.

8. 현대 철학의 두 가지 전통과 마르크스주의

알렉스 캘리니코스 지음 / 정남영 옮김

현대 철학의 역사에 대한 비판적 분석을 통해 철학에서 마르크스주의의 역할은 무엇인가를 집중적으로 탐구한 철학 개론서.

9. 현대 프랑스 철학의 성격 논쟁

알렉스 캘리니코스 외 지음 / 이원영 편역·해제

알뛰세의 구조주의 철학과 포스트구조주의의 성격 문제를 둘러싸고 영국의 국제사회주의자들 내부에서 벌어졌던 논쟁을 묶은 책.

10. 자유의 새로운 공간

펠릭스 가따리·안토니오 네그리 지음 / 이원영 옮김

1968년 이후 등장한 새로운 집단적 주체와 전복적 정치 그리고 연합의 새로운 노선을 제시한 철학·정치학 입문서.

11. 안토니오 그람시의 단층들

페리 앤더슨·칼 보그 외 지음 / 김현우·신진욱·허준석 편역

마르크스주의 내에서 그리고 밖에서 그람시에게 미친 지적 영향의 다양성을 강조하면서 정치적 위기들과 대격변들, 숨가쁘게 변화하는 상황에 대한 그람시의 개입을 다각도로 탐구하고 있는 책.

12. 배반당한 혁명

레온 뜨로츠키 지음 / 김성훈 옮김

소련의 스딸린주의 체제가 한창 위세를 떨치던 1930년대. 혁명적 마르크스주의의 입장에서 통계수치와 신문기사 등 구체적인 자료를 바탕으로 소련 사회와 스딸린주의 정치 체제의 성격을 파헤치고 그 미래를 전망한 뜨로츠키의 대표적 정치 분석서.

13. 들뢰즈의 철학사상

마이클 하트 지음 / 이성민·서창현 옮김

들뢰즈 철학사상의 발전을 분석한 철학 개론서이자 현대 프랑스 철학과 포스트구조주의 사상을 이해하는 데 커다란 도움을 줄 수 있는 입문서.

14. 포스트모더니즘 이후의 정치와 문화

마이클 라이언 지음 / 나병철·이경훈 옮김

마르크스주의와 해체론의 연계문제를 다양한 현대사상의 문맥에서 보다 확장시키는 한편, 실제의 정치와 문화에 구체적으로 적용시키는 철학적 문화 분석서.

15. 디오니소스의 노동 · I

안토니오 네그리·마이클 하트 지음 / 이원영 옮김

'시간에 의한 사물들의 형성'이자 '살아 있는 형식부여적 불'로서의 '디오니소스의 노동', 즉 '기쁨의 실천'을 서술한 책.

16. 디오니소스의 노동 · II

안토니오 네그리·마이클 하트 지음 / 이원영 옮김

이탈리아 아우토노미아 운동의 지도적 이론가였으며 현재 파리 제8대학 교수로 『전미래』 지를 주도하고 있는 안토니오 네그리와 그의 제자이자 가장 긴밀한 협력자이면서 듀크대학 교수인 마이클 하트가 공동집필한 정치철학서.

마이노리티 시선 2

사람이 그리운 날

일과시 제4집

> 그대들 정직한 노래 참 아름답다.
> 생각해보면 참되고 선하고 아름답게 살고 싶었는데 어디선가 길을 잃었다.
> 그 노래 벗삼아 아주 어두워지기 전에 이 나무 아래를 떠날 수 있기를.
> 가다가 나처럼 길잃은 사람 만나면 나도 그대들처럼 정직한 노래, 말없는 눈인사 보낼 수 있기를.
>
> ― 유시주(시인, 자유기고가)

마이노리티 시선 1

왜 딸려!

구로노동자문학회 창립 10주년 기념시집

> 사는 일에 지쳐 처진 어깨로 찾아가면 10년이 지났는데도 구로노동자문학회가 아직도 그 곳에 있다. 낯익은 이름보다 낯선 이름이 더 많지만 한번 손을 잡고 나면 곧 낯이 익어지는 동지들. 10년이 지났는데도 아직 그 곳에 그대로 있다.
>
> ― 김해화(시인)

17. 이딸리아 자율주의 정치철학 · 1

쎄르지오 볼로냐·안또니오 네그리 외 지음 / 이원영 편역

이딸리아 아우또노미아 운동의 이론적 표현물 중의 하나인 자율주의 정치철학이 형성된 역사적 배경과 마르크스주의 전통 속에서 자율주의 철학의 독특성, 그리고 1980년대 이후 1990년대 중반에 이르기까지 그것이 거두어 온 발전적 성과를 집약한 책.

19. 사빠띠스따

해리 클리버 지음 / 이원영·서창현 옮김

미국의 대표적인 자율주의적 마르크스주의자이며 사빠띠스따 행동위원회의 활동적 일원인 해리 클리버 교수(미국 텍사스 대학 정치경제학 교수)의 진지하면서도 읽기 쉬운 정치 논문 모음집.

20. 신자유주의와 화폐의 정치

워너 본펠드·존 홀러웨이 편저 / 이원영 옮김

사회관계의 한 형식으로서의, 계급투쟁의 한 형식으로서의 화폐에 대한 탐구, 이 책 전체에 중심적인 것은, 화폐적 불안정성의 이면은 노동의 불복종적 권력이라는 것을 이해하는 것이다.